प्रवासी साहित्यकार उषा प्रियंवदा की साहित्य-साधना

डॉ. गुरजीत कौर

Pustak Bharati
Toronto Canada

Author : डॉ. गुरजीत कौर

Book Title : प्रवासी साहित्यकार उषा प्रियंवदा की साहित्य साधना

Published by :
Pustak Bharati (Books India)
Toronto, Ontario, Canada, M2R 3E4
email : pustak.bharati.canada@gmail.com
Web : pustak-bharati-canada.com

Copyright ©2023

ISBN : 978-1-989416-39-6

© All rights reserved. No part of this book may be copied, reproduced or utilised in any manner or by any means, computerised, e-mail, scanning, photocopying or by recording in any information storage and retrieval system, without the permission in writing from the author.

विषयानुक्रमणिका

भूमिका i

1. उषा प्रियवंदा का व्यक्तित्व एवं कृतित्व 1
   - उषा प्रियंवदा का व्यक्तित्व
   - उषा प्रियंवदा का कृतित्व
2. उषा प्रियवंदा के उपन्यासों में संघर्ष का यथार्थ चित्रण 26
   - पचपन खम्भे लाल दीवारें उपन्यास में संघर्ष एवं संत्रास की अभिव्यक्ति
   - शेष यात्रा एवं भया कबीर उदास में अकेलेपन की छटपटाहट
   - रुकोगी नहीं राधिका व अंतर्वंशी उपन्यास में अजनबीपन, अकेलेपन और अस्मिता की तलाश
3. उषा प्रियवंदा के कहानी–संग्रहों में व्याप्त अस्तित्व की अभिव्यक्ति 86
   - उषा प्रियंवदा की कहानियों में वैयक्तिगत स्वतंत्रता का भाव
   - उषा प्रियंवदा की कहानियों में व्याप्त शून्यता बोध
   - उषा प्रियंवदा की कहानियों के परिप्रेक्ष्य में आस्था, अनास्था, संत्रास और विसंगतियों की अभिव्यक्ति
4. उषा प्रियवंदा के कथा–साहित्य का शिल्पगत वैशिष्ट्य 216
   - उषा प्रियंवदा के कथा साहित्य का कथानक
   - उषा प्रियंवदा के कथा साहित्य की भाषा
   - उषा प्रियंवदा के कथा साहित्य का शैली

उपसंहार 263

संदर्भ ग्रंथ सूची 272

समर्पण

**सरदार मलकीत सिंह संधु,
सुखमनदीप**
और
जसनूर
को
प्रीतिपूर्वक समर्पित

भूमिका

वर्तमान समय में शिक्षा एवं स्वतन्त्रता ने नारी को नवीन चेतना प्रदान की है। पुरूष नियंत्रित समाज में नारी आज आत्मविश्वास से भरी हुई है। यदि नारी में निर्भीकता और स्पष्टवादिता है तो वह कहीं पर भी और कहीं भी कुंठाग्रस्त नहीं होती। महिलाओं के विकास की बात करें तो समाज, राजनीति, फिल्म, साहित्य और शिक्षा के क्षेत्र में महिलाओं ने बुलंदियों को छुआ है। धीरे-धीरे परिस्थितियाँ बदल रही हैं और महिलाएँ पुरूष के साथ कंधे से कंधा मिलाकर चल रही हैं। महिलाओं को सशक्त करना होगा क्योंकि महिलाएं ही देश के विकास में महत्वपूर्ण भूमिका अदा करेंगी। लेकिन आज भी हम देखते हैं कि गाँवों में नारी की दशा आज बेहद खराब हैं। गाँवों में नारी शिक्षा का प्रचार प्रसार होने के बावजूद अज्ञान की कालिमा नहीं मिटी है। अशिक्षित महिलाओं को अपने अधिकारों की जानकारी न होना और अपने अधिकारों के प्रति जागरूक न होना महिला पीड़ा का सबसे बड़ा कारण है। आधुनिक साहित्यकार अपनी रचनाओं के माध्यम से ही नारी से जुड़ी समस्याओं को समाज के समक्ष लाता है और उनका समाधान निकालता है।

आधुनिक हिन्दी साहित्य में महिला साहित्यकारों का योगदान प्रशंसनीय रहा है। आधुनिक हिन्दी महिला साहित्यकारों की सूची में मैत्रेयी पुष्पा, कृष्णा सोबती, डॉ.प्रभा खेतान, मन्नू भण्डारी, मालती जोशी, मंजुल भगत, मृदुला गर्ग, ममता कालिया इत्यादि के साथ जुड़ने वाला अहम नाम हैं- उषा प्रियंवदा। कहानी और उपन्यास विधाओं पर अपनी सशक्त लेखनी चलाने वाली तथा अपनी लेखनी से जादुई छटा बिखेरने वाली उषा प्रियम्वदा मुख्यतः उनके कथा साहित्य के कारण प्रसिद्ध हुई है। उषा प्रियम्वदा नारी से सम्बन्धित समस्याओं का चित्रण करके नारी को स्वतंत्र बनाना चाहती है। नारी समस्या का समाधान करना और शोषण के विरूद्ध आवाज उठाना उषा प्रियम्वदा के कथा साहित्य का मुख्य उद्देश्य रहा है।

आधुनिक साहित्य में कई प्रकार की भारतीय एंव पाश्चात्य विचारधाराओं का सामंजस्य हुआ है। इन्हीं विचारधाराओं से मिलकर नवीन साहित्यिक विधाओं का उद्भव और विकास हुआ है। इन साहित्यिक विधाओं में से कथा साहित्य में मानव जीवन की वास्तविकता ज्यादा व्यापकता के साथ दिखाई देती है। मानव जीवन के विविध चित्रों को चित्रित करने का जितना अधिक अवकाश कथा साहित्य में मिलता है,

प्रवासी साहित्यकार उषा प्रियंवदा की साहित्य–साधना

उतना अन्य साहित्यिक विधाओं में नहीं। कथा साहित्य में जीवन का व्यापक फलक प्रस्तुत होता है। नारी को सम्मान देने और उसको जागृत करने के लिए कथा साहित्यकारों ने महत्वपूर्ण भूमिका निभाई है।

हमारी जिन्दगी एक संतुलित नाव की तरह होती है, थोड़ा–सा भी सन्तुलन बिगड़ने पर हमें एकाग्रता की आवश्यकता पड़ती है। अपनी डगमगाती हुई नैया को किनारे पर पहुँचाने का काम जो उषा प्रियंवदा के उपन्यास 'शेष यात्रा' की सफल डॉक्टर अनु ने किया है, वह हमें आत्मनिर्भर बनने के लिए प्रेरणा देती है। कहीं न कहीं उषा जी की 'अनु' ने मेरे डूबते हुए अस्तित्व को जगाया है। जिन्दगी को एक नए सिरे से शुरू किया जा सकता है। अस्तित्वविहीन होकर नहीं, बल्कि आत्मनिर्भर बनकर। दस सालों ने अनु के साथ न्याय किया, उसके अस्तित्व को निखारा एवं उसे आत्मविश्वासी बनाया। इस उपन्यास ने मुझे इतना प्रभावित किया कि मैनें उषा जी का सारा साहित्य पढ़ा। लम्बे समय की संघर्षमयी जिन्दगी के बाद अपने लक्ष्य की प्राप्ति उषा जी के पात्रों में देखने को मिलती है। उषा प्रियंवदा द्वारा रचित साहित्य पाठक के मन में नई जागृति लेकर आता है। वह बड़ी उत्सुकता के साथ आगे बढ़ता है और इनकी रचनाओं से प्रेरणा पाकर अपनी निजी जिन्दगी में भी प्रतिकूल परिस्थितियों पर एक दिन विजय प्राप्त कर लेता है।

डॉ. गुरजीत कौर
हिन्दी विभाग,
गुरू नानक कॉलेज, बुढलाडा,
पंजाब

उषा प्रियंवदा का व्यक्तित्व एवं कृतित्व

साहित्यकार का व्यक्तित्व उसकी रचनाओं में समाहित रहता है। साहित्यकार का साहित्य उसके जीवन की कलात्मक रूप में अभिव्यक्ति होती है। जिन परिस्थितियों में वह रहता है वहाँ की परिस्थितियाँ उसके साहित्य में से झलकती हैं। चाहे वे पारिवारिक, सामाजिक, मनोवैज्ञानिक, आर्थिक या राजनीतिक किसी प्रकार की भी स्थितियाँ क्यों न हो ? उषा प्रियंवदा का साहित्य ही उनका परिचय है। उन्होंने अपना परिचय देते हुए लिखा है कि "मेरा जीवन एक पुस्तक है जिसमें एकदम कुछ खुला है और एकदम गोप्य जो मेरा प्राप्य और संचित पूँजी है। जो मेरी प्रेरणा का स्रोत और उत्स है, पर जब वह कहानी या उपन्यास के माध्यम से पृष्ठों पर बिखरता है तब वह इतना बदला हुआ होता है कि उसमें मेरा कुछ भी अंश नहीं होता। शायद आत्मकथा और गल्प में यही अन्तर होता है। जीवन अनुभवों, भावनाओं, विचारों, अनुभूतियों के एक पतले से तन्तु को लेकर एकदम नया संसार गढ़ सकना उसे तरह-तरह के चरित्रों से आबाद करना इसी में मेरी वास्तविकता, प्रेरणा और कल्पना का मिश्रण है।"[1]

उषा प्रियंवदा का व्यक्तित्व

आधुनिक साहित्य में महिला साहित्यकारों का स्थान महत्वपूर्ण है। उषा प्रियम्वदा इन आधुनिक साहित्यकारों में से प्रमुखता से जानी जाती है। किसी भी साहित्यकार का साहित्य जानने के लिए उसका व्यक्तित्व जानना अतिआवश्यक है क्योंकि साहित्य को उस साहित्यकार का व्यक्तित्व काफी हद तक प्रभावित करता है। अपनी दूरदर्शिता एवं अपने नजरिए को साहित्यकार अपने साहित्य से नहीं बचा सकता इसीलिए साहित्यकार का व्यक्तित्व जानकर, उनके जन्म से लेकर मृत्यु तक की परिस्थितियाँ जानकर ही उनके साहित्य का अध्ययन किया जा सकता है। उषा जी आधुनिक युग की शिक्षित एवं स्वतंत्र व्यक्तित्व की धनी महिला हैं। उनका व्यक्तित्व साहित्य कला और शिक्षा में परिपूर्ण है।

जन्म और पारिवारिक परिवेश

उषा प्रियंवदा प्रवासी हिन्दी साहित्यकार हैं। इनका जन्म 24 दिसम्बर, 1930 को कानपुर, उत्तर प्रदेश में हुआ। इनका पालन-पोषण एक कायस्थ परिवार में हुआ। इनके पिता का नाम दामोदर प्रसाद सक्सेना था और वे मशहूर वकील थे। इनकी माता का नाम प्रियंवदा था वे अद्भुत रूप से तीक्ष्ण स्मरण शक्ति रखती थी। साहित्यिक ज्ञान इन्हें अपनी माँ से विरासत में प्राप्त हुआ। इनके दो भाई और दो बहनें थी।

बाल्यकाल में ही इनके पिता का देहान्त हो गया। विधवा माँ ने ही तीन बेटियों और दो बेटों का पालन–पोषण किया। अपने बहन–भाईयों से उषा प्रियंवदा सबसे छोटी थी। इनका बचपन का नाम उषा ही था, इनकी माँ का नाम प्रियंवदा देवी था। इन्होंने अपने नाम के साथ अपनी माँ का नाम जोड़ा है। इस प्रकार ये उषा प्रियंवदा कहलाने लगीं। शिब्बनलाल सक्सेना उषा प्रियंवदा के बुआ के बेटे थे। पिता की मृत्यु के बाद उनके संरक्षण में ही उषा प्रियंवदा का पालन–पोषण हुआ। माँ के पढ़ाई–लिखाई के प्रेम ने उषा प्रियंवदा को बहुत प्रभावित किया।

शिक्षा

उषा प्रियंवदा बचपन से ही मेधावी और अध्ययनशील रही है। इनकी आरिम्भक शिक्षा कानपुर में ही हुई। कानपुर में जन्मी उषा प्रियंवदा ने इलाहाबाद विश्वविद्यालय से अंग्रेजी साहित्य में एम.ए तथा पी.एच.डी की पढ़ाई पूर्ण की। इसके बाद दिल्ली के लेडी श्रीराम कॉलेज और इलाहाबाद विश्वविद्यालय में अध्यापन कार्य किया। इस समय उन्हें फुलब्राइट स्कालरशिप मिली और वे अमेरीका चली गई। अमरीका के ब्लूमिंगटन इंडियाना में दो वर्ष पोस्ट डॉक्टरल का अध्ययन किया और 1964 में विस्कांसिन विश्वविद्यालय, मैडिसन में दक्षिण एशियाई विभाग में सहायक प्रोफेसर के पद पर उन्होंने कार्य प्रारंभ किया। आजकल वे सेवानिवृत्त होकर लेखन और भ्रमण कर रही हैं। अमेरिका में रहते हुए स्वांत सुखाय अध्ययन लेखन में वह संलग्न रही। 2002 में वे सेवानिवृत्त हो गयी। आज उषा प्रियंवदा हिन्दी साहित्यकारों में एक प्रसिद्व हस्ती के रूप में जानी जाती हैं। इनकी पी–एचडी का '1885 से 1936 के हिन्दी उपन्यासों पर अंग्रेजी का प्रभाव' विषय था।

विवाह, जीवन यापन और संघर्ष

उषा प्रियंवदा का विदेश जाकर पढ़ना और आजीविका कमाने का भी एक कारण था। उषा प्रियंवदा केवल हिन्दी लेखिका बनकर अपना जीवन यापन नहीं करना चाहती थी। उनका मत था कि वह जीवन में कभी भी बिना अपनी छत और दाना–पानी के नहीं रह सकेगी उसे इतना आत्मविश्वास न था कि वह केवल कहानी एवं उपन्यास लिखकर ही निर्वाह कर सकेगी। उषा प्रियंवदा ने विदेश जाने के बाद विवाह किया। इसके बारे में उन्होंने लिखा है कि पचपन खम्भे लाल दीवारें में उसने सुषमा को सुरक्षित विकल्प चुनते हुए चित्रित किया था। वह जिम्मेदारियों और सामाजिक दबावों से इतनी असहाय हो गई थी कि उसने अपने प्रेम और निजी परिपूर्णता को ठुकरा दिया। कथा और जीवन में अन्तर होता है। जब उसके जीवन में एक ऐसा व्यक्ति आया तो उससे बिल्कुल भिन्न

था वह रूप, रंग, भाषा एवं देश से बिल्कुल भिन्न था, तब सुषमा की तरह उसने उसे लौटाया नहीं।

उषा जी के लिए तय किया हुआ विवाह इनको मान्य नहीं था। इन्होंने अमेरिका आकर हावर्ड विश्वविद्यालय के भाषाविद प्रोफेसर किम विलसन से प्रेम विवाह किया। उषा प्रियंवदा और किम विलसन के आपसी सम्बन्ध को इन शब्दों से समझा जा सकता है कि सर्वथा साथ रहने वाले दंपतियों की तरह छोटी–छोटी झुझलाहटें, दिन–रात की परेशानियाँ उनके संबंधों में नहीं हैं इसलिए उन्होंने एक–दूसरे की मनःस्थिति को पहचाना भी है और एक–दूसरे को 'स्पेस' या छूट भी देते रहते हैं। अपने–अपने व्यक्तित्व को पूरी तरह अभिव्यक्त करने की। इनके पति किम विलसन खुले विचारों के हैं। इसके संबंध में उन्होंने एक स्थान पर कहा भी है कि जब वे बाहर जाते हैं तो उसके पति उसकी पसन्द की कमीज पहनते हैं लेकिन वह उनकी पसन्द की साड़ी नहीं पहनती। उषा प्रियंवदा जब अपने पति के परिवार से पहली बार मिलने गई तो जो उन्होंने अनुभव किया वह उन्होंने अपनी रचनाओं में लिखा है। इनके पति का परिवार सघन वनों के बीच झीलों के देश फिनलैंड में बसा है। फिनलैंड के एक ओर स्वीडन है तो दूसरी ओर शक्तिशाली देश रूस है। उषा प्रियंवदा के पति उनको अपनी चौरानबे वर्ष की बधिर नानी से मिलवाने के लिए ले गए। नानी ने उषा प्रियंवदा को देखते ही पसन्द कर लिया। किम की भारतीय पत्नी ने उनकी नानी को साड़ी कैसे बांधी जाती है, यह सब लिखकर बताया। उषा जी के साथ मुलाकात के एक सप्ताह के बाद ही किम विल्सन की नानी की मृत्यु हो गई। जैसे कि उन्हें देखने के लिए ही वे जिन्दा थी। अमेरिका और फिनलैंड के लोगों के स्वभाव के बारे में उषा जी लिखती हैं कि अमेरिकियों जैसी कुंठाएँ या ग्रंथियाँ या पूर्वग्रह उसे स्कैंडनेविया में नहीं मिले बल्कि भारतीय होने पर जितना गर्व उसे फिनलैंड और डेनमार्क में हुआ, उतना कहीं और नहीं। लंदन में भारतीयों के प्रति उपेक्षा का सा भाव है, अमेरिका में आम भारतीय के लिए बड़ा पेट्रनाइजिंग सा कि देखो, हर जरूरत पर वे ही सहायता करते हैं, किंतु स्कैंडिनेविया में, विदेश में भारत का नाम बहुत नीचा होने पर भी, कभी किसी ने भारतीय होने के कारण उनके सम्मुख कोई अप्रिय व्यवहार नहीं किया। किम की विमाता तुबे थी। किम के पुराने नक्शे, पुरानी अलभ्य पुस्तकों, चित्रों और प्रिटों की दुकान हेलसिंकी में थी। किम को कारिन रात को लगाए मछली के जालों को उठाने के लिए ले जाती थी ताकि पुरुष की सहायता से जालों को उठाया जा सके। उषा प्रियंवदा के पति ने कुछ महीनों तक फारेस्ट्री की थी और वृक्ष

काटना भी सीखा था। उषा प्रियंवदा को कभी–कभी हँसी आ जाती कि उन दोनों में कितना कुछ एक–दूसरे से अपरिचित छिपा हुआ है। जिन्दगी जो अलग–अलग देशों की सभ्यता से जुड़ी हुई है। पति को लकड़हारे और मछुवारे के रूप में देखकर उसे वैसा ही अचरज होता है जैसा कि उन्हें उसकी सिलाई की मशीन देखकर हुआ था जब मैडीसन में एक पश्चिम में काफी नामी भारतीय स्वामी जी के लिए उसे रसोई तैयार करते देखकर हुआ था। किम को नाव चलाना इनके पड़ोसी ब्राग्गे ने सिखाया था। उषा जी लिखती हैं, ''ब्राग्गे का चेहरा देखने के बाद मुझे ऐसा लगा कि इस स्कैंडिनेवियाई ने बहुत कुछ देखा और झेला है। किम को नाव चलाना, तैरना सब कुछ ब्राग्गे ने ही सिखाया था उन्हीं से पता चला कि किम नाविक बनना चाहता था, बन गया प्रोफेसर।''[2] बूलाक्स की धरती पर कदम रखने वाली उषा प्रियंवदा पहली भारतीय महिला थीं। फिनलैंड जाकर फिनिश सभ्यता का एक अभिन्न अंग वहाँ जाकर स्नान करना था क्योंकि साउना स्नान के बाद आयु दस वर्ष कम दिखती थी और वजन भी कम दिखता था। वहाँ पर उषा प्रियंवदा ने भी स्नान किया और स्लाइड हेलसिंकी का अनुभव किया। इनके पति मजाक भी अच्छा कर लेते थे। पसीना निकलने के बाद इनके पति किम विल्सन ने इनको सागर में धकेला तो उषा प्रियंवदा को लगा कि यह स्नान है या आत्मपीड़न का तरीका है। उषा जी के अपने पति के साथ बहुत अच्छे संबंध हैं। ये दोनों ही एक–दूसरे को समझते हैं। इनके वैवाहिक जीवन में भारतीय और अमेरिका के पारिवारिक परिवेश की झलक मिलती है। लंबे समय से विदेश में रहने के कारण उषा प्रियंवदा के लेखन पर पाश्चात्य संस्कृति का प्रभाव परिलक्षित होता है।

पारिवारिक संबंधों से ही समाज में रहने की शिक्षा मिलती है। एक साहित्यकार समाज से जुड़ा होता है। वह यह प्रमाणित करता है कि वह पारिवारिक परिवेश और समाज के बिना साहित्य सृजन नहीं कर सकता। उनको परिवार के साथ बैठना बातें करना बहुत पसन्द था। उषा जी को परिवार के साथ घिर कर बैठना एवं सुख–दुःख बाँटना और पुराने मित्रों से लम्बी–लम्बी बातचीत, अपनी भाषा सुनने का सुख उन्हें बार–बार आने का निमंत्रण देता है। वे अमेरिका में पारिवारिक और मानवीय भावनाओं के हो रहे लोप से चिंतित है। वहाँ पैसा और सुविधाएँ बहुत ही हैं परंतु सुरक्षा बिल्कुल नहीं। जहाँ सुरक्षा नहीं वहाँ उषा प्रियंवदा को डर–डर कर रहना अच्छा नहीं लगता। इनको नौकरी और पति के लिए वहाँ रहना पड़ता है। उषा प्रियंवदा को अपना देश, परिवार एवं भाषा बहुत प्रिय थी। इस कारण विदेश में विवाह होने के बावजूद भी भारत लौटना

और दोबारा से फिर अमेरिका चले जाना आज तक जारी है। अपने संस्मरण में उन्होंने लिखा है कि एक प्रवासी के लिए घर लौटना एक मधुर और कचोट भरा अवसर होता है। घर से हम विदेश के लिए निकलते हैं तो आँखों में एक स्वप्न होता है। नए अनुभवों के लिए उत्साह रहता है। मन में एक ऊर्जा और शक्ति होती है, पर लौटते हुए मन में अनेक भावनाएँ गडमड होती रहती हैं। अपने परिवार में बैठने का सुख, अपनी भाषा बोलने का आनंद, अपना देश, यह सब आह्वान करता है, पर साथ ही कहीं छुपा बोध भी रहता है कि वे पूरी तरह घर नहीं लौट पाएँगे। उनका एक अंश, उनकी भावनाओं और अनुभवों का एक भाग जैसे पीछे रह जाता है। अलमारी में लटकते कपड़े, रसोई के बर्तन, डिब्बों में बंद पुराने पड़ते आचार और चावल, गैरेज में खड़ी मोटर जैसे हर चीज़ को हमारे लौटने की प्रतीक्षा रहती है और भारत में सबसे घिरकर भी वे जानते है कि उन्हें लौटना है और फिर उसी व्यस्तता और अकेलेपन से जूझना है।

उषा प्रियंवदा का कृत्तित्व

लेखन की प्रेरणा

उषा प्रियंवदा के लेखन का प्रथम सोपान उनकी पहली कहानी सरिता पत्रिका में प्रकाशित लाल चूनर थी। इलाहाबाद में लिखित वापसी कहानी जो हिन्दी जगत में काफी प्रसिद्ध रही है। हरिवंशराय बच्चन और सुमित्रानन्दन पंत ने उषा प्रियंवदा को लिखने में बहुत प्रोत्साहित किया। उनकी प्रेरणा से ही उन्होंने काफी साहित्य सृजन किया। उर्दू के प्रसिद्ध शायर रघुपति सहाय 'फिराक' से भी उषा प्रियंवदा बहुत प्रभावित हुई। उन्होंने इनको साहित्य के छोटे से दायरे से बाहर निकालकर विश्व साहित्य की ओर प्रेरित किया। रघुपति सहाय 'फिराक' के शब्द उन्हें आज भी याद आते हैं जो उन्हें अंग्रेजी पढ़ने के लिए अकसर कहते रहते थे कि अंग्रेजी पढ़ो अंग्रेजी नहीं तो हिन्दी वालों की तरह एकतरफी होकर रह जाओगी। बिना विश्व साहित्य पढ़े कोई अच्छी लेखिका नहीं बन सकती। इलाहाबाद में रहने के कारण उषा प्रियंवदा ने अंग्रेजी, उर्दू एवं हिन्दी के बहुत से साहित्यकारों से उनका परिचय हुआ। इस सम्बन्ध में उन्होंने 'सम्पूर्ण कहानियाँ' पुस्तक की भूमिका में लिखा है कि इलाहाबाद जाकर उसे ऐसा लगा जैसे एक मछली जो अपनी संकुचित गढ़ैया में ही सन्तुष्ट थी अचानक अथाह जलराशि पा गई हों। वहाँ उसने अनायास ही अपने को कवियों, लेखकों और समीक्षकों के बीच पाया है। पूरी की पूरी शाम वह साहित्यकार लोगों की बातचीत सुनते हुए बिता देती थी। प्रकृति

के प्रति उनका रुझान पन्त जी के सम्पर्क में आने से हुआ। उसकी वाचालता, हाजिरज़वाबी और विनोदप्रियता उन्हीं बैठकों का असर थी। उसके चारों ओर की दीवारें गिर रहीं थी। नए-नए विषय, पुस्तकें एवं पत्रिकाएँ, सब में वह डूबी हुई थी, पर जहाँ उसकी कल्पना व उसका व्यक्तित्व परिपक्व और समृद्ध हो रहा था। सामाजिक प्रतिबन्ध तब भी थे और वह छात्रावास के नियम, उसके फाटक, चौकीदार, ऊपर से स्थानीय अभिभावक, उसकी बड़ी बहन कमला की चौकन्नी दृष्टि लेकिन वह मुक्त विचारों वाली थी।

लेखन कार्य

लेखिका की पहली कहानी बालिका विद्यालय की स्कूल पत्रिका में छपी थी–उदासी भरी, करुण और दुःखद अन्त के साथ। शायद आठवीं या नवीं कक्षा में पढ़ने वाली, अर्न्तमुखी, चुप रहने वाली एकान्तप्रिय लड़की के अनुभव का जीवन दर्शन इसके अतिरिक्त और क्या हो सकता था। उसने तब तक यही देखा था कि दुख को चुपचाप सह लेना, अन्याय के बावजूद कोई प्रतिक्रिया न दिखाना, परिस्थितियों को रो-धोकर स्वीकार कर लेना यही सब भारतीय समाज की विडम्बना है। उनकी प्रारम्भिक कहानियों में यही चित्रित हुआ है। अनुभव की आँखों से देखा हुआ यथार्थ ही इस साहित्य का वास्तविक यथार्थ है। एक साहित्यकार को अपने युग और परिवेश की समस्याएँ, कुंठाएँ और विसंगतियाँ अवश्य ही प्रभावित करती हैं। ज्यादातर रचनाएँ जिनमें अकेलेपन और अजनबीपन के भाव उभरकर सामने आते हैं, उनमें अमेरिकी जीवन के विभिन्न चित्र प्रस्तुत हुए हैं। लेखिका स्वयं स्वीकारती है कि उस नगर में चार सौ तेईस भारतीय हैं वह संगीत समारोह, मुशायरे, भोजन, हिन्दी फिल्में एवं चाट पार्टियों में उसको निमन्त्रण मिलते हैं और वह प्रायः शामिल भी होती है। उस सबके बावजूद भी जैसे वह उनके जीवन की परिधि पर है कभी मध्य में नहीं रही है। भारत लौटने पर भी ऐसा लगता है इसलिए यह अलगाव शायद उसके व्यक्तित्व व लेखन का अभिन्न अंग बनता गया था। उषा प्रियंवदा के लेखन से उनके व्यक्तित्व, परिवेश, वातावरण के सम्बन्ध में पता चलता है। उषा प्रियंवदा के विचार में विदेशी वातावरण ने इस अकेलेपन व अजनबीपन को मुखर किया है। वैसे स्वयं वे एक बहुत प्राइवेट व्यक्तित्व है और गहरे मित्र बनाने में उसे समय लगता है। शायद उसके पात्रों के अकेलेपन में उसकी इस दृष्टि और प्रवृत्ति का प्रभाव आ जाता है।

उषा प्रियंवदा के साहित्य का मूल पारिवारिक स्वर

परिवार में जन्मे लोग ही परिवार के सदस्य कहलाते हैं। मनुष्य को जन्म से ही परिवार की सदस्यता का सौभाग्य प्राप्त हो जाता है। समाज परिवारों का ही समूह है। परिवार एक सामाजिक संगठन होने के कारण समाज का केन्द्र–बिन्दु है। इसलिए समाज के स्थायी संगठन के लिए परिवार को संगठित करना परमावश्यक है। परिवारों के सहयोग से समाज का उत्थान होता है। इस तरह परिवार के अनेक दायित्वों से सामाजिक ढांचे का निर्माण होता है। वर्तमान युग में कल्याणकारी समितियों के प्रयासों के कारण परिवार की भित्तीय–स्थिति पहले से बदल गई है क्योंकि इन संस्थाओं ने बहुत से पारिवारिक कार्यों का कार्यभार अपने कन्धों पर ले लिया है। वैवाहिक सम्बन्धों की स्थापना परिवार की मूल तथा प्रथम आवश्यकता है। स्त्री और पुरूष इस सम्बन्ध के द्वारा आपस में एक सूत्र में बन्ध जाते हैं, जो कि विवाह द्वारा पूर्ण होता है। अब वे समाज में पति–पत्नी के रूप में जीवनयापन करते हैं। विवाह का कोई भी रूप हो सकता है। यह समाज, धर्म, जाति, भेद, रीति–रिवाज के अनुसार पृथक्–पृथक् हो सकता है। इसलिए यथार्थ में विवाह परिवार की मूलभूत शर्त और विशेषता है। उषा प्रियंवदा के कथा साहित्य में वैवाहिक सम्बन्धों की समीक्षा की है। उषा प्रियंवदा के कथा साहित्य में पारिवारिक सम्बन्धों में नारी की भूमिका के प्रति सजगता दिखाई गई है । वंश परिवार का आधार होता है, जो परिवार का द्योतक भी है। वंश से ही परिवार को पहचाना जाता है। इसे वंशावली कहते हैं। कुछ स्थानों में मातृ–वंशावली तथा कुछ स्थानों में पितृ–वंशावली चलती है। अधिकतर पिता के नाम से वंश का नामकरण होता है। परिवार, वंश के रीति–रिवाजों को अगली पीढ़ी तक बढ़ाने के लिए आवश्यक है। प्रत्येक परिवार के लिए सामान्य आवास का प्रबन्ध आवश्यक है। परिवार के सभी सदस्यों के पास स्थायी आवास होना चाहिए ताकि वे एक साथ, एक स्थान पर इक्ट्ठे मिल सकें । सामान्य आवास से परिवारों के विघटन की सम्भावना नहीं रहती । आधुनिक युग में नौकरी तथा पढ़ाई के लिए सदस्यों को अस्थायी रूप से बाहर तथा अलग–अलग रहना पड़ता है। परन्तु वे समय तथा परिस्थिति के अनुसार आवश्यकता पड़ने पर वे स्थायी आवास पर एकत्रित होतें हैं। उषा प्रियंवदा की कहानियों में परिवार के बिना अकेले रहने की समस्या देखने को मिलती है। उषा प्रियंवदा की अधिकांश रचनाएँ ऐसी हैं, जिनके पात्र पाठकों के सामने सजीव हो उठते हैं। पाठकों के साथ पात्रों का आत्मीयता का संबंध हो जाता है। संवेदनशीलता के कारण पात्रों का जो स्वरूप प्रारंभ में रहता है

वह अन्त तक आते-आते परिवर्तित हो जाता है। उषा प्रियंवदा ने स्वयं व्यक्त किया है, "प्रायः चरित्रों का बीज जीवन से आता है परन्तु कहानी शुरू करते हुए मेरे मन में जो इमेज होती है, अंत होने तक एकदम बदल जाती है। क्योंकि बहुत बार मैं स्वयं नहीं जानती कि लिखते समय स्मृति या अनुभव का कौन सा दरवाजा खुलेगा, कौन बाहर आ खड़ा होगा।"[3]

उषा प्रियंवदा के कहानी-संग्रह

उषा प्रियंवदा की प्रत्येक कहानी हृदय पटल पर गहरी छाप छोड़ती है। इनकी कहानियों के पात्र इनके परिवेश से ही लिए गए हैं। डॉ. गोरधन सिंह शेखावत ने उषा प्रियंवदा की कहानियों से संबंध में लिखा है कि "उषा जी की कहानियों में जीवन और परिवार के अनुभूति प्रवण चित्र दिखाई पड़ते हैं, आधुनिक नगर बोध की उदासी, अकेलेपन, ऊब आदि का अंकन उन्होंने यथार्थ के साथ किया है। उनकी कहानियों में चमत्कार नहीं, पर इनकी कहानियाँ गहरा प्रभाव छोड़ती हैं।"[4] उषा प्रियंवदा ने हिन्दी में ही ज्यादा साहित्य लिखा है। अंग्रेज़ी साहित्य में शिक्षा ग्रहण करके और अंग्रेज़ी परिवेश में रहकर भी उनका मातृभाषा के प्रति प्रेम कम नहीं हुआ। उन्होंने मेरी प्रिय कहानियाँ की भूमिका में इसके विषय में कहा है कि "हिन्दी ही मेरी भाषा है और यदि कुछ वर्थ व्हाइल मुझसे लिखा जाएगा, तो हिन्दी में ही।"[5] आधुनिक परिवेश का पुट इनकी कहानियों और उपन्यासों में मिलता है। इनकी कहानियों में जो कल्पना, अनुभव और अनुभूति मिलती है। इसके संबंध में उषा प्रियंवदा का स्वयं का दृष्टिकोण है कि "मेरी कहानियों के पीछे एक बीज जरूर होता है। एक विचार, एक इमेज, एक अनुभव या अनुभूति का चैलेंज मुझे उत्साहित करता है। डेडलाइन्स मुझे प्रेरित करती हैं। मेरी प्रिय कहानियाँ वे हैं, जो फ्लैश में जन्मी और मैंने एक या दो दिन में उन्हें लिख डाला।"[6] इस कथन से इनकी रचनाओं में कल्पना, अनुभव, अनुभूति और फ्लैश बैक पद्धति का पता चलता है। अपने आस पास के वातावरण, चरित्र और घटनाओं को उषा प्रियंवदा ने अपनी रचनाओं में लिखा है।

सम्पूर्ण कहानियाँ की भूमिका में वे स्वयं लिखती हैं कि "बहुत से पाठक-पाठिकाएँ मेरी रचनाओं का परिवेश विदेश में होने के कारण उन्हें आत्मकथात्मक समझने लगते हैं पर ऐसा है नहीं। मैं वही लिखती हूँ जिससे मैं परिचित हूँ यानि भारत और विदेश का परिवेश। मेरे चारों ओर की घटनाएँ, लोग, उनके जीवन की उलझनें और समस्याएँ हर समय मेरी सृजनता को प्रभावित करती रहती हैं। उन सबके सम्मिश्रण से पात्र एक आकार लेकर मानस को ऐसा जकड़ लेते हैं कि उन्हें नाम, मानव प्रवृत्तियाँ देकर, विभिन्न घटनाओं को पिरोकर एक कहानी अपने आप बन

प्रवासी साहित्यकार उषा प्रियंवदा की साहित्य-साधना

जाती है। बस, उसे लिखने का काम मेरा होता है। मैं अपने प्रति अन्याय करूँगी यदि मैं किसी कहानी या घटना में अनायास उतर आए स्व को नकारूँगी। जैसे 'शून्य' में राहुल का अपराध-बोध और पिता की मृत्यु पर विघटन, जो मैंने अपनी माँ की मृत्यु के बाद लिखी थी।"[7] इन्द्रनाथ मदान ने कहा है कि उषा प्रियंवदा की कहानी-कला से रूढ़ियों, मृत परम्पराओं, जड़ मान्यताओं पर मीठी-मीठी चोटों की ध्वनि निकलती है, घिरे हुए जीवन की उबासी एवं उदासी उभरती है। आत्मीयता और करूणा के स्वर उनकी कहानियों में फूट पड़ते हैं। सूक्ष्म व्यंग्य कहानीकार के बौद्धिक विकास और कलात्मक संयम का परिचय देता है, जोकि तटस्थ दृष्टि और गहन चिन्तन का परिणाम है। बदलते आधुनिक भारतीय समाज में, पारिवारिक रिश्तों में बदलाव, बेकारी, अकेलापन, उदासी, नारी अस्मिता आदि जैसे महत्वपूर्ण विषय उषा प्रियंवदा की कहानियों में व्यक्त हुए हैं। उषा जी ने अपनी कहानियों में जो कुछ भी व्यक्त किया है वह हमारे सामने कई सवाल विचार के लिए छोड़ जाता है। इसलिए उनकी कहानी आधुनिक दौर में ज्यादा महत्वपूर्ण हो जाती है। उनकी कहानी लिखने की एक विशेष कला है कि वे अपने मुद्दों को सीधे-सीधे बयान नहीं करती। उनकी कहानियों की विशेषता की चर्चा करते हुए विजय मोहन सिंह का मानना है कि उनकी कहानी एक विशेष प्रकार का मानसिक तथा परिवेशगत वातावरण रचती है, जिसमें उदासी, अकेलापन और बाहर या दूसरे से न जुड़ पाने की एक अभिशप्त स्थिति अंकित की जाती है। वह प्रायः उच्च शिक्षा प्राप्त कामकाजी आधुनिक स्त्री की नियति बन गयी है। खास तौर पर एक ऐसी स्त्री जो स्वतंत्र, निजी और लीक से तनिक हटकर जीना चाहती है। इनकी कहानियों में जो निहित युग बोध है उसमें सबसे अधिक स्वर जो उभरकर आता है वह अकेलापन और उदासी का दिखाई पड़ता है। उषा प्रियंवदा के कहानी संग्रह निम्न प्रकार से हैं- फिर वसन्त आया (1961), जिन्दगी और गुलाब के फूल (1961), एक कोई दूसरा (1966), मेरी प्रिय कहानियाँ (1974), कितना बड़ा झूठ (1988), शून्य तथा अन्य रचनाएँ (1996), मेरी कहानियाँ (2000), सम्पूर्ण कहानियाँ (2006), बनवास (2009)।

फिर वसन्त आया

उषा प्रियम्वदा का यह बारह कहानियों का प्रथम कहानी संग्रह सन् 1961 में सरिता प्रेस से प्रकाशित हुआ। इस कहानी-संग्रह में निम्नलिखित कहानियाँ संग्रहित है मेनका, रम्भा, उर्वशी, दोस्त, आश्रित, मान और हठ, नष्ट नीड़, पूर्ति, नई कोंपल, तूफान के बाद, मुक्ता और शशि, अकेली राह, बिखरे तिनके, नया नीड़, फिर वसन्त आया। इन

प्रवासी साहित्यकार उषा प्रियंवदा की साहित्य-साधना

कहानियों में पारिवारिक परिवेश और प्रेम का चित्रण हुआ है। इन कहानियों में वैवाहिक जीवन का भी चित्रण किया गया है। कहानी-संग्रह में संग्रहित 'प्रश्न और उत्तर' कहानी में एक लड़की लता जो कि संयुक्त परिवार में रहती है, उसके द्वारा परिवार के सदस्यों से पूछे जाने वाले प्रश्नों के उत्तर खोजने से संबंधित बात की गयी है। सभी प्रश्नों के उत्तर जान जाने के बाद कब वह बाल्यकाल से बाहर निकलकर बड़ी हो जाती है और किसी के दुख में सहारा देकर माँ के जैसा व्यवहार करती है कि पता ही नहीं चलता।

'मेनका : रम्भा : उर्वशी' कहानी रुढ़िवादी समाज को आधार बनाकर लिखी गई है। इस कहानी में परशु की चाची बहुत ही सुन्दर स्त्री है और उसके तीन बेटे हैं। वह अपने बहुत ही सुन्दर बेटों के लिए अप्सराओं की तरह सुन्दर बहुएँ चाहती है। कहानी के अंत तक भी उसकी मनोकामना और तलाश पूरी नहीं होती, तब वह अकेली बैठकर सोचती रहती है।

'दोस्त' कहानी में दोस्ती के महत्त्व पर प्रकाश डाला गया है। एक सच्चा दोस्त समाज में मिलना बहुत बड़ी बात होती है। मुखर्जी, सूद, अस्थाना ये सभी अजय के दोस्त होते हैं। अजय के पैर में चोट आ जाने के बाद, उसके दोस्त उसकी बहन की शादी का सारा काम धन्धा संभालते हैं। उषा प्रियंवदा ने सच्ची मित्रता के महत्त्व को इस कहानी के द्वारा पाठकों के सामने लाने का भरसक प्रयास किया है।

'आश्रिता' कहानी एक अनाथ लड़की की कहानी है। मधु नामक लड़की अपने माता-पिता की मृत्यु के बाद चाचा-चाची के साथ रहती है। उसकी चाची उसके साथ नौकरों के जैसा व्यवहार करती है और उसको पढ़ने-लिखने का मौका नहीं देती। मधु रो-रोकर सब कुछ सहन कर लेती है क्योंकि वह आश्रिता है। चाची का भतीजा शेखर सब कुछ देखकर चाची को ऐसा करने से रोकता है। वह मधु को नरक की ज़िन्दगी से बाहर निकालने के लिए उससे शादी करना चाहता है। शेखर की बुआ ने मधु की शादी चालीस वर्ष के आदमी के साथ करवा देती है। इस कहानी में अनमेल विवाह की समस्या को सामने लाया गया है।

'मान और हठ' कहानी दाम्पत्य संबंधों को चित्रित करती है। मुकुल और अमृता के विचार आपस में मेल नहीं खाते हैं। मुकुल संकुचित सोच का मालिक है और वह स्वाभिमानी लड़की अमृता को कहता है कि हमारे समाज में लड़की ही हमेशा पुरुषों के आगे झुकती है। अमृता अपने पति की जिद को तोड़ती है और आधुनिक पढ़ी-लिखी नारी के स्वाभिमान को ठेस नहीं लगने देती। 'पूर्ति' कहानी में अकेलेपन की समस्या को चित्रित करते हुए लेखिका ने उसका समाधान भी निकाला है। अचला की माँ की

मृत्यु के बाद उसके पिता की दूसरी शादी हो जाती है। सौतेली माँ के बुरे व्यवहार से तंग आकर वह श्रीकान्त के घर आ जाती है, जो कि अचला के पिता के मित्र और व्यापार में सहयोगी होते हैं। श्रीकान्त की पत्नी की मृत्यु के बाद वह भी अकेला रह जाता है। अचला को माँ के दर्द से उबारने के लिए श्रीकान्त जैसा पति चाहिए इसलिए उचित फैसला करके अपने जीवन में छाए हुए अकेलेपन और सूनेपन की पूर्ति स्वयं ही साकारात्मक निर्णय लेकर वह करती है।

'अकेली राह' कहानी में स्वतन्त्र विचारों वाली लड़की गौरी की कथा प्रस्तुत की गई है। वह रुढ़िवादी समाज का विरोध करती है। उसकी माँ मुस्लिम लड़के रहमान से गौरी की शादी नहीं होने देती। कुछ समय बाद रहमान के साथ सड़क दुर्घटना हो जाती है। इस कारण वह जीवन में अकेली रह जाती है। 'तूफान के बाद' कहानी में अंतर्जातीय विवाह की प्रथा का समाज में विरोध होता दिखाया गया है। वकील साहब अपनी बहन की शादी गैर बिरादरी में इसलिए नहीं होने देते कि समाज में उनकी नाक कट जाएगी लेकिन जब उनकी बेटी ऐसा करना चाहती है तो वे मान जाते हैं। समय के साथ–साथ उनके विचारों में भी परिवर्तन आ जाता है। 'नई कोंपल' कहानी में स्त्री की सुन्दरता की महत्ता को दिखाया गया है। बन्नो एक आदर्श पत्नी तो है लेकिन सुन्दर न होने के कारण उसको ससुराल में अपमानित किया जाता है। इतना अपमान सहने के बाद भी वह अपनी सहेली को पत्र के द्वारा ससुराल में मिले सुख की बात लिखती है। उसका पति उसे इज्जत नहीं देता लेकिन जब वो पत्र पढ़ लेता है तो उसे आत्मग्लानि हो जाती है। उसके मन में अपनी पत्नी बन्नो के प्रति प्रेम की नई कोंपल फूटती है।

'फिर बसन्त आया' में पति–पत्नी अर्थात् स्त्री और पुरुष एक ही सिक्के के दो पहलु हैं। दोनों की अनिवार्यता को दर्शाते हुए उषा प्रियंवदा ने लिखा है कि एक–दूसरे के बिना उनकी ज़िन्दगी अधूरी है। विनायक और छाया का प्रेम बहुत गहरा होता है। विनायक की शादी कहीं और हो जाने से छाया के जीवन में पतझड़ आ जाता है। कुछ समय बाद विनायक की पत्नी की मृत्यु हो जाती है, जिसके कारण उसका बेटा हर्ष और विनायक अकेलापन झेलता हैं। छाया का जीवन भी अकेलेपन, घुटन और अजनबीपन से भरा होता है। इसी के चलते एक दिन विनायक और छाया को उसके बेटे हर्ष ने मिला दिया, जिससे छाया के जीवन में फिर से बसन्त आ जाता है।

बिखरे तिनके : नया नीड़' कहानी में अन्तर्जातीय विवाह की समस्या को चित्रित किया गया है। यश और मणि के प्रेम संबंध इतने बढ़ जाते हैं

कि मणि अविवाहित होते हुए माँ बन जाती है। यश उसको अकेला छोड़कर भाग जाता है। मणि को इस स्थिति में समाज में अपमान सहना पड़ता है।

'मुक्ता और शशि' कहानी में दो ममेरी बहने हैं। आधुनिक युग में टूटते हुए सगे–संबंधियों और उनके मन में पैदा हुए ईर्ष्या और द्वेष को चित्रित किया है। इसमें शशी की माँ मुक्ता की बुआ होती है। वह अपनी बेटी के लिए अच्छे रिश्ते की तलाश में होती है लेकिन अपनी भतीजी के लिए बिल्कुल भी नहीं सोचती। 'नष्ट नीड़' कहानी में भुवन मुख्य पात्र है जो अपने जीवन में छाई नीरवता का खुद जिम्मेदार है। जब सुधीरा की शादी उससे करने का प्रस्ताव प्रो. कृष्ण उसके पास लेकर आते हैं तो वह मना कर देता है। प्रो. कृष्ण जब सुधीरा की शादी कहीं ओर तय कर देते हैं तो भुवन को पश्चाताप के अलावा कुछ नज़र नहीं आता।

जिन्दगी और गुलाब के फूल

यह कहानी संग्रह सन् 1961 में राजकमल प्रकाशन से प्रकाशित हुआ। इस दूसरे कहानी संग्रह में भी बारह कहानियाँ संग्रहित हैं। 'जिन्दगी और गुलाब के फूल' कहानी संग्रह की कहानियाँ सवेरे की ताज़ी हवा के झोंके जैसी हैं। इन कहानियों में व्यक्ति की उस दशा का चित्रण है, जिसमें व्यक्ति गुलाब के फूलों की भाँति सुन्दर मधुर कल्पनाएँ तो करता है परन्तु यथार्थ के धरातल पर वे कल्पनाएँ बिखर जाती हैं। व्यक्ति टूटने की सीमा तक पहुँच जाता है। इससे प्रेम की अनुभूति का मोहभंग हो जाता है। इस संग्रह की सभी कहानियों में इसके शीर्षक की झलक प्रमुखता से मिलती है। यह कहानी संग्रह उनका सबसे प्रसिद्ध कहानी–संग्रह रहा है। इसमें संग्रहित कहानियाँ इस प्रकार हैं पैरम्बुलेटर, मोहभंग, जाले, छुट्टी का दिन, कच्चे धागे, पूर्ति, कँटीली छाँह, दो अँधेरे, चाँद चलता रहा, दृष्टि दोष, वापसी, जिन्दगी और गुलाब के फूल।

कितना बड़ा झूठ

यह कहानी संग्रह राजकमल प्रकाशन से सन् 1988 में प्रकाशित हुआ। 'कितना बड़ा झूठ' की अधिकांश कहानियाँ अमेरिकी अथवा यूरोपीय परिवेश में लिखी गई हैं। इनमें कुछ कहानियों का परिवेश भारतीय है लेकिन किसी न किसी रूप में विशेष रूप से इसके नारी पात्रों का संबंध यूरोप अथवा अमेरिका से है। इन कहानियों में आधुनिकता का स्वर प्रबल रूप से सामने आता है। इस कहानी संग्रह की कहानियाँ इस प्रकार से हैं सम्बन्ध, प्रतिध्वनियाँ, कितना बड़ा झूठ, ट्रिप, नींद, सुरंग, स्वीकृति, मछलियाँ। अपने दूसरे कहानी–संग्रह 'जिन्दगी और गुलाब के फूल' से

प्रवासी साहित्यकार उषा प्रियंवदा की साहित्य-साधना

लेकर अब तक विषय-वस्तु और शिल्प की दृष्टि से लेखिका ने विकास की जो मंजिलें तय की हैं, उसका जीवन्त परिचय हमें कितना बड़ा झूठ की कहानियों में मिलता है।

'सम्बन्ध' कहानी में श्यामला विदेश जाने के बाद वहाँ के एक शादी-शुदा पुरुष डॉ. सर्जन से सम्बन्ध स्थापित करती है। श्यामला स्वतन्त्र विचारों वाली स्त्री है। वह डॉ. सर्जन को अपना मित्र और बन्धु मानती है। वह उसके साथ किसी भी बन्धन में बँधकर नहीं रहना चाहती। उसकी परिचित सुनीता आत्महत्या कर लेती है क्योंकि वह अविवाहित होते हुए अपने प्रेमी के बच्चे की माँ बनने वाली होती है। श्यामला ने उसका सही समय पर गर्भपात नहीं होने दिया। जब श्यामला को सुनीता की मृत्यु की खबर मिलती है तो वह खुद को उसका जिम्मेदार ठहराने लगती है एवं दिमागी सन्तुलन खोने पर डॉ. सर्जन उसको सहारा देते है।

'प्रतिध्वनियाँ' कहानी में टूटते हुए दाम्पत्य संबंधों का चित्रण किया गया है। वसु एक आधुनिक विचारों वाली स्त्री है। उसके पति श्यामल के विचारों में बिल्कुल भी बसु का तालमेल नहीं होता। उनमें अंत तक तलाक हो जाता है। इस कारण वह अकेलेपन का शिकार हो जाती है। इस दौरान वह अपनी बेटी और पति को छोड़कर वापिस विदेश लौट जाती है। अकेलेपन के कारण वह कैंसर जैसी भयानक बीमारी का शिकार हो जाती है। विदेश में डॉ. जुलियन के साथ सम्बन्ध बनाती है। इस कहानी के अन्त में उसका जीवन तलाक के बाद निरर्थक होता हुआ दिखाया गया है।

'कितना बड़ा झूठ' कहानी में किरण और विश्वेश्वर दोनों पति-पत्नी हैं। किरन अपना पतिव्रता धर्म नहीं निभा पाती। मैक्स के प्रति वह आकर्षित हो जाती है। मैक्स के विवाह की बात छिपाने पर उसे अहसास होता है कि उसने भी तो मैक्स के साथ संबंधों को अपने पति से छिपाया है। यह तो कितना बड़ा झूठ है कि वह अपने पति से प्रेम करती है।

'ट्रिप' कहानी में भी दाम्पत्य संबंधों का वर्णन किया गया है। बच्चों के बड़े हो जाने के बाद पत्नी का घर में अकेलेपन के कारण घुटन अनुभव होने लगता है। वह पति के प्रेम न करने पर दूसरे पुरुष के प्रति आकर्षण को इस कहानी में चित्रित करती है। सोना का पति बच्चों को बोर्डिंग स्कूल में भेज देता है। उसका पति अपने बच्चों की माँ की तरह इज्जत देता है, चाहे उसको उसकी पत्नी के स्टीफन के साथ बनाए सम्बन्धों का पता क्यों न हो है। जब सोना का पति उसे कहता है कि उसके सम्बन्धों का उसे पता है तो वह पति की औपचारिकता को सहन

नहीं कर पाती। इस प्रकार उनके दाम्पत्य सम्बन्ध टूटने की कगार पर आ जाते हैं।

'नींद' कहानी की नायिका विदेश में अकेली रहती है। उसकी शादी टूट जाने के कारण वह तनावग्रस्त रहती है। इसी तनाव के कारण उसको नींद नहीं आती जिससे छुटकारा पाने के लिए नींद की गोलियाँ खाने लगती है। रात के अँधेरे में वह अकेलेपन से डरती है। इस प्रकार वह रोजाना नींद की गोलियाँ खानी शुरू कर देती है, जिसके कारण वह मानसिक रूप से बीमार हो जाती है।

'सुरंग' कहानी में माँ का जवान बेटा जब दुर्घटनाग्रस्त हो जाता है। तब उसके मरने के बाद माँ अपनी दो बेटियों को नजरअंदाज करना शुरू कर देती है। वह खुद अपने आपको घर में अकेला महसूस करती है। उसका बेटा मरने के बाद भी घर में जिन्दा रहता है और दो बेटियाँ घर में होने पर भी उसके लिए मरी हुई हैं।

'स्वीकृति' कहानी दाम्पत्य सम्बन्धों में आई औपचारिकता को स्वीकृति देने वाली कहानी है। इस कहानी में पति सत्य ने कभी भी अपनी पत्नी की इच्छाओं को महत्व नहीं दिया। जया एक विदेशी युवक के द्वारा उसकी इज्जत करने पर उसकी ओर आकर्षित हो जाती है। सत्य अपनी पत्नी के विदेशी युवक के साथ संबंधों को जानता है इसलिए उसको भारत लौटने के लिए कहता है। जया भी पति के साथ भारत वापिस लौटने की स्वीकृति दे देती है।

एक कोई दूसरा

उषा प्रियंवदा का यह तीसरा कहानी संग्रह अक्षर प्रकाशन से 1966 में प्रकाशित हुआ। इस संग्रह की कहानियों को पढ़ते हुए हम एक ऐसे पाठ से गुजरते हैं जो हमें लगातार सम्पूर्ण होने का आभास देता है। एक अधूरी एवं अतृप्त जिन्दगी की कसक हमारे साथ–साथ चलती है। एक कोई दूसरा की नीलांजना, झूठा दर्पण की अमृता, कोई नहीं की नमिता, सागर पार का संगीत की देवयानी, पिघलती हुई बर्फ के अक्षय और छवि, चाँदनी में बर्फ पर के हेम और मीरा, टूटे हुए की तंत्री त्रिपाठी उर्फ़ टीटी–ये सभी पात्र अधूरा और यातनाप्रद जीवन जी रहे हैं। अपने देश की मिट्टी से उखड़कर बाहर किसी सम्पन्न और पराये मुल्क में अकेला और अलग होकर रहना इस यंत्रणा का एक विशिष्ट पहलू है। जिसको इन कहानियों में लगातार रेखांकित किया गया हैं। 'एक कोई दूसरा' कहानी संग्रह में निम्नलिखित कहानियाँ संग्रहित हैं एक कोई दूसरा, झूठा दर्पण, कोई नहीं, सागर पार का संगीत, पिघलती हुई बर्फ, चादँनी में बर्फ पर, टूटे हुए। उषा प्रियंवदा की इन कहानियों को पढ़ना भाषा की

एक समतल, शान्त और काँच जैसी पारदर्शी सतह पर चलना है लेकिन यह सब भाषा तक ही सीमित है। भाषा के भीतर जो कहानी होती है, वह बेहद बैचेन कर देने वाली है। इन कहानियों को पढ़ते हुए हम एक ऐसे पाठ से गुजरते हैं जो हमें लगातार सम्पूर्णता का आभास कराता हुआ एक अधूरी व अतृप्त जिन्दगी की कसक साथ–साथ लेकर चलता है।

'एक कोई दूसरा' कहानी में नीलांजना पी–एचडी की शोधार्थी है। डॉ. कुमार के सम्पर्क में आने से पहले उसका पढ़ाई में इतना ध्यान नहीं था। डॉ. कुमार के निर्देशन में वह अपना शोध–कार्य करती हुई बहुत कुछ सीखती है। इससे उसका दृष्टिकोण बदल जाता है। वह किसी पर निर्भर न रहकर स्वाभिमानी लड़की बन जाती है। डॉ. कुमार को ब्रेन ट्यूमर हो जाता है। उनकी मृत्यु के बाद नीलांजना को उनके प्रेम का पता चलता है जो कभी उन्होंने सामने नहीं आने दिया था। नीलांजना के निर्देशक में एक की पुस्तक प्रकाशित होती है जिसका समर्पण नीलांजना को होता है। उसमें टू देट अदर वन लिखा होता है।

'कोई नहीं' कहानी की नायिका नमिता का प्रेमी उसको छोड़कर विदेश चला जाता है। उस अकेलेपन के सात वर्ष नमिता को सौ वर्षों के समान लगते हैं। सात वर्षों के बाद अक्षय से मुलाकात में नमिता को अक्षय पूछता है कि सात वर्ष उसके कैसे बीते। इस पर नमिता अक्षय को बताती है कि उसकी ज़िन्दगी में वह अकेली है। यही अकेलापन उसे अखरता है। उसके जीवन में अकेलेपन के अलावा कोई नहीं है।

'झूठा दर्पण' कहानी अमृता के इर्द–गिर्द घूमती है। अमृता की सहेली मीरा के वैवाहिक जीवन में नीरसता और उदासी छाई रहती है। वह कभी भी खुश नहीं होती। अमृता यह सब देखकर विवाह ही नहीं करना चाहती। कुछ समय के पश्चात वह शादी के लिए राज़ी हो जाती है। शादी होने के दिन तक वह दुविधा में रहती है कि कहीं यह फैसला गलत तो नहीं। इस प्रकार वह अपनी ज़िन्दगी को झूठे दर्पण के समान देखती है।

'पिघलती हुई बर्फ' कहानी का मुख्य पात्र अक्षय है। विदेश में जाकर उसकी मुलाकात सुधीरा से होती है। वह सुधीरा से प्रेम करने लगता है। जब उसको पता चलता है कि सुधीरा और बीरू की शादी होने वाली है तो वह बीरू से ईर्ष्या करने लगता है। गाड़ी के ब्रेक फेल होने वाली बात बीरू को न बताकर वह उसे कार की चाबी दे देता है। इसके चलते बीरू की कार एक्सीडैंट में मृत्यु हो जाती है। सुधीरा इस सदमे से बाहर नहीं निकल पाती। अक्षय, सुधीरा की हालत का जिम्मेदार खुद को मानता है। कहानी के अन्त में वह अपनी मंगेतर छवि

को सब कुछ बता देता है और इस कारण बर्फ की भांति उसका मन पिघलने लगता है।

'चाँदनी में बर्फ पर' कहानी में पाश्चात्य और भारतीय संस्कृति का सांमजस्य दिखाया गया है। इसमें हेम भारतीय है और उसकी शादी विदेशी लड़की से होती है। वह स्वाभिमानी और आत्मनिर्भर नारी है और वह कई मित्र भी बनाती है। हेम शादीशुदा होते हुए भी कल्याणी के प्रति आकर्षित हो जाता है। कल्याणी उसकी शादी के पहले की दोस्त होती है। वह विदेश में अविनाश की पत्नी है। हेम उससे अकेले में मिलना चाहता है लेकिन कल्याणी एक भारतीय लड़की होने के कारण उससे नहीं मिलना चाहती। हेम की पत्नी मीरा खुलेआम अपने पुरुष मित्रों से मिलती है। यहाँ भारतीय नारी की सोच और पाश्चात्य संस्कृति में पली नारी की सोच के अंतर को उषा प्रियंवदा ने स्पष्ट किया है।

'टूटे हुए' कहानी में टूटते जा रहे दाम्पत्य संबंधों का चित्रण किया गया है। प्रो. कृष्णमूर्ति और उनकी पत्नी के बीच तनावपूर्ण स्थिति के कारण उनकी एबनार्मल सन्तान होती है। इसी कारण कृष्णामूर्ति की पत्नी अपना मानसिक सन्तुलन खो बैठती है। वह सभी से टूटी हुई एवं उदास रहती है। इसी दौरान वह अपने पति के ही छात्र भास्कर से सम्बन्ध स्थापित कर लेती है। इस कहानी में प्रो. कृष्णमूर्ति और उनकी पत्नी दोनों एक–दूसरे से कटे रहते हैं। उनका जीवन टूटे पेड़ की भाँति रह जाता है।

'सागर पार का संगीत' कहानी में देवयानी के जीवन के अकेलेपन को दर्शाया गया है। देवयानी भारत में रहती है व उसके परिवार ने उसकी सगाई प्रकाश से की थी जिसको तोड़कर वह विदेशी लड़के ऑस्कर के साथ कनाडा चली जाती है और उससे शादी कर लेती है। पति अपने बिजनेस के सिलसिले में बाहर की रहता है इसलिए उसे पति के साथ रहते हुए भी अकेलेपन का अहसास होता है। विदेश जाने के बाद वह अपने देश और परिवार को याद करती है। ऑस्कर अपने चचेरे भाई को विदेश में बुला लेता है, वहाँ वह देवयानी के पास रहता है। ऑस्कर के ज्यादातर घर से बाहर रहने के कारण देवयानी अपने अकेलेपन को दूर करने के लिए यास्पर से सम्बन्ध स्थापित करती है। उषा प्रियंवदा ने इस कहानी में विदेश में रहते हुए पति–पत्नी के बदलते हुए सम्बन्धों को दर्शाया है।

शून्य तथा अन्य रचनाएँ

यह कहानी–संग्रह 1996 में राजकमल प्रकाशन से प्रकाशित हुआ है। कुछ कहानियाँ एवं कुछ यात्रा–संस्मरण और अमेरिका से श्रोताओं के

नाम लिखे गए चौदह पत्रों का यह संग्रह कथाकार उषा प्रियम्वदा के उस प्रवासी मन के भीतर झाँकने का मौका देता है जो लम्बे विदेश–प्रवास के बावजूद आज भी भारतीय है। इससे संबंधित उषा प्रियंवदा के विचार हैं कि ''मेरे लिए चाहे पात्र विदेश में रहते हों या भारत के किसी छोटे शहर में, चाहे वह समाज द्वारा थोपा गया सुषमा का अकेलापन हो या अपने आप ग्रहण किया हुआ राधिका का अजनबीपन। लेखन के लिए उपयुक्त मेरे विचार में विदेशी वातावरण ने इस अकेलेपन और अजनबीपन को मुखर किया है। वैसे मैं स्वयं एक बहुत प्राइवेट परसन हूँ और गहरे मित्र बनाने में मुझे समय लगता है। शायद मेरे पात्रों के अकेलेपन में मेरी इसी दृष्टि और प्रवृति का प्रभाव आ जाता है।''[8] चिर–परिचित संवेदनशील शैली में लिखी इन मार्मिक कहानियों के भीतर से झाँकती मानसिकता आज भी अपनी देसी पहचान नहीं खो पाई है। चारों तरफ फैला जीवन अपने समूचे आकर्षण–विकर्षण के बावजूद है तो विदेशी भी हैं। देशी और विदेशी के बीच लगातार संवाद उषा की इन रचनाओं का प्रमुख आकर्षण है। इसमें संग्रहित रचनाएँ हैं पुनरावृति, प्रसंग, शून्य, आधा शहर। यात्रा संस्मरण 1,2,3 तथा अमेरिका से पत्र ये भी 'शून्य तथा अन्य रचनाएँ' में संकलित हैं।

सम्पूर्ण कहानियाँ

उषा प्रियंवदा की 'सम्पूर्ण कहानियाँ' कहानी संग्रह सन् 2006 में राजकमल प्रकाशन से प्रकाशित हुआ। सम्पूर्ण कहानियाँ में 'प्रश्न और उत्तर' से लेकर 'आधा शहर' तक की सभी कहानियाँ है। इस कहानी–संग्रह के संबंध में वे कहती हैं कि ''यद्यपि यह सम्पूर्ण कहानियों का संकलन है, मुझे लगता है कि मेरी कथायात्रा अभी समाप्त नहीं हुई है। मेरे अन्दर अभी भी तमाम चरित्र, घटनाएँ एवं अनुभव शब्दों में अभिव्यक्ति पाने के लिए आतुर हैं। पर आगे क्या लिखा जाएगा, यह तो मेरे अन्दर की अदृश्य सृजनकत्री के हाथों में है जिसके आगे मैं बेबस हूँ।'' उषा प्रियंवदा की कहानियाँ जीवन के सहज विडम्बनाबोध की कहानियाँ हैं। उनकी कुछ ऐसी कहानियाँ हैं, जिनमें आज के युग की सबसे बड़ी चुनौती अकेलेपन की समस्या जो या तो परिस्थितियों ने खड़ी की है या व्यक्ति ने स्वयं चाहा है। इस समस्या को प्रदर्शित करती उनकी कुछ प्रमुख कहानियों में देखा जा सकता है जैसे :–वापसी, सम्बन्ध, नींद, जिन्दगी और गुलाब के फूल, स्वीकृति, इन सभी कहानियों के स्त्री या पुरुष पात्र किसी न किसी कारण से अकेले नज़र आते हैं। इन कहानियों में पात्र अकेलेपन से छुटकारा भी पाने की कोशिश करते हैं तो कहीं वे अकेलेपन में ही जीना चाहते हैं। सभी कहानियों में परिवेश

प्रवासी साहित्यकार उषा प्रियंवदा की साहित्य-साधना

और परिस्थिति भिन्न है परन्तु समस्या एक ही दिखाई देती है। उषा प्रियंवदा की कहानियों में अन्य समस्याएँ भी स्पष्ट रूप से अभिव्यक्त हुई हैं परन्तु वह एक प्रकार से आधुनिक समाज की समस्याएँ हैं। डॉ. गोरधन सिंह शेखावत ने उषा प्रियंवदा की कहानियों को जीवन और परिवार की अनुभूति के चित्र दिखाने वाली, आधुनिक नगर बोध की उदासी, अकेलेपन, ऊब आदि का अंकन करने वाली कहानियाँ माना है। उनकी कहानियों में चमत्कार तो नहीं है, परन्तु इनकी कहानियाँ गहरा प्रभाव छोड़ती हैं। आधुनिक समाज की समस्याएँ चाहे जैसी भी हो व्यक्ति को व्यक्तिगत रूप से प्रभावित करती ही हैं। जिसके परिणाम इस प्रकार निकलकर आते हैं। आज के युग की भाग-दौड़ की जिन्दगी में लोगों के जीवन के मूल्य एवं मान्यताएँ बदलते जा रहे हैं।

उषा प्रियंवदा का उपन्यास साहित्य

उषा प्रियंवदा के पचपन खम्भे लाल दीवारें (1962), रूकोगी नहीं राधिका (1966), शेष यात्रा (1984), अर्न्तवंशी (2000), भया कबीर उदास (2007), नदी (2017) उनके प्रमुख उपन्यासों में से हैं।

पचपन खम्भे लाल दीवारें

उषा प्रियम्वदा द्वारा लिखित यह उपन्यास राजकमल प्रकाशन से सन् 1962 में प्रकाशित हुआ। यह उषा प्रियम्वदा का प्रथम उपन्यास है। पंजाबी विश्वविद्यालय के ऐच्छिक हिन्दी के स्नातक के दूसरे भाग के पाठ्यक्रम के रूप में यह उपन्यास पढ़ाया जा रहा है। इस उपन्यास की नायिका सुषमा सामाजिक और आर्थिक रूप से शोषण का शिकार तो है ही इसके साथ-साथ वह अकेलेपन, ऊब, छटपटाहट, कुंठा, निराशा एवं संत्रास आदि समस्याओं से भी घिरी हुई है। इस उपन्यास में सुषमा का अकेलापन, सुषमा के द्वारा अपनी पारिवारिक जिम्मेदारियों को निभाना और इन जिम्मेदारियों के चलते उसके प्रेम के त्याग को दिखाया गया है। एक उदाहरण इस उपन्यास का जिसमें सुषमा के अकेलेपन की झलक मिलती है ''कुछ स्मृतियाँ, कुछ स्वप्न, कुछ अस्फुट शब्द, श्रमरत छात्र की तरह सुषमा बार-बार उन पृष्ठों को उलटकर दोहराती है। उन संवेगों की दहलीज पर खड़ी होकर अतीत में झाँकती है, मन की संकुल गलियों में भटका करती है- हर वाक्य, हर मुद्रा और प्रत्येक स्पर्श के अनेकों संदेशों पर रुकती हुई, ठहरती हुई। उस समय इस संसार की सीमाएँ दूर-दूर हटती जाती हैं और वह अकेली रह जाती है – अपने में संपृक्त।''[9] सुषमा अपने माता-पिता एवं बहन-भाईयों के लिए अपना आराम, वेतन, प्रेम और चिंतन सब कुछ न्यौछावर कर देती है। घर का कोई भी सदस्य सुषमा के भविष्य के बारे में नहीं सोचता। इस उपन्यास

को धारावाहिक के रूप में दूरदर्शन पर प्रसारित किया गया था। इसमें सुषमा की दिल को छू लेने वाली कथा है, जिसे एक कॉलेज में शिक्षक मीता वशिष्ट ने निभाया है।

रुकोगी नहीं राधिका

यह उपन्यास उषा जी द्वारा लिखित 1966 में राजकमल प्रकाशन से प्रकाशित हुआ। यह उपन्यास धर्मवीर भारती द्वारा संपादित पत्रिका धर्मयुग में भी प्रकाशित हुआ। रुकोगी नहीं राधिका उपन्यास की नायिका 'राधिका' है। यह लघु उपन्यास प्रवासी भारतीयों की मानसिकता में गहराई से उतरकर बड़ी संवेदनशीलता से परत–दर–परत उनके असमंजस को पकड़ने का सार्थक प्रयास करता है। ऐसे लोग जो जानते हैं कि कुछ साल विदेश में रहने पर भारत में लौटना सम्भव नहीं होता परन्तु यह भी वे जानते हैं कि सुख न वहाँ था और न यहाँ है। स्वदेश में अनिश्चितता और सारहीनता का एहसास, वापसी पर परिवार के बीच होने वाले अनुभव, जैसे उनके मुँह में कड़वा–सा स्वाद छोड़ देते हैं। यह अनुभव विदेश में पहले कल्चर शॉक और स्वदेश में लौटने पर रिवर्स कल्चर शॉक से गुजरती नायिका को कुछ ऐसा महसूस करने पर बाध्य कर देता है कि ''मेरा परिवार, मेरा परिवेश, मेरे जीवन की अर्थहीनता, और मैं स्वयं जो होती जा रही हूँ, एक भावनाहीन पुतली–सी।''[10]

यह उपन्यास सिर्फ़ अकेली स्त्री के अनुभवों की नहीं बल्कि आधुनिक समाज में बदलते रिश्तों की प्रकृति से तालमेल न बैठा पाने वाले अनेक व्यक्तियों और सम्बन्धों की बारीकी से पड़ताल भी करता है। एक असामान्य पिता की सामान्य सन्तानों के साथ असहज सम्बन्धों की कथा यह उपन्यास है। इस उपन्यास को लिखने का श्रेय उषा प्रियम्वदा ने धर्मवीर भारती को दिया है। धर्मवीर भारती जी की प्रेरणा से यह उपन्यास लिखा गया। 'रुकोगी नहीं राधिका' उपन्यास के सम्बन्ध में लेखिका लिखती है, ''मेरे मन में कोई पूर्व नियोजित कथानक नहीं था, केवल एक चरित्र की छवि थी, जो देश और परदेश दोनों ही दोनों ही जगह अपने को विस्थापित पाती है, उस चरित्र का सही नाम खोजने में मुझे बहुत समय लगा, पर 'राधिका' नाम मन में आते ही जैसे उसका पूरा चरित्र उजागर हो गया। अब लगता है कि राधिका के जीवन और लेखिका की स्थिति में कोई साम्य न होते हुए भी राधिका की अकुलाहट मेरी ही छटपटाहट थी। राधिका के अपने को पुराने परिवेश में दुबारा ढाल लेने के सारे प्रयत्न मेरे अपने थे।''[11] उषा प्रियंवदा के इस उपन्यास को पढ़कर लगता है कि राधिका जैसी न जाने आज कितनी ही लड़कियाँ हैं जो विदेशी भूमि पर छटपटाहट की शिकार हैं।

शेष यात्रा

'शेष यात्रा' उपन्यास उषा प्रियम्वदा द्वारा लिखित राजकमल प्रकाशन से 1984 में प्रकाशित हुआ। इस उपन्यास में अनु नामक नायिका और प्रणव नायक है। अनु इस उपन्यास में नारी मन की कोमलताओं के बावजूद उसके जगते स्वाभिमान और कठोर जीवन संघर्ष की प्रतीक है। उच्च–मध्यवर्गीय प्रवासी भारतीय समाज यहाँ अपने तमाम अन्तर्विरोधों, व्यामोहों और कुंठाओं के साथ मौजूद है। एक भारतीय नारी की स्थिति को लेखिका ने इस उपन्यास के शुरू में दिखाया है। बहुत ही भोली–भाली अनु एक पाश्चात्य परिवेश में पले प्रणव की पत्नी बन जाती है। एक दिखावे की ज़िन्दगी जीने वाले पति की पत्नी वह बनती है। प्रणव ने अनु को सम्बोधन करते हुए कहा कि मैं आपको सारे शहर की रानी बनाकर रखूँगा। ऐसी लुभावनी बातें के तले शुरू होती है अनु के अस्तित्व की कहानी। उसके चारों तरफ बहुत ही लुभावना वातावरण है। वह सोचती है कि अब स्कूल का समय गया, अल्हड़पन के दिन बीत गए हैं, अब तो चारों तरफ सब कुछ नया–नया ही नज़र आता है। वह पश्चिमी संस्कृति में अपने आपको घिरा हुआ पाती है, जिससे कि वो अपरिचित है। भारत का एक अलभ्य रत्न प्रणव को मिला था उसकी परख उसको नहीं थी। प्रणव एक ऐसा जोहरी था जो अमूल्य रत्न को छोड़कर खोखले पत्थरों के पीछे भागता था। उसकी हिसंक प्रवृत्तियों ने अनु को अन्दर तक झकझोर दिया था। आज उसको अकेलेपन की अनुभूति प्रिय लगती है। अब वह अपने व्यक्तित्व को पहचानने लगती है कि वह अनु है, अपने में तुष्ट, अपने स्वत्व–बोध में सुखी, अपने सुख–दुख में अकेली अपने में स्वाधीन वह रहना चाहती है। उसने अपने व्यक्तित्व और अस्तित्व का लक्ष्य पा लिया है। वह प्रणव से दूर होकर अपने स्वतन्त्र अस्तित्व को कायम कर लेती है।

अर्न्तवशी

अंतवर्शी उपन्यास उषा प्रियंवदा का बहुचर्चित उपन्यास है। यह उपन्यास भारतीय जीवन शैली और पाश्चात्य जीवन शैली को प्रस्तुत करता है। भारत की भोली–भाली लड़कियों का विदेशी लड़कों के साथ विवाह सौभाग्य समझा जाता है। विदेशी भूमि पर जाकर लड़कियों के द्वारा किए जाते संघर्ष से सभी लोग अनभिज्ञ रहते हैं। इस उपन्यास में उन भारतीयों का वर्णन है जो बेहतर अवसरों की तलाश में विदेशी हो जाते हैं। वाना, राहुल और शिवेश तीनों ही ऐसे पात्र हैं जो भारतीयता को विदेश में पहुँचकर भी नहीं छोड़ पाते। अंतवर्शी उपन्यास की नायिका वाना का मनोवैज्ञानिक चित्रण हम इस उपन्यास में देखते हैं। उसके पास

पति, दो बेटे और सब कुछ होता है, जो एक पत्नीव्रता औरत को चाहिए था। सब कुछ होने के बाद भी उसके अन्दर एक खालीपन रहता है। वह अपनी सहेली क्रिस्तीन को कहती है कि वह एक बिन्दु पर आकर अपने आपको अकेला पाती है। उसको लगने लगता है कि वह एक–एक पल मरती जा रही है। वह अपने सपनों और आशाओं को मरते हुए नहीं देख सकती। उसने अपने मन में सपने संजोए थे कि वह विदेश में जाकर सुखी विवाहित जीवन जी पाएगी लेकिन आर्थिक अभाव ने उसके सभी सपने तोड़ दिए थे। वह बड़ा–सा घर, नई मोटर गाड़ी, बाँह भर कर सोने की चूड़ियाँ और समाज में मान–सम्मान चाहती थी। शिवेश के पास इतना धन नहीं होता कि वह वाना के सारे सपने पूरे कर सके। वह राहुल के प्रति आकर्षित हो जाती है। राहुल एक प्रोफेसर के पद पर कार्यरत होता है। उसकी समाज में बहुत इज्जत होती है। आर्थिक रूप से भी राहुल सुदृढ़ होता है। वाना को राहुल से प्यार हो जाता है वह उपन्यास के अन्त में अपने पति शिवेश की मृत्यु के बाद अपने बेटों को साथ लेकर राहुल के साथ आस्ट्रेलिया चली जाती है। वाना के अर्न्तमन में बजने वाली वंशी उसके अकेलेपन को चित्रित करती है।

उषा प्रियंवदा का यह उपन्यास 2000 में प्रकाशित हुआ है। 'अन्तर्वंशी' उपन्यास उन तमाम भारतीय परिवारों की जीवन शैली का विश्लेषण करता है। जो बेहतर अवसरों की तलाश और आशा में प्रवासी हो जाते हैं। विदेश में बसे युवकों से मध्यवर्गीय परिवारों की कन्याओं का विवाह सौभाग्य समझा जाता है और फिर शुरू होता है संघर्ष और मोहभंग का अटूट सिलसिला। वनश्री जो विदेश में जाकर वाना बनी, वह भी कच्मछ उपलब्धियों और लाचारियों के बीच अपनी गृहस्थी की गाड़ी को जैसे–तैसे खींचती है। पति की असमर्थताओं का दमघोट एहसास उसे संवेदनहीन बना देता है। स्थितियाँ ऐसी हो जाती हैं कि वह शिवेश को छोड़कर राहुल के साथ चली जाती है। वाना की कोई गलती नहीं थी। शिवेश ने ड्रग बनाते और बेचते समय उसके परिणामों को नहीं सोचा। पहले तो वह लौटेगा नहीं। पकड़ा गया तो जेल में सड़ता रहेगा। वाना उसके लिए अपनी ज़िन्दगी क्यों खराब करेगी, कारण उसके पेट में राहुल का अंश पल रहा था। वह शिवेश की पत्नी मात्र ही नहीं उसके अतिरिक्त भी बहुत कुछ है। राहुल और वाना युवावस्था में मिले थे। वाना उससे गर्भवती भी हुई थी परंतु उसकी माँ ने उसे कहीं अज्ञात स्थान पर ले जाकर यह कह दिया कि उसका बच्चा मर गया है। आगे उसी की शादी शिवेश से हो जाती है। विदेश में उसकी मुलाकात राहुल से होती है। परंतु बरसों तक वे एक–दूसरें को पहचानते नहीं है। बाद में ऐसे

मिलते हैं कि उसके लिए राहुल अपनी मंगेतर से सगाई तोड़ देता है। शिवेश जब अपराध जगत से अपना नाता जोड़ लेता है तब वाना हमेशा के लिए अपनी पूरी गृहस्थी छोड़ राहुल के साथ चली जाती है। वाना की ज़िन्दगी में इतने उतार चढ़ाव आए हैं कि हर घड़ी लगता है कि उसका क्या होगा? सम्पूर्ण उपन्यास की गतिविधियाँ इस साधारण नारी के आस-पास घटती रहती हैं। कम पढ़ी लिखी परंतु दिखने में सुन्दर स्त्री अमेरिका जैसे देश में काम भी कर सकती है, इसका अंकन लेखिका ने बहुत ही अच्छे ढ़ग से किया है।

भया कबीर उदास

'भया कबीर उदास' उषा प्रियंवदा का पाँचवा उपन्यास है। जो 2007 में प्रकाशित हुआ है। इस उपन्यास में उषा प्रियंवदा एक नई कथावस्तु लेकर उपस्थित हुई है। शरीर की पूर्णता-अपूर्णता का प्रश्न इसमें बहुत गहरे स्तर पर उठाया गया है। मन और जीवन की पूर्णता के साथ भी यह प्रश्न जुड़ा हुआ है। इस उपन्यास की नायिका लिली पांडेय को जब पता चलता है कि उसके दोनों वक्षों में कैंसर है, तो वह निराशा की अंधेरी खाई में डूब जाती है, पर उस अंधेरी खाई में से रोशनी की किरण अपने साथ लाकर वह उभर भी जाती है। पूरा उपन्यास शुरू से अंत तक इसी प्रश्न का उत्तर देता है कि सुन्दरता के प्रचलित-मानदंडो और समाज की रूढ़ दृष्टि के अनुसार एक अधूरे शरीर को उन सब इच्छाओं को अपने भीतर संजोकर रखने की इजाजत क्या है ? जो एक संपूर्ण और स्वस्थ शरीरवाला व्यक्ति स्वाभाविक रूप से संजोकर रखता है। लेखिका ने फ्लैश बैक पद्धति और डायरी शैली का इस्तेमाल कर शरीर की पूर्णता-अपूर्णता को लेकर उद्भव होने वाली समस्याओं को अपनी वैचारिकता से दूर करने का प्रयास किया है। 'भया कबीर उदास' उपन्यास की नायिका लिली पांडेय अर्थात् यमन उपन्यास की केन्द्रीय बिन्दु है। यमन कैंसर से पीड़ित है। वह इस भयानक बीमारी का सामना अकेले ही करती है। उसके पिता की भी मृत्यु हो जाती है। माँ आश्रम में चली जाती है। यमन अमेरिका में पी-एच. डी. की उपाधि ग्रहण करने के लिए अपना थीसिस लिख रही होती है। तभी उसे पता चलता है कि उसको ब्रेस्ट कैंसर है इस कारण वह अपने भाग्य को कोसती है तो कभी अपनी नानी को। उसकी नानी को भी कैंसर था इस कारण ही उनकी मृत्यु हो गई थी। यह उपन्यास उषा प्रियंवदा ने आत्मकथात्मक शैली में लिखा है। उपन्यास की नायिका अपनी पीड़ा को अपनी डायरी में लिखती है। बीमारी के पता चलने से लेकर उपचार के बाद तक की सारी व्यथा को उसने 'कैंसर डायरी' के रूप में लिखा है। विदेशी भूमि पर अकेले

इतनी भयावह बीमारी का सामना करना, नौकरी करके अपना इलाज करवाना और फिर जीने की चाह न छोड़ना इसका उषा प्रियंवदा ने बड़ा ही मार्मिक चित्रण किया है। यमन ने आखिर जो मृत्यु से संघर्ष किया था।

नदी

उषा प्रियंवदा का 'नदी' उपन्यास प्रवासी जीवन के संत्रास को अभिव्यक्त करता है। प्रवासी भारतीय नारी की व्यथा को अभिव्यक्त करने वाला यह उपन्यास नारी जीवन के संघर्ष, दाम्पत्य जीवन के बिखराव, पारिवारिक अलगाव, अजनबीपन, अकेलापन, घुटन, संत्रास आदि जीवन की विभिन्न परिस्थितियों को अभिव्यक्त करता है। नदी उपन्यास भारत और अमेरिका में बसे मध्यवर्गीय परिवार से जुड़ी समस्याओं को उजागर करता है। नदी उपन्यास की नायिका गंगा (आकाश गंगा) के पति डॉ. गगनेन्द्र सिन्हा एक शंकालु किस्म के आदमी हैं। उन्हें अपनी सुन्दर, पढ़ी-लिखी और स्वाभिमानी पत्नी का किसी से बात करना, मिलना-जुलना बिल्कुल भी पसन्द नहीं होता। फिर भी वह विदेशी भूमि पर पति डॉ. गगनेन्द्र सिन्हा, झरना और सपना दो बेटियों और बेटे भविष्य के साथ वह बड़ी खुशी-खुशी जीवन व्यतीत करती है। गंगा ने स्वयं अपने बेटे का नाम भविष्य रखा था लेकिन वह अपने भविष्य से अनभिज्ञ होती है। शायद भाग्य को गंगा की खुशियाँ मंजूर नहीं होती। उसके पाँच वर्षीय पुत्र की मृत्यु हो जाती है, जिसका दोषी गंगा को ठहराया जाता है। वह अपनी सौतेली बहन से मिलने कुछ दिनों के लिए वाशिंगटन चली जाती है। इस दौरान गंगा का पति घर बेचकर अपनी दोनों बेटियों को लेकर भारत आ जाता है। गंगा अकेली रह जाती है। बिना पति के सहयोग और बेटियों के साथ के बिना विदेशी भूमि पर गंगा असहाय हो जाती है। खाली घर में अपने मृत पुत्र की यादें उसे बार-बार सताती हैं। गंगा ने अपने पुत्र का नाम तो भविष्य चुन लिया लेकिन उसका अपना कोई भविष्य नहीं होता।

पति के द्वारा छोड़कर चले जाने के बाद गंगा का संघर्ष शुरू होता है। अर्जुन सिंह जिसने गंगा का घर खरीदा था। उसे मालूम होता है कि गंगा का पासपोर्ट, वीजा सब कुछ उसका पति अपने साथ ले गया है। अर्जुन सिंह गंगा को अनेक प्रलोभन देकर अपने जाल में बाँधे रखना चाहता है लेकिन उसे यह नहीं पता होता कि गंगा का अर्थ ही मुक्त विचरण करना होता है। एरिक के संपर्क में आकर उसके जीवन में आशा-सी बँध जाती है। उसके जीवन का एक नया अध्याय शुरू होता है। गंगा के द्वारा उषा प्रियंवदा ने स्त्री जीवन की ऊँचाइयों, गहराइयों,

प्रवासी साहित्यकार उषा प्रियंवदा की साहित्य-साधना

संघर्षों का कटु यथार्थ प्रस्तुत किया है। उपन्यास के अन्त में गंगा और एरिक का पुत्र स्तव्य (स्टीवेन) खुद गंगा के पास आता हैं। जिसको गंगा ने निसंतान दम्पत्ति को दे दिया होता है। वह गंगा को माँ कहकर पुकारता है। माँ-बेटा दोनों अपने दुःख एक दूसरे से बाँटते हैं। वह अपने बेटे को जीवन की सारी त्रासदी बताती है। उपन्यास के अन्त में गंगा के दुःखों का अन्त हो जाता है, जब स्तव्य उसे बताता है कि उसे भी कैंसर हो गया लेकिन उसके पिता एरिकसन ने उसे बचा लिया और अब वह बिल्कुल स्वस्थ है। इस प्रकार गंगा का जीवन उसकी आत्मनिर्भरता को दर्शाता है।

पुरस्कार और सम्मान

उषा प्रियंवदा को इंडियन स्टडीज विभाग में संलग्न रहते हुए सन् 1977 में प्रोफेसर ऑफ इण्डियन लिटरेचर पद से सम्मानित किया गया। फरवरी, 2009 में उषा प्रियंवदा को शिक्षा मंत्रालय भारत सरकार द्वारा पदमभूषण मातूरी सत्यनारायण पुरस्कार से सम्मानित किया गया जो तत्कालीन राष्ट्रपति श्रीमति प्रतिभा पाटिल द्वारा दिया गया।

उषा प्रियंवदा आधुनिक हिन्दी लेखिकाओं में श्रेष्ठ स्थान रखती हैं। समकालीन संघर्षमयी जीवन के विविध पहलुओं में मनुष्य के अधिकारों के लिए लड़ने का सामर्थ्य उषा प्रियंवदा के कथा-साहित्य की मुख्य विशेषता रही है। उनकी रचनाओं से उनका अनुभव और अनुभूति झलकती है। लेखिका की रचनाओं में उनके जानकार व्यक्तियों की कथा व्यक्त हुई है। इनकी रचनाएँ आधुनिकता के दौर को अभिव्यक्त करती हुई आत्म-विश्लेषण करने हेतु बाध्य कर देती है। उषा प्रियंवदा को विदेश में जाने के बाद बहुत से लेखकों से प्रेरणा मिली। अपने लेखन कार्य को उषा प्रियंवदा ने इन पंक्तियों में व्यक्त किया है। ''काफी देर तक विचार उमड़ते रहने पर भी हाथों से इधर-उधर कुछ करती रहती हूँ। पेड़ों में पानी देना, जूड़ा खोलकर चोटी बाँधना, फर्नीचर को इधर-उधर लगाना, हर क्रिया उस क्षण को पास लाती जाती है जबकि कलम उठाकर लिखना प्रारंभ होगा। एक बार बैठने पर फिर कुछ दुश्वार नहीं लगता, क्योंकि अदृश्य द्वार खोलकर मैं एक ऐसे संसार में चली जाती हूँ, जो यथार्थ भी है, और काल्पनिक भी, जहाँ पात्र बहुत आत्मीय हैं और बहुत अपरिचित और मनमानी करने वाले भी।''[12] इस प्रकार कहा जा सकता है कि उषा प्रियंवदा ने अपनी रचनाओं के द्वारा परिवेशगत बदलाव को व्यक्त किया है। उषा प्रियंवदा ने सामाजिक जीवन और परिस्थितियों की यथार्थपरक पड़ताल की है। इनकी अधिकांश रचनाओं में आधुनिक यूरोपीय जीवन की झाकियाँ मिलती हैं। लेखिका ने अपनी

रचनाओं में जीवन की विसंगतियों, एकाकीपन, शून्यता, निराशा, व्यथा, अजनबीपन और पीड़ाओं का यथार्थ वर्णन किया है। उषा प्रियंवदा ने अपनी पैनी दृष्टि से सामाजिक विसंगतियों का यथार्थ चित्रण किया है।

---

[1] उषा प्रियंवदा, सम्पूर्ण कहानियाँ, भूमिका
[2] उषा प्रियंवदा, सम्पूर्ण कहानियाँ, भूमिका
[3] उषा प्रियंवदा, सम्पूर्ण कहानियाँ, भूमिका
[4] डॉ. गोरधन सिंह शेखावत, नई कहानी : उपलब्धि और सीमाएँ, पृ. 119
[5] उषा प्रियंवदा, मेरी प्रिय कहानियाँ, पृ. 5
[6] उषा प्रियंवदा, सम्पूर्ण कहानियाँ, भूमिका
[7] उषा प्रियंवदा, सम्पूर्ण कहानियाँ, भूमिका
[8] उषा प्रियंवदा, सम्पूर्ण कहानियाँ, भूमिका
[9] उषा प्रियंवदा, पचपन खम्भे लाल दीवारें, पृ. 7
[10] उषा प्रियंवदा, रुकोगी नहीं राधिका, पृ. 48
[11] उषा प्रियंवदा, सम्पूर्ण कहानियाँ, भूमिका
[12] उषा प्रियंवदा,ज्ञानोदय–मेरी सृजन प्रक्रिया, पृ. 45

प्रवासी साहित्यकार उषा प्रियंवदा की साहित्य-साधना

उषा प्रियंवदा के उपन्यासों में संघर्ष का यथार्थ चित्रण

उपन्यास साहित्य की वह विधा है जिसमें लेखक विशेष चित्रण करते हुए उसके कलात्मक एवं भावात्मक पक्ष को उजागर करता है। उपन्यास लिखने की परम्परा काफी प्राचीन है। इसमें मानव जीवन से जुड़े हुए प्रसंगो को कथानक के माध्यम से पेश किया जाता है। उषा प्रियंवदा ने अपने उपन्यासों में व्यक्ति के अकेलेपन का एवं उसकी त्रासदी का सफल अंकन किया है। इनके उपन्यासों में अस्तित्व एवं संत्रास की अभिव्यक्ति की चर्चा की गई है। इसके साथ-साथ उन कारणों को खोजने का प्रयास किया गया है जिसमें व्यक्ति अपने-आप को अकेलेपन में महसूस करता है। उषा प्रियंवदा ने मध्यवर्गीय जीवन की विषमताओं, विडम्बनाओं और विद्रूपताओं को अपने उपन्यासों की अभिव्यक्ति के लिए चुना है।

उषा प्रियंवदा का 'पचपन खम्भे लाल दीवारें' एक ऐसा उपन्यास है जिसमें आधुनिक नारी-जीवन की घुटन, ऊब, संत्रास और अकेलेपन की छटपटाहट से उबरने की आकुलता-व्याकुलता को गहरे स्तर पर पहचाना और अभिव्यक्त किया गया है। इस उपन्यास की नायिका सुषमा सामाजिक और आर्थिक रूप से शोषण का शिकार तो है ही इसके साथ-साथ अकेलेपन, ऊब, छटपटाहट, कुंठा, निराशा, संत्रास आदि समस्याओं से भी वह घिरी हुई है। इस उपन्यास में सुषमा का अकेलापन, सुषमा के द्वारा अपनी पारिवारिक जिम्मेदारियों को निभाना और इन जिम्मेदारियों के चलते उसके प्रेम के त्याग को दिखाया गया है। सुषमा अपने माता-पिता, बहन-भाईयों के लिए अपना आराम, वेतन, प्रेम, चिंतन सब कुछ न्यौछावर कर देती है, परिवार में कोई भी उसके भविष्य के बारे में नहीं सोचता। इस उपन्यास को धारावाहिक के रूप में दूरदर्शन पर प्रसारित किया गया था। इसमें सुषमा की दिल को छू लेने वाली कथा है, जिसे एक कॉलेज में शिक्षक मीता विशिष्ट ने निभाया है।

अकेलापन

आकर्षित दिखना हर किसी की इच्छा होती है। 'पचपन खम्भे लाल दीवारें' उपन्यास में सुषमा एक सुन्दर आकर्षक व्यक्तित्व वाली लड़की है। वह अपना जीवन निर्जीवों की भांति किसी अन्य के कन्धों पर नहीं बिताना चाहती। प्राचीन नारियों की अपेक्षा करते हुए वह आधुनिक नारी की तरह अपनी स्वतंत्रता की बात करती है। वह पंगु जीवन को कदापि बर्दास्त नहीं करती है। मुसीबत के समय वह ढाल की तरह अपने परिवार

का सहारा बनती है। उसका व्यक्तित्व इतना सदृढ़ है कि उसके आकर्षण के आगे सब कुछ फीका सा नजर आने लगता है। उसके आकर्षण से सभी प्रभावित होते हैं। खिलता हुआ ऐसा रंग, जिस पर उसकी पतली भौंहें और बड़ी–बड़ी सुन्दर आँखें बहुत अच्छी लगती हैं। लम्बी नाक और सुघड़ पतले होंठ, आधे कान बालों से ढँके रहते हैं और उसके कानों में मोतियों के कर्णफूल, बिना बाँहों का ब्लाउज और बिल्कुल उसी रंग की फीरोजी साड़ी अकसर वह पहनती थी। वह अपने अस्तित्व के लिए पूर्ण रूप से सजग है। अगर आपका अस्तित्व सुन्दर है तो उसकी पहचान भी अति उज्ज्वल होगी। अपने अस्तित्त्व की रक्षा के लिए कुशल होना भी जरूरी है। प्रकृति मनुष्य की चिरकाल से साथी रही है। प्रकृति एवं मनुष्य का एक खास रिश्ता होता है। अगर अकेले में रहने वाले व्यक्तियों पर दृष्टि की जाये तो पता चलता है कि वे सब अकेलेपन में प्रकृति के नजदीक रहना ज्यादा पसंद करते हैं। जहाँ तक मैं समझती हूँ इसका कारण केवल मनोवैज्ञानिक ही नहीं अपितु अकेलेपन में प्रकृतिप्रिय होना भी है। कारण जब व्यक्ति दुखी या संत्रिस्त होता है तो वह अपने आप को अकेलेपन में रखना उचित समझता है। यही वह अकेलापन है जिसमें व्यक्ति अपने आप को परिवेश में रखकर चिंतन करता है। प्रकृति उसके इस चिंतन में उसका भरपूर साथ देती है। एक तरह से देखा जाए तो स्पष्ट होगा कि प्रकृति भी अकेलेपन का ही प्रतीक है। उसकी भी अपनी भाषा, विलाप, दुःख और संताप होता है। प्रकृति प्रिय का संकेत प्रेम के साथ भी सलंग्न है। प्रिय की प्राप्ति का आभास भी प्रकृति के माध्यम से ही होता है। उक्त उपन्यास में हमें कई जगहों पर इसके उदाहरण भी मिलते हैं। सारा दिन की माथा–पच्ची के बाद सुषमा को हल्के–फुल्के रोमांटिक उपन्यास पढ़ना ही अच्छा लगता था। सुषमा को प्रकृति से अत्यधिक प्रेम है। वह अपने एकांत क्षणों में पेड़–पौधों, फूल–पत्तों और आसमान को अपलक निहारती रहती है। चहारदीवारी पर चढ़ी हुई लताओं की सुगन्ध को वह महसूस करती है। सुषमा को याद आता है कि उसने माली से बंगले में गुलाब लगाने को अभी तक नहीं कहा। बरसात बीत जाएगी तो मुश्किल होगी। यह उसके प्रकृति प्रिय होने के कारण ही होता है।

सुषमा एक विवेक सम्पन्न, सहृदय और संवेदनशील नारी है। अपनी पारिवारिक प्रतिबद्धता के कारण अपनी इच्छाओं का दमन करती रहती है। वह जो चाहती है कर नहीं सकती और जो नहीं चाहती, वह करती चली जाती है। यही उसके जीवन की विडम्बना है। इस कारण उसे

प्रवासी साहित्यकार उषा प्रियंवदा की साहित्य-साधना

अन्तर्द्वन्द्व और घोर मानसिक यंत्रणा से उसे गुजरना पड़ता है। आर्थिक दृष्टि से आत्मनिर्भर होते हुए भी वह अपनी इच्छाएँ पूरी नहीं कर सकती। उसे अपनी पारिवारिक जिम्मेदारी निभानी चाहिए। यह एक आदर्श स्थिति है। उसे अपनी इच्छाएँ पूरी करनी चाहिए यह एक यथार्थ स्थिति है। वह स्वार्थ के वशीभूत होकर केवल अपनी इच्छाएँ पूरी करने में उसके भाई-बहनों की जिंदगी बर्बाद हो जाएगी, तब वह अपराधबोध से ग्रस्त हो और भी अधिक भयावह स्थिति में फँस जाएगी। इसलिए वह घुट-घुट कर जीते रहने को विवश है। उसे बार-बार अनुभव होता है कि वह एक ऐसे चक्रव्यूह में फँसकर रह गई है, जहाँ से उसका बाहर निकलना असंभव है। इस कारण वह हार मान लेती है। परिस्थितिवश सुषमा निराश, स्थिर जीवन जीने वाली सुषमा मन से टूटी हुई, एक खोये हुए स्वर की प्रतिध्वनि है। जिसने जीवन के एक संघर्ष की पराजय को अंतिम पराजय स्वीकार कर लिया। इस प्रकार 'पचपन खंभे लाल दीवारें' उपन्यास एक संवेदनशील नारी की पारिवारिक प्रतिबद्धता जनित मानसिक यंत्रणा की करुण कहानी यथार्थ रूप में हमारे सामने प्रस्तुत करती है।

उषा प्रियंवदा एक यथार्थवादी कथाकार हैं। उनके सभी उपन्यास नायिका प्रधान हैं। उनके उपन्यासों में यथार्थ के साथ-साथ आधुनिक जीवन के अस्तित्व, अकेलेपन एवं संत्रास की अभिव्यक्ति मिलती है। 'पचपन खम्भे लाल दीवारें' उपन्यास में यह विशेषता विशेष रूप से मिलती है। इस उपन्यास में सुषमा नामक नायिका के जीवन में आने वाली सामाजिक, आर्थिक समस्याओं का चित्रण करते हुए उसके अकेलेपन को भी दर्शाया गया है। 'पचपन खम्भे लाल दीवारें' उपन्यास का जो शीर्षक है, उस में ही इस उपन्यास की कथा समाहित है। सुषमा एक भारतीय नारी है जो कि दिल्ली के एक कॉलेज में अध्यापन कार्य करती है और छात्रावास में रहती है। उस कॉलेज के पचपन खम्भे हैं और लाल रंग की दीवारे हैं। सुषमा की जिन्दगी उसी में सिमटकर रह गई है। जिसके कारण अकेलेपन और संत्रास की वो शिकार हो जाती है। पचपन खम्भे लाल दीवारों में रहकर सुषमा को अकेलेपन, संत्रास, घुटन तथा ऊब का एहसास होता है लेकिन आर्थिक विवशता के कारण वह इस सबसे मुक्त नहीं हो पाती। अब विवशता ही उसके भाग्य में है। सुषमा ऐसी परिस्थितियों से ऊब चुकी है वह चाहकर भी नील से वह शादी नहीं कर सकी। नील के जाने के बाद सुषमा को संत्रास पूरी तरह से घेर लेता है।

पचपन खम्भे लाल दीवारें उपन्यास में संघर्ष एवं संत्रास की अभिव्यक्ति

सुषमा तैंतीस वर्ष की भारतीय लड़की है जो मध्यवर्गीय परिवार से संबंध रखती है। उसमें वे तमाम नैतिकताएँ और मूल्य हैं, जिन्हें समाज और परिवार उससे आशा रखता है। इन्हीं नैतिक मूल्यों के कारण ही वह नील के साथ अपना घर नहीं बसा सकी। नारी अपने परिवेश से अनुकूलित होकर ही अपना अस्तित्व बनाए रख सकती है। परिवेश को भी उसके अनुकूल होना पड़ेगा नहीं तो नारी अपना स्वतन्त्र अस्तित्व नहीं बना सकती, कुछ समय बाद वह अपना सब कुछ खोकर अन्दर से टूट जाएगी।

'पचपन खम्भे लाल दीवारें' उपन्यास में सुषमा के अस्तित्व की बात की गई है। उपन्यास की नायिका सुषमा स्वतन्त्र जीवन जीने की कामना तो करती है लेकिन आर्थिक विवशता के कारण वह स्वतन्त्र फैसला नहीं ले पाती। घर में कमाऊ बेटी होने के कारण परिवार की सभी जिम्मेदारियाँ उसी की हो जाती है। वह परिवार की जिम्मेदारियों को छोड़ नहीं सकती है और न ही अपनी घुटती हुई जिन्दगी को। सुषमा ने एम. ए. करते ही नौकरी करना शुरू कर दिया था। पिता के बीमार होने के कारण और भाई-बहनों में से बड़ी होने के कारण उसको ऐसा करना पड़ा। जब भी घर पर आर्थिक कठिनाइयाँ आती तो उसकी जिम्मेदार सुषमा को ठहराया जाता। इसका उदाहरण तब मिलता, जब उसकी माँ कोई भी आर्थिक कठिनाई आने पर उसकी माँ अपना कोई-न-कोई आभूषण बेचने निकलती तो सुषमा की तरफ ऐसी नज़रों से देखती जैसे सारी मुसीबतों की जड़ वही हो। इस पर सुषमा कई बार सोचती "यह कैसी माँ है मेरी, पर जिन्दगी ने उसे चूस लिया है, निचोड़ लिया है। पति की दूसरी पत्नी होने पर भी उनके कोई अरमान पूरे नहीं हुए। वह सारी खीझ और झुंझलाहट परिवार पर ही निकालती है।"[1] इस उपन्यास की नायिका सुषमा सामाजिक मूल्यों को कायम रखने की कोशिश करती नज़र आती है। उसकी मौसी उसको बताती है कि भाई-बहन किसी के नहीं होते। उसे कुछ अपने बारे में भी सोचना चाहिए। मौसी कहती है कि आधुनिक समाज में सभी अपने घर के होते हैं। कोई किसी का नहीं होता। इसके बावजूद भी सुषमा को तो आदर्श बेटी बनना ही मंजूर है। उसका मानना है कि अगर मैं अपने बहन-भाईयों, माँ-बाप का नहीं करूँगी तो ये लोग किसके आगे हाथ फैलायेंगे। वो जो कुछ भी अपने परिवार के लिए करती है उसको अपना कर्त्तव्य समझकर तो करती ही है इसके साथ-साथ उनके प्यार में भी करती है। उसके संस्कार तो तब सामने आते हैं, जब पिता की निःसहायता की स्थिति में घर का सारा

बोझ बड़ी सन्तान होने के नाते उठा लेती है। वह मौसी को जवाब में कहती है कि अगर वह इस परिवार में बड़ा लड़का होती तो क्या फिर भी न बोझ उठाती परिवार का। अगर लड़की हूँ तो क्या हुआ ? वह कहती है कि मैं अपने परिवार के लिए कुछ करती हूँ तो मुझे बड़ा सन्तोष मिलता है। स्वावलंबी होते हुए भी सुषमा ने मनमानी जिन्दगी नहीं बिताई। माँ–बाप की आर्थिक तंगी को देखते हुए वह अपने स्वतंत्र अस्तित्व को भी मुखर नहीं होने देती।

घर में हमेशा माँ का शासन चलता है क्योंकि पिता अस्वस्थ हैं। सुषमा की शादी के बारे में तो माँ ने कभी सोचा ही नहीं। आर्थिक विवशता ही इसका कारण है। बड़ी होशियारी से माँ कृष्णा मौसी को सुषमा की शादी के बारे में कहती है, "तुम जानो कृष्णा, सुषमा की शादी तो अब हमारे बस की बात रही नहीं। इतना पढ़–लिख गई, अच्छी नौकरी है और अब तो क्या कहने हैं, होस्टल में वॉर्डन भी बनने वाली है। बँगला और चपरासी अलग से मिलेगा, बताओ इनके जोड़ का लड़का मिलना तो मुश्किल ही है।"[2] माँ जानती थी कि उसने सुषमा के लिए लड़का ढूँढ़ने की कितनी कोशिश की है ? वह मुहल्ले–पड़ोस वालों को यह बताकर पीछा छुड़ा लेती थी कि अब सुषमा बच्ची तो है नहीं वह बड़ी हो गई है। शादी करने को मानती ही नहीं है, वह क्या कर सकती है ? माँ सिर्फ सुषमा की आरामपरस्त जिन्दगी को देखती है। उसका ध्यान अपने छोटे बच्चों पर केन्द्रित है। इसके कारण ही सुषमा अपने आपको अपेक्षित–सा समझने लगती है। सुषमा की मौसी ने तो उसकी माँ के सामने सारा सत्य बोल दिया था।परन्तु बात तो सुषमा के वेतन की है। जिसके चलते सुषमा के छोटे भाई–बहनों की पढ़ाई चलती है घर का खर्च चलता है। कई सप्ताह बीत जाने के बाद भी कृष्णा मौसी का कोई पत्र और साड़ियाँ नहीं आईं। वैसे भी खाली समय में अकेले होने के कारण वह ऊब जाती है।

विवशताग्रस्त अकेलेपन की शिकार

सुषमा के साथ वाली कुछ अध्यापिकाएँ दूसरों की चारित्रिक कमियाँ ढूँढ़कर उसे समाज में दोषी बनाने का प्रयत्न करती हैं। खाली क्षणों में ज्यादातर सुषमा को अपने माता–पिता दोषी प्रतीत होते हैं। अकेलेपन में प्रत्येक व्यक्ति अपने जीवन में आए बिखराव का कारण ढूँढ़ने की कोशिश करता है। घर जाकर वापिस हॉस्टिल में आकर उसको बहुत अकेलापन महसूस होता है। अपने पुराने मकान मैली दीवारें घिरे हुए आँगन से दूर होकर उसका दिल नहीं लगता। इन हालातों में उसे कॉलेज वाला घर कारागार–सा प्रतीत होता है। भले ही वहाँ सुख–सुविधाएँ हैं लेकिन प्रेम

नहीं है। अध्यापिकाएँ एक-दूसरे की टाँग खींचने में लगी रहती हैं। एक मीनाक्षी ही है जो सुषमा के दुःख-सुख में हाजिर रहती है। सुषमा को उदास देखते ही वह कहती है कि ''सुषमा तुम्हें तो शादी कर लेनी चाहिए। तुम ऐसी जिन्दगी के लिए नहीं बनी हो।''[3] मीनाक्षी चाहती है कि सुषमा का कला-कौशल व्यर्थ न जाए। सुषमा के गोल-मटोल बच्चे हों, उन्हें वह सुन्दर से कपड़े पहनाएँ एवं मौका आने पर वह बहुत स्नेहपूर्ण और कुशल माँ बने। सुषमा विवशताग्रस्त अकेलेपन की शिकार थी। मीनाक्षी एक सच्ची दोस्त रही सुषमा की। वह हरसंभव कोशिश करती थी सुषमा को अकेलेपन से बाहर निकालने की। कॉलेज की लड़कियों और अध्यापिकाओं ने सुषमा पर पूरे दोषारोपण किए लेकिन मीनाक्षी ने तो सुषमा के मन के बिखराव को समझ रखा था। शायद इतना तो उसकी माँ ने भी नहीं समझा होगा। हॉस्टल वार्डन की प्रत्येक गतिविधि पर पैनी दृष्टि रखी जा रही है। सुषमा को भी इस उपाधि के बाद थोड़ा अनमना-सा लगने लगा। नील के आने के बाद चाहे थोड़ा-सा अकेलापन दूर होने लगता है लेकिन उसके साथ बढ़ते रिश्ते को देखकर उसके इर्द-गिर्द के सभी लोग उसके खिलाफ खड़े हो जाते हैं। यहाँ तक की उसकी माँ ने भी सुषमा को दोषी मानते हुए कह दिया कि ''देखो सुषमा, तुम समझदार हो, कभी ऐसा कुछ न करना जिससे किसी को कुछ कहने का अवसर मिले, तुम्हारी वजह से अभी हम चार जनों में सिर ऊँचा करके रह रहे हैं।''[4] ऐसी बातें करके हमेशा से ही सुषमा को उसके उत्तरदायित्व एवं उसकी जिम्मेदारियाँ जताई जाती हैं। कई बार तो सुषमा को लगने लगता है कि यह सब उसको अकेले की झेलना है।

आर्थिक अभाव से उत्पन्न घुटन

सुषमा जीवन की यथार्थकता को जान चुकी है। माँ-बाप की आर्थिक विवशता अब उसकी विवशता बन चुकी है। यदि कुछ परिस्थिति वश सुषमा का विवाह न टल गया होता तो आज उसके भी सब कुछ होता एकान्त शाम का साथी, घर-मोटर, बच्चे सुषमा ने सायास इन विचारों पर पूर्ण विराम लगा दिया। नील से रिश्ता कई बार तो अकेलेपन को दूर करता हुआ नज़र आता है। नील का अहसास सुषमा को अच्छा लगने लगता है। जब बहुत दिनों से उसे नील की कोई खबर नहीं मिली तो आस पास के वातावरण ने जो उसके लिए दोषारोपण का माहौल बना दिया, उससे सुषमा को चैन मिला था। नील ने उसके बँधे जीवन में ऐसी हिलोरें उत्पन्न कर दी थीं कि उनके परिणाम की आशंका से सुषमा विचलित हो उठी थी। अकेलेपन में हरेक के मन में एक मूर्ति उपज आती है, चाहे वह काल्पनिक हो या यथार्थ उस क्षीण तन्तु के बल पर ही लम्बे,

प्रवासी साहित्यकार उषा प्रियंवदा की साहित्य-साधना

अकेले पल कटते जाते हैं। सुषमा में आयु और जिम्मेदारियों के बढ़ने से बहुत गाम्भीर्य आ गया था। जीवन की भाग-दौड़ और आजीविका के प्रश्नों में बीते हुए वर्ष विलीन हो गए थे। अब तो सुषमा के चारों ओर दायित्व की, कुंठाओं की, अपने पद की गरिमा की और परिवार की दीवारों खिंच गई थी। जिसके अन्दर वह कैद होकर रह गई थी। इतने ज्यादा दायित्वों को उठाते हुए वह भी चाह उठती कि दो बाँहें उसे सहारा देने को हों, इस नीरवता में कुछ अस्फुट शब्द उसे भी सम्बोधन करे। वह बाँहें प्रेमी की भी नहीं, पति की भी नहीं, पर न जाने क्यों कभी-कभी उसका मन ऊबने लगता था।

स्वाति के रहस्यमय आचरण को लेकर सुषमा त्रस्त थी। उसके सम्पर्क में न आने पर भी सुषमा के मन में उसके प्रति सहानुभूति थी। न जाने किस कारण ने स्वाति को नींद की गोलियाँ खाकर आत्महत्या करने के लिए बाध्य किया गया। सुषमा इस सब को लेकर खिन्न और उदास थी कि हमारा समाज कैसा है ? किसी को कष्ट में देखकर उसकी सहायता करने की बजाए उसके आचरण पर उँगलियाँ उठाना, बिना शादी के बच्चे की माँ बनने वाली स्वाति जो कि अस्पताल में पड़ी है। उसकी कोई सहायता करने को तैयार नहीं है। सुषमा ने स्टॉफ रूम में ऐसी बातें सुनी तो वह कह उठती है, "आपके सामाजिक मापदंड यह कहते हैं कि आप सबके सामने किसी के व्यक्तिगत जीवन की धज्जियाँ उड़ा दीजिए ? हरेक का जीवन एक ऐसा अनुलंघनीय दुर्ग है जिसका अतिक्रमण करना किसी का अधिकार नहीं है।"[5]

वास्तव में सुषमा को असहाय लगा जब लोग स्वाति की मदद करने की बजाए उसको मुसीबत में छोड़ उसकी दशा पर हँसते हैं। स्वाति की दशा ने सुषमा को उद्वेलित कर दिया। न जाने हमारे समाज में कितनी ऐसी लड़कियाँ हैं जो कि उचित मार्गदर्शन न मिलने के कारण अपने रास्ते से भटक जाती हैं। हमें उचित मदद करके ऐसे लोगों को सही रास्ते पर लाने एवं आत्महत्या करने से बचाना चाहिए।

अस्तित्व को तलाशती सुषमा

आधुनिक युग में वैज्ञानिक तंत्र तथा औद्योगीकरण ने अर्थ-तंत्र को काफी प्रभावित किया है। मूल्यों के परिवर्तन से व्यक्ति भाग्यवादी न रहकर, अधिक तर्कवादी हो गया है। औद्योगिकता से उत्पन्न परिस्थितियां कुछ इस प्रकार निर्मित हो गई कि अमीर अधिक अमीर होता चला गया और गरीब अधिक गरीब। ऐसी विषम आर्थिक स्थिति का शिकार सबसे अधिक मध्यवर्ग हुआ है। मध्य-वर्ग की यह विडम्बना है कि न तो वह निम्नवर्ग को स्वीकारता है और न ही उच्च वर्ग बन पाता है। अपनी

सामाजिक प्रतिष्ठा बनाए रखने के लिए कल्पनाओं का सहारा लेकर, उच्च इच्छाओं और आशाओं का आकांक्षी बन जाता है जो कि धनाभाव के कारण अपूर्ण रहती है, जिस पर निराश होकर मध्यवर्ग–कुण्ठाओं से ग्रसित हो जाता है। अतः मध्यववर्ग अर्थ तंत्र की चक्की में पिसता हुआ दुखी होता रहता है। स्वातंत्र्योत्तर कथा–साहित्य में आर्थिक कठिनाइयों संबंधी संघर्ष सर्वत्र देखा जा सकता है। गरीबी और शिक्षित व्यक्ति का बेरोजगारी से उत्पन्न आर्थिक द्वन्द्व आज के साहित्य का मूल स्वर है। उषा प्रियंवदा के उपन्यासों का मूल स्वर आर्थिक अभाव के कारण उत्पन्न संघर्ष है। आर्थिक द्वन्द्व की धुरी पर निम्न मध्यवर्गीय परिवार की विभीषिका, टूटन, निरूपायता का यथार्थ अंकन एवं जीवन मूल्यों की टकराहट का स्वर सुना जा सकता है। आर्थिक विषमताएं व्यक्ति में खीझ, निराशा और क्रोध उत्पन्न कर देती है। जिससे व्यक्ति अपने अन्तस् में तो द्वन्द्वी हो ही उठता है और साथ ही बाहरी संस्थाओं के प्रति भी विद्रोही हो जाता है। उषा प्रियंवदा के 'अर्न्तवंशी' उपन्यास में जीवन की भौतिक आवश्यकता के लिए अर्थ को वह मूल तत्व स्वीकारा गया है। जिसके अभाव में व्यक्ति का जीवन कलह पूर्ण, निराश, ऊब–भरा व अशांति पूर्ण बन जाता है।

आधुनिक काल में आज का व्यक्ति अपने अस्तित्व को स्थायीत्व देने के लिए संघर्षरत है। वह अपने 'स्व' की पहचान में संलग्न है। उसकी इच्छा है कि उसके अस्तित्व को, उसकी उपस्थिति को, उसके रूप–रंग को, समाज के द्वारा सम्मान मिले अर्थात् वह पहचाना जाए। अपने अस्तित्व के साथ–साथ वह अपनी व्यक्तिगत स्वतंत्रता का भी उद्घोष करता है। उषा प्रियंवदा के कथा–साहित्य में अस्तित्व संबंधी दृष्टिकोण मुखर हुआ है क्योंकि आज के व्यक्ति की कुण्ठा, निराशा, यातना, संत्रास, विसंगति और हीन भावना इसीलिए है कि वह अपने अस्तित्व अथवा 'स्व' की पहचान के लिए संघर्षशील है। अस्तित्व से अभिप्राय सिर्फ व्यक्ति के शारीरिक अस्तित्व से ही नहीं है बल्कि उसके 'इनर सेल्फ' अर्थात भावनाओं से भी है। उषा प्रियंवदा के उपन्यासों में व्यक्ति का द्वन्द्व अपने 'स्व' के परिचय और अपरिचय से ही है। आज के समाज में व्यक्ति 'स्व' की पहचान के लिए मुखौटे धारण करने में भी नहीं हिचकिचाता। इन मुखौटों को धारण करने के पीछे भी अस्तित्व संबंधी द्वन्द्व ही होता है। भले ही वह भीतर से कुछ और बाहर से कुछ और हो, पर यदि दूसरे उसे मुखौटे लगाकर देखने में ही परिचय एवं अपनत्व की झलक दे सकते हैं तो वह अपनी वास्तविकता को अपने अंतस् की घुटन में छिपाकर बाह्य रूप से मुस्कुराकर अस्तित्व को स्थायीत्व दे सकता है।

प्रवासी साहित्यकार उषा प्रियंवदा की साहित्य-साधना

व्यक्ति अपने प्रमाणित होने को द्वन्द्व द्वारा बताता है। आज का व्यक्ति द्वन्द्व, संघर्ष और हृदय की घुटन में घुटता रहता है एवं मौन, चुप और निर्विकार रूप से बाह्य क्रियाकलापों का निरीक्षण करता रहता है। आधुनिक मनुष्य की धर्म में कोई आस्था नहीं है। सामाजिक मूल्य मिथ्या सिद्ध हो चुके हैं, नैतिकता के प्रति नाकारात्मक भाव अधिक है, आज वह केवल अपनी निजता की चेतना और अस्तित्व ही पहचानने में व्यस्त है। सब ओर से कटकर उसका दायरा संकुचित हो गया है। यही निर्विकार और निरासक्त स्थिति ही आधुनिक द्वन्द्व की आधार-शिला है। अपने स्वार्थ, अहं और कुण्ठा में लिप्त व्यक्ति निराशामय जीवन जीता हुआ, अपने अस्तित्व के प्रति सजग रहता है। व्यक्तिवादी भावनाओं से उद्भूत स्वातंत्र्य, क्षण की महता, निराशा, विसंगति समाज के प्रति विद्रोह की भावनाओं ने मनुष्य को इतना संकुचित बना दिया है कि वह अपने अतिरिक्त दूसरे की उपस्थिति को अजनबीपन की भावना से देखता है। व्यक्ति अपने अस्तित्व के लिए तो संघर्ष करता ही है इसके साथ वह अपने चारों ओर फैले हुए परिवेश के लिए भी संघर्षरत है। आधुनिक काल के उपन्यासकारों के साथ ही उषा प्रियंवदा के उपन्यासों में भी पात्र अपने अस्तित्व के लिए द्वन्द्वरत और संघर्षशील है।

उषा प्रियंवदा के प्रथम उपन्यास 'पचपन खम्भे लाल दीवारें' की मुख्य पात्र सुषमा जब घर जाती है तो घर में अपने अस्तित्व को खोजती है। बचपन से नारायण की छवि जो उसके दिल में बनी थी। नारायण की शादी के बाद वह भी विलीन होती नज़र आती है। जब नारायण के पुत्र के जन्मोत्सव के मौके पर अपनी माँ के साथ सुषमा उसके घर जाती है, तब नारायण की पत्नी पर सुख-समृद्धि की कामनाओं की वर्षा सभी अतिथियों द्वारा की जाती है। रिश्तेदारों के बीच सुषमा अपरिचित-सी खड़ी रहती है। वह अपने बिखरे हुए अस्तित्व को खोजती हुई चुपचाप अपने भावों में विलीन बैठी रहती है। सामाजिक और पारिवारिक दबाव के चलते संजोए हुए सपनों को वह टूटते हुए देखती रहती है। ''नारायण की पत्नी के पीले मुख पर बड़ी आभा थी, घर-बाहर सब ओर से उस पर सुख-कामनाओं और आशीषों की वर्षा की जा रही थी। सुषमा एक अपरिचित-मात्र बनी यह सब दूर से देख रही थी। उसके मन में, बहुत पुरानी एक चोट फिर से टीस उठी। बचपन से एक स्वप्न मन में संजोया था जिसका केन्द्र नारायण था। सुषमा के आगे उन्नीस बरस की एक शर्मीली लड़की आकर खड़ी हो गई।''[6] सुषमा के चेहरे पर कृत्रिम मुस्कान थी जो कि सब कुछ बयान कर रही थी। उधर नारायण पर तो अतीत की कोई परछाई तक नहीं थी। वह तो अपने छोटे-से संसार में

प्रवासी साहित्यकार उषा प्रियंवदा की साहित्य–साधना

संन्तुष्ट और सुखी था। नारायण के घर से वापिस आकर कितना अपरिमित सागर लहराता था सुषमा की पलकों की ओट में, यह उसने पहली बार जाना था। नारायण को तो सहारा मिल गया था लेकिन सुषमा अकेली थी अपने अस्तित्व को ढूँढती हुई। सुषमा को पता था कि उसके थके हारे पिता के मुख की रेखाएँ कम हो जाती हैं, जैसे उन्हें बड़ा चैन हो कि सुषमा के रूप में उनकी चिन्ताओं की साझेदार वो है। बस इस सब को देखते ही तो सुषमा की गृहस्थी नहीं बसी।

उधर नील से बढ़ती नजदीकियों में सुषमा को अपनापन लगने लगा। साड़ियाँ, श्रृंगार का सामान लाकर देना, घूमना–फिरना इस सबके चलते वह बाहरी दुनिया को भूल चुकी थी। नील के प्रेमपाश में वह कहीं खोती जा रही थी। नील के साथ रेस्तरां में जाना और उसकी पसन्द की साड़ियाँ पहनना इस सब के चलते नील के मन में क्या चल रहा था ? उसको सुषमा नहीं पहचान पाई थी। सुषमा नील को बताती है कि जब तुम मेरे नज़दीक होते हो तो मुझे मौन भी बहुत अर्थपूर्ण लगने लगता है। नील सुषमा से ज्यादातार पूछता है कि अक्सर लगता है कि वह तुम्हारे जीवन को पूरी तरह से नहीं ढक पाया है। वह तुम्हारे अस्तित्व की केवल परिधि ही छू सका है। नील सुषमा को न जाने कितनी बार समझा चुका है कि तुम्हारा परिवार तुम्हारा फायदा उठाता है। परिवार का उत्तरदायित्व तुम्हारा नहीं है, यह तुम्हारे माँ–बाप का है। सुषमा चुपचाप यह सब सुनती है। लेकिन कोई भी फैसला नहीं ले पाती। नील के साथ सुषमा कब जाती, उसके यहाँ कौन आता है, किसके साथ सिनेमा में गई, इन सब बातों पर दृष्टि रखी जा रही थी। लेकिन सुषमा इस सबसे अनभिज्ञ थी। मीनाक्षी उसको सचेत करने की कोशिश करती है। उसके उत्तरदायित्व समझाने के प्रयत्न करते हुई छात्राओं के सम्मुख उदाहरण प्रस्तुत करने की बात करती है। सुषमा के व्यक्तिगत जीवन में सारा कॉलेज दखल दे रहा था लेकिन सुषमा को तो नील के रूप में जो सहारा मिला उसी में वह अपना अस्तित्व देख रही थी। अपने जीवन की एकरसता से उकताई सुषमा की आँखों में अब तारे बस गए थे। उसकी आत्मविभोरता तो तब टूटती है जब मीनाक्षी उससे कहती है कि ''सुषमा, बुरा न मानना, मैं बहुत दिनों से तुमसे यही बात कहना चाह रही थी। होस्टल की लड़कियों में स्टॉफ–रूम में, नौकरों में, हर जगह आजकल तुम्हारी ही चर्चा है।''[7] इन बातों से तो सुषमा की आँखों में सूनापन घिर आता है। एक छटपटाती चिड़िया की भाँति वह इस कगार पर खड़ी है कि जैसे वो शिकारी के जाल में फंस गई हो। चारों तरफ से गुलामी ही नज़र आती है उसको। सुषमा की आँखों में सूनापन घिर आता है।

प्रवासी साहित्यकार उषा प्रियंवदा की साहित्य-साधना

मीनाक्षी भी उसको देखकर कुंठित हो जाती है। इस असहाय पीड़ा ने सुषमा को अन्दर तक झकझोर दिया। एक दुःखी हृदय से वह मीनाक्षी को कह उठती है कि वह तुमसे प्रार्थना करती है कि लोग उसके बारे में क्या सोचते हैं? क्या कहते हैं? कृप्या उसे आगे से मत कहना। सुषमा आहत हो जाती है, क्या उसको कोई हक नहीं है समाज में अपने मुताबिक जीने का? सुषमा मर्यादावश आजीवन सामाजिक नियमों एवं मर्यादाओं की परिधि में बंधी रहती है। जब भी सुषमा चाहती है कि सामाजिक विवशता को तोड़कर बाहर आ जाए तभी मूल्यों एवं मर्यादाओं के कारण वह विवश-सी बनी रहती है। नील के उसके जीवन में आने के बाद उसने अपना जीवन उसके प्रति समर्पित करना चाहा तो तभी उसके सामने सामाजिक विवशता बाधा बनकर खड़ी हो गई। वह यह जान चुकी थी कि वह चाहकर भी इस विवशता रूपी परिधि से बाहर नहीं निकल पाएगी। उसका जीवन उसी में दबकर रह जाएगा। नील से जुड़े नाते की जड़ों की गहराई का अनुमान सुषमा को नहीं होता है। नील उसको प्रिय था, यह उसने स्वयं स्वीकारा था। सुषमा में आए परिवर्तन को सभी ने लक्ष्य किया था। उसके माथे की बिंदी और चमकने लगी थी, उसके होठों में बड़ी कोमलता आ गई थी। उसे नहीं मालूम था कि लोग उसके बारे में तरह-तरह की बातें बना रहे हैं। इन बातों के बोझ से आक्रान्त, अनमनी-सी होकर सोचती रहती है कि अब वह नील से कैसे खुलकर मिल पाएगी। नील से जब मुलाकात होती है तो वह रेस्तरां में बैठा सिगरेट पी रहा होता है। नील के कहने पर कि सुषमा तुम्हारे परिवार वाले तुम्हारा फायदा उठा रहे हैं तो सुषमा कहती है, ''मेरे जीवन के कई पहलू हैं, जिनके बारे में मैंने तुम्हें कुछ नहीं बताया, बताना नहीं चाहा, क्योंकि मैं नहीं चाहती थी कि वह काली छाया तुम्हें भी ढक ले। पर नील, पिछले ग्यारह सालों से मैं ज़िन्दगी से निरन्तर लड़ रही हूँ ....यह नौकरी मेरे लिए बहुत कीमती है। निर्धन मैं भले ही रही होऊँ, पर स्वाभिमानी भी बहुत रही..... एम.ए. करने के बाद मैंने एक प्राइवेट कॉलेज में नौकरी की। वहाँ के सैक्रेटरी नगर के पुराने रईसों में थे। उन्होंने किस-किस वस्तु का प्रलोभन नहीं दिया मुझे, पर वह नौकरी छोड़ दी।''[8] इससे सुषमा की निःस्वार्थ भावना का पता चलता है।

शेष यात्रा एवं भया कबीर उदास में अकेलेपन की छटपटाहट

शेष यात्रा उपन्यास में अनु नायिका और प्रणव नायक है। अनु इस उपन्यास में नारी मन की कोमलताओं के बावजूद उसके जगते स्वाभिमान और कठोर जीवन संघर्ष की प्रतीक है। उच्च मध्यवर्गीय प्रवासी भारतीय समाज यहाँ अपने तमाम अन्तर्विरोधों, व्यामोहों और कुंठाओं के साथ

मौजूद है। शेष यात्रा का कथानक बहुत सीधा–साधा है। यह नारी की उस विषम परिस्थितियों का चित्रण है जिसमें वह हमेशा त्रासद रहती है। इस उपन्यास से स्पष्ट होता है कि इसका केंद्र बिंदु अनु है जो कि परिस्थितियों के साथ हमेशा संघर्ष करती नजर आती है। अपने जीवन के उतार चढ़ाव में वह अमेरिका जा पहुँचती है। पाश्चात्य संस्कृति को अपनाने के बाद जो उसके मन में अंतद्वन्द्व में चलता है, उसका चित्रण इस उपन्यास में सरलता से देखने को मिलता है। चरित्रों का परिवर्तन इस उपन्यास का मुख्य बिंदु भी बनता है। कई सवाल हमारे समक्ष खड़े हो जाते हैं कि क्या संस्कृति का विलय एवं परिवर्तन इसमें है। जिससे हम अपने आप से कटते चले जा रहे है ? क्या परिस्थितियाँ ऐसी हो गई है कि हम अकेलेपन में निवास करना पसंद करते हैं। क्या मनुष्य में स्वार्थ इतना अधिक घर कर गया है कि उसके इतर उसे सब शून्य नजर आता है।

शेष यात्रा उपन्यास की नायिका हार नहीं मानती एवं अपने आत्मविश्वास को एकत्रित कर पुनः एक जीतती हुई जंग का ऐलान करती नजर आती है। यही तो वास्तविक रूप से जीवन है। नायिका की इससे कुछ पाने और कुछ गवाने की कर्मस्थली, इतना दर्द, अकेले ही झेला कहकर पूर्व पति की पीड़ा को गहराई से आत्मसात करने वाली अनु अब चाहकर भी उसके लिए कुछ नहीं कर सकती। हाँ संयोग से हाथ आये मिलन के दिन दो चार क्षणों को अतेन्द्रिय हाथों से छु अवश्य सकती है। यहाँ क्षण ही प्रधान हो जाता है व्यक्ति अपने जीवन में इसी क्षण की खोज आजीवन करता रहता है। उस क्षण की जिसमें इन्सान को शांति प्राप्त हो। अपनी परम्पराओं की जो कहीं विलीन हो चुकी है। उनकी यह खोज अंत तक पूर्ण नहीं होती।

शेष यात्रा उपन्यास में अभिव्यक्त अस्तित्ववाद

एक भारतीय नारी की स्थिति को लेखिका उषा प्रियंवदा ने इस उपन्यास के शुरू में दिखाया है। बहुत ही भोली–भाली अनु एक पाश्चात्य परिवेश में पले प्रणव की पत्नी बन जाती है। एक दिखावे की ज़िन्दगी जीने वाले पति की पत्नी। इसके विपरीत अनु ने तो दिखावे का अर्थ भी नहीं समझा था कभी। इसीलिए तो रेखा प्रणव को कहती है कि "प्रणव, टेक केयर ऑफ हर, शी इज जस्ट अ किड।"[9] प्रणव, अनु को सम्बोधन करके कहता है कि मैं इसको सारे शहर की रानी बनाकर रखूँगा। ऐसी लुभावनी बातें के तले शुरू होती है अनु के अस्तित्व की कहानी। उसके चारों तरफ बहुत ही लुभावना वातावरण है। वह सोचती है कि अब स्कूल का समय गया, अल्हड़पन के दिन बीत गए हैं, अब तो

चारों तरफ सब कुछ नया ही नज़र आता है। वह पश्चिमी संस्कृति में अपने आपको घिरा हुआ पाती है, जिससे कि वो अपरिचित है। उसकी छोटी मामी हमेशा कहती आयी कि थी कि तेरा क्या होगा लड़की ? आपने दुनियादारी नहीं सीखी आदमी को पहचानना नहीं जाना। हर किसी पर भरोसा कर लेती है, हरेक को अपना मान लेती है, कैसे कटेगी जिन्दगी। घर गृहस्थी को चलाने के लिए अनु अंतर्राष्ट्रीय महिला संघ की तरफ से पैम्पलेट में से कुछ नुकते सीखती है। अमेरिका में वो एक सुघर गृहिणी बनकर रहना चाहती है। अब तक तो लोग अनु और प्रणव को गोल्डन कपल कहकर पुकारते थे। इस स्थिति में अनु को भी अपना भाग्योदय लग रहा है।

अकेलापन

व्यक्ति बाह्य जगत अर्थात् भौतिक जगत के प्रभाव से तो संघर्षरत हो ही उठता है परंतु वह अपने मस्तिष्क में उठ रही दो विरोधी भावनाओं के मंथन से भी संघर्षरत हो उठता है। इसको अंतर्द्वन्द्व व मानसिक द्वन्द्व कहा जाता है। मानव–मन अनेक विचारों, भावनाओं एवं इच्छाओं का भण्डार होता है। जिनमें किसी वस्तु को पाने और न पाने में विवशता की स्थिति पर छटपटाहट होती रहती है। अतः मनुष्य का मन बाह्य नियंत्रणाओं और इच्छाओं अस्थायी संवेगों के मध्य युद्ध–स्थल बना रहता है। इस कारण मानव–जीवन मानसिक द्वन्द्व ग्रस्त हो जाता है। व्यक्ति का अहं, इच्छाएँ, अकांक्षाएँ, महत्वाकांक्षाएँ और उसकी निजी स्वतंत्रता किसी न किसी रूप में सामाजिक मान्यताओं या अन्य व्यक्ति की भावनाओं से आड़े आती रहती है जिसके परिणामस्वरूप मन–मस्तिष्क में विफलता से अंतर्द्वन्द्व आ जाते हैं। व्यक्ति चाहता कुछ और है होता कुछ और है वह सोचता कुछ है पर व्यवहार में करनी कुछ और होती है। उसकी धारणा कुछ भिन्न होती है पर कथनी कुछ और ही होती है। इस कारण व्यक्ति का मन हमेशा द्वन्द्वग्रस्त रहता है। बहुत खुश थी हमारी भारतीय अनु बड़ी–बड़ी मीटिंगों में जाना, प्रणव की पसंद को अहमियत देना, अपनी दुनिया में किसी तरह की कमी को न देखना आदि। अनु की गृहस्थ ज़िन्दगी के शुरूआती दिन थे। शादी के कुछ दिनों बाद अनु अकेलेपन की शिकार होती है। जब प्रणव किसी मीटिंग में तीन दिन के लिए जाता है। समय पर न मुड़ना और बहाने बनाना एवं अनु का अकेले रहना। इस प्रकार के व्यवहार से अनु कुंठित हो जाती है। अनु के पूछने पर प्रणव द्वारा उसको बेवकूफ बताकर कहना कि मुझे तो मूर्ख लड़की ही चाहिए थी। यह मजाक में कही हुई बात प्रणव की वास्तविकता को सामने लाकर रख देती है। इन्हीं वाक्यों ने नायिका के अस्तित्व को ठेस

पहुँचाई। एक के बाद एक ऐसे ही प्रणव का असली चेहरा भारतीय औरत के सामने आने लगते हैं।

भारत का एक अलभ्य रत्न प्रणव को मिला था उसकी परख उसको नहीं थी। प्रणव एक ऐसा जोहरी था जो अमूल्य रत्न को छोड़कर खोखले पत्थरों के पीछे भागता रहा। उसकी हिसंक प्रवृत्तियों ने अनु को अन्दर से झकझोर दिया था। (टेलीविजन पर फंतासी दुनिया देखती–देखती वह ऊब चुकी थी) शादी के तीन–चार साल बाद तो प्रणव ने अनु के साथ पार्टियों में जाना भी छोड़ दिया था। अनु को भी अकेले जाना अच्छा नहीं लगता था तो वह अकेले घर में बैठकर सारी शाम टेलीविजन पर आँखें फोड़ती रहती है। प्रणव के यह शब्द अनु के अस्तित्व के लिए काफी सहायक हैं कि "मैं चाहता हूँ कि तुम मुझ पर इतनी निर्भर न रहो। मुझसे अलग अपना अस्तित्व बनाओ। आत्मनिर्भर बनो। तब तो तुम बच्ची थीं, एकदम अबोध। अब तो यहाँ चार–पाँच साल से हो, वह बचपना अब क्यूट नहीं लगता।"[10] प्रणव के इन शब्दों से कहीं न कहीं अनु कुछ सोचने पर मजबूर होती है कि वह कुछ करे। पति को अस्पताल में अनिश्चित अवधि की छुट्टी देकर सामान बांधते हुए वह देखती है तो उसको फिर से वही अकेलेपन का डर सताने लगता है। वह सोचती है कि एक दिन वह इसी डर के कारण मर जाएगी। अब तो अनु का मुँह फुलाना, किसी सक न बोलना और भूख–हड़ताल सभी कुछ व्यर्थ था। वह हार मान लेती है। सोचती है अब तो जीवन क्या ऐसे ही अकेले रहकर कटेगा। क्या मैं कुछ नहीं कर पाऊँगी। प्रणव का कहना था कि अनु प्रत्येक निमन्त्रण को स्वीकार करें, पार्टियों में जाए और लोगों से मिलती–जुलती रहे। अनु भारतीय नारी है ऐसे हर रोज़ शाम को अकेले पार्टियों में जाकर शराब पीना, व्यर्थ में ही घूमना–फिरना उसको अच्छा नहीं लगता। अनु को जब ज्योत्सना बेन से पता चलता है कि प्रणव तो उसकी सोच से कोसों दूर है। ज्योत्सना बेन कहती हैं कि "अनु, तुम अपना भला–बुरा सोचो। इस लीक को क्यों पकड़े बैठी हो ? अपने को गला रही हो। प्रणव तो हमेशा से ही ऐसा था, कभी किसी का होकर रहा है ? शादी से पहले भी उसके कितने सम्बन्ध रह चुके हैं। नई–नई नर्सें – हम लोग तो सब जानते हैं, देखते आए हैं, सोचा था, तुम्हें पाकर सुधर जाएगा, मगर....."[11]

प्रतिकूल परिस्थितियाँ और अजनबीपन

मानव जीवन की शाश्वत प्रवृति का नाम प्रेम है जिसकी अतृप्ति जीवन में कुण्ठा, निराशा, विसंगति को जन्म देती है। व्यक्ति की अतृप्त इच्छा एवं कामना उसके व्यक्तित्व में ऐसा तीव्र विद्रोह, आक्रोश, द्वन्द्व

उद्वेलित कर देती है कि उसमें असंतुलन आ जाता है और अतृप्त इच्छाएँ तृप्ति की कामना में नैतिक–अनैतिक का बंधन तोड़ देती है। उषा प्रियंवदा के उपन्यासों के अनेक पात्र ऐसे हैं, जो अपने अतृप्त प्रेम के कारण असंतुलित और द्वन्द्वरत जीवन जीते दिखाई देते हैं। अहं की भांति हीन भावना भी मानव व्यक्तित्व को कुंठित करने वाली विशिष्ट वृति है। आर्थिक अभाव, सौन्दर्य भाव प्रेम में अतृप्ति से उत्पन्न हीन भावना को मानव के विकास में बाधक बनकर उसके जीवन को निराशापूर्ण बना देता है। हीन भावना के कारण व्यक्ति अंतर्मुखी हो जाता है और स्वयं को प्रत्येक स्थिति से काटकर रखने लग जाता है। अपने प्रति दूसरों के व्यवहार को विश्लेषित कर अंतर्द्वन्द्व में वह छटपटाता है। इस तरह के वाक्यों से अनु के अन्दर हज़ारों ज्वालामुखी फूटने लगते हैं। एक बवंडर की तरह। प्रतिकूल परिस्थितियों के कारण, प्रणव के धोखा देने के कारण एवं अकेलेपन के कारण ही अनु के स्वभाव में चिड़चिड़ापन आ जाता है। सबसे बड़ा कारण था कि अनु की भावनाओं को ठेस पहुँचती है। लोगों द्वारा पागल करार देना ये तो उसके लिए असहाय हो जाता है। डॉक्टर के जाने के बाद अनु अकेले में बिलखने लगती है वह कहती है कि ''गॉड, ओ गॉड हेल्प मी। मेरी मदद करो, मुझे शक्ति दो। . . . फिर एकदम शक्तिहीन होकर पलँग पर गिर पड़ती है। उसका दिमाग खाली है, सुन्न। भावशून्य। मुख के ऊपर काली पुतलियाँ स्थिर, होंठ गिरे हुए। रक्तहीन शरीर। 'क्या होगा ?' या 'कैसे जिऊँगी' की आकुल पुकार भी चुप, थकी हुई।''[12] हमारे देश की यह विशेषता है कि यहाँ वैवाहिक बन्धन को जीवन पर्यन्त निभाने वाली प्रक्रिया माना जाता है। डॉक्टर गुडमैन के बताने पर कि प्रणव कहता है उसके लिए यह मैरिज बहुत पहले मर चुकी थी। अनु अपने भारतीय संस्कारों को सामने लाते हुए कहती है कि पेड़–पौधे, जीव–जन्तु, आदमी–औरतें ये सभी तो मरते देखें हैं कहीं आपने मैरिज भी मरते देखी है, खासतौर से हिन्दुस्तानी मैरिज भी कभी मरी है।

अनु का जीवन उलझी हुई ऊन की तरह उलझ जाता है जो कि सुलझाना बहुत मुश्किल है। पिता की असफलताएँ, अम्मा की पराजय, ननिहाल में उतरन पहनकर बड़े होने की ग्लानि, शादी के बाद एक सफल डॉक्टर की पत्नी बल्कि अब फिर से वही अजनबीपन। यही बात बार–बार उसको परेशान करती है। सुबह होती है, सारा दिन अकेले, शाम को फिर रात को ऐसे ही अकेलेपन का ख्याल आने से ही उसका दिल डूबने लगता है। वह सोचती है कि डॉक्टर के पास हर मर्ज की दवा है ''अगर तनाव हो तो ढीला करने की दवा, अगर दुःखी हो तो खुश

करने की दवा। अनु चुपचाप सुनती है। उसे ऐसे निष्क्रिय, उदास, अकेले, अपने में डूबे–डूबे बहुत समय हो चला है।''[13]

अन्तर्राष्ट्रीय परिवेश और अनु

उषा प्रियंवदा के कथा साहित्य में नारी पीड़ा को गहराई से समझा तथा अपने लेखन का प्रमुख विषय नारी को बनाया। स्वयं नारी होने के कारण उस स्थिति की वास्तविकता से वह पूरी तरह अवगत थी। स्त्री जिसे एक बार वरण कर लेती है। आजीवन उसी के प्रति समर्पित रहती है। यही भारतीय सभ्यता है। स्त्री ही भारतीय परिवार की व्यवस्था की धूरी है। भारतीय समाज सभी नारियों से ऐसे ही पतिव्रत धर्म की अपेक्षा करता है। नारी की स्वतंत्रता ही उसकी पारिवारिक व्यवस्था का आधार है। उसे परिवार की बागडोर संभालने के लिए किसी भी प्रकार का दबाव या कोई रोक–टोक नहीं होनी चाहिए तथा प्रत्येक परिस्थिति में नारी का सहयोग करना चाहिए ताकि दांपत्य संबंधों की परिभाषा पर परिवार खरा उतर सके। कभी–कभी अतीत की कुछ गलतियां परिवार को खंडित कर सकती है क्योंकि ये समस्याएं किसी के भी परिवार को तोड़ सकती हैं। दाम्पत्य संबंधों पर आधारित परिवार ही खुशहाल जीवन व्यतीत करता है लेकिन कुछ कटुता के कारण दाम्पत्य संबंध न केवल बिखर जाते हैं बल्कि परिवारिक व्यवस्था भी गड़बड़ा जाती है। ऐसी परिस्थिति में दांपत्य संबंधों में न केवल टकराव बढ़ती है बल्कि जीवन में नीरसता आ जाती है इस कारण अत्यधिक परेशानियों का सामना करना पड़ता है। दाम्पत्य संबंध ही परिवार की रीढ़ होते हैं, इसमें मजबूती दोनों के सहयोग से ही आती है। पारिवारिक व्यवस्था में धोखा देने की स्थिति में भी दाम्पत्य संबंध बिखर जाते हैं। पत्नी के लिए यह सामान्य बात नहीं होती कि उसके पति के किसी अन्य के साथ संबंध हों। ऐसा विश्वासघात दिलों को अंदर तक छेदित कर देता है, जिसके कारण परिवार में सामान्य स्थिति नहीं आ पाती। किसी भी समाज का आधार उस समाज में रहने वाले लोगों के आपसी संबंधों पर निर्धारित होता है। स्त्री–पुरुष संबंधों पर आधारित हमारा पारिवारिक वातावरण एक ऐसी संस्था का निर्माण करता है जो न केवल एक सुसंस्कृत समाज की नींव रखते हैं बल्कि एक ऐसे मनुष्य का निर्माण होता है जो समाज के लिए आवश्यक हो। दांपत्य संबंधों पर आधारित ही पारिवारिक व्यवस्था सफल और सार्थक मानी जाती है। स्त्री–पुरुष के बीच संबंध मधुर हो तो हमारा परिवार खुशहाली भरे वातावरण में पनपता है और अगर इन संबंधों में थोड़ी सी भी कड़वाहट पैदा हो जाए तो परिवार के साथ–साथ समाज का भी स्वरूप विकृत हो जाता है। इस प्रकार सामाजिक व्यवस्था का निर्वाह करने के

लिए स्त्री–पुरुष संबंधों में मधुरता अत्यधिक अनिवार्य है। आपसी संबंधों की आधारशिला ही हमारी पारिवारिक व्यवस्था की इमारत को मजबूती प्रदान करती है। नारी हमारे समाज का सबसे प्रमुख हिस्सा है लेकिन प्राचीन समय से लेकर वर्तमान समय तक भी नारी की अपेक्षा की जाती रही है चाहे वह कितनी ही जिम्मेदारियों का वहन करके पारिवारिक व्यवस्था से सामंजस्य स्थापित करती रहे लेकिन पुरुष उसे अपने से कमतर ही आंकता है। पुरुष केवल अपने को ही श्रेष्ठ समझता है वह नारी मन की कल्पनाओं को समझने का प्रयास नहीं करता इसलिए नारी अपनी अपेक्षा से खिन्न रहती है।

उषा प्रियंवदा ने अपने कथा साहित्य में यह दर्शाने का प्रयास किया है कि नारी को घर की चारदीवारी में कैद रखना उचित नहीं है। पुरूष प्रधान समाज को नारी की स्वतंत्रता से परहेज है। यह ऊषा प्रियंवदा की कहानियों का प्रमुख विषय रहा है तथा इन कहानियों ने नारी की प्रत्येक स्थिति का विस्तारपूर्वक वर्णन करने का प्रयास किया है। नारी मन की व्यथा को समझना अत्यधिक आवश्यक है क्योंकि नारी ही परिवार का पालन पोषण करती है तथा नारी ही परिवार को सुसंगठित एवं सुसंस्कृत बनाती है। इस कारण से नारी निष्ठा को समझना आवश्य हो जाता है।

भारतीय संस्कृति अपने आप में एक महान संस्कृति रही है। इस संस्कृति को देश–विदेश सभी जगह सम्मान दिया जाता है। भारतीय संस्कृति में भी नारी को विशेष स्थान प्राप्त है। यहां नारी को घर की लक्ष्मी के रूप में स्वीकार किया जाता है परन्तु यह बात इतनी तर्क संगत लगती नहीं। भारतीय समाजिक व्यवस्था ने नारी पर जितने अत्याचार किए जाते हैं उन सबसे यही लगता है कि वह घर की देवी नहीं बल्कि घर की दासी हो। इस समय के बदलते परिवेश में नारी ने अपनी भूमिका को भी परिवर्तित किया है। जिस प्रकार विदेशों में नारी की स्वतंत्रता का हनन नहीं किया जा सकता। वहाँ पर नारी स्वयं आगे बढ़कर प्रत्येक कार्य को करती रही है। उसका प्रभाव अब भारतीय पारिवारिक एवं सामाजिक व्यवस्था में भी देखने को मिलता है क्योंकि पाश्चात्य संस्कृति अपनी तरह की संस्कृति है जो कि भारतीय संस्कृति और वातावरण के अनुरूप नहीं है। पाश्चात्य संस्कृति का प्रभाव हमारे साहित्य पर भी स्पष्ट रूप से देखा जा सकता है। किस प्रकार स्त्री के संबंधों में मुखरता के साथ–साथ अश्लीलता भी आ रही है। चाहे वह दात्पय संबंध हो या अन्य कोई संबंध कुछ सामाजिक बुराईयां जैसे शराब पीना आदि कई कुरीतियां पाश्चात्य संस्कृति की देन है। जिसे हम आसानी से अपना रहे हैं और अपनी गिनती उच्च वर्ग में करते हैं। पहले स्त्रियों को रात को घर से

प्रवासी साहित्यकार उषा प्रियंवदा की साहित्य-साधना

बाहर निकलना प्रतिबंधित माना जाता था लेकिन वर्तमान में यह एक सामाजिक श्रेय के रूप में गिना जाने लगा है। लोग क्लबों तथा पार्टियों में जाते हैं तथा वहां पर शराब आदि नशे करके पूरी रात घूमते हैं। किस प्रकार पाश्चात्य संस्कृति के प्रभाव के कारण दांपत्य संबंधों में भी कटुता बढ़ती जा रही है तथा परिवारों में टूटन तथा विखंडन अत्यधिक बढ़ गया है। आज नारी अपने आपको बाहरी कार्यों में इतना व्यस्त रखना चाहती है कि उसे अपनी घरेलू जिम्मेदारियों का अहसास ही नहीं रहता। जिसके कारण भी दांपत्य-संबंधों में भी कटुता पनपने लगती है। वर्तमान समय में नारी अपने आपको सामाजिक कार्यों में व्यस्त रखने पार्टियों और क्लबों में जाकर अपने सामाजिक स्तर को उठाने का प्रयास करती है लेकिन वह अपनी पारिवारिक सम्पदा को खोती जा रही है।

आधुनिक नारी अपने आपको स्वतंत्र घोषित कर चुकी है। वह अब समाज की चिंता नहीं करती उसे केवल अपनी खुशियों से सरोकार है। चाहे वह किसी भी रूप में मिले वह अपने सपनों को पाना चाहती है। नारी मन अपनी व्यथा को किसी के सामने प्रदर्शित करने से हिचकिचाती है। आज की नारी की अपनी एक अलग दुनिया होती है। नारी सभी प्रकार की जिम्मेदारियों का निर्वाह बड़ी ही कुशलता से करती है किन्तु अपने आपको वे परेशानियों से मुक्त नहीं रख पाती। यही कारण है कि सबका बोझ अपने ऊपर सहने के बाद वे तनाव की स्थिति में रहती है। यही कारण है कि नारी मन अपनी व्यथा को कहने से डरता है। कहीं उसको कमजोर न समझ लिया जाए। तनाव की यही स्थिति नारी को विचलित कर देती है।

ऊषा प्रियंवदा ने अपने कथा-साहित्य में नारी की प्रत्येक स्थिति का वर्णन अत्यंत मुखरता से किया है। ऊषा जी ने नारी को संसार में प्रमुख स्थान दिया है। नारी के बिना समाज तथा परिवार की कल्पना भी नहीं की जा सकती। उसकी मानसिक स्थिति को कोई समझने का प्रयास भी नहीं करता। जिसके कारण वह हमेशा तनावग्रस्त रहती है तथा अपने आपको कठिन परिस्थितियों में अकेला पाती है। यही पर नारी अपने मन की व्यथा किसी को कह भी नहीं पाती। स्त्रीत्व और सतीत्व की मर्यादा भारतीय परिवार व्यवस्था की धुरी है। भारतीय समाज सभी नारियों से ऐसे ही पतिव्रत धर्म की अपेक्षा करता है। भारतीय संस्कृति में पत्नी के रूप में नारी का किरदार भारतीय पारिवारिक व्यवस्था में मुख्य भूमिका निभाता है। चाहे वह किसी भी स्थिति में या परिस्थिति में हो अपने धर्म का पालन करना नहीं भूलती। यही गुण भारतीय नारी को अन्य वर्गों से सर्वश्रेष्ठ घोषित करता है।

माता शब्द ही अपने आप एक संपूर्ण संसार को समाए हुए है क्योंकि नारी के संपूर्ण जीवन का सबसे महत्व्पूर्ण पल वह होता है जिस समय वह किसी बच्चे को जन्म देती है। यही नारी के संपूर्ण होने का प्रमाण भारतीय संस्कृति में स्वीकार किया जाता है। वह कष्टों को झेलकर अपनी तथा अपने बच्चों की देखभाल करती है तथा साथ ही अपनी पारिवारिक व्यवस्था का निर्वाह करती है। यहां देखा जा सकता है कि मां का ह्रदय कितना कोमल, प्यार तथा स्नेह से भरा होता है। वह अपने बच्चे के अलावा भी सभी बच्चों से उतना ही स्नेह करती है। जितना अपने बच्चों से फिर भी भविष्य में ये बच्चे ही अपनी माता से संबंध विच्छेद को आतुर रहते हैं। मां अपने बच्चों के लिए हमेशा एक जैसा व्यवहार करती है। चाहे वह किसी भी प्रकार की परिस्थितियों में क्यों न हो। वह लड़के–लड़की में कोई भेद नहीं करती। चाहे कोई कमाता भी हो या ना हो मां अपने कर्तव्य का पालन भली–भाँति निर्वाह करती है। उसे पता होता है कि उसने अपनी संतानों का पालन पोषण करना है। जिंदगी और गुलाब के फूल नामक कहानी में मां का यह स्वरूप स्पष्ट रूप से देखा जा सकता है। इस कहानी में सुबोध की मां के ममत्व को आसानी से देखा जा सकता है। किस प्रकार मां अपने बच्चों का पालन–पोषण करती है। बच्चे चाहे छोटे हो या बड़े उनके स्वरूप में मां के लिए कोई परिवर्तन नहीं होता। मां शब्द ही अपने आप में पूरे संसार को समेटे हुए वह अपनी तथा अपने परिवार की जिम्मेदारी जितनी अच्छी तरह से संभाल सकती है वैसा कोई भी नहीं।

सास को भारतीय समाज में मां के रूप में चित्रित किया गया है। पारिवारिक संबंधों में कदाचित सास–बहु का संबंध अधिक महत्वपूर्ण है। परिवार की सुख व समृद्धि इसी संबंध पर टिकी होती है। आरंभ के हिंदी उपन्यासों में हमें सास व बहू विग्रह भरे संबंधों का चित्रण मिलता है। इस चित्रण में प्रायः इन सभी परिस्थितियों का समावेश हो जाता है कि जो बहू पर सास के अन्याय, अत्याचार का कारण बनती है। उषा प्रियंवदा के साहित्य में सास–बहू के कर्तव्य–विमुख और दोषी ठहराया जाता रहा हैं। ऊषा प्रियंवदा की प्रमुख कहानी वापसी में सास–बहू के संबंधों का वास्तविक चित्रण बड़ी ही मुखरता से किया गया है कि किस प्रकार सास–बहू के संबंधों पर ही घर में सुख–शांति निर्भर करती है। अगर घर चलाने वाले लोगों में ही मतभेद होगा तो घर की व्यवस्था अव्यवस्था में बदल जाएगी और यही घरेलू वातावरण को कमजोर बनाती है।

उषा प्रियंवदा की लगभग सभी विधाओं के अन्तर्गत नारी के विभिन्न रूपों का वर्णन किया गया है। नारी के विभिन्न रूपों में बेटी के रूप का

चित्रांकन प्रत्येक कहानी, कविता, उपन्यास आदि में सजीव रूप में पाया जाता है। कहीं वह पिता के आदेश का पालन करती है तो कहीं वह विमुख दिखाई पड़ती है। कहीं–कहीं उसे परिवार के भरण– पोषण के लिए कार्य भी करना पड़ता है। एक बेटी तीन परिवारों का पालन–पोषण एवं उनको सुसंस्कृत बना सकती है। एक बेटी के रूप को ही ऊषा प्रियंवदा ने अपने उपन्यासों में प्रमुख स्थान दिया है। स्वयं नारी होने के कारण प्रत्येक स्थिति को भोग कर उन्होंने अपने साहित्य में चित्रित किया है ताकि पात्रों के चरित्र में सजीवता आ सके और उनकी सजीवता भी समाज को संदेश दे।

प्राचीन समय से ही नारी को शोषित और पद्‌लित माना जाता रहा है। ऊषा प्रियंवदा ने इस गौण पात्र की परिस्थितियों को भी अपने साहित्य का विषय बनाया है, ताकि नारी के प्रत्येक स्वरूप की व्याख्या प्रस्तुत की जा सके और नारी के कोमल हृदय में छुपे दर्द को मुखर भाव से प्रस्तुत किया जा सके। भारतीय समाज में नौकरानियों की व्यथा को समझा जा सकता है कि किस प्रकार उनका शोषण किया जाता है। गाली गलौच किया जाता है। घर के सदस्य से कोई नुकसान हो जाए तो चल जाता है, लेकिन अगर वही नुकसान नौकरानी से हो जाए तो या तो उसकी पगार काट ली जाती है या उसे नौकरी से निकाल दिया जाता है। यह भारतीय समाज में एक साधारण सी बात है। स्त्री अपने संपूर्ण जीवन में अनेक प्रकार की भूमिकाओं का निर्वाह करती रही है। एक लड़की पैदा होते ही रिश्तों के बंधन में बंधती है तथा अंत तक रिश्तों की जकड़न उसे जकड़े रखती है। वह कभी भी अपने आप को स्वतंत्र महसूस नहीं करती।

स्त्री के रूप में भी ऊषा प्रियंवदा ने नारी विमर्श पर अपने विचार प्रस्तुत किए हैं कि किस प्रकार की परिस्थितियों का सामना उसे करना पड़ता है। घर में अगर एक लड़का हो तो लड़की की सभी ख्वाहिशों को दबा दिया जाता है और अगर कई लड़कियां हो तो सब को बोझ समझा जाता है। उनकी उपेक्षा की जाती है। यहां स्पष्ट है कि वर्तमान समय में स्त्री पर एक ओर कर्तव्य बढ़ गया है। अपने परिवार का पालन पोषण करना जिस घर में कोई पुरुष कार्य ना करता हो वहं पर नारी को घर से बाहर निकलकर पारिवारिक परंपरा का त्याग करना पड़ता है तथा अपनी खुशियों का भी।

विभिन्न पारिवारिक चरित्रों के अलावा नारी का एक चरित्र ऐसा भी है जिसे ज्यादातर लोग पसंद नहीं करते वह है प्रेमिका का स्वरूप। प्रेमिका के रूप में भी ऊषा प्रियंवदा ने नारी चरित्र को मुखरता प्रदान की

है। उनके अनुसार पुरुष प्रधान समाज में नारी को अपने हृदय की बात सुनकर उस पर चलने का हक माँगती है। प्रेमिका के रूप में नारी के विचारों से अवगत करवाने का प्रयास किया गया है कि जिस प्रकार पुरुष प्रेम करने का हकदार है, स्त्री उस प्रेम को पाने की हकदार है। बशर्ते की उसमें कुटिलता, छल ना हो, निश्छल प्रेम की छांव सभी को आकर्षित करती है। पुरुष प्रधान समाज में नारी की वर्तमान स्थिति में काफी सुधार आया है। पहले नारी को चारदीवारी से बाहर कदम रखने की इजाजत नहीं दी जाती थी लेकिन वर्तमान समय में नारी ने अपनी आजादी और स्वतंत्रता से जीना सीख लिया है। प्रभा खेतान मानती है कि नारी की स्वतंत्रता उसके पर्स से शुरू होती है, वे नारी की असली आजादी आर्थिक आजादी को ही स्वीकार करती है। उसी प्रकार ऊषा प्रियंवदा ने नारी को स्वतंत्र रूप प्रदान करते हुए उसे आत्मनिर्भर बनने की ओर प्रेरित किया है। वर्तमान समय में और पुरुषों के कंधे से कंधा मिलाकर चल रही वह घर के कार्य ही नहीं करती बल्कि आजीविका चलाने के लिए घर से बाहर निकलकर कार्य भी करती है। ऊषा प्रियंवदा ने अपने उपन्यासों के माध्यम से नारी के आत्मनिर्भर होने के स्वरूप को उजागर किया है कि किस प्रकार वर्तमान समय में नारी ने अपने लिए एक अलग स्थान बनाया है तथा संसार के प्रत्येक कार्य में अपनी भूमिका को आवश्यक बनाया है। नारी हृदय से अत्यधिक कोमल और स्नेहशील होती है। नारी की अपनी इच्छाएं, आकांक्षाएं और कल्पनाएं होती है। जिनके पूरा होने की आशा लेकर वह अपने आपको सभी के प्रति समर्पित करती है। चाहे माता-पिता, भाई-बहन, पति, सास, ससुर या अपने बच्चे सभी के लिए इस आशा से कार्य करती है कि कोई उसकी व्यथा को समझे तथा उसकी मानसिकता के अनुरूप उसकी खुशी के लिए कार्य करें। यह स्थिति कहीं-कहीं पर तो पूरी हो जाती है, लेकिन कहीं उसकी इच्छा अभिलाषा अधूरी ही रह जाती है।

  नारी मन की अभिलाषा और इच्छा को भली-भाँति समझा जा सकता है कि किस प्रकार नारी अपनी इच्छाओं के पूरा होने की आस से ही खुश हो जाती है। एक नारी के लिए मां बनना दुनिया की सबसे बड़ी खुशियों का अनुपम उपहार होता है। वह मन ही मन तरंगित होती रहती है तथा आने वाले बच्चे के लिए विभिन्न प्रकार की कल्पनाएँ उसके जीवन को नई जिन्दगी दे देती है।

  नारी के मातृत्व मन को इन पंक्तियों के माध्यम से व्यक्त किया गया है कि किस प्रकार उसका सारा संसार उसके बच्चे तक सिमट कर रह जाता है। उसी से उसकी खुशियां और गम जुड़े रहते हैं। नारी हृदय

काफी कोमल तो होता है कि लेकिन वह अन्दर से पुरुष जितनी कठोर और मजबूत नहीं होती, इसलिए उसे एक ऐसे व्यक्ति की आवश्यकता होती है जो उसको समझ सके तथा उसकी भावनाओं की कद्र कर सके। नारी अथाह शक्ति का भंडार है अगर वह चाहे तो किसी को भी अपने वश में कर सकती है बस आवश्यकता है विश्वास, शक्ति और धैर्य की। यही वह गुण है जो नारी को पुरुष से श्रेष्ठ बनाता है।

उषा प्रियंवदा के कथा–साहित्य में नारी की शादी से पहले तथा बाद की स्थिति का मूल्यांकन प्रस्तुत किया गया है। जिस प्रकार की आजादी नारी के लिए शादी से पहले होती है वैसी बाद में नहीं रहती। शादी से पहले वह अपनी मर्जी से कहीं भी आ जा सकती है लेकिन शादी के बाद अनेक प्रकार की जिम्मेदारियां उसको अपने मन की इच्छाओं को पूरा करने में रुकावट पैदा करती है। कभी–कभी शादी के बाद ऐसी परिस्थितियां उत्पन्न हो जाती है कि लड़की का पति अपनी पत्नी की मानसिक स्थिति को समझ नहीं पाता। ऐसी स्थिति में वैवाहिक जीवन नीरस और संवेदन शून्य हो जाता है। दोनों की उपस्थिति में भी घर नाम का ही रह जाता है। ऐसे में स्त्री के मन में कई ख्याल उमड़ते हैं, वह अपने सपनों को टटोलने का प्रयास करती है लेकिन वहाँ सपनों की दुनिया खत्म हो जाती है। ऊषा प्रियंवदा ने नारी हृदय की तस्वीर प्रस्तुत करने का प्रयास किया है कि किस प्रकार नारी अपने आने वाले जीवन की कामना करके पुलकित होती रहती है किन्तु परिस्थितियां अनुकूल न होने पर उसके सपनों का संसार चूर–चूर हो जाता है तथा उसके जीवन में नीरसता और संवेदनहीनता आ जाती है। इस कारण पुरुष को नारी मन की समझ होनी चाहिए ताकि नारी की इच्छाओं को पूरा करके पारिवारिक जीवन को खुशहाल बनाया जा सके।

उषा प्रियंवदा के उपन्यासों में नारी के शोषण को प्रमुखता से उठाया गया है। जिसको ऊषा प्रियवंदा ने बड़ी ही सजीवता से अपने उपन्यासों में चित्रित किया है। जिसमें नारी का मानसिक, शारीरिक और भावनात्मक शोषण दर्शाया गया है। ऊषा प्रियवंदा ने अपने कथा साहित्य में औरत को प्रेमिका के रूप में भी चित्रित किया है। जिसका सबसे अधिक विरोध किया जाता है।

शेष यात्रा उपन्यास में अनु की एक भारतीय सहेली दिव्या उसको अस्पताल से लेने आती है। दिव्या और जयन्त पाकिस्तानी रेस्तराँ में काम करते हैं। हिन्दुस्तानी–पाकिस्तानी सभी वहाँ मिल–जुल कर रहते हैं। वह अनु को भी बहुत समझाती है। बात–बात पर उसको कहती है कि तुम अपने स्वतंत्र अस्तित्व की मालिक हो। अपनी इच्छा से कुछ भी कर

सकती हो। वह कहती है कि "सुनो अनु, तुम कब तक अपने सारे अस्तित्व को प्रणव – नाम की खूँटी पर टाँगे रहोगी। उस शख्स ने तो तुम्हारी खबर भी नहीं ली कि कहाँ हो, कैसी हो ?"[14] दिव्या बहुत ही खुले विचारों की लड़की थी जिसने अनु के डूबते हुए अस्तित्व को जगाया। बहुत ही अच्छे शब्दों में उसने अनु को समझाया कि उस शख्स ने तेरी बिल्कुल भी कद्र नहीं की अब रोने–बिसूरने की बजाए, प्रणव कुमार को अपनी ज़िन्दगी से जाने दो। एक नए सिरे से ज़िन्दगी की शुरूआत करो अस्तित्वविहीन होकर नहीं बल्कि आत्मनिर्भर बनकर जी सको।

एकान्तता

आज जिस रूप में नारी विमर्श भारतीय साहित्य में ही नहीं बल्कि विश्व साहित्य में हो रहा है। उसे भारतीय हिंदी कथा साहित्य में सजीवता से वर्णित किया गया है। ऊषा प्रियवंदा के कथा साहित्य में नारी का यह स्वरूप स्पष्ट रूप से देखा जा सकता है। स्वयं एक नारी होने के कारण वे इस पीड़ा को आसानी से समझ सकती है कि एक नारी को कितने कष्ट उठाने पड़ते हैं। उसे कितनी प्रकार की भूमिकाओं का निर्वाह करना पड़ता है। नारी जन्म से ही बंधन और मर्यादाओं में जकड़ी हुई पैदा होती है। उस पर अपेक्षाओं का बोझ उम्र के साथ–साथ बढ़ता ही जाता है। वर्तमान समय में नारी पुरुष के कंधे से कंधा मिलाकर तो चल रही है, किन्तु पुरुष नारी के बढ़ते वर्चस्व से घबराकर उसकी योग्यता को दबाने का प्रयास करता है। इन कारणों से नारी का शोषण होता रहा है। प्रेमचंद ने नारी को प्रेम और त्याग की मूर्ति कहकर संबोधित किया है, वहीं नारी की असली आजादी उसकी आर्थिक आजादी को स्वीकार किया जाता है। ऊषा प्रियवंदा ने नारी के स्वरूप का बड़ी ही मुखरता से चित्रण किया है। जिसका वर्णन इनके कथा साहित्य में व्यापक स्तर पर देखा जा सकता है। भारतीय जीवन शैली में नारी को हमेशा से ही एक अबला और कमजोर स्वीकार किया गया है अर्थात् नारी के स्वरूप और उसकी शारीरिक क्षमता को हमेशा कम आंका गया है। स्त्री की यह स्थिति पुरुषों के प्रभाव के कारण ही बनी है। नारी प्राचीन समय से ही अबला समझी जाती रही है और यही स्थिति आधुनिक युग में भी देखी जा सकती है। अबला जीवन तुम्हारी यही कहानी आंचल में दूध आंखों में पानी, महाकवि निराला की इस पंक्तियों से यह स्पष्ट हो जाता है कि नारी को अबला ही समझा जाता रहा है तथा उसको प्रत्येक कार्य में नारी अपने जीवन में अनेक प्रकार की भूमिकाओं का निर्वाह करती है तथा प्रत्येक स्थिति में वह दूसरों के प्रति अपने आप को

प्रवासी साहित्यकार उषा प्रियंवदा की साहित्य-साधना

समर्पित कर देती है, लेकिन फिर भी उसका शोषण ही किया जाता है। चाहे उसका पति हो या उसके घर का कोई अन्य सदस्य। नारी चाहे पुरुष की कितनी ही तन-मन से सेवा करें लेकिन पुरुष नारी के बढ़ते प्रभाव से हमेशा चिंतित ही रहता है। उसे नारी का आधिपत्य स्वीकार नहीं होता क्योंकि उसका हृदय नारी जैसा कोमल नहीं होता। इन्हीं कारणों से अपने प्रभुत्व की खातिर नारी को उसका पूर्ण अधिकार नहीं देता। पुरुष चाहे कितना ही बलवान या बुद्धिमान हो नारी के बिना उसका अस्तित्व अधूरा ही स्वीकार किया जाता है। नारी के बिना कोई भी व्यक्ति अपनी पारिवारिक व्यवस्था को उच्च कोटि की श्रेणी में नहीं गिन सकता। वर्तमान समय में नारी ने परिवार के साथ-साथ घर चलाना भी सीख लिया है। आर्थिक आजादी ही स्त्री की वास्तविक आजादी है। प्रभा खेतान के वर्तमान समय में न केवल नारी पारिवारिक स्थिति को संभाल रही है बल्कि आर्थिक परिस्थितियों को भी अपने वश में कर लिया है। यही यथार्थ पुरुष के पुरुषार्थ को कटौता है कि नारी उसके दो कदम आगे बढ़ रही है। पुरुष उसके इस कदम से चिंतित है।

नारी अपने जीवन की परिस्थितियों से लड़ते-लड़ते इतनी थक जाती है कि कभी-कभी उसे अपने जीवन में एक साथी की जरूरत अनुभव होने लगती है। यहीं पर नारी अपने जीवन में एक अकेलापन महसूस करती है कि कहीं पर कोई उसकी बात सुने तथा उसका प्रोत्साहन करें ताकि उसके जीवन में मधुरता और सरसता आ सके। नारी के जीवन की यह स्थिति उसे सोचने पर मजबूर कर देती है कि वह इतनी कमजोर तो नहीं थी कि उसे किसी का सहारा ढूंढ़ने की जरूरत पड़े। दूसरों को देखकर कभी-कभी ऐसा मन में आ जाता है। स्वतंत्रता संग्राम से लेकर आधुनिक युग तक नारी के वर्चस्व का बोलबाला है। पुरुष चाहे कितना ही नारी के अस्तित्व को उसके गुणों को दबाने का प्रयास करें, नारी की प्रतिभा अपने आप निखर उठती है। नारी के इसी प्रारुप को सभी साहित्यकारों और बुद्धिजीवियों ने स्वीकार किया है कि नारी अबला नहीं सबला है। उसमें परिवर्तन की शक्ति निहित है। वह न केवल अपने भावों और विचारों को अभिव्यक्त करने के लिए स्वतंत्र है बल्कि अपने भविष्य का चुनाव करने के लिए भी स्वतंत्र है। वह जिस मार्ग को चाहे उसका चुनाव कर सकती है। वह कठिन से कठिन कार्य को पुरुषों की तरह कर सकती है। आधुनिक युग में हम नारी के बढ़ते वर्चस्व को देख सकते हैं कि प्रत्येक क्षेत्र में नारी का दबदबा है। चाहे वह विज्ञान का क्षेत्र हो, चाहे राजनीति या पारिवारिक व्यवस्था उसके त्याग और बलिदान को सभी नमन करते हैं और करते रहेंगे।

ज़िन्दगी एक सन्तुलित नाव की तरह होती है। थोड़ा–सा भी सन्तुलन बिगड़ने पर हमें एकाग्रता की आवश्यकता पड़ती है। यही तो शेष यात्रा उपन्यास की नायिका अनु को करना है कि अपनी डगमगाती जीवन नैया को किनारे पर पहुँचाना है। दिव्या ने उसके गिरते हुए आत्म सम्मान को जगाया है। मानसिक क्रूरता का ब्यौरा देकर प्रणव ने लोगों को एवं वकील को अनु के मानसिक अत्याचारों के बारे में बताता है कि उसको पागलपन के दौरे पड़ते हैं। जिसके कारण वह अपनी सुध–बुध खो बैठती है और अभद्र गालियाँ देती है। प्रणव तो ऐसी झूठी बातें बनाकर तलाक ले लेता है। इस प्रकार प्रणव स्वतंत्र हो जाता है– अकेला, उन्मुक्त और बन्धनहीन। चन्द्रिका से भी मन भरने के बाद प्रणव बिल्कुल स्वतन्त्र अपने 'स्व' से जूझता हुआ घूमता है। चारों तरफ एकान्त और सन्नाटा। अब तो वेशभूषा भी इतनी प्रभावशाली नहीं रही थी उसमें एक विसंगति की तरह, पुरानी आराम परस्त ज़िन्दगी के अवशेष ही रह गए थे। अब प्रणव की ज़िन्दगी में भी सन्नाटा छाने लगा था। वहीं छुट्टी और सप्ताहांत में ट्रैफिक–दुर्घटनाएँ और हार्ट अटैक बहुत होते थे। बिना किसी परिवार के और अकेले होने के कारण प्रणव को ही अकसर सप्ताहांत की ड्यूटी मिलती थी। इन सब बातों से अब प्रणव को भी अकेलेपन का अहसास होने लगा था। इस कारण प्रणव को अकेलापन बुरा नहीं लगता था। उसको अपने आचरण पर ज़रा भी खेद नहीं था, अकेले रहना उसको इतना अच्छा लगता था कि किसी भी मूल्य पर उसे त्यागने को वह तैयार नहीं था।

सूनापन

प्रवासी भारतीयों का रहन–सहन आदतें सब कुछ वही रहता है चाहे वो कैलीफोर्निया हो या, उत्तरी कैनेडा या न्यूयार्क हो। प्रणव एक घूमने–फिरने वाला ऐसा पक्षी है जो दौबारा अपने घोंसले में वापिस नहीं आता। स्वतन्त्र होता है अपनी तरह से बिल्कुल स्वतन्त्र। एक बार उसे पीछे छोड़ आने पर दोबारा उसी माहौल में प्रवेश करना उसे बहुत उबाऊ और खाली लगता था। उसे स्वतन्त्र रहना चाहता है वो। उसको सन्नाटा, खालीपन, अकेलापन बहुत सुखदायी लगता है।

"कितना सुखद शान्तिदायक है यह सन्नाटा, यह बर्फानी लैंडस्केप। प्रणव को अपनी भटकन, अपने अन्दर की आँधी कुछ थमती लगती है। वह आसपास से बर्फ बटोरकर धीमी पड़ती आग पर डाल उसे बुझा देता है। फिर अच्छी तरह उसे दबाकर वह उठ खड़ा होता है।"[15] प्रणव की हालत अब ऐसी है कि वह अजनबीपन का शिकार हो जाता है। उसको किसी के प्रति मोह नहीं है। लगाव बचा भी है तो सिर्फ फोटोग्राफी के

कैमरे से और पसन्द की शराब से। यही निर्मोही होना उसके लिए घातक सिद्ध हुआ जब वह नमिता के साथ सो रहा होता है तो बहुत बेचैनी और सीने में शूल जैसे दर्द के साथ जागता है। उसको हार्ट अटैक हो रहा था। एम्बुलेंस के द्वारा अस्पताल में पहुँचाया गया। होश आने के बाद डॉक्टर के पूछने पर वह बताता है, "मैं बहुत अनडिपैंडेट और अनरिलायबल हूँ, कहीं टिककर नहीं रहता, ऊबता हूँ तो चल देता हूँ।"[16]

अजनबीपन और आत्मनिर्भर नारी

ज़िन्दगी कभी–कभी अजीब मोड़ लेती है। एक घुमक्कड़ और स्वतन्त्र प्रवृत्ति वाले प्रणव की उसी अस्पताल में अनु से भेंट हुई। अब उसके चेहरे पर मेकअप बिल्कुल नहीं है, न व टिकुली, न नाक पर पाँच हीरोवाली लौंग पहनी हुई है। वह तो एक डॉक्टर के रूप में नेवी ब्लू स्कर्ट और सफेद ब्लाउज पहने है और उसके ऊपर डॉक्टरी कोट पहन रखा है। तलाक के बाद इस पहली मुलाकात में ही वह सोचता है कि क्या हम सचमुच इतने दूर एवं इतने अजनबी हो गए हैं कि इधर–उधर की बातों से समय की खाई को भर रहे हैं। अनु की सहेली दिव्या और उसके पति जयन्त की बातों में अपने आप को उलझा लेते हैं। कहीं न कहीं प्रणव को अनुभव होता है कि अब अनु भोली–भाली गुड़िया नहीं है। वह एक आत्मविश्वासी, सन्तुलित, लापरवाह एवं सादगी से भरपूर युवती है जो उसके सामने खड़ी है।

दस सालों ने अनु के साथ न्याय किया है, उसके अस्तित्व को निखारा है, उसको तोड़ा नहीं है। वह मन ही मन सोचता है। इस पुनर्मिलन पर अनु द्वारा जॉनी वॉकर विहस्की की एक बोतल निकालकर मेज पर रखना, प्रणव को एकदम अचम्भित कर देता है। अपनी ज़िन्दगी के बारे में अनु को बताता हुआ प्रणव कहता है कि अब दो बाइपास हो गए हैं। फिर भी उसको तकलीफ रहने लगी है। अब मुझमें कोई भी बुरी आदत नहीं रही है, "अनु, तुम मेरी ज़िन्दगी पास से देखोगी तो विश्वास नहीं करोगी। सिवा सिगरेट.........और कभी–कभी शराब के ....सभी पुरानी आदतें छूट गई हैं।"[17] बार–बार पछताने के सिवा प्रणव के पास अब कुछ नहीं रहा है। अनु के प्रति न जाने क्या–क्या उसके मन में उमड़ रहा था – ममत्व, दुलार, करुणा और मोह। उसको पुचकारने का मन करता है उसका। बच्ची तुम्हें मैंने बहुत सताया है। पूरी तरह सूख गए ठूँठ में गरमी में पानी पाकर एकाध कोंपल भले ही फूले, पर पूरा ठूँठ हरा–भरा होगा इसकी कोई गारंटी नहीं। गारंटी तो न विवाह की रही एवं न ही सर्जरी की है।

प्रवासी साहित्यकार उषा प्रियंवदा की साहित्य-साधना

अलगाव की स्थिति और लक्ष्य की प्राप्ति

प्रणव चाहकर भी पिछले दस सालों का लेखा-जोखा अनु को नहीं दे पाता। कितना कुछ जिया झेला, कितनों से जुड़ा, कितने ठिकाने बनाए और कितनी बार सब कुछ एक निष्ठुरता और एक अलगाव को तोड़कर वह आगे बढ़ गया। वह बताता है कि ''नोवास्कोशिया के डॉक्टर तो शराब पीते हैं। एल्कोहलिक हो जाते हैं, आत्म हत्या कर लेते हैं, मगर यहाँ तो सब बहुत समर्पित होंगे मानव कल्याण के लिए, कष्ट-पीड़ा मिटाने के लिए निरन्तर खोज में............।''[18] इसके विपरीत अनु ने इन दस सालों में अकेलेपन के कारण अपने अस्तित्व को बिखरने नहीं दिया उसको महसूस करती है कि एक व्यक्ति की हैसियत से वह कुछ नहीं थी। कुछ नौकरियाँ की और कुछ कर्ज लिए इस प्रकार पेट के बल रेंगते हुए सैनिक की तरह उसने भी पुल पार कर लिया। नोबल पुरस्कार विजेता की रिसर्च टीम में भी वह डॉक्टर बन जाती है। आज उसने अपनी माँ की इच्छा पूरी कर ली। प्रणव के पास उसे देने को तो कुछ था ही नहीं। आज भी वह खाली हाथ था। वो कहता है, ''जब मैं कहता हूँ कि मैं अकेला हूँ, तो उसका मतलब है एकदम अकेला, बिना घर-बार, बिना बीवी-बच्चों के एकदम अकेला और सन्तुष्ट.........।''[19] अनु ने अपने साथ हुए अत्याचारों से अपने-आपको डूबने नहीं दिया एवं खुद को नई ज़िन्दगी दी है। अपने नए पति दीपांकर से मिलने से पहले ही उसने खुद को संभाल लिया था। एक अकेली औरत वह भी अगर जवान हो और बदसूरत नही तो उसे क्या-क्या झेलना पड़ता है? यह उसने अब सीख लिया था। अब उसको समझ आ गया था कि अगर परिस्थितियों ने उसे ऐसे न धकेला होता तो आज वह भी पूरी तरह प्रणव पर निर्भर रहकर एक सफल डॉक्टर की निकम्मी बीवी बनकर परम्परागत तरह से जीती रहती। एक पढ़ी-लिखी डॉक्टर एक बच्ची की माँ, दुनियादारी में कुशल औरत अब पीछे मुड़कर नहीं देखना चाहती। कहीं न कहीं अनु को 10 साल की संघर्षमयी ज़िन्दगी के बाद अपने लक्ष्य को प्राप्त करने की खुशी तो है ही इसके साथ-साथ प्रणव के अकेलेपन, उसके रोग ग्रस्त होने से उसको बहुत दुःख पहुँचता है। पलंग पर पड़ा रोग से टूटा प्रणव और उसके पास भरी-पूरी अनु बैठी होती है।

अजनबीपन का दार्शनिक पक्ष तब नजर आने लगता है, जब प्रणव अनु को समझाता है कि ''अल्टीमेटली तो हमें अकेले ही सब झेलना पड़ता है। बेहोशी का इंजेक्शन मिलने और चेतना खोने के बीच जो दो-तीन सैकेंड होते हैं-ज़िन्दगी और मौत के बीच का वह रास्ता अकेले ही पार करना पड़ता है और जानती हो अनु – एक बार वह झेल लेने

पर किसी चीज़ से डर नहीं लगता। मौत से भी नहीं।"[20] अनु सोचती है कि वह कितनी हल्की हो गई है। सम्बन्ध भी प्राणियों और पेड़–पौधों की तरह होते हैं, उन्हें पानी न मिले तो धीरे–धीरे सचमुच मर जाते हैं। आज उसको अकेलेपन की अनुभूति प्रिय लगती है। अब वह अपने व्यक्तित्व को पहचानने लगती है कि वह अनु है, अपने में तुष्ट, अपने स्व–बोध में सुखी, अपने सुख–दुख में अकेली अपने में स्वाधीन रहने वाली है। उसने अपने व्यक्तित्व और अस्तित्व का लक्ष्य पा लिया है। सार्त्र का कहना है कि "मानव चेतना अपनी तथ्यात्मकता से जुदा नहीं हो सकती और यह तथ्यात्मकता मानव चेतना की स्वतंत्रता की अनिवार्य बाधा है। यदि किसी का कद छोटा है, तो स्वतंत्र इच्छा का प्रयोग सीमाओं में करना होता है। वह स्वतंत्र इच्छा से निर्धारित लक्ष्य को तथ्यात्मकता के दबाव के कारण छोड़ भी सकता है। सार्त्र के अनुसार अपने पूर्व निर्धारित लक्ष्यों को छोड़ना या उनमें संशोधन करना भी स्वतन्त्र इच्छा का प्रयोग है। इसमें एक लक्ष्य के प्रारंभ के क्षण में स्वतन्त्र इच्छा का प्रयोग निहित है।"[21]

भया कबीर उदास उपन्यास में अस्तित्व की कशमकश

उषा प्रियंवदा ने 'भया कबीर उदास' उपन्यास में प्रवासी भारतीयों के मन की चिरन्तन लालसाओं, निराशाओं और उदासियों को चित्रित किया है। यह उपन्यास आरम्भ से लेकर अंत तक शरीर की पूर्णता – अपूर्णता के प्रश्न से जुड़ा हुआ है। एक संपूर्ण शरीर वाली सुन्दर नायिका को अचानक ही पता चलता है कि उसके प्रिय अंग स्तन में कैंसर है। यह बात उसे अन्दर तक कचोट देती है। यह भयानक बीमारी उसके शरीर के प्रिय अंग को छीनकर ले जाती है और तब होती है विदेशी भूमि पर जीवन जीने की कामना और अकेलेपन में भी जीवन जीने की होड़ जिसका वर्णन इस उपन्यास में मिलता है।

अकेलेपन के कारण छटपटाहट

'भया कबीर उदास' उपन्यास उस समय आया था जब कैंसर जैसी बीमारी ने अपना भयानक रूप धारण नहीं किया था। इस बीमारी से ग्रसित मरीज भावनात्मक और मानसिक रूपों से टूट जाता है। समाज से भी विरक्त होने लगता है, हीन भावना का शिकार होने लगता है। मृत्यु भय उसे सताने लगता है। जीवन जीने का संघर्ष शुरू हो जाता है। सामान्य जीवन में आने के लिए घोर आत्मबल जुटाना होता है। पारिवारिक, शारीरिक और आर्थिक रूप से कैंसर का पीड़ित व्यक्ति और उसके परिवार पर पहाड़ टूट पड़ता है क्योंकि इसका इलाज भी बहुत महँगा है। उचित समय पर ईलाज होना बड़ा ही जरूरी हो जाता है। अगर समय रहते ईलाज न हो तो यह भयानक बीमारी सब कुछ निगल

लेती है। प्रवासी भारतीय साहित्यकार उषा प्रियंवदा ने कैंसर की बीमारी से जूझती हुई नायिका की जीवन गाथा को बहुत ही कलात्मकता से उभारा है। स्तन कैंसर की बीमारी से जूझती नायिका जीवन जीने की कामना रखती है। एक फोन के द्वारा डॉक्टर से पता चलता है कि उसे स्तन कैंसर है। एकाएक वह काँपने लगती है, कमरे की ठंड से या अपने अन्दर उमड़ते हुए आतंक से। लिली मन ही मन सोचती है कि वह भटकती हुई न जाने किस तलाश में यहाँ आई है ? कमरे में वह अकेली है, कमरा बहुत दिनों से बन्द ओर उपेक्षित–सा होने का आभास देता है। एक–दो दिन में वह उसी कॉटेज में भेज दी जाएगी। अब सोचने के अलावा उसके पास कोई भी काम नहीं होता है। वह सोचती है, उसे क्या मालूम था कि उसे कैंसर जैसी भयानक बीमारी घेर लेगी। वह तो इतिहास में पी–एच. डी. करके, एक सफल इतिहासकार बनने और विदेश से लौटकर पापा के विश्वविद्यालय में प्रोफेसर बनना चाहती थी। उप–कुलपति निवास के लॉन पर बैठकर चाय का आनन्द लेना चाहती थी। परन्तु सब कुछ धीरे–धीरे समय के हाथों जाता हुआ प्रतीत होने लगता है। अब तो उसके सामने कैंसर का यथार्थ ही बाकी रह जाता है। युद्ध होता है सामने, कैंसर से महायुद्ध। यह महायुद्ध ही तो था क्योंकि कुछ कोषाणु अपने ही शरीर में आतंकवादियों की तरह आततायी बन जाते हैं और स्वयं उसी को ही नष्ट करने लगते हैं। इसके बाद तरह–तरह के अस्त्र प्रयोग किए जाते हैं, रुग्ण अंग को काटकर निकाल दिया जाता है। जहर से शरीर को भर दिया जाता है, जिससे कैंसर अणु नष्ट हो जाएँ, फिर भयंकर एक्स–रे किरणों से उस भाग को ही दग्ध कर दिया जाता है। इस कैंसर जैसे महायुद्ध की प्रक्रिया में समझ नहीं आता कि रोग अधिक दारुण है या उसका उपचार। मानव जीवन की सबसे बड़ी चुनौती 'मृत्यु' ही अस्तित्ववाद का केन्द्र बिन्दु है।

नारी अस्तित्व की पहचान ही न चली जाए, यही सोच–सोचकर लिली का मन बैठने लगता है। "वह लाल रंग की शिफान की साड़ी पहनेगी, बिना बाँहों, पर ऊँचे गले वाली ब्लाउज, छाती के ऊपर तक दग्ध त्वचा न दिखाई दे इसलिए। बाल सूख गए हैं और छोटे–छोटे घूँघरों में चेहरे को फ्रेम किए हुए है। नए बालों का धीरे–धीरे बढ़ना उसने बहुत ध्यान और सावधानी से देखा है। पुराने बाल घुँघराले नहीं थे, लम्बे और सपाट सीधे थे। वह कुछ देर दर्पण में अपने को देखती रहती है। चेहरा अभी भी पीला और रक्तहीन है, फटी–फटी सी आँखें, उनके नीचे गहरे–गहरे काले वृत्त।"[22]

यह सब कुछ होने के बाद उसके मन में कोई उत्साह नहीं, कोई आशा या सम्भावना बाकि नहीं रहती। इस बीच उसकी मुलाकात

वनमाली से होती है। वन माली अपने को आर्कषक समझता है व देखने में काफी आत्मविश्वासी लगता है। प्रभावी व्यक्तित्व और 'पैरगोन' रिजोर्ट का वह मालिक है। वनमाली की हँसी में भी खिचाव है।

कैंसर की डायग्नोसिस और उपचार के समय में लिली के मन में घबराहट और आतंक था। कैंसर से संघर्ष और मन की घबराहट पर काबू पाने के लिए ही उसने ब्रैंडी लेना शुरू कर दिया था। उसे लगता था कि शराब दुख, दर्द और परेशानियों को कुंठित कर देती है। भले ही थोड़ी देर के लिए ही सही। वनमाली के साथ बैठकर पीते हुए उसे मालूम होता है कि वनमाली हॉर्टीकल्चरिस्ट और प्लांट पैथोलाजिस्ट था। वह सोचती है कि यह सब पश्चिमी संस्कृति के कारण हुआ है। इतने अच्छे बरसाती मौसम में वनमाली उससे अतृप्त पौधों की, खाद की, पोटाश और फॉस्फोरस की बातें कर रहा है। फिर वह अकेली होती है तो सोचती है कि यह बरसाती मौसम जो भारतीय मानस में प्यार करने का समझा जाता है। यह गहरी संवेदनात्मकता भारतीयों में कहीं ज्यादा होती है।

नायिका ने जब पहली बार गाँठ को देखा था तभी उसके मन में 'कैंसर' शब्द कौंध जाता है। उसने कई बार दबा–दबाकर देखा, सिर्फ सख़्त, कडी और पीड़ाहीन गाँठें थी। पैंतीस–छत्तीस साल की आयु में, वह यह सोचकर थरथरा जाती है। अब आगे की प्रक्रिया में बायौप्सी के बाद रिपोर्ट इसके बाद नॉर्मल ज़िन्दगी, कितने स्वच्छ, सात्विक, राग–द्वेष से परे जीवन जी रही थी वह। यदि बायौप्सी में कैंसर निकल आया तो फिर हिम्मत जुटानी पड़ेगी, वह अकाल मृत्यु से नहीं डरती। न जाने कितने ही लोग इस दुनिया में कैंसर जैसी भयानक बीमारी का शिकार हो जाते हैं और अन्दर ही अन्दर घुट–घुटकर जीवन व्यतीत करते हैं।

नायिका को वसुन्धरा, अपर्णा और यूथिका का बार–बार ध्यान आता है क्योंकि तीनों का कैंसर वक्ष से प्रारम्भ होकर ब्रेन, फेफड़ों और हड्डियों में फैल गया था। इसको बढ़ते–बढ़ते प्रकट होने तक साठ महीने लगते हैं। जब संख्या दस लाख हो जाती है, तभी उसका पता चलता है, इसी कारण ही इसको 'मौन हत्यारा' कहा जाता है। हर वक्त इसी के बारे में ही सोचती है, "कैंसर ! क्या इस जीवन का इतना भयावह अन्त मेरे ही भाग्य में था ? इस शरीर को कितने यत्न से सजाया, सँवारा–उबटन, साबुन, क्रीमें, व्यायाम, शुद्ध भोजन, फिर भी यह शरीर धोखा दे गया। छाती में, कलेजे में, दिमाग में, हड्डियों में। विचारों पर कोई रोक नहीं कहाँ–कहाँ के भय, किन–किन दूर अँधेरे कोनों में मन भटक जाता है। बहुत आक्रोश से – मुझे ही क्यों ? क्यों मुझे ही ?"[23] एक तरफ तो

इतनी भयानक बीमारी, दूसरी तरफ अकेले इस दुःख को सहना कठिन है। अकेलेपन में बस इंटरनेट पर रिसर्च करते रहना कि कैंसर की स्टेज कौन–सी है। कैंसर रोगी के जीवन की अवधि, कैंसर के कारण एवं कैंसर का उपचार आदि। कल्पना में क्षत–विक्षत अंग, बिना बालों के सिर, कमजोर शरीर, शक्तिहीन अवस्था में वह पहुँच गयी है। वह इस हालत में हो गयी है कि लोगों को पुकार–पुकार कर कहना चाहती है कि सुनो मेरी छाती में कैंसर हो गया है। बिल्कुल अजनबी को रोककर कहती है कि "मुझे बहुत डर लग रहा है – आगे न जाने क्या होगा............"[24] बहुत तड़फने के बाद वह सोचती है कि लड़नी ही होगी जंग इस महायुद्ध में। कोई हिम्मत देने वाला नहीं होता है। माँ ने भी सन्यास ले लिया, कभी कनखल और कभी ऋषिकेश में वह रहती है। अकेले ही इस जंग में लड़ना है और जीतना है। सम्पूर्ण कैंसर सैंटर के गलियारे में अकेली खड़ी रोने वाली केवल वह ही नहीं है और न जाने कितनी ज़िन्दगीयाँ इस जंग से लड़ रही हैं। कभी कोई जीतता हैं कभी कोई हारता है। अब उसे भी संघर्ष करना है, उपचार करवाना है और सही होकर घर आना है।

नायिका की जीवन रूपी नैया भँवर में फँसी नज़र आती है। एक ऐसी स्टेज जिसमें सोशल स्पोर्ट की बहुत जरूरत होती है। दूसरों से बातें करने से दर्द बाँटने से मन हल्का होता है। पीड़ा को अकेले झेलने में सभी से अलग या अकेले रहने से रिकवरी धीमी पड़ जाती है। यह अक्सर देखा जाता है कि जो मरीज, समाज, परिवार, मित्र संबंधियों के बीच उनकी संवेदना के साथ कैंसर की बीमारी का महायुद्ध झेलते हैं, उन्हें ठीक होने में कम समय लगता है।

विदेशी भूमि पर अकेले ही कैंसर जैसी बीमारी का सामना करना

जिसके पास रिश्तों की दौलत न हो उसे सब अकेले ही झेलना पड़ता है। नायिका लिली पांडेय ने भी अपने अस्तित्व का ऐलान कर लिया। झेलेगी वह सब झेलेगी अकेले ही इस पीड़ा को झेलेगी। माँ का नाम तो सौजन्या था पर 'मैं सभी से विशिष्ट हूँ' वह हमेशा इसी दर्प में रहती थी अपनी माँ के सामने दूसरों के आगे मैत्री का हाथ न बढ़ाना और सुन्दरता के संस्कार उसने अपनी माँ से ही पाए थे। अगर किसी को मित्रता करनी है तो वह पहल करे। इस भावना को अपने पल्ले में बाँधे हुए वह अकेले ज़िन्दगी काट रही थी। डॉ. जैकरी दोनों स्तन काटकर निकाल देंगे, शायद उसी के साथ इस बीमारी का अन्त भी हो जाएगा। नायिका की आँखें दृष्टिहीन हो जाती आँखों के सामने अँधेरा छा जाता है। हर समय जैसे पूर्ण सूर्यग्रहण उसकी जिन्दगी में आ गया था। इस

संबंध में वह कहती है कि "मैं चुप बैठी हूँ, मेरा हृदय एक घायल पक्षी की तरह फड़फड़ा रहा है। यह सब जोड़ते–बटोरते, उठाते–धरते कभी सोचा था कि एक उजाले–भरे दिन में, एक फोन आकर सब कुछ उथल–पुथल कर देगा।"[25] नायिका के लिए यह एक ऐसी परिस्थिति बन जाती है जहाँ दिल की खट–खट की आवाज उसके कानों में कर्कश रूप से गूँजती है। मुँह में कसेलापन भर जाता है और आँखें एकदम सूखी और जल रही होती है, जैसे किसी ने मुट्ठी भर राख उसकी आँखों में झोंक दिया है। नायिका की आँखों के सामने अपर्णा का चेहरा बार–बार घूमता है। जिसकी रीढ़ की हड्डी को कुछ ही महीनों में ट्यूमर खा गया था। वसुन्धरा जी छाती से लिम्फनीड और वहाँ से सीधे दिमाग में, अपर्णा की छाती से रीड़ की हड्डी और फिर फेफड़े – यूथिका का लीवर खत्म हो चुका था। यह सब सोचते–सोचते नायिका कहती है कि "मैं रोती हूँ, अकेले में बिलख – बिलख कर फिर छोटी बच्ची की तरह सुबकियाँ लेती –लेती सो जाती हूँ।"[26] डर तो नायिका के मन में रह–रहकर आता है। अपने स्तनों को खोने का एवं सबसे प्रिय बालों को खोने का है। घिसट–घिसटकर दर्द से मरने का डर तो उसे तड़फा–तड़फा जाता है। अपनी सम्पूर्णता उसे ब्रेस्ट और सुन्दर बालों के कारण लगती है। बाल तो उसकी सुन्दरता को चार चाँद लगा देते हैं। उसको डर है कि कहीं वह बदसूरत न लगने लगे। वह एक मेधावी और स्वतन्त्र विचारों की स्त्री थी। इन सब बातों के कारण वह अपने आपको कमजोर पाती है। न तो उसका कोई निकट का मित्र था और न ही कोई परिवार का सदस्य उसका सहयोगी था। वह भारतीय परम्परा के बारे में सोचती है कि वहाँ इस दुःखद रोग को पूर्वजन्म के कर्मों का फल माना जाता है इसलिए उसे यह पीड़ा, यह यातना झेलनी पड़ेगी। कैंसर का डर प्रत्येक स्त्री को सताता है। जब हम किसी को उस दशा में देखते हैं तो हमारे सारे डर स्वयं को दंश लगने लगते हैं। इस हालत में जो लोग हिम्मत वाले होते हैं, वे सहारा देते हैं और जो कमजोर होते हैं वे हमारे जीवन से दूर हो जाते हैं। उसने अपर्णा को एक–एक साँस के लिए लड़ते देखा है, वसुन्धरा को भी तड़फते देखा है, यूथिका भी कई महीनों तक मारफ़ीन पर रही है।

कैंसर का सफर बहुत ही संघर्षपूर्ण है। कैंसर की डायग्नोसिस के साथ ही एक नए से अपरिचित संसार में प्रवेश हो जाता है। सभी अपने–अपने विचार व्यक्त करते हैं। हार्ट अटैक वाले का एक विशेष व्यक्तित्व होता है वैसे ही एक कैंसर पर्सनैलिटी होती है, कोमल हृदय, उदार, निस्वार्थ और जीवन में कोई–न–कोई बेहद हिला देने वाली घटना उसके मन में उभरती है।

उसके लिए हिम्मत हारकर बैठ जाना उचित नहीं था अतः उसको आगे बढ़ना था। पी–एच. डी. की थीसिस समाप्त करनी भी जरूरी थी, जो पहले के लिखे पन्ने थे उनको देखकर उसे लगा कि मन इतना उचट गया है कि थीसिस अगर पूरी करनी है, तो उसे रह–रहकर झेलना ही पड़ेगा। कैंसर थैरेपी के साथ–साथ अनिच्छापूर्वक थीसिस लिखना, जिससे कि नौकरी बनी रहे, यह सब उसे अब तर्कहीन लगने लगा है।

इस उपन्यास में तकरीबन सभी पात्रों की तलाश कभी खत्म नहीं होती। मार्कस भी अकेला है और उसे दूसरे की तलाश है क्योंकि उसकी पत्नी उसे छोड़कर चली गई है। पैमला मार्टिन भी अपनी दो बिल्लियों के साथ रह रही थी। वह मृदु स्वर में लिली को कहती है कि "जीवन में किसी का साथ साहचर्य बहुत अनिवार्य है। अगर मैं तुम्हारी जगह होती तो अवश्य एक साथी की खोज में रहती।"[27] मुझे तो किसी की जरूरत नहीं मैं सुखी हूँ। वह हमेशा ऐसा कहकर टाल देती है। पैमला कहती है कि तुम प्रखर अपनी बौद्धिकता से प्रज्वलित, स्वतंत्र हो। तुमसे पुरुष डर जाते हैं। अपने आप में लचक लेकर आओ और हर बात पर बहस करना छोड़ दो। शेषेन्द्र को भी उसने अपने वक्ष में पल रहे कैंसर के बारे में नहीं बताया। अपने दोस्तों और माता–पिता को बिना बताए वह अकेले ही इस कष्ट से जूझती रहती है।

लिली ने भी सोच लिया था कि वह अपनी पराजित और असफलताओं की ज़िन्दगी को पीछे छोड़ देगी। वह सचमुच भाग्यवान बनेगी चाहे अच्छी नौकरी के कारण उसकी पी–एच. डी. अधूरी रह गई हो बहुत से लोगों ने उसे उखाड़ने और पछाड़ने के प्रयत्न किए थे। उसके रिसर्च संबंधी विचारों को चुराकर। शेषेन्द्र ने कहीं न कहीं उसके अकेलेपन को दूर किया लेकिन उसके लिए संगीत ही उसका जीवन था। वैसे वह कहता है कि तुम मेरे जीवन में पूरी तरह जुड़ गई हो। फिर भी उसने अपने को शेषेन्द्र से अलग कर लिया था। इस संबंध में उपन्यास में कहा गया है कि "नहीं, सब कुछ ऐसे ही रहने दो शेषेन्द्र। हम दोनों देश के दो छोरों पर, दो अलग–अलग सागरों के तट पर रहते रहेंगे, मैं यहाँ अटलांटिक के पास, तुम उधर, प्रशान्त महासागर की ओर।"[28] नायिका को कभी–कभी सुन्न प्रतीत होने लगता है। अपनी सुन्दरता, कोमल त्वचा, आँखों में चमक एवं युवा स्वस्थ शरीर सब स्मृति प्रतीत होते हैं। एक दिन यथार्थ का सामना तो करना ही पड़ेगा। सपाट छाती, आड़ी–तिरछी लाल–लाल रेंगती हुई रेखाएँ देखते–देखते उसकी आँखें धुँधला जाती है। यह वास्तविकता को जानकर भी उसे निराशा और उदासी की बजाय आशा और भविष्य को चुनना था। कैंसर एक युद्ध है

और उसे एक योद्धा की तरह जूझते हुए विजेता बनना है। एक योद्धा स्त्री बनना है – जौहर करने वाली राजपूतानियाँ और झाँसी की रानी की तरह बनना है। वह अकेली है इस रणस्थली में उसका वास है और उसे चुपचाप स्वीकार करना ही पड़ेगा। अमेरिका में रहते हुए उसने यह तो समझ लिया था कि विपत्ति पड़ने पर मानव की सहायता करना अमरीकावासियों का चलन है। वह तो न किसी से दोस्ती न किसी से बैर के सिद्धान्त पर चलने वाली स्त्री है। सपाट सीने पर उकेरे हुए घावों पर नज़र जाती है तो वह कटे वृक्ष की तरह हराकर वहीं बैठ जाती है। अब तो हो गया वक्ष कैंसर चाहे जैसे भी हुआ, इससे जूझना और इस रोग पर पूरे साहस और शक्ति से इस पर विजय पाना था। वह अकेली है लेकिन उसको सहारे की आवश्यकता है "फिर भी कोई सहारा चाहिए, कोई भी अपना, जिसके सामने वह खुलकर रो सकती, चीखकर कह सकती – मुझे नहीं निकलवाने अपने शरीर के अंग, मुझे नहीं पीना है कीमोथैरेपी का विष।"[29] डॉक्टर हमेशा से ही पॉजिटिव रहने के लिए कहते हैं। वह हमेशा से ही बहुत गर्वीली स्त्री थी। दबी हुई, कुंठित, मौन, निष्क्रिय नारी की छवि के ढाँचे में वह अपने को फिट नहीं कर पाई थी। बार–बार अपने से यही प्रश्न करती थी कि क्या सफल होना ही जीवन का उद्देश्य है ? कभी अस्तित्ववादी दुविधा में पड़कर वह सोचती कि बिना डॉक्टरेट पूरी किए वह भारत नहीं लौटेगी। कभी वह समय था जब स्कूल में फार्म भरते हुए उसने अपना नाम अपराजिता लिख दिया था उसी तरीके से उसे आज उस नाम की लाज रखनी है। अब तो वह लिली थी जो नाम उसको विरासत में मिला था। विरासत में ही मिली परिवार की मेधा, अभिजात्य और शायद यह रोग भी जिसे झेलना उसकी जीवनयात्रा का अनिवार्य भाग बनता जा रहा था। कीमोथैरेपी ही एकमात्र साधना था इससे बचाव का व जिन्दगी जीने का जिसे वह जी रही थी। शरीर में कैंसर के कोषाणुओं को नष्ट करने का वह एकमात्र साधन था। अकेले रहकर जीवनयापन करना भी अपने आप में एक लाइफ़ स्टाइल है। अकेलापन तब नहीं काटता, जब अपने अन्दर सुरक्षा की भावना होती है। चाहे उसकी ज़िन्दगी में से शेषेन्द्र ने कायरता खत्म कर दी थी लेकिन यह सब तो उसका ही रणस्थल था उसे ही अकेले जूझना था। वैसे भी वह अपने को लाड़–प्यार में बिगड़ी धन–सम्पत्ति में पली एवं अकेली सन्तान के रूप में जानती है। अपने मनपसन्द, अपने उपयुक्त, अपनी मानसिकता और बौद्धिकता से बराबर उसने किसी पुरुष को नहीं पाया। पापा की अकस्मात मृत्यु के आघात को बरदाश्त करने के लिए ही उसने एक साल की लैक्चररशिप कर ली। नई नौकरी के उत्साह में ही एक गाड़ी ले ली थी।

लेखिका उषा प्रियंवदा ने नायिका के बारे में कैंसर डायरी –IV में लिखा है कि पहले तो मरीज का ऑपरेशन करके इसके बाद कीमो और फिर रेडिऐशन होता है जिससे नायिका को लगता है कि यह सिलसिला खत्म ही नहीं होगा, लगता है कि कैंसर से कभी छुटकारा भी नहीं मिलेगा। वह इसके संबंध में कहती है कि "सारा ट्रीटमैंट समाप्त होने पर, अपनी ओर देखकर स्वयं रोना आता है। अब मैं एकदम थक गई हूँ, उकता गई हूँ, हर दो हफ्तों बाद की कवायद। कैंसर सैंटर के अन्य रोगियों से पहचान हो गई है, दूसरे आपस में काफी बातें करते हैं, अपने कैंसर की स्टेज की, मेरा ट्यूमर दो सेंटीमीटर का था यानी पहली स्टेज पर, तो दूसरी स्त्री कहती है–मेरी तो बग़ल की ग्रन्थियाँ भी पॉज़ीटिव निकलीं। मैं स्टेज दो पर हूँ।"[30]

इस समय के दौरान लिली कृतज्ञ थी उन लोगों की जिनसे उसे ऊर्जा और शक्ति मिली। मुँह में छालों के दौरान संगीता की सहेली एक भारतीय छात्रा उसके लिए साबूदाना या पतली खिचड़ी बनाकर लाती थी उसका बिस्तर सँवार देती, बर्तन धो देती थी और वह तो उसे जानती तक नहीं थी। तबीयत थोड़ी सुधरने के बाद जैसे ही उसने काम पर जाना शुरू किया, सिर पर कभी स्कार्फ़, कभी हैट, कभी दुपट्टा ओढ़कर वह अपनी केशहीनता ढँकने का प्रयत्न करती क्लास में आते–जाते कुछ लोग एकदम आँखें बचा जाते या मौन रहते। मार्कस की कठोरता और हृदयहीनता भी उसने चुपचाप झेल ली थी। कुछ लोग ऐसे भी थे जो आते–जाते पूछ लेते कि "कैसी हैं आप ? कैसी तबीयत है ? अगर मैं कुछ सहायता कर सकूँ तो............"[31] समय ने अपर्णा के अस्तित्व को ही मिटा दिया था। सचमुच, कितनी क्षणभंगुर होती है ज़िन्दगी और कितनी जल्दी लोग भूल जाते हैं। अपर्णा की मृत्यु के बाद अपूर्व ने तो दुबली, पतली, कम उम्र की लड़की से शादी कर ली थी।

लिली पांडेय और आत्मनिर्भरता

विदेश में रहते हुए नायिका ने एक बात बड़ी गंभीरता से ग्रहण की है, वह है आत्मनिर्भरता। अपनी असफलता, अपने दुर्भाग्य एवं नाकामयाबी पर वह किसी को दोष नहीं देना चाहती। अब कैंसर को लेकर भी वह किसे दोष देती ? अपने भाग्य को, भगवान को, नानी को जिसको कैंसर था या फिर जीवन – पद्धति को। वह एक ऐसी भूलभुलैया में प्रवेश कर चुकी थी जहाँ से निकलना सम्भव नहीं था। ऊपर–नीचे, आगे–पीछे इन्हीं विचारों को वह कातती–बुनती रहती है। जीवन–मरण, यश–अपयश, स्वेच्छा से जीवन जीने का विकल्प वह इन्हीं विचारों में अक्सर उलझी रहती है।

एक ही बात को बार–बार उधेड़ना–बुनना जिसे अंग्रेज़ी में ऑबसेशन कहते हैं। पहले तो उसे अधूरी थीसिस का था और अब कैंसर का है। एक अड़ियल घोड़े की तरह वह एक ही जगह टिकी हुई इन बातों से टस से मस नहीं होती, यही सोचने में उसको ऊब नहीं लगती। अकेले बैठे–बैठे वनमाली के बारे में सोचती हुई अपना आत्म विश्लेषण करती है। वह एक रोचक व्यक्ति, बहुआयामी प्राणी, एक बिजनैस–मैन, प्रकृति–प्रेमी और काव्य–मर्मज्ञ है। उसका साथ लिली को अच्छा लगता है। अभी तक जीवन और परिस्थितियों के प्रवाह में अपने को छोड़ दिया था। अब अपनी पी–एच. डी. की थीसिस पूरी न करने का रंज, पाप के अकस्मात चले जाने का गम, अमेरिकन विश्वविद्यालय की राजनीति लेकिन अब तो उसे जीना था और कुछ कर गुजरना था। उसको टेरेसा जो पक्की धार्मिक स्त्री थी उसकी बात याद आती है, ''गॉड इज मेकिंग यू वॉक दिस वॉक – इस राह से गुजर कर तुम देखोगी कि तुम अधिक सशक्त और अच्छी व्यक्ति बन गई हो। यदि तुममें यह सहज करने की शक्ति न होती तो तुम्हें भगवान यह रोग नहीं देते यह तुम्हारी परीक्षा का समय है, इसमें उत्तीर्ण होना ही होगा।''[32]

आंकड़े बताते हैं कि सर्जरी, कीमो और रेडिएशन के बाद पाँच से दस साल तक जीने की नब्बे प्रतिशत सम्भावना होती है। रेडिएशन से पहले उसे यही बताया गया कि आप अपने मन में ऐसी छवि लाओ जहाँ तुम्हें खुशी मिली हो। शेषेन्द्र के साथ उन दिनों वह कितनी जीवित, जाग्रत और सुखी थी, शायद इस अहसास ने ही एक–एक पल को और भी मूल्यवान बना दिया था। उपचार समाप्त होने पर नायिका ने कैंसर सैंटर को अलविदा कह दिया। अब उसे अपने अंग कैंसर–फ्री लग रहे हैं। यदि कुछ सेल सर्ज़री या कीमोथेरेपी के बाद बच भी गए होंगे तो किरणों ने उन्हें भस्म कर दिया होगा। अब नए सिरे से ज़िन्दगी को जीना था। पीछे मुड़कर नहीं देखना, आगे–ही–आगे देखना है। सब कुछ दान कर देने के बाद उसके पास दो सूटकेस व किताबें बाकी बची थी उसको अणिमा के पास रखवाकर वह बम्बई की ओर रवाना हो गई। मन–ही–मन उसने शेषेन्द्र के द्वारा दिया गया नाम अपना लिया था। ''शेषेन्द्र की एक निशानी बचेगी – उसका नया नाम, यमन वह रेत पर बार–बार उँगली से लिखती है, यमन–यमन, यमन, – अब वह यमन ही रहेगी और याद नहीं करेगी उन्हें – शेषेन्द्र को।''[33] अब वह पीछे मुड़कर नहीं देखना चाहती। कहीं न कहीं बहुत अन्दर से, अस्तित्व की गहराइयों से एक संकल्प अनायास ही उभरता है कि उसने शेषेन्द्र को एवं उसकी यादों को और अतीत को छोड़ दिया है। वही उसको पुरानी चिर–परिचित

प्रवासी साहित्यकार उषा प्रियंवदा की साहित्य-साधना

उदासी और सूनापन लौटता हुआ लगता है। वनमाली से मुलाकात के बाद हमेशा से ही उसको यही सुनने को मिलता था कि हमारे जीवन के जितने भी दिन शेष हैं, उन्हें भरपूर आनन्द और सुख के साथ बिताया जाए। आध्यात्मिक उन्नति केवल आत्मज्ञान से होती है। आत्मज्ञान होता है अध्ययन, ध्यान और साधना से। उसको तो बरसों से अकेले रहते-रहते चुप रहने और दिन-रात रोगग्रस्त शरीर की बातों को मन में लौटने की जैसे आदत ही पड़ चुकी थी। अब उसके लिए किसी भी प्रकार की शारीरिक और आध्यात्मिक प्रगति सम्भव नहीं थी। अब उसको असुरक्षा और आत्मविश्वासहीनता ने घेर लिया था। वह लिली नाम को पीछे छोड़ देना चाहती है। यमन के मन में मानसून की वर्षा एक बेचैनी, एक अकुलाहट और निराशा भर देती है। जब शाम को धुँधलका हो जाता है तब वह अस्तित्ववादी दार्शनिक कीर्केगार्द के प्रेम-पत्र पढ़ती रहती है। उसके बारे में सोचती है कि कैसे पुरुष एक लड़की को बेहद प्यार करता है और फिर एक दिन बिना कुछ कहे उसे छोड़कर चला जाता है। वह ज़िन्दगी भर अकेले रहती है। उसका जीवन एक-एक दिन ऐसे ही कटता है, बैठे हुए, अकेले में, अतीत और भविष्य की गुत्थियों में उलझे हुए। उसके शरीर पर और मन पर रोग गहरी छाप छोड़ गए है। गोवा में एक छोटी-सी कॉटेज में बैठे मन में कुछ-न-कुछ गुनते हुए वह सब कुछ 'क्षण' पर छोड़ देना चाहती है। अब वह सुख-दुख, बीमारी, रिश्ते-नाते सभी को स्वीकार कर लेगी। यह सोचना तो आसान था लेकिन अगर फेफड़ों में, आँतों में, जिगर में, हड्डियों में कहीं भी रक्त के प्रवाह में रोग के अणु कहीं जाकर टिक गए तो क्या होगा ? सोचती है कि अब उसको घिसट-घिसटकर यातनामयी दशा में जीना स्वीकार नहीं होगा, वह असहाय पीड़ा को नहीं झेल पायेगी। तभी तो वह किसी भी सुख को खुले मन से स्वीकार नहीं कर पाती। ''मैं चाहती क्या हूँ ? अपने से ? वन माली से ? ज़िन्दगी से ? उसको नहीं पता कि हर प्रश्न का उत्तर मिलेगा या नहीं। बस, जियो''[34] वनमाली के साथ रहते हुए उसके अन्दर आशा और विश्वास को जगा था। उसने सोहार्द और कोमल संवेदना के साथ जीवन जीने के लिए प्रेरित किया। जिसके कारण उसके मन में सोए हुए भाव उमड़ पड़ते हैं। अधूरी थीसिस, असमय पिता की मृत्यु के कारण और कैंसर जैसे भयानक रोग के कारण वह अजनबीपन, अकेलेपन और संत्रास की शिकार हो गई थी। अब उसको रिकवरी के अच्छे लक्षण नज़र आने लगे थे। पीड़ा और अन्तरिक्ष को वह अपनी बाँहों में भर लेना चाहती है। परिवर्तन जीवन का क्रम है इस संबंध में वह कहती है कि ''काश ! खुली बाँहें, खुले बाल लेकर

गीली रेत पर दौड़ सकती और भर लेती सागर और अन्तरिक्ष को अपनी बाँहों में आत्मसात कर लेती – तब इस आशंका भरे अस्तित्व से मुक्ति हो जाती।''[35]

लिली पांडेय अर्थात् यमन के जीवन में क्षण का महत्व

कितना दारुण कष्ट भोगा था नायिका के शरीर ने, उसकी अकेली रातों को सारे दुःस्वप्न, झेली हुई यातना के दाग़, अन्दर के सारे दानव एकदम ऊधम मचाने लगते हैं। वनमाली के साथ रहते हुए पेडों, पौधों और फूलों के नाम टंकित करना, प्रकृति का एकमात्र ज्ञान बढ़ाना नहीं बल्कि उसका भविष्य के लिए बढ़ता हुआ कदम था। उसका मन बार–बार यही कहता है कि अतीत का पृष्ठ बदल दो, वर्तमान में रहो और भविष्य को उज्ज्वल बनाओ। वनमाली एक नामी विश्वविद्यालय में विभागाध्यक्ष रह चुका है। एक माली का बेटा जिसने फूलों, पेड़ों की बीमारियों पर रिसर्च की थी। यमन ने भी अस्तित्व को महत्त्व देते हुए क्षण के लिए जियो वाली दार्शनिकता अपनानी शुरू कर दी थी।

हैडमाली की (वनमाली) सातवीं–आठवीं सन्तान इतना पढ़–लिखकर कितनी आगे बढ़ गई और लिली पांडेय वाइस चांसलर की इकलौती बेटी अधूरी पी–एच. डी. वालों में से रह गई। वनमाली विदेश के एक प्रख्यात विश्वविद्यालय में वनस्पति विभाग का अध्यक्ष बन गया था बल्कि लिली छोटे–छोटे कॉलेजों में कांट्रैक्टों पर कार्य करती रही। ज़िन्दगी ने उसको कहाँ–कहाँ नहीं छला ? लेकिन उसने संघर्ष नहीं छोड़ा। वह 'आर्ट ऑफ़ लिविंग' सेमिनार में भी जाती है। तनाव मुक्त रहो, सात्विक भोजन करो, शरीर व वाणी को संयम में रखो और परम आत्मा को सम्पूर्ण रूप से समर्पित कर दो। इन सब बातों को सुनकर भी वह आध्यात्मिकता के लिए अपने आपको तैयार नहीं कर पाती। वह चाहते हुए भी अपने अतीत को नहीं भुला पाती है। उसकी जीवन रूपी सरिता ने बड़े कठिन मोड़ ले लिए थे। ''मैं नहीं चाहती – मैं शलगम या गाँठ गोभी की तरह नहीं जीना चाहती, उससे अच्छा है कुएँ में कूद पड़ना। फिर वह अपने आप मुस्करा उठी – फाँसी लगाना भी आसान नहीं है, आसान होता तो कैदियों को मृत्युदंड फाँसी के रूप में क्यों मिलता।''[36] इस दुखद चिन्तन को बार–बार आगे बढ़ाने से कोई लाभ नहीं था। लिली पांडेय अब यमन है क्योंकि उसने जीवन में शेषेन्द्र आया, कैंसर हुआ, उसका निर्दोष शिकार वह शिशु जो कि यदि पैदा भी होता तो विकृत एवं अपंग मास का पुतला ही होता। यह सब याद आते ही उसकी लम्बी आह सीने की परतों के नीचे से अपने आप फूट पड़ती है। इन सभी मनः स्थितियों को पीछे छोड़कर उसको जीना हैं।

प्रवासी साहित्यकार उषा प्रियंवदा की साहित्य-साधना

अकेले रहने की किसी दूसरे को अपने पास न आने देने की, अपने को किसी भी तरह की कमजोरी का शिकार और काम पर जाना, घर, शाम का भोजन, टेलीविजन और रात को सोना उसके जीवन का यही क्रम चलता रहा। उसके जीवन के प्रत्येक क्षण में बार-बार स्मृतियों को खँगालना और भविष्य में केवल रोग, हताशा आदि ही बचे थे। वह कैंसर के बारे में जितनी रिसर्च करती, उतना ही दिमाग में भ्रम और संशय बढ़ता जाता। कैंसर का आगमन (प्रवेश) एक ऐसी घटना थी जिसने ज़िन्दगी को हिलाकर यथार्थ देखने को बाध्य कर दिया था। वैसे तो दुख औरों को भी भाँजता है लेकिन उसके लिए दुख एक तलविहीन, जलविहीन कुआँ है, जिसमें वह बार-बार गिर जाती है, अब उसमें इतना साहस, इतनी ताकत या इतनी इच्छा नहीं बची, जिससे वह बाहर उबर सके।

अब वह कृत्रिम रूप से ही दुनिया के सामने सम्पूर्ण थी। चाहे शारीरिक और मानसिक रूप से अधूरापन उसको हर समय बेचैनी, छटपटाहट और संत्रास देता रहता था। "बिना थीसिस पूरी किए, पापा को कितना दुख होता, फिर भी हुआ ही होगा, जब पाँच साल बीत गए और उसका शोध कार्य रेंगता ही रहा। पापा की इच्छा थी कि वह डॉक्टरेट लेकर लौटे और अपने ही शहर में, अपने ही विश्वविद्यालय में उसकी नियुक्ति हो, धूम-धड़ाके से, इसलिए नहीं कि वह उनकी बेटी थी, बल्कि इसलिए कि वह सभी प्रार्थियों में अधिक योग्य रहती।"[37]

अस्तित्व कायम करना ही अन्तिम लक्ष्य

विदेश की भागदौड़, विभाग की राजनीति, गतिहीनता, निष्क्रियता और बिना लक्ष्य का जीवन इससे उभरकर नए सिरे से जीवन जीना यह सब अपने अस्तित्व को संघर्षरत रहकर कायम रखना ही अब उसका लक्ष्य था। उसने पापा का संदर्भ देकर रिसर्च सैंटर की अस्थायी मेम्बरशिप ले ली थी। पैथोलोजिस्ट वनमाली के व्यक्तित्व में आकुलता, बेचैनी और सक्रियता है। जिसको यमन में भी सक्रियता और साकारात्मकता भर दी है। उसकी माँ ने भी उसको एक बार बताया था कि अगर ज़िन्दगी में नींबू की तरह खटास भर गई हो तो समझदार को नींबू का शर्बत बना लेना चाहिए। ऐसे में वनमाली में एक ऐसा चरित्र उभरा जिसने यमन को नई ज़िन्दगी दी। "एकटक, उस मुग्ध दृष्टि को देखकर यमन के पूरे शरीर में उत्सुकता और उत्कंठा हल्के-हल्के जागने लगी।"[38]

अब उसने यथार्थ का सामना करने का निश्चय कर लिया था। यमन/लिली अपने रो पूछता है कि "क्यों भाग रही हो ? इतना भय क्यों

? यदि मृत्यु का बोध स्वीकार कर लिया जाए, तब तो कोई समस्या ही नहीं रहेगी।''[39] मन–ही–मन उसने रोग, क्षोभ और पराजय को बिसार दिया है। 'सब तन जलता देखकर, भया कबीर उदास।' यह पंक्ति उसके मन में तब से कोदने लगती है, जब से नाव जलती हुई चिताओं के पास से गुजरी थी। वह भटकती रही है गलियों में, सड़कों पर, नदी पर, घाट पर और यथार्थ का सामना करते ही वह लौट आई नई ज़िन्दगी का आगमन करने के लिए प्रस्तुत हुई है। वनमाली उसके साथ शादी करने को राजी था। उसकी प्रतीक्षा कर रहा था। यह बोध उसको यथार्थ का सामना करने के बाद हुआ। उसने रवीन्द्रनाथ की पंक्तियों का भाव दोहराते हुए मन–ही–मन कहा, ''प्रभु, मैं ऐसे ही नत और प्रस्तुत रहूँ और तुम मेरी अंजुलि बार–बार भरते रहना।''[40]

निष्कर्षतया कहा जा सकता है कि यमन के मन में तब कोई उद्विग्नता, ऊहापोह बचा ही नहीं, जब उसने तीन अर्थियाँ गंगा के पानी में डूबती देखी थी। जब प्रत्येक मानव शरीर का यही अन्त है तो फिर मरने से क्यों डरना ? यह जीवन–यात्रा का अन्त है। जीवन का निष्कर्ष है, यही वास्तविकता है तो इससे भागना कैसा ? मानव जीवन की सबसे बड़ी चुनौती 'मृत्यु' ही अस्तित्ववाद का केन्द्र बिन्दु है। जीवन और मृत्यु का निरन्तर प्रवाह यही तो जीवन का निष्कर्ष है।

रुकोगी नहीं राधिका व अंतर्वंशी उपन्यास में अजनबीपन एवं अकेलेपन की त्रासदी का वितान

'रुकोगी नहीं राधिका' यह उपन्यास सिर्फ़ अकेली स्त्री के अनुभवों की नहीं, आधुनिक समाज में बदलते रिश्तों की प्रकृति से तालमेल न बैठा पाने वाले अनेक व्यक्तियों और सम्बन्धों की बारीकी से पड़ताल करता है। एक असामान्य पिता की सामान्य सन्तानों के साथ असहज सम्बन्धों की कथा यह उपन्यास है। इस उपन्यास को लिखने का श्रेय उषा प्रियंवदा ने धर्मवीर भारती को दिया है। इस उपन्यास के सम्बन्ध में लेखिका लिखती है कि उसके मन में कोई पूर्व नियोजित कथानक नहीं था । केवल एक चरित्र की छवि थी, जो देश और परदेश दोनों ही जगह अपने को विस्थापित पाती है। उस चरित्र का सही नाम खोजने में उसे बहुत समय लगा, पर 'राधिका' नाम मन में आते ही जैसे उसका पूरा चरित्र उजागर हो गया। अब उसे लगता है कि राधिका के जीवन और लेखिका की स्थिति में कोई साम्य न होते हुए भी राधिका की अकुलाहट उसकी अपनी ही छटपटाहट थी। राधिका के अपने को पुराने परिवेश में दुबारा ढाल लेने के सारे प्रयत्न उसके अपने थे।

राधिका और अजनबीपन

उषा प्रियंवदा ने 'रुकोगी नहीं राधिका' उपन्यास में भारतीय परिवेश से कटी राधिका का अजनबीपन प्रस्तुत किया है। पिता की लाडली राधिका को पहले कभी अजनबीपन महसूस तक नहीं हुआ। माँ की कमी को भी पिता के प्यार ने कभी महसूस नहीं होने दिया। पिता की विद्या से शादी होने से पहले तो राधिका को कभी अकेलेपन ने नहीं घेरा। पापा के बारे में राधिका अक्सर ही यह सोचती है थी कि "राधिका की माँ की मृत्यु के बाद तो उनका सारा समय ही उसमें लगने लगा। वर्षों तक जीवन का क्रम इसी तरह चलता रहा। बड़े दा शिमले के स्कूल में पढ़ते रहे और राधिका नौकरों और आयाओं से घिरी पापा के साथ सिविल लाइन्स वाले, बड़े से, पुराने बंगले में रहती रही। गर्मियाँ आती तो गंगा पार वाली कोठी में चले जाते, जहाँ राधिका की दोपहरें बाग़ में कच्चे आम या फालसे तोड़कर खाने में बीतती।"[41] पिता से निकटता माँ के मरने के बाद और बढ़ जाती है। घर में विद्या नामक सौतेली माँ के आने के बाद पिता के प्रति राधिका में विरक्ति का भाव पनपने लगता है। विद्या राधिका के पिता से लगभग 20 वर्ष छोटी है, यह बात राधिका को खटकती है। आखिर हम बहन–भाई हैं तो क्यों पिताजी ने शादी की। यह बात राधिका को विघटित करने लगती है। विद्या के सामने पड़ते ही राधिका को हमेशा आश्वस्त होती थी, हमेशा से ही। विद्या के मुख पर हमेशा जो बड़ा अलगाव–सा रहता था एक जमी हुई भाव–मुद्रा वह राधिका से सही नहीं जाती थी। माँ के मरने के बाद राधिका अन्दर से इतना टूट चुकी है कि वह विवाह भी नहीं करना चाहती।

अस्तित्व की खोज

राधिका के अनोखे व्यक्तित्व को इस उपन्यास में दिखाया गया है। वह अपने अस्तित्व एवं स्वतन्त्रता की खोज में भटकती रहती है। पिता की दूसरी शादी के बाद तो अपने घर में ही अपने अस्तित्व को वह निरर्थक समझती है। सौतेली माँ विद्या का अस्तित्व तो उसे अखरता रहता है। इसके लिए उसका मित्र डैन भी उसे समझाता है कि "माँ के मरने के बाद तुम्हारा पिता के प्रति लगाव बहुत कुछ एब्नार्मल हो गया। यदि भारतीय परिवेश में तुम्हें प्रारंभ से ही युवा मित्र बनाने की सुविधा होती तो ऐसा न होता। तब तुम्हें प्रसन्नता होती कि तुम्हारे पिता ने जीवन में फिर सुख पाया।"[42] पिता की दूसरी शादी करने से राधिका की भावनाओं को ठेस पहुंची थी। डैनियल पीटसन भारत में शिकागो के एक समाचार पत्र का संवाददाता था। जिसने शिकागो विश्वविद्यालय में राधिका को प्रवेश दिलाया था। डैन और उसकी पत्नी अलग–अलग रहने

लगे थे। राधिका कई दिन तक उसके सम्बन्धों के बारे में सोचने लगी। वह सोचती है कि वह कैसा देश होगा, जहाँ लोग इतनी आसानी से साथी बदल देते हैं क्या रिक्ति हृदय में कचोटती नहीं रहती ? इन सब बातों के बारे में सोचने का कारण राधिका का व्यक्तित्व और परिवेश है। उसने अपने ही बनाए दुःख के घेरे में अपने को बाँध लिया है। वह प्रत्येक व्यक्ति में पिता की सी मानसिक प्रौढ़ता ढूँढने लगती है। पिता ने भी कई बार समझाया कि तुम इस मूर्खता और अज्ञान में ही अपना जीवन नष्ट न कर लेना। डैन ने भी बहुत बार कहा था कि तुम जीवन को ग्रहण करो जीवन से भागो नहीं बल्कि दोनों हाथ फैलाकर उसे ग्रहण करो। तुम्हारे प्रति अपना उत्तरदायित्व निभाने से वह कभी भी पीछे नहीं हटेगा। राधिका को पापा और डैन दोनों के प्रति कटुता का भाव कम होता प्रतीत होता है। उस डैन ने ही आँखों में उँगली चुभाकर हर चीज हर सत्य को सही परिप्रेक्ष्य में देखने के लिए उसे प्रेरित किया था। राधिका को डैन के जाने के बाद अकेलापन अखरने लगा। उसने भी घर जाने की ठान ली थी।

छटपटाहट

अपने देश अपने घर पहुँचकर राधिका को बीते समय का बोध तेज बहते पानी की तरह अन्दर से कँपा देता है। अपने घर की धरती पर पैर रखते हुए, उसके हृदय में एक अजीब–सी छटपटाहट होने लगती है। उसे लगता है कि जैसे तेज़ नाखूनों की परतें–की–परतें खुरजी जा रही हों। यहाँ राधिका अपने को हर सम्बन्ध और परिवेश एवं भावनाओं में इतना पृथक हो जाती है कि बैठकर घावों के खुरंड खरोचने के अतिरिक्त और वह क्या कर सकती थी। वह मन ही मन सोचती है कि "जब से आई है, राधिका बराबर अतीत को ही पुनः–पुनः उघाड़कर देख रही है। वहाँ, उस देश में न इतना खाली समय था, न हर समय याद दिलाने वाली परिस्थितियाँ। वहाँ तो हर समय राधिका अपने को किसी–न–किसी चीज में व्यस्त रखती थी, इतना कि शरीर यंत्रवत् चलता रहे और इतना थक जाए कि रात में बिस्तर पर लेटते ही नींद आ जाए।"[43] राधिका उन दिनों के बारे में सोचती है जब पापा और बड़ दा दोनों अपने–अपने कामों में इतने मसरूफ रहते हैं और भाभी कहती हैं कि राधिका बड़ी हो रही है। किसी को उसके शादी–ब्याह का ख्याल नहीं है। पापा ने तो अपनी दूसरी शादी की सोची थी।

पापा केवल पिता, लेखक और वकील बनकर ही सन्तुष्ट नहीं थे बल्कि वे जीवन में परिपूर्णता चाहते थे। एक युवा शरीर का साथ और इसी बोध से राधिका के मन में घोर वितृष्णा भर उठती है। जब पापा

ठीक सामने न होते हैं तो राधिका उनके मुख पर यह खोजने का प्रयत्न करती कि क्या हम सचमुच सुखी हैं। उनके चेहरे में उसे कोई अन्तर न दिखाई पड़ता है। वही प्रशस्त ललाट, घनी भौंहों के नीचे प्रतिभा दीप्त आँखें, वही विचार—मग्न मुँह और वही मुस्कराहट नज़र आती है। इस कारण राधिका का अजनबी होना स्वाभाविक है। कौन देता था ध्यान राधिका पर ? अकेलेपन की शिकार राधिका कभी पापा की ज़िन्दगी के बारे में सोचती है। कभी बड़ दा, भाभी और विद्या के बारे में लेकिन राधिका ही एक ऐसी पात्र है जिसकी कोई परवाह नहीं करता है।

राधिका ने सोचा था कि पापा ने जान बूझकर विद्या से शादी की थी। जब विदेश में डैन से सम्बन्ध—विच्छेद हो जाते हैं तब डैन उसको छोड़कर चला जाता है। राधिका मिसेज होनर के घर में अकेली रहती है। उस समय का अकेलापन राधिका को यह सोचने पर विवश कर देता है कि माँ की मृत्यु के बाद अठारह वर्ष पिता ने अकेले कैसे काटे होंगे। तब राधिका अकेलेपन का भयानक रूप समझती है। अपने लोगों और अपने परिवेश से कटकर जीते समय राधिका अजनबीपन की कड़वाहट महसूस करती है। वह कहती है कि "यह प्रायः देखा गया है कि जो लड़कियाँ इलेक्ट्रा कांप्लेक्स से ग्रसित होती हैं, वे विवाह करके सुखी नहीं होती।"[44] इन बातों के द्वारा विद्या ने राधिका को एक अध्यापक होने के नाते भी समझाती है। परन्तु राधिका तो स्वतन्त्र सोच की मालिक है। पिता को भी झट से जवाब दे देती है कि जो आप चाहते हैं जरूरी नहीं कि हर वक्त वो ही हो। मैं मानती हूँ कि मैं आपकी बेटी हूँ किन्तु मैं जो चाहूँगी वही करूँगी। उन सभी ने अपनी इच्छाओं को ही मुख्य रखा। किसी ने भी राधिका की खुशी का ख्याल तक नहीं किया। बस राधिका चाहती है कि सभी उसे अकेला छोड़ दें। राधिका की पुरानी सहेलियाँ और मोहल्ले—पड़ोस के लोग, दूर के सम्बन्धी इन सब से मिलना राधिका को 'टीडियस' लगा। रिश्ते की ताई तो राधिका से पूछती है कि सिगरेट और शराब तो तुम पीने लगी होगी ? उसकी भाभी भी पूछ लेती है कि "अच्छा बीबी इतने दिन उस मर्द के साथ रहकर भी बाल—बच्चों से कैसे बरी रही ?"[45] इन सब बातों ने तो राधिका के अजनबी होने में बहुत सहायता की। ऐसी बेतुकी बातें जो राधिका को कतई पसन्द नहीं थी। स्वदेश लौटकर तो उसने नयी ज़िन्दगी की शुरूआत करने की इच्छा मन में रखी थी लेकिन यहाँ पहुँचकर तो उसने बिल्कुल इसके विपरीत परिस्थितियाँ पाई हैं। पापा के मिलने में भी अब औपचारिकता ही नज़र आती थी। पापा शहर से दूर वाली कोठी में रहने लगते हैं। राधिका उनसे मिलने जाती है तो उसे शहरवाली कोठी से दस गुणा ज्यादा

प्रवासी साहित्यकार उषा प्रियंवदा की साहित्य-साधना

उजड़ापन लगता है। कोई ज्यादा बातचीत पापा से उसकी होती नहीं और दोनों के बीच केवल सन्नाटा ही छाया रहता है। राधिका को अपने बचपन वाले कमरे में घुसकर ऐसा लगा जैसे कि वह किसी डाक – बँगले में है। एक वातावरणहीन, व्यक्तित्वहीन कमरा बीच में बिना बिस्तर का लोहे का पलंग, दीवार पर दो साल पुराना धूमिल पड़ा कैलेंडर। कमरे की हालत बता रही थी कि पापा को राधिका के यहाँ आने की उम्मीद नहीं थी। भवानी के खाना परोसने पर खाना खाते हुए वह पापा को अच्छे से देखती है कि पापा के ओंठ एक क्रूर व्यक्ति के ओंठ हैं और ठोड़ी एक व्यक्तित्व की द्योतक। वह सोचती है कि मैंने सब कुछ पापा से ही ग्रहण की हैं, परन्तु ललाट और आँखें माँ की हैं। राधिका को उम्मीद थी कि पापा उसको वहीं पर रूकने को कहेंगे एवं उसको भी वहाँ अकेले रहना प्रीतिकर लगेगा। पापा ने कहा कि "जैसा तुम ठीक समझो। अब तो तुम समझदार हो गई हो और कुर्सी खिसकाकर उठ गए।"[46] राधिका को इन शब्दों से ठेस पहुँचती है। इन दिनों उसकी मुलाकात अक्षय से होती है, जिसने अभी तक शादी नहीं की। उसका ध्यान समाज-सुधार की ओर था कि किसी बेचारी, निस्सहाय कन्या का उद्धार हो जाए। अब उसकी रुचि राधिका से शादी की थी लेकिन राधिका को अक्षय में कोई दिलचस्पी नहीं नज़र आती। विदेश से लौटने के बाद बहुत प्रयत्न करने पर भी वह स्वदेश का अंग न बन सकी। यह भावना उसको बार-बार अन्दर से कचोटती है। अक्षय राधिका को समझने की कोशिश करता है कि उसका शील एवं नम्रता जनित व्यक्तित्व है, भारतीय नारी को ऐसा होना चाहिए। राधिका में कहीं भी कृत्रिमता नहीं है इन्हीं सब कारणों से ही वह अक्षय को आकर्षित करती है। राधिका उससे अधिक स्वतन्त्र अस्तित्व रखती है इसका बोध अक्षय को भी है। राधिका ने अपने परिवार के दोनों पुरुषों, पापा और बड़ दा को घोर व्यक्तिवादी एवं कुछ हदों तक स्वार्थी और महत्त्वाकांक्षी पाया था। वे स्त्रियों का आदर करते थे, उन्हें स्वतन्त्रता भी देते थे परन्तु वहीं तक जहाँ तक उनके द्वारा निर्मित सीमारेखा न लाँघी जाए। दूसरे प्रकार के वे पुरुष जो स्त्री को केवल भोग की वस्तु समझते थे और मेधाविनी स्त्रियों से दूर ही रहते थे। तीसरा था अक्षय, जिसकी उदारता और शालीनता ने राधिका के मन पर कुछ न कुछ प्रभाव छोड़ा था। अक्षय कभी क्षुद्रता पर नहीं उतरेगा पर राधिका यह जानती थी। शंकर से मिलने पर उसने अक्षय के बारे में कहा कि "यानी आप भी हमारे अक्षय की तरह अकेला जीवन पसन्द करती हैं।"[47] राधिका ने इस अल्प परिचय में जितना अक्षय को जाना था, उससे यह स्पष्ट होता है कि वह कभी भी उसके लिए अधीर और उन्मत्त

69

कर देने वाला प्रेमी न बन सकेगा। अक्षय के सुहृद बन्धन में रहते हुए भी राधिका में एक बेहद अनमनेपन ने घर कर लिया था। अक्षय यह समझ चुका था कि राधिका स्वेच्छाचारिणी है। राधिका के मन में एक तरह की बेचैनी रहती है। उसमें बेहद अनमनेपन ने घर कर लिया था।

राधिका की मनीश से भेंट हुई। मनीश कनाडा से भारत में आकर भारतीय आर्ट पर रिसर्च करने वाले विदेशियों के लिए एक आर्ट इंस्टीट्यूट संभाल रहा था। वह डैन का मित्र था। वह उसे अच्छी तरह से जानता था। मनीश साँवला है, लम्बा–दुबला शरीर, चलने–फिरने में एक सहज गरिमा मुद्रा में चापल्य और कभी–कभी शिशुओं–सी सरलता उसमें नज़र आती है। वह भी एक ऐसा ही पात्र है, जिसको युवा–मित्रों की कमी तो नहीं होती किन्तु वह उनसे जल्दी ऊब जाता है। मनीश ने मुलाकात के दौरान ही राधिका के मित्रों ने पिता को ढूँढने की बात कह दी थी। वह कहता है कि "यानी कि तुम पुरुष में प्रेमी या पति नहीं ढूँढती पिता ढूँढती हो। जीवन के एक संघर्षमय क्षण में डैन ने तुम्हें सँभाला, तुम कृतज्ञता में उसके साथ रहने लगीं, अब अक्षय देखभाल कर रहे हैं तो शायद उनसे विवाह कर लो। क्योंकि तुम जीवन में लंगर चाहती हो, उसे पूरी तरह स्वीकार करने को प्रस्तुत नहीं हो।"[48] इन शब्दों के द्वारा मनीश ने राधिका का यथार्थ सामने लाकर रख दिया। अब भी वह जान–बूझकर अक्षय को अनदेखा करके मनीश से रिश्ता जोड़ लेती है। वह भी विदेश से लौटने के बाद राधिका की तरह अकेलेपन का शिकार हो जाता है। वह भी अपने मानसिक सुख को समझ नहीं पाता कि उसकी मानसिक संतुष्टि विदेश में है या स्वदेश में। मनीश भी राधिका की तरह ही स्वतन्त्र अस्तित्व के लिए भटकता रहता है। राधिका तो उसके सामने अपनी स्वतन्त्र इच्छाएँ व्यक्त करती है कि उसे प्ले–बॉय नहीं जीवन साथी चाहिए। राधिका चाहती है कि उसका जीवनसाथी ऐसा हो जो उसको उसके अवगुणों सहित उसके अतीत को झेलते हुए स्वीकार करे। यह सब बताकर राधिका को चैन मिलता है कि नहीं तो वह अपने में ही घुटती रहती। डैन तो उसके लिए एक भूली हुई स्मृति मात्र था।

जब अगली बार राधिका की भेंट मनीश और कारिन से हुई तो उसे भारत आए कई महीने बीत चुके थे। उसकी सारी झुंझलाहटें फीकी पड़ जाती है। कभी–कभी उसको आश्चर्य भी होता कि उसने अपने चारों ओर का सब कुछ स्वीकार कैसे कर लिया ? फर्क इतना था कि इस स्वीकृति में उत्साह नहीं होता बल्कि एक हताश भाव का ही प्राधान्य था। इन सब के होते हुए राधिका में एक बेहद अनमनेपन ने घर कर लिया था।

राधिका की अक्षय से भी भेंट होती रहती है लेकिन उसमें एक विचित्र सी अनिश्चितता और सारहीनता की भावना छाई रहती है। अक्षय एक विदेशी फर्म में कर्मचारी है परन्तु हृदय से वह उतना ही भारतीय है जैसे होली पर कपड़ों पर पड़ा लाल रंग या पान की गिलौरी। वह अपनी पत्नी को हर प्रकार की सुख-सुविधाएँ देने और बच्चों के लिए अच्छा पिता बनने के लायक है। यह सब जानते हुए भी कुछ पीड़ा, दर्द एवं अनुभवों का निचोड़ हर समय उसको सालता रहता था।

भारतीय जीवन शैली में नारी को हमेशा से ही अबला और कमजोर रूप में स्वीकार किया गया है। यानी नारी के स्वरूप और उसकी शारीरिक क्षमता को हमेशा कमतर आंका गया है। नारी की यह स्थिति पुरुषों के प्रभाव के कारण ही बनी है। नारी प्राचीन समय से ही अबला समझी जाती रही है और यही स्थिति आधुनिक युग में भी देखी जा सकती है। अबला जीवन तुम्हारी यही कहानी आंचल में दूध आंखों में पानी, महाकवि निराला की इस पंक्तियों से यह स्पष्ट हो जाता है कि नारी को अबला ही समझा जाता रहा है तथा उसके प्रत्येक कार्य में नारी अपने जीवन में अनेक प्रकार की भूमिकाओं का निर्वाह करती है। प्रत्येक स्थिति में वह दूसरों के प्रति अपने आप को समर्पित कर देती है लेकिन फिर भी उसका शोषण ही किया जाता रहा है। चाहे उसका पति हो या उसके घर का कोई अन्य सदस्य। नारी विभिन्न प्रकार की पारिवारिक व्यवस्था को सभ्य और एकजुट बनाने का प्रयास करती है। स्वयं उसका पति तक उसका अनादर करता है। उसे इस बात से कोई सरोकार नहीं होता है। वह किस प्रकार की परिस्थिति में कार्य कर रही है। वह केवल अपने आदर्शों का पालन करने के लिए बाधित रहती है।

नारी चाहे पुरुष की कितनी ही तन-मन से सेवा करें, लेकिन पुरुष नारी के बढ़ते प्रभाव से हमेशा चिंतित ही रहता है। उसे नारी का आधिपत्य स्वीकार नहीं होता, क्योंकि उसका हृदय नारी जैसा कोमल नहीं होता और यही कारण है कि वह अपने प्रभुत्व की खातिर नारी को उसका पूर्ण अधिकार नहीं देता।

अकेलापन

नारी अपने जीवन की परिस्थितियों से लड़ते-लड़ते इतनी थक जाती है कि कभी-कभी उसे अपने जीवन में एक साथी की जरूरत अनुभव होने लगती है। यहीं पर नारी अपने जीवन में एक अकेलापन महसूस करती है। कहीं कोई उसकी बात सुने तथा उसको प्रोत्साहन करें ताकि उसके जीवन में मधुरता और सरसता आ सके। नारी के जीवन की यह स्थिति उसे सोचने पर मजबूर कर देती है कि वह इतनी कमजोर तो

प्रवासी साहित्यकार उषा प्रियंवदा की साहित्य–साधना

नहीं थी कि उसे किसी का सहारा ढूंढ़ने की जरूरत पड़े ताकि दूसरों को देखकर कभी–कभी ऐसा मन में आ जाता है। नारी की यह मानसिक स्थिति कभी–कभी उसे कमजोर कर देती है। नारी अपनी मानसिक स्थिति के कारण भी अबला बन जाती है, क्योंकि दूसरों की खुशियों को देखकर मन में एक आशा जगती है कि उसका जीवन भी भरा–पूरा हो। ऐसी ही परिस्थितियां उसे समझौता करने के लिए भी विवश कर देती है और यही स्थिति उसकी कमजोरी भी बन जाती है। नारी अपने जीवन में अनेक ऐसे निर्णय ले लेती है, जिसके लिए उसे बाद में पछताना नहीं पड़ता है क्योंकि पुरुष नारी की कमजोरियों का फायदा उठाना अच्छी तरह जानता है यही स्थिति नारी को अपनी ही नजरों में अबला और कमजोर बना देती है। ऐसी स्थिति में वह अपने को कोसती है, छटपटाती है लेकिन कुछ भी नहीं कर सकती। नारी अपने आप को मजबूत तो कर लेती है लेकिन परिस्थितियों से लड़ते हुए वह हार मान लेती है जो उसकी पराजय का कारण बनता है। कभी–कभी स्त्री की पारिवारिक परिस्थितियां उसके आने वाले भविष्य को गर्त में पहुंचा देती है। परिवार के सदस्य अपनी जिम्मेदारी से मुक्त होना चाहते है लेकिन उस मुक्ति में नारी का बंधन ऐसी बेड़ियों से बांध दिया जाता है। जिसके पाश में वह बंधती ही चली जाती है और उसके जीवन से खुशियों और कल्पनाओं का संसार खत्म हो जाता है। किस प्रकार किसी दूसरे के द्वारा किए गए कार्यों का भुगतान किसी ओर को करना पड़ता है। नारी दूसरों की खुशियों के लिए अपने जीवन की अभिलाषाओं, इच्छाओं और आकांक्षाओं का त्याग कर देती है तथा अपने जीवन की किसी भी प्रकार की परिस्थिति को भोगने के लिए तैयार रहती है।

ऊषा प्रियंवदा ने अपने कथा साहित्य में इसके विभिन्न रूपों का चित्रण बड़ी ही संजीवता से किया है कि किस प्रकार विभिन्न प्रकार के कष्ट सहकर भी पुरुष के आगे हमेशा नारी नतमस्तक रहती है। पुरुष प्रधान समाज में नारी की इच्छाओं और योग्यता का आंकलन नहीं किया जाता केवल उसका शोषण किया जाता है। उसकी जिन्दगी को बोझिल बना दिया जाता है।

नारी का एक स्वरूप सबला भी है जिसके आधार पर नारी को शक्ति का प्रतीक माना गया है। उषा प्रियंवदा ने नारी को प्रेम, त्याग और बलिदान की प्रतिमूर्ति स्वीकार किया है वहीं अन्य साहित्यकारों ने भी नारी को सशक्त एवं सुदृढ़ मानसिकता की धनी के रूप में स्वीकार करते आए हैं। स्वतंत्रता संग्राम से लेकर आधुनिक युग तक नारी के वर्चस्व का बोलबाला रहा है। पुरुष चाहे कितना ही नारी के अस्तित्व को उसके

गुणों को दबाने का प्रयास करें किन्तु नारी की प्रतिभा अपने आप निखर उठती है। नारी के इसी प्रारुप को सभी साहित्यकारों और बुद्धिजीवियों ने स्वीकार किया है। उसमें परिवर्तन की शक्ति निहित है। वह न केवल अपने भावों और विचारों को अभिव्यक्त करने के लिए स्वतंत्र है बल्कि अपने भविष्य का चुनाव करने के लिए भी स्वतंत्र है। वह जिस मार्ग को चाहे उसका चुनाव कर सकती है। वह कठिन से कठिन कार्य को पुरुषों की तरह कर सकती है। आधुनिक युग में हम नारी के बढ़ते वर्चस्व को देख सकते हैं कि प्रत्येक क्षेत्र में नारी का दबदबा है। चाहे वह विज्ञान का क्षेत्र हो, चाहे राजनीति या पारिवारिक व्यवस्था उसके त्याग और बलिदान को सभी नमन करते हैं और करते रहेंगे।

ऊषा प्रियंवदा ने भी नारी के सबला रूप को एक सशक्त अभिव्यक्ति प्रदान की है। इन्होंने अपने कथा–साहित्य के माध्यम से प्रत्येक क्षेत्र में प्राप्त नारी की उपलब्धियों को दर्शाया है तथा नारी की शक्ति को उजागर किया है। नारी और पुरुष की शक्ति मिलने से स्त्री को अत्यधिक बल मिलता है। वह किसी भी कार्य को पूरा करने की हिम्मत रखती है तथा उसकी क्षमता में वृद्धि होती है। यही बल उसके गुणों में निखार लाता है ताकि नारी को अबला से सबला के रूप में परिवर्तित होने में जरा सा भी समय न लगे। मनीश के पास होते ही राधिका को उसकी उपस्थिति का ऐसे ही बोध होता है, जैसे कि कभी उत्तेजित अवस्था में अपने हृदय की धड़कन का होता था। वह अमेरिकन विश्वविद्यालय में एसोसिएट प्रोफेसर और भारत में आर्ट–इंस्टीट्यूट का डायरेक्टर है। राधिका ने मनीश को अब तक एक पार्टी मैन की तरह ही जाना है। उसके पीछे मनीश एक विशेष मुखौटे में था। मनीश के साथ रहकर ही राधिका की दिवाकर से भेंट होती है, वह भी तय नहीं कर पाता कि उसे कहाँ रहना है ? विदेश में या स्वदेश में। वह कहती है कि "मेरी बीवी कहती है कि हमें अपने देश के लिए त्याग करना चाहिए। अपने देश में ही रहना चाहिए, अपने बच्चों का भविष्य देखना चाहिए। मेरा कनेडियन प्रोफेसर मुझे कई चिट्ठियाँ लिख चुका है, पर मेरी बीवी कहती है कि मुझे यहीं रहना चाहिए..........मैं पूछता हूँ मेरे देश में मेरे लिए क्या है ? मेरे बच्चों को अच्छे स्कूल में दाखिला नहीं मिल रहा है। एक स्कूटर खरीदने के लिए मुझे बरसों इन्तजार करना पड़ता है।"[49] हमारे देश में न जाने कितने ही ऐसे लोग हैं जो प्रवासी होने के बाद अपने देश से विरक्त हो जाते हैं। जब अपने देश लौटते हैं तो अजनबी बनकर रह जाते हैं।

प्रवासी साहित्यकार उषा प्रियंवदा की साहित्य-साधना

जीवन की अर्थहीनता

राधिका फुलब्राइट पर आए रौडनी से मिलती है, प्रवीण और कारिन से मिलती है तब नए परिचय की औपचारिक बातों से राधिका को बड़ी ऊब होती है। वह जानती है कि ऐसे अवसरों पर शिष्टाचार तो बरतना ही पड़ता है। यह सब पश्चिमी भौतिकवाद की ही देन है। मनीश कहता है कि जितने अधिक दिन वह विदेश में रहेगा उसके वापिस भारत आकर बसना उसके लिए मुश्किल हो जाएगा। वह भाग-दौड़ की ज़िन्दगी से थकता जा रहा था, उसके हाथ सफलता है, धन भी है किन्तु उसकी ज़िन्दगी में चैन नहीं है। राधिका ने भी मनीश के पूछने पर मुझे यह सब परेशान करता है "मेरा परिवार, मेरा परिवेश, मेरे जीवन की अर्थहीनता और मैं स्वयं जो होती जा रही हूँ, एक भावनाहीन पुतली सी......।"[50] मनीश कहता है कि तुम भावनाहीन नहीं हो बल्कि तुममें भावनाएँ ही प्रधान है।

राधिका में बेचैनी एवं ऊब-भरी अकुलाहट बढ़ती जाती है। कई बार उसने पापा के अकेलेपन की परवाह किए बिना अपने अजनबीपन को तोड़ने का प्रयत्न किया। मनीश ने राधिका के अस्तित्व को महत्त्व दिया। यह समझकर वह अपने आप को मनीश से जुड़ने देती है और अपनी अजनबी नारी का रूप दूर फेंक देती है। बड़ दा के बारे में भी उसने अक्सर सोचा कि भाभी की धन-सम्पत्ति के बीच अपने को वे अकेला महसूस नहीं करते होंगे। क्या उन्होंने अपने जीवन का लक्ष्य प्राप्त कर लिया है ? पापा निर्जन, सन्नाटे से भरी कोठी में रहते हैं और बड़ दा शोर भरे फ्लैट में रहते हैं। कैसे बिखरा पड़ा है राधिका का परिवार ? अजनबीपन का शिकार हैं सब के सब। बड़े दा की कोठी, व्यवसाय, मिलें, फैक्टरियाँ आदि इस वैभव के बीच भी राधिका को अजीब-सी व्याकुलता घेरे रहती है। वह अपने जीवन को उलट-पलटकर देखती है। अपनी भावनाओं की समीक्षा वह बहुत ठंडेपन से करती है। गुदगुदे गद्दे वाले पलँग और सुख-सामग्री से खचाखच भरे घर में उसे बार-बार याद आता है कि मानवीय सम्बन्ध कितने शाश्वत होते हैं। कुछ वर्षों पहले राधिका में बचपना था, भावावेग और उग्रता थी। पापा को छोड़कर डैन के साथ रहते हुए एक वर्ष में ही राधिका में जैसे कई वर्षों का अनुभव और पकापन आ गया था और तभी उसमें डैन से अलग होने का साहस था। अब वह स्वतन्त्र है एवं परिपक्व है एवं अपने मुताबिक अपना जीवन ढाल सकती है। अपने भविष्य का निर्माण कर सकती है।

मनीश हर चीज से ऊब जाता है, यहाँ तक कि अपनी प्रेमिकाओं से भी। उसके पास सब कुछ है लेकिन वो शान्ति नहीं है, जिसे वह पाना चाहता है। राधिका को घटनाहीन एवं ऊब भरी ज़िन्दगी की आदत पड़ गई थी। पुरुषहीन जीवन में एक उकताहट तो अवश्य होती है, परन्तु साथ ही एक निश्चिन्तता भी, जो कि राधिका को काफी सुखद लगती थी। मनीश आया तो था उसकी ज़िन्दगी में लेकिन उत्साहहीन राधिका ने उसे भी नहीं स्वीकारा। वह राधिका को कहता है कि "तुम वहाँ नहीं रह सकी न तुम्हें यहाँ ही स्वीकारा गया। मैं भी अपने को पृथक, अलग, कटा हुआ पाता हूँ। सोचा कि हम दोनों इकट्ठे रह सकेंगे–क्योंकि हम एक–दूसरे को बहुत समय से जानते हैं, बहुत सारे सन्दर्भों में ....पर यदि तुम।"[51] मनीश को वह अच्छे से जानती है कि हमेशा एक प्रफुल्ल मुखौटे की तरह बहुत पॉपुलर, एक पार्टी मैन एवं एक सफल व्यक्ति के रूप में ही वह मिलता था। दूसरी तरफ राधिका स्वतन्त्र विचारों वाली लड़की किसी को भी अपने ऊपर हावी नहीं होने देती।

इधर विद्या भी एक तरह से अजनबीपन की शिकार हो रही थी। इस उपन्यास में उसका अकेलापन उल्लेखनीय है। पापा से शादी करने के बाद परिवार के सभी सदस्यों से उसे नफरत ही मिली थी। राधिका ने स्वयं देखा था कि विद्या अपने कमरे में अकेले पड़ी रहती थी। राधिका के विदेश चले जाने के बाद पापा गंगा पार वाली कोठी में अकेले रहते थे और शहर वाली कोठी में विद्या अकेले रहती थी। विद्या के चेहरे पर हमेशा अलगाव– का सा भाव रहता था। एक जमी हुई भाव मुद्रा रहती थी। इन्हीं सब कारणों से ही वह नींद की गोलियां खाकर आत्महत्या कर लेती है। अपनी अस्मिता की तलाश में सभी चरित्र अकेलेपन के शिकार हैं। राधिका, अक्षय और मनीश के माध्यम से लेखिका ने युवाओं द्वारा भोगी जा रही मानसिक परेशानियों को बखूबी उकेरा है। इन सब के लिए समाज उत्तरदायी है। पिता के असामान्य व्यवहार के कारण सामान्य सन्तान अन्तर्विरोधों, विसंगतियों, संत्रास एवं घुटन आदि की शिकार हो जाती है। राधिका अपनी व्यक्तिगत स्वतन्त्रता के लिए परंपरागत रूढ़ियों एवं परम्पराओं का खण्डन करती है। डॉ. वार्षणेय लिखते हैं कि "राधिका स्वतन्त्रता का विकास चाहती है, अपना स्वतंत्र व्यक्तित्व स्थापित करना चाहती है।"[52] राधिका के माध्यम से लेखिका ने भारतीय नारी की दुविधा का चित्रण किया है। नायिका भारत से विदेश जाती है और फिर विदेश से भारत आती है। यह संस्कृतियों के बदलाव से अपने आपको अलगाव की स्थिति में पाती है इसीलिए न चाहते हुए भी वह अकेलेपन का शिकार हो जाती है।

प्रवासी साहित्यकार उषा प्रियंवदा की साहित्य-साधना

रुकोगी नहीं राधिका व अंतर्वंशी उपन्यास में अजनबीपन, अकेलेपन और अस्मिता की तलाश

उषा प्रियंवदा का लगभग सभी उपन्यासों से बड़ा यह उपन्यास भारत और विदेश के परिवेश को प्रकट करता है। इस उपन्यास की कथा उन भारतीयों की कथा है जो अच्छे मौकों की तलाश के लिए प्रवासी हो जाते हैं। अन्तर्वंशी उपन्यास की नायिका चुनमुन, वनश्री या बाँसुरी है जो विदेशी परिवेश में जाकर वाना हो जाती है। मध्यम वर्ग में जन्मी बाँसुरी की विदेश में शादी उसका अपना सौभाग्य था लेकिन उसको अमेरिका के परिवेश का बिल्कुल भी पता नहीं होता। वह उससे हमेशा अभिज्ञ ही रहती है। विदेश पहुँचकर वह कैसे बदल जाती है, यह तो राहुल भी नहीं जान सका। इस संबंध में उपन्यास में बताया गया है कि ''वाना के पश्चिमी ताने-बाने में वह पुरानी बनारस के साक्षात्कार की वनश्री झाँक उठी, शरमाई-शरमाई आँखें, आधे खुले होंठ, एक ओर को हलका-सा झुका सर। उसकी साड़ी मोटे सूत की थी गंगा में धुलते-धुलते उसकी सफेदी मटियाली हो गई थी। सुबह-सुबह के उजियाले में, तुलसी घाट की सीढ़ियों पर खड़ी वनश्री ने अपने को कब यह अमरीकी वाना बना लिया ? काली स्कर्ट, सफेद ब्लाउज, एकदम छोटे-कटे बाल।''[53] वाना परिवेश के अनुसार अपने आपको ढाल लेती है।

यह उपन्यास वाना के आर्थिक संकट से जूझने, उसकी सफलता-असफलता की कशमकश और उसके 'स्व' को स्थापित करता है। उषा प्रियंवदा के इस उपन्यास के मध्यवर्गीय पात्र पाश्चात्य संस्कृति से आकर्षित होकर उसे अपनाते हैं अपने यहाँ की भारतीय संस्कृति को भी वह नहीं छोड़ पाते हैं इसलिए हमेशा दुविधा में रहते हैं। उषा प्रियंवदा ने इस उपन्यास के पात्रों में संत्रास, अकेलेपन, अजनबीपन, घुटन, ऊब और छटपटाहट को प्रस्तुत किया है। विदेश में बसे पति के साथ जीवनयापन करना, परिस्थितियों से जूझते हुए जीवन में संघर्षरत रहना और भारतीय लड़की के सुख-दुख को बड़ी गहराई से सूक्ष्म निरीक्षण शक्ति के द्वारा चित्रित किया गया है।

'अन्तर्वंशी' उपन्यास में लेखिका ने वाना की मनःयात्रा के माध्यम से उसकी भारतीय और विदेशी मनःस्थिति को चित्रित किया है। देश और विदेश की परिस्थितियों के बीच पिसते हुए पात्र जैसे कि शिवेश, राहुल, वाना, अंजी और सुबोध अपने आपको संतुलित कर पाने के द्वंद्व में रहते हैं। वाना विदेश में पति शिवेश के साथ रहते हुए आर्थिक संकट से गुजरती है। वाना को उन परिस्थितियों ने घेरा है, जहाँ वह ऊब और घुटन के तीखे एहसास को अनुभव करती है। अब उससे बाहर निकलने

के लिए छटपटाती है। नए देश, नई भूमि एवं नए लोगों के बीच अपनी भावनाओं को समझती हुई। वह अपने लिए बेहतर अवसरों की तलाश कर लेती है।

स्वतन्त्र अस्तित्व की प्रस्तावना

वाना अपने स्वतन्त्र अस्तित्व को प्रतिस्थापित कर लेती है। यह आधुनिकता को दर्शाता हुआ नारी मुक्ति का एक सुन्दर उदाहरण है। राहुल अकेलेपन का शिकार हो जाता है। बिट्टो/रत्ना को प्यार करने के अलावा राहुल हमेशा आदर्श बेटा, विद्यार्थी और इन्सान रहा है। वह मन–ही–मन रत्ना से वार्तालाप करता है। उसकी उपस्थिति उसकी सुगंध उसके शरीर में विष की तरह बस जाती है। वह बच जाता है परन्तु बौरा जाता है वैसे ही जैसे हाई स्कूल की हिन्दी में उसने कबीर का दोहा पढ़ा था –

"बिरह भुजंगम तन बसै, मंत्र न लागे कोई,
राम बियोगी ना जिवै, जिवै ता बौरा होई।"[54]

राहुल पढ़ने में होशियार होता है इस वजह से उसको स्कालरशिप मिलती है। वह रत्ना के प्यार को नहीं भुला पाया। वह अमेरिका में रहकर पी–एच. डी. कर लेता है। एक सफल प्रोफेसर बन जाता है जिससे उसकी आर्थिक स्थिति शिवेश से काफी अच्छी होती है। वाना की शादी से पहले जब उसे देखने के लिए आते हैं, तब शिवेश के साथ राहुल भी आता है। वनश्री राहुल को ही शिवेश समझ लेती है। यही आकृति बाद में भी उसके मन में बसी रहती है। पिता और बुआ ने उसे पाल–पोसकर बड़ा किया था।

'अन्तर्वंशी' उपन्यास में नारी के बदलते रूप को लेखिका की कलम सामने लेकर आई है। चुन्नी बुआ ने तो उसकी शादी के समय भी खुश होकर कहा था कि "हमारी चुनमुन का भाग्योदय हुआ है। कैसा कार्तिकेय–सा वर मिला है। कलकत्ता से पीएच. डी. है, लाखों में कमाई होगी।"[55] राहुल धीरे–धीरे अकेला रह गया था और उसे ज़िन्दगी से शिकायत नहीं थी। जो ज़िन्दगी उसने गढ़ी थी, वह अब उसके सामने थी। राहुल करोली मैसैच्युसेट्स स्कूल ऑफ टेक्नॉलोजी से डॉक्टरेट विंडसर में दो साल की पोस्ट–डॉक्टरेट तीन साल दिल्ली आई. आई. टी. में फिर कैलीफोर्निया की सबसे नामी यूनिवर्सिटी में पढ़ाने एवं रिसर्च करने की नौकरी करता है। वाना भी राहुल के व्यक्तित्व से बहुत प्रभावित होती है। फिर भी वह कह कुछ नहीं पाती है। भारतीय संस्कार उसमें कूट–कूट कर भरे हैं। वह एक पतिव्रता औरत है। शिवेश के दो बच्चों

आकाश और विकास की देखभाल बड़े अच्छे से करती है। पति का भी वह ध्यान रखती है। यह सब करते–करते वह उस घर से उस शहर से एकदम ऊब–सी जाती है। राहुल कुछ दिन के लिए उनके पास रहने के लिए आया था। उसके जाने के बाद जब राहुल का कमरा खाली होता है। तब भी वाना की दृष्टि उधर जाती है तो उसे रुलाई आती है। वह उदास–सी रहने लगती है। एक दिन सारिका उसे कहती है कि हम दिन–दिन व क्षण–क्षण बदलते रहते हैं "वाना –अपने सपनों का पीछा करो।"[56] नारी ही गृह निर्मात्री के रूप में घर की व्यवस्था को पूरा करती है। घर के स्तर को बढ़ाना तथा उसे सुरक्षित रखने का श्रेय नारी को है। गृह–निर्माण में उसकी सृजनात्मक रूढियों तथा कला का ज्ञान उसके व्यक्तित्व से प्रतिबिम्बित होता है। वह कम से कम धन व्यय करके नवीनतम सामग्री से घर को सजाती रहती है। बेकार वस्तुओं को कलात्मक तथा नया रूप देकर धन की बचत करती है। इस प्रकार वह गृह निर्माण में सहायता कर अच्छी गृहिणी की भूमिका निभाती है। घर में नारी वस्तुओं को सुव्यवस्थित रखकर गृह–सुसज्जा में चार चांद लगा सकती है। परिवार के लक्ष्यों तथा आदर्शों का निर्माण करना गृह–निर्मात्री का कर्तव्य है। वह सदस्यों को अपनी कला का परिचय भोजन, वस्त्र तथा घर की सजावट द्वारा देती है। बुद्धि तथा कुशलता से वह वस्तु चयन तथा सजावट इस प्रकार करती है कि वह वस्तु सभी को आकर्षक तथा आरामदेह लगती है। घर में व्यक्तिगत तथा पारिवारिक सुसम्बन्धों को बनाने का काम भी गृह–निर्मात्री अर्थात् वाना का ही होता है। सारिका के उस वाक्य ने वाना को सोचने पर मज़बूर कर दिया। वह सारिका की बात अपने मन में दोहराती है। वह अपने लिए कुछ करने को तैयार हो जाती है। उसने आगे पढ़ना शुरू कर दिया और अंग्रेज़ी बोलने की कक्षाएँ लगानी शुरू कर दी। सारिका एक स्वतन्त्र व्यक्तित्व की लड़की है, वह वाना को कहती है कि "बुद्धि की तुममें कमी नहीं है।.. ....अच्छा वाना, मुझे प्रोमिस करो कि तुम आगे कुछ करोगी अभी यह गृहिणीयना ठीक है मगर तुम यों ही घरेघुसनी बन कर नहीं रह जाओगी।"[57] अचानक सारिका की मृत्यु से वाना की ज़िन्दगी का हर अभाव, हर अन्याय, हर हताशा उजागर हो जाती है।

राहुल सब जानता और समझता है कि वह घर छोड़कर भाग गया था या भटक गया था और उसने अपने को मिटाने की कोशिश की थी। वह वाना की हालत को जान गया था। वाना उदास रहती है लेकिन जल्दी ही उस दुख से बाहर निकलकर वह अपने स्वतन्त्र अस्तित्व को कायम करने की कोशिश करती है। कृतज्ञ शिवेश के आगे–पीछे, उसकी

इच्छा को प्रफुल्ल चेहरे से मानने वाली वाना काली स्कर्ट व सफ़ेद ब्लाउज में पढ़ने जाती है। शिवेश अपने आपको अकेला समझने लगता है। शिवेश को अपनी परिस्थितियों से संघर्ष करना, उनसे ऊपर उठने का प्रयत्न करना, यह सब उसकी समझ से बाहर रहा है। वह राहुल की तरह पोस्ट डॉक्टरेट के बाद प्राध्यापक हीं बन सका। राहुल की संगत ने उसे आत्मदृष्टि सीखा दी है। शिवेश बीवी बच्चों के अरमान पूरे करने के लिए अच्छी नौकरी चाहता है। वह राहुल से कहता है कि, "बीवी बच्चों के अरमान पूरे करने के लिए पैसा ज़रूरी है। तुम नहीं जानते। एकदम निर्द्वन्द्व, स्वतंत्र जो हो। खुश किस्मत हो।"[58]

आत्मदर्शन या अस्तित्व की पहचान

राहुल जान गया है कि एक क्षण ऐसा होता है जब हमें अंतर्ज्ञान होता है। हमारे अन्दर एक सूक्ष्म ब्रह्मांड है, उसको पहचान लेना व उसको पा लेना ही ज्ञान है। जब हमें यह ज्ञान आ जाता है तो हम अपने अस्तित्व को पहचान लेती हैं। वाना सोचती है कि एक सूक्ष्म संसार हमारे अन्दर है वही हमें हमारी पहचान कराता है। पत्नी, माँ के परे भी उसकी पहचान है व उसका अस्तित्व है। वाना ने उसकी पहचान कर ली है। वाना मनः चक्षुओं में पंख फैलाकर क्षितिज की ओर भागना चाहती है। वनश्री मिश्र की पहचान अब सिर्फ शिवेश की पत्नी, घर–कपड़ों की धुलाई, झाडू, बिस्तर लगाना, दाल–चावल बनाना यही थी। वह इससे परे भी कुछ सोचती है। कर्म और संघर्ष मनुष्य के अस्तित्व के सर्वश्रेष्ठ तत्व हैं। निराशा, व्यथा, संत्रास, एकाकीपन, विसंगति बोध, शून्यता आदि मानव अस्तित्व के महत्वपूर्ण अंग हैं। भीड़ में भी वह अकेलापन महसूस करती है। यह आज के मनुष्य की नियति है। वाना के चेहरे पर एक सूनापन रहता है व हर समय एक उदासी छाई रहती है। एक रोग की तरह वह हर दिन जैसे संखिया की छोटी–सी खुराक है। राहुल सोचता है कि "वाना ऐसे ही एक–एक दिन करके पूरी ज़िन्दगी बिता देगी। वह लीक पकड़कर चलती रहेगी। राहुल उससे कैसे कहे–यह सब छोड़कर निकल आओ वाना मैं तुम्हें इन्द्रधनुष के उस छोर तक ले चलूँगा।"[59] वाना को लगता है सभी के जीवन में नए मोड़, नई गति आ गई है। जिनको वह जानती है उनमें से ग्रेस को भी नया मित्र मिल जाता है। वह अपना घर बेचकर डेव के साथ रहने के लिए चली जाती है। अंजी के पति ने भी उसको दोबारा बुला लिया है। अमेरिका में एक पुरुष या स्त्री का पल्ला पकड़ कर कौन बैठता है। जीवन में उतार–चढ़ाव आते रहते हैं। बार–बार प्यार करना बार–बार जुड़ना और अलग होना यह तो विदेश में क्रम ही बन गया है। इसमें न अच्छा है न बुरा है। अगर ग्रेस उसकी

जगह होती तो कब का शिवेश को छोड़कर चली जाती। यह सब वह मन ही मन सोचती है। कभी अपनी मित्र अंजी से भी नहीं कहती। अक्सर वह सोचती है कि शिवेश उसके भाग्य में था तो उसे मिल गया। कुछ समय के बाद शिवेश के निठल्लेपन की शिकायत भी दूर हो गई। उसने दुकान कर ली थी और दुकान धड़ल्ले से चलती है। सालभर में शिवेश अपना अलग स्वतन्त्र घर खरीदने को कहता है। वाना मानसिक तनाव कम करने की गोलियाँ खाती है। वह नितान्त अकेला महसूस करती है। बच्चों पर खीझती है, तनाव की गोली खाकर निढ़ाल पड़ी रहती है। फिर उसके पूरे अस्तित्व को भेद कर वह तड़कता हुआ विचार उठता है कि– "मैं राहुल से प्यार करती हूँ, यह ग्रेस ने ठीक ही तो कहा। जो मैं स्वयं अपने से कह नहीं पाई थी ....क्या यह आँखें इतनी पारदर्शी हैं ? तब राहुल क्यों नहीं देख पाता है। वह देखता भी है, जानता भी तो क्या करता। यह राह तो उसके लिए वाना के लिए बन्द ही है। बीच में शिवेश जो है, आकाश–विकास हैं। वही जकड़ी हुई है।"[60]

प्रेम जिसका कोई भविष्य नहीं जो अपने बोध में ही सम्पूर्ण है। जिसकी अनुभूति अलौकिक है। जिसकी मिठास गूँगे के गुड़ की तरह वाना के होठों में बसी है। वह खुले आकाश के नीचे बाँहे फैलाकर एवं चीखकर राहुल के प्रति प्रेम को जता नहीं सकती। किसी ओर से अंजी से भी कह नहीं सकती। जीवन के अनुभवों की पोटली टटोलते–टटोलते एक माणिक अनायास ही उसकी हथेली पर आ टिका है और उसकी उँगलियों ने उसे कसकर पकड़ लिया। वाना के जीवन में जितने भी अभाव थे, वह सारे राहुल के प्यार में धुल जाते हैं। भारतीय संस्कृति अपने आप में एक महान संस्कृति रही है। इस संस्कृति का व्याख्यान देश–विदेश सभी जगह किया जाता है। भारतीय संस्कृति में नारी को विशेष स्थान प्राप्त है। यहां नारी को घर की लक्ष्मी के रूप में स्वीकार किया जाता है लेकिन यह बात इतनी तर्कसंगत लगती नहीं है। भारतीय समाज में नारी पर जितने अत्याचार किए जाते हैं, उन सबसे यही लगता है कि वह घर की देवी नहीं, बल्कि घर की दासी हो। इस बदलते परिवेश में नारी ने अपनी भूमिका को परिवर्तित किया है। जिस प्रकार विदेशों में नारी की स्वतंत्रता का हनन नहीं किया जा सकता। वहां पर नारी स्वयं आगे बढ़कर प्रत्येक कार्य को करती है। उसका प्रभाव अब भारतीय पारिवारिक एवं सामाजिक व्यवस्था में भी देखने को मिलता है क्योंकि पाश्चात्य संस्कृति में कुछ गुण भी है लेकिन पाश्चात्य संस्कृति के कुछ दोष भी है जो भारतीय संस्कृति और वातावरण के अनुरूप नहीं है।

वाना ने अपना व्यक्तित्व गढ़ लिया था। नौकरी करती है हुए वह अपने स्वाभिमान की रक्षा भी करती है। दूसरों की उपलब्धियों और लाचारियों के बीच कशमकश में पड़ी वाना जैसे–तैसे अपनी गृहस्थी की गाड़ी आगे खींचती है। पति की अमसर्थताएँ उसे बार–बार अन्दर से कचोटती हैं। शिवेश प्रयास करके भी राहुल की तरह सफलता की सीढ़ी नहीं चढ़ सके। व्यवसाय में घाटा खाने के कारण और गैर–कानूनी कार्य करने के कारण वह अन्दर से टूट जाता है। पुलिस से बचने के लिए छः महीने घर से फरार रहती है। उधर वाना को राहुल का प्यार मिल जाता है।

अंजी सब कुछ जानती है कि वह वाना से कहती है कि "भाग्यवान हो वाना ! किसी को पागलपन की हद तक चाहा तो और तुम्हें मिला भी। मुझे देखो, उन्नीस साल की उम्र में शादी हुई और तीस की होते–होते बच्चे, तलाक सभी कांड हो गए। तीन ज़ीरो पर ज़िन्दगी खत्म हो गई – तुम फिक्र मत करो। हम सब तुम्हारे साथ हैं, पर राहुल को बता दो।"[61] वाना को हर क्षण अहसास दिलाता है कि वह कितनी अकेली, कितनी असम्पूर्ण है। उसको विश्वास होता है कि शिवेश देर–सबेर घर ज़रूर लौटेगा और वह उसको सब सच–सच बता देगी। वाना अपना लक्ष्य पहचान जाती है। कितने वर्ष उसने ऊहापोह दुविधा में बिता दिए थे। अब उसकी दिशा उसका ध्येय उसके सामने होता है। वह शिवेश का इन्तजार करती है कि वह लौट आए तो यह अध्याय समाप्त करके अपनी ज़िन्दगी का अगला पृष्ठ खोले। वह राहुल के शिशु की माँ बनने वाली होती है। वाना मानती है कि वह कब तक अपने को ठगती रहेगी। कब तक अपने 'स्व' को अपूर्ण रखेगी। वाना स्वप्निल छायाओं से अपने आपको केन्द्रित करती हुई नीरव एवं निस्तब्ध खड़ी होकर अचानक आए शिवेश का आगमन स्वीकारती है। शिवेश ने छः–सात महीने लुक–छिपकर ही बिताए थे। अब वह घर आने के लिए व्याकुल हो जाती है। वाना उसे समझाती है कि ऐसा गैर–कानूनी काम उसे नहीं करना चाहिए था। वाना को एक बार फिर महसूस होता है कि शिवेश कितना स्वार्थी व्यक्ति है ग़ैर–जिम्मेदार और आत्मकेन्द्रित है। वाना शिवेश को कहती है कि तुम पुलिस को आत्मसमर्पण कर दो। वह अक्सर अखबार में ऐसी खबरें पढ़ती रहती है। वह जानती है कि ड्रग वाले लोग शिवेश के साथ–साथ उसके परिवार को भी खत्म कर देंगे। लेकिन शिवेश आत्मसमर्पण हरगिज़ नहीं चाहता। वह कहता है, "कभी नहीं। मैं बरसों जेल में सड़ता रहूँ – यह मेरे लिए संभव नहीं है।"[62]

वाना के इस प्रकार नज़र अन्दाज करने और उसको सांत्वना न देने

के कारण शिवेश हड़बड़ा जाता है। भारतवर्ष में अधिकतर पितृ–प्रधान परिवार होते हैं। परिवार का प्रधान स्वामी, प्रबन्धक अर्थात् सर्वे–सर्वा पिता ही होता है। कालिदास ने पिता को 'विनयक, रक्षक तथा भरण करने वाला' कहा है। वेदों तथा शास्त्रों के अनुसार पिता परिवार के लिए भोज्य सामग्री का प्रबन्धक तथा परिवार का रक्षक माना गया है। वंश व उसकी मर्यादा को कायम रखने और परम्पराओं को अगली पीढ़ी तक पहुंचाने के लिए पिता परिवार का निर्माता तथा सूत्र नायक होता है। अजनबीपन को दूर आपसी सौहार्दपूर्ण सम्बंध ही करतें हैं। आधुनिक युग में पिता का स्थान परिवार में वेद शास्त्रों के अनुसार लगभग वही है, थोड़ा–सा रूप परिवर्तित हुआ है। पति के रूप में उसे पत्नी तथा बच्चों की सभी आवश्यकताओं जैसे–आर्थिक दायित्व निभाना उसका प्रमुख कार्य है। पिता के रूप में बच्चों की देखभाल, भोजन, वस्त्र, शिक्षा–दीक्षा, मनोरंजन तथा आवास का प्रबन्ध करना उसका कर्तव्य है। पारिवारिक शान्ति तथा समृद्धि हेतु पिता को बच्चों के सम्मुख आदर्श स्थापित करना होता है । भले ही उसे इच्छाओं का त्याग करना पड़े। बच्चों को नियंत्रण में रखने तथा उनसे सहानुभूतिपूर्ण व्यवहार के लिए भी उसकी महत्त्वपूर्ण भूमिका होती है। अतः उसे विवेकपूर्ण ढंग और संयम से काम करना चाहिए। सामान्यतः पुत्र पिता के आचरण तथा व्यवहार को अनुकरण द्वारा ग्रहण करता है । यदि पिता आदर्शहीन होता है तो पुत्र का भावी आचरण भी सन्देहायुत्त हो सकता है। उसको कोई ओर रास्ता नज़र नहीं आता और वह आत्महत्या कर लेता है। उसकी खबर सुनकर राहुल आस्ट्रेलिया से आता है। उसको देखकर वाना की आँखों में आँसुओं की बाढ़ उमड़ पड़ती है। दारुण दुख और भीषण आतंक से उसकी छाती में दरारें पड़ जाती हैं। वाना अपने आपको घोर स्वार्थी मानती है। अपने दुःख और पीड़ा में वह डूबती–उतरती है। अपने दिल को नोचने–खरोचने में लीन रहती है। वाना राहुल के प्यार को पा लेती है। शिवेश ने तो ज़िन्दगी से हार मानकर आत्महत्या कर ली लेकिन वाना ने निरन्तर संघर्षरत रहकर परिस्थितियों का सामना किया और अन्ततः वह राहुल के साथ, बच्चों को साथ लेकर आस्ट्रेलिया चली जाती है।

निष्कर्षतया कहा जा सकता है कि उषा प्रियंवदा के उपन्यासों में से 'पचपन खम्भे लाल दीवारें' उपन्यास में एक भारतीय नारी की सामाजिक–आर्थिक समस्याओं को चित्रित करके एक औरत के द्वारा अपने व्यक्तिगत जीवन के त्याग को दिखाया गया है। 'रुकोगी नहीं राधिका' उपन्यास में भारतीय और पाश्चात्य संस्कृति, दोनों संस्कृतियों के बीच में राधिका अकेलेपन को झेलती हुई द्वन्द्वग्रस्त जीवन व्यतीत करती है। 'शेष यात्रा' उपन्यास की अनु अपने अस्तित्व की पहचान करती हुई

संघर्षमयी जीवन जीती है। उपन्यास के अन्त में वह एक सफल डॉक्टर बनती है। 'अन्तर्वशी' उपन्यास की वाना, जो कि बनारस की 'वनश्री' है। उसकी अर्न्तमन में बजती हुई अस्मिता की खोज की बँसरी, जो उसे अकेलेपन से निकालती है। उषा प्रियंवदा ने उसको चित्रित किया है। 'भया कबीर उदास' उपन्यास में लिली पांडेय कैंसर ग्रस्त होकर भी घबराती नहीं है बल्कि जिन्दगी को नये सिरे से जीना शुरू कर देती है। जीवन के साथ संघर्ष करती हुई आत्मपीड़ा को सहती है। पी–एच.डी. का थीसिस पूरा न कर पाने का मलाल उसके मन में रहता है, लेकिन विदेशी भूमि पर रहकर नौकरी करते वह अपनी बीमारी का उपचार करती है। अपने अस्तित्व को मरने नहीं देती। संघर्ष करके वह बीमारी पर विजय प्राप्त कर लेती है।

उषा प्रियंवदा के उपन्यासों में पात्रों के अर्न्तमुखी मन का कुण्ठित होना, स्वतन्त्रता और अपने कर्त्तव्यों के बीच संघर्षमयी जीवन को व्यक्त किया गया है। उषा प्रियंवदा के ज्यादातर उपन्यास नायिका प्रधान हैं। उपन्यासों की नायिकाएँ संघर्ष करती हुई अपने अन्तिम लक्ष्यों को प्राप्त कर लेती हैं। उषा प्रियंवदा के उपन्यासों में अस्तित्ववादी दर्शन का सफलतापूर्वक प्रयोग किया गया है। उषा प्रियंवदा के उपन्यासों के पात्र अपने स्वत्व को पाने के लिए आगे बढ़ते हैं और अपने अस्तित्व को प्राप्त करने में सफल होते हैं। इस प्रकार उपन्यासों के अन्त तक पात्र प्रतिकूल परिस्थितियों में से बाहर निकलकर एक स्वतन्त्र जीवन जीने के लिए अपने व्यक्तित्व का निर्माण करते हैं। मध्यवर्गीय समाज की समस्याएँ, विवशता, अकुलाहट, अर्न्तद्वन्द्व, संघर्ष और कुण्ठा इनके उपन्यासों में चित्रित है। विपरीत परिस्थितियों के प्रति विद्रोह करते हुए इनके पात्र अपनी एक अलग पहचान बनाते हैं। उषा प्रियंवदा के उपन्यासों के पात्रों ने उचित अवसरों और सुविधाओं को खुद खोजा है। पारिवारिक, सामाजिक, राजनीतिक और धार्मिक समस्याओं के बीच पिसते हुए ये पात्र अपने अस्तित्व की रक्षा के लिए संघर्ष करके विकास की तरफ अग्रसर होते हैं। उनके उपन्यासों में स्वाभिमानी नारी पूर्ण साहस के साथ अपने स्वतन्त्र अस्तित्व की स्थापना करती है।

---

[1] उषा प्रियंवदा, पचपन खम्भे लाल दीवारें, पृ. 73

[2] उषा प्रियंवदा, पचपन खम्भे लाल दीवारें, पृ. 13

[3] उषा प्रियंवदा, पचपन खम्भे लाल दीवारें, पृ. 17
[4] उषा प्रियंवदा, पचपन खम्भे लाल दीवारें, पृ. 95
[5] उषा प्रियंवदा, पचपन खम्भे लाल दीवारें, पृ. 95
[6] उषा प्रियंवदा, पचपन खम्भे लाल दीवारें, पृ. 47
[7] उषा प्रियंवदा, पचपन खम्भे लाल दीवारें, पृ. 66
[8] उषा प्रियंवदा, पचपन खम्भे लाल दीवारें, पृ. 73
[9] उषा प्रियंवदा, शेष यात्रा, पृ. 18
[10] उषा प्रियंवदा, शेष यात्रा, पृ. 52
[11] उषा प्रियंवदा, शेष यात्रा, पृ. 59
[12] उषा प्रियंवदा, शेष यात्रा, पृ. 61
[13] उषा प्रियंवदा, शेष यात्रा, पृ. 73
[14] उषा प्रियंवदा, शेष यात्रा, पृ. 78
[15] उषा प्रियंवदा, शेष यात्रा, पृ. 107
[16] उषा प्रियंवदा, शेष यात्रा, पृ. 110
[17] उषा प्रियंवदा, शेष यात्रा, पृ. 116
[18] उषा प्रियंवदा, शेष यात्रा, पृ. 117
[19] उषा प्रियंवदा, शेष यात्रा, पृ. 119
[20] उषा प्रियंवदा, शेष यात्रा, पृ. 128
[21] डॉ. शोभा निगम, पाश्चात्य दर्शन के सम्प्रदाय, पृ. 168
[22] उषा प्रियंवदा, भया कबीर उदास, पृ. 16
[23] उषा प्रियंवदा, भया कबीर उदास, पृ. 30
[24] उषा प्रियंवदा, भया कबीर उदास, पृ. 31
[25] उषा प्रियंवदा, भया कबीर उदास, पृ. 36
[26] उषा प्रियंवदा, भया कबीर उदास, पृ. 39
[27] उषा प्रियंवदा, भया कबीर उदास, पृ. 48
[28] उषा प्रियंवदा, भया कबीर उदास, पृ. 59
[29] उषा प्रियंवदा, भया कबीर उदास, पृ. 68
[30] उषा प्रियंवदा, भया कबीर उदास, पृ. 82
[31] उषा प्रियंवदा, भया कबीर उदास, पृ. 86
[32] उषा प्रियंवदा, भया कबीर उदास, पृ. 92
[33] उषा प्रियंवदा, भया कबीर उदास, पृ. 96

[34] उषा प्रियंवदा, भया कबीर उदास, पृ. 110
[35] उषा प्रियंवदा, भया कबीर उदास, पृ. 122
[36] उषा प्रियंवदा, भया कबीर उदास, पृ. 132
[37] उषा प्रियंवदा, भया कबीर उदास, पृ. 153
[38] उषा प्रियंवदा, भया कबीर उदास, पृ. 171
[39] उषा प्रियंवदा, भया कबीर उदास, पृ. 179
[40] उषा प्रियंवदा, भया कबीर उदास, पृ. 184
[41] उषा प्रियंवदा, रुकोगी नहीं राधिका, पृ. 43
[42] उषा प्रियंवदा, रुकोगी नहीं राधिका, पृ. 32
[43] उषा प्रियंवदा, रुकोगी नहीं राधिका, पृ. 42
[44] उषा प्रियंवदा, रुकोगी नहीं राधिका, पृ. 52
[45] उषा प्रियंवदा, रुकोगी नहीं राधिका, पृ. 53
[46] उषा प्रियंवदा, रुकोगी नहीं राधिका, पृ. 58
[47] उषा प्रियंवदा, रुकोगी नहीं राधिका, पृ. 64
[48] उषा प्रियंवदा, रुकोगी नहीं राधिका, पृ. 82
[49] उषा प्रियंवदा, रुकोगी नहीं राधिका, पृ. 92
[50] उषा प्रियंवदा, रुकोगी नहीं राधिका, पृ. 101
[51] उषा प्रियंवदा, रुकोगी नहीं राधिका, पृ. 131
[52] लक्ष्मीसागर वार्षण्ेय, द्वितीय महायुद्धोतर हिंदी साहित्य का इतिहास, पृ. 130
[53] उषा प्रियंवदा, अन्तर्वंशी, पृ. 10
[54] उषा प्रियंवदा, अन्तर्वंशी, पृ. 49
[55] उषा प्रियंवदा, अन्तर्वंशी, पृ. 58
[56] उषा प्रियंवदा, अन्तर्वंशी, पृ. 72
[57] उषा प्रियंवदा, अन्तर्वंशी, पृ. 80
[58] उषा प्रियंवदा, अन्तर्वंशी, पृ. 141
[59] उषा प्रियंवदा, अन्तर्वंशी, पृ. 185
[60] उषा प्रियंवदा, अन्तर्वंशी, पृ. 200
[61] उषा प्रियंवदा, अन्तर्वंशी, पृ. 230
[62] उषा प्रियंवदा, अन्तर्वंशी, पृ. 240

उषा प्रियंवदा के कहानी संग्रहों में व्याप्त अस्तित्व की अभिव्यक्ति

उषा प्रियंवदा की प्रत्येक कहानी हृदय पटल पर गहरी छाप छोड़ती है। इनकी कहानियों के पात्र इनके परिवेश से ही लिए गए हैं। आधुनिक परिवेश का पुट इनकी कहानियों में बखूबी मिलता है। इनकी कहानियों में जो कल्पना, अनुभव और अनुभूति मिलती है इसके संबंध में उषा प्रियंवदा का स्वयं का कहना है कि "मेरी कहानियों के पीछे एक बीज जरूर होता है। एक विचार एक इमेज, एक अनुभव या अनुभूति का चैलेंज मुझे उत्साहित करता है। डेडलाइन्स मुझे प्रेरित करती हैं। मेरी प्रिय कहानियाँ वे हैं, जो फ्लैश में जन्मी और मैंने एक या दो दिन में उन्हें लिख डाला।"[1] इस कथन से हमें इनकी रचनाओं की कल्पना, अनुभव, अनुभूति और फ्लैश बैक पद्धति का पता चलता है। अपने आस पास के वातावरण, चरित्र और घटनाओं को उषा प्रियंवदा ने अपनी कहानियों में स्थान दिया है। नारी इस संसार की धुरी है। इसके सहयोग के बिना सृष्टि का चलायमान रहना संभव नहीं है। इसके बिना पुरुष या मानव जीवन में एक अभाव बना रहता है। इसके बिना साहित्य सृजन असंभव सा जान पड़ता है।

'एक कोई दूसरा' कहानी–संग्रह की कहानियों को पढ़ते हुए हम एक ऐसे पाठ से गुजरते हैं जो हमें लगातार सम्पूर्ण का आभास कराता हुआ, एक अधूरी, अतृप्त जिन्दगी की कसक साथ–साथ देता चलता है। एक कोई दूसरा की नीलांजना, झूठा दर्पण की अमृता, कोई नहीं की नमिता, सागर पार का संगीत की देवयानी, पिघलती हुई बर्फ के अक्षय और छवि, चाँदनी में बर्फ पर के हेम और मीरा (मेरी) और टूटे हुए की तंत्री त्रिपाठी उर्फ़ टीटी–ये सभी पात्र अधूरा और यातनाप्रद जीवन जी रहे हैं। अपने देश की मिट्टी से उखड़कर बाहर किसी सम्पन्न और पराये मुल्क में 'अकेला' और 'अलग होकर' रहना इस यंत्रणा का एक विशिष्ट पहलु हैं जिनको ये कहानियाँ लगातार रेखांकित करती हैं।'एक कोई दूसरा' कहानी–संग्रह मे निम्नलिखित कहानियाँ संग्रहित हैं :–1. एक कोई दूसरा 2. झूठा दर्पण 3. कोई नहीं 4. सागर पार का संगीत 5. पिघलती हुई बर्फ 6. चादँनी में बर्फ पर 7. टूटे हुए।

उषा प्रियम्वदा की इन कहानियों को पढ़ना भाषा की एक समतल, शान्त और काँच–सी पारदर्शी सतह पर चलना है लेकिन यह सब भाषा तक ही सीमित है, भाषा के भीतर जो कहानी होती है, वह बेहद बैचेन कर देने वाली है। इन कहानियों को पढ़ते हुए हम एक ऐसे पाठ से

गुजरते हैं जो हमें लगातार सम्पूर्ण का आभास कराता हुआ, एक अधूरी, अतृप्त जिन्दगी की कसक साथ–साथ देता चलता है। प्रस्तुत शोध प्रबंध भी लेखिका उषा प्रियंवदा के कथा साहित्य में नारी जीवन के विविध आयामों में व्याप्त मानवीय संवेदना एवं संघर्ष–मुक्ति के मूल्यांकन की दिशा में किया गया एक प्रयत्न है। मूल्यांकन वह प्रक्रिया है जिसमें निश्चित मूल्यों एवं सिद्धांतों की दृष्टि के आधार पर किसी लेखक या लेखक की रचना की सफलता–असफलता का पूरी ईमानदारी के साथ निर्धारण किया जाता है। कथा साहित्य में मूल्यांकन का कार्य सूक्ष्म, विशद और विराट है। इसका संबंध हमारी समस्त चेतना, मानवीय इतिहास, समाज और मानव की चरम नियति एवं सर्वोच्च रूचि संस्कार आदि से है। अतः किसी भी कृति का सही–सही मूल्यांकन करना अति आवश्यक है।

लेखिका उषा प्रियंवदा के साहित्य में नारी के संघर्ष की पीड़ा को चित्रित किया है। लेखिका के हृदय में मानव मात्र के प्रति दया और करुणा का भाव सतत् रूप में विद्यमान है। इसलिए उनकी कथाओं में नारी संवेदना के स्वर को मुखरित किया है। नारी होने के कारण लेखिका ने अपने कथा साहित्य में नारियों की समस्याओं और संवेदनाओं को बड़ी बारीकी से अभिव्यक्ति व चित्रित करने का उपक्रम किया है। लेखिका ने नारी को विभिन्न कोनों से, विभिन्न परिवेशों और परिस्थितियों में देखा परखा है। इस प्रकार नारी जीवन की विडम्बनाओं का सजीव चित्र तथा संवेदनाओं का संयोग भी बड़ा प्रभावशाली बन पड़ा है। प्रस्तुत कहानी संग्रह की अधिकतर कहानियों में सामाजिक व पारिवारिक परिस्थितियों से जूझती हुई नारी की पीड़ा या व्यथा है।

उनकी सुप्रसिद्ध 'वापसी' कहानी में परिजनों की आधुनिक भौतिकवादी, स्वच्छन्द जीवनदृष्टि व घोर व्यक्तिवादी जीवनदर्शन के कारण पैंतीस वर्ष की नौकरी के पश्चात् रिटायरमेंट के बाद शेष जीवन स्वजनों के साथ सुकून से बिताने का सपना संजोये घर लौटे गजाधर बाबू का यह सपना आकाश कुसुम ही साबित होता है। भरे–पूरे परिवार में स्वकेन्द्रित परिजनों के मध्य गजाधर बाबू स्वयं को उपेक्षित महसूस करते हैं। उनकी मनोदशा निम्न वाक्यों में स्पष्ट परिलक्षित होती नजर आती है, ''घर छोटा था और ऐसी व्यवस्था हो चुकी थी कि उसमें गजाधर बाबू के रहने के लिए कोई स्थान न बचा था। जैसे किसी मेहमान के लिए कुछ अस्थायी प्रबन्ध कर दिया जाता है, उसी प्रकार बैठक में कुर्सियों को दीवार से सटाकर बीच में गजाधर बाबू के लिए पतली–सी चारपाई डाल दी गई थी। गजाधर बाबू उस कमरे में

पड़े–पड़े, कभी–कभी अनायास ही, इस अस्थायित्व का अनुभव करने लगते। उन्हें याद हो आती उन रेलगाड़ियों की, जो आतीं और थोडी देर रुक कर किसी और लक्ष्य की ओर चली जाती।''[2]

इस उदाहरण से स्पष्ट होता है कि व्यक्ति आज किस तरह से स्वार्थी हो चुका है। जिस परिवार के लिए बाबू साहिब अपनी सारी जिन्दगी बिता देते हैं वहीं घर उन्हें काटने को दौड़ता है। अपने अस्तित्व एवं अकेलेपन की जो अनुभूति उन्हें सताती रहती है उसका यथार्थ वर्णन इस कहानी में देखने को मिलता है।

उषा प्रियंवदा ने अपनी कहानियों में समाज की समसामयिक समस्याओं की गहराई में उतर कर पैनी दृष्टि से उनकी नब्ज टटोलते हुए व्यक्ति के जीवन से जुड़ी समस्याओं को अलग कोण से उठाया है। नारी– जीवन में आए परिवर्तनों की भी सूक्ष्म पड़ताल की है।

कितना बड़ा झूठ' की अधिकांश कहानियाँ अमेरिकी अथवा यूरोपीय परिवेश में लिखी गई हैं। कुछ कहानियों का परिवेश भारतीय है, लेकिन किसी न किसी रूप में, विशेष रूप से नारी पात्रों का संबंध यूरोप अथवा अमेरिका से है।इन कहानियों में आधुनिकता का स्वर भी प्रबल है। इस कहानी–संग्रह की कहानियाँ इस प्रकार हैं :–1. सम्बन्ध 2. प्रतिध्वनियाँ 3. कितना बड़ा झूठ 4. ट्रिप 5. नींद 6. सुरंग 7. स्वीकृति 8. मछलियाँ। अपने दूसरे कहानी–संग्रह 'जिन्दगी और गुलाब के फूल' से लेकर अब तक विषय–वस्तु और शिल्प की दृष्टि से लेखिका ने विकास की जो मंजिलें तय की हैं, उनका जीवन्त परिचय हमें कितना बड़ा झूठ की कहानियों से ही मिलता है।

उषा प्रियंवदा ने स्त्री की कामनाओं और निर्णय लेने से जुड़े प्रश्नों को विभिन्न कोणों से अपनी कहानियों में चित्रित किया है। इनकी कहानियों में स्त्री–स्वतंत्रता के मानदण्ड भिन्न रूप में दिखाई देते हैं। 'छुड्डी का दिन' और 'पूर्ति' कहानियों में चित्रित नायिका को देखकर लगता है कि क्या अपने पैरों पर खड़े हो जाने और परिजनों से बंधन तोड़ कर स्वतंत्र जीवन मात्र से ही स्त्री–सशक्त हो जाएगी? क्योंकि इन कहानियों में स्त्री–आर्थिक रूप से स्वतंत्र होने पर भी जीवन के अकेलेपन से दुखी है, अर्थोपार्जन मात्र से ही अकेलेपन, निराशा को दूर नहीं किया जा सकता। 'छुट्टी का दिन' की माया को अकेलेपन से भागने पर भी मुक्ति नहीं मिलती और वह इस स्थिति के लिए स्वयं को ही दोषी ठहराती है–''दोष अपना ही था, फिर भी न जाने क्यों उसे रोना आ गया। रेशमी ब्लाउज के कच्चे निकल जाने पर नहीं, बल्कि अपनी जिंदगी के पैटर्न पर, उसके खोखलेपन और सारहीनता पर। किसलिए

वह घर–बार छोडकर इतनी दूर आकर पड़ी थी, किसलिए वह सुबह से शाम तक कॉलेज में मगजपच्ची करती थी।... और एक दिन वह सोचे कि इस जीवन में उसने क्या पाया, तो पता चले कि वह एक लम्बे अनंत मरूस्थल की तरह था।''[3]

उषा प्रियंवदा ने अपनी कई कहानियों में विदेशी धरती और परिवेश में भारतीय नारी के परम्परागत और आधुनिकता के द्वंद्व को बखूबी चित्रित किया है। भारतीय व पाश्चात्य समाज की संगतियों–विसंगतियों को समान स्तर पर अभिव्यक्ति प्रदान की है। उषा प्रियंवदा की कहानियों में भारतीय नारी का पश्चिमी सभ्यता और संस्कृति के प्रभाव से हुआ वैचारिक रूपान्तरण सहज ही देखा जा सकता है। इनकी कहानियों की नारी ने वैचारिक और जीवन–पद्धति के स्तर पर अपने को विदेशी परिवेश में यदि ढाल भी नहीं लिया है तो किसी न किसी सीमा तक अपने को उसी के अनुरूप बना लिया है। इसलिए उषा प्रियंवदा की नारियाँ विदेशी परिवेश में भारतीय नारी के जाग्रत व्यक्तित्व को प्रस्तुत करती है। नारी एक आदर्श पत्नी के रूप में अपने घर की स्वामिनी होती है और पति की एक उत्तम सहयोगिनी होती है । आज की नारी पति के साथ कन्धे से कन्धा मिलाकर चलती है। पति के सुख–दुःख में वह उसकी सर्वोत्तम मित्र, साथी तथा सुधारक होती है। इन सब बातों से बाहर निकलकर आधुनिक लेखकों ने समाज में ऐसी रचनाएँ प्रस्तुत की हैं जिनसे समाज को नया दृष्टिकोण मिला है।

उषा प्रियंवदा की प्रारम्भिक कहानियों में मुख्यतः मध्यवर्गीय समाज का चित्रण अधिक हुआ है। नई कहानी की महान लेखिका उषा प्रियंवदा का कथा साहित्य आधुनिक मनुष्य के संघर्ष, समस्याएँ, ऊब, छटपटाहट, अजनबीपन आदि को प्रस्तुत करता है। उषा प्रियंवदा का कथा साहित्य मानवीय अस्तित्व की सार्थकता पर बल देता है। आधुनिक दौर में मशीनी युग के कारण मानवीय आदर्श खोखले हो गए हैं। उषा प्रियंवदा की कहानियों में आधुनिक युवक–युवतियों के आर्थिक, सामाजिक, पारिवारिक संघर्ष को प्रस्तुत किया है। चाहे वो भारत में संघर्षरत है, चाहे विदेशी भूमि पर। अपने अस्तित्व की पहचान में लगे उषा प्रियंवदा की कहानियों के पात्र बहुत ही संघर्षशील रहे हैं। वे खुद भी स्वतंत्र अस्तित्व की पक्षधर हैं। उषा प्रियंवदा की कहानियों में एक तरफ भारतीय संस्कृति के दर्शन होते हैं। जिनमें भारतीय मूल्यों की पृष्ठ भूमि मिलती है। वहीं दूसरी तरफ पाश्चात्य संस्कृति को उनकी बाद की कहानियों में देखा जा सकता है। उनकी कहानियों में भारतीय और पाश्चात्य मूल्यों का एक स्वर भारतीय है, दूसरा पाश्चात्य मूल्यों का है और कुछ कहानियाँ भारतीय

और पाश्चात्य मूल्यों के सामंजस्य से परिपूर्ण हैं। ये सभी कहानियाँ नई और आधुनिक संवेदनाओं से परिपूर्ण हैं।

इनकी अधिकांश कहानियों पर यूरोपीय प्रभाव परिलक्षित होता है। विदेशी जीवन–शैली से प्रभावित पात्र वही पाश्चात्य संस्कृति में रच–बस जाते हैं। दाम्पत्य जीवन की उन्मुक्तता को भी इनकी कहानियों में देखा जा सकता है। अत्याधुनिक नारी अपनी पुरानी नैतिकताओं को भूल चुकी है। यांत्रिकता के युग में स्त्री पात्रों की आस्था–अनास्था को भी इनकी कहानियों में देखा जा सकता है। उषा प्रियंवदा की कहानियों में स्वतन्त्र अस्तित्व की खोज, टूटते हुए पारिवारिक रिश्ते, आधुनिक मनुष्य के अकेलेपन, नारी जीवन की घुटन मुख्य विषय रहे हैं। उषा जी के आधुनिक विचारों से परिपूर्ण पात्र हमें आधुनिकता बोध से जोड़ते हैं।

रामधारी सिंह दिनकर के शब्दों में, ''जिसे हम आधुनिकता कहते हैं वह एक प्रक्रिया का नाम है। यह प्रक्रिया अंधविश्वासों से बाहर निकलने की प्रक्रिया है। यह प्रक्रिया नैतिकता में उदारता बरतने की प्रक्रिया है। यह प्रक्रिया बुद्धिवादी बनने की प्रक्रिया है। आधुनिकता वह है जो मनुष्य की ऊँचाई उसकी जाति या गौत्र नहीं, बल्कि उसके कर्म से नापता है। आधुनिक वह है जो मनुष्य–मनुष्य को समान समझे।''[4]

उषा प्रियंवदा की अधिकांश कहानियों में नारी के अस्तित्व, संघर्ष, ऊब, अलगाव, थकान, अस्मिता की तलाश से संबंधित विषय मिलते हैं। स्त्रियों पर उत्तरदायित्व का भार उतना ही है जितना पुरुषों पर है बल्कि उनसे बढ़कर ही है। फिर समाज में, परिवार में उसको प्रताड़ित किया जाता है। 'नई कोंपल' कहानी की बिन्नो समाज में नारी की सारी स्थिति को बयान करती है। महादेवी वर्मा ने बिल्कुल सही कहा है, ''हमें न किसी पर जय चाहिए, न किसी पर पराजय न किसी पर प्रभुता चाहिए, न किसी का प्रभुत्व। हमें केवल अपना वह स्थान, वह स्वत्व चाहिए जिनका पुरुषों के निकट कोई उपयोग नहीं, परन्तु जिसके बिना हम समाज का उपयोगी अंग नहीं बन सकेंगी।''[5] पारिवारिक व्यवस्था में धोखा देने की स्थिति में भी दांपत्य संबंध बिखर जाते हैं। पत्नी के लिए यह सामान्य बात नहीं होती कि उसके पति के किसी और के साथ संबंध है। ऐसा विश्वासघात दिलों को अंदर तक छेदित कर देता है, जिसके कारण परिवार में सामान्य स्थिति नहीं आ पाती। इन पंक्तियों से स्त्री की मर्यादा और त्याग को देखा जा सकता है। किसी भी समाज का आधार उस समाज में रहने वाले लोगों के आपसी संबंधों पर निर्धारित होता है। दांपत्य संबंधों पर आधारित हमारा पारिवारिक वातावरण एक ऐसी संस्था का निर्माण करता है जो न केवल एक सुसंस्कृत समाज की नींव रखते हैं

बल्कि एक ऐसे मनुष्य का निर्माण होता है जो समाज के लिए आवश्यक हो। दाम्पत्य संबंधों पर आधारित ही पारिवारिक व्यवस्था सफल और सार्थक मानी जाती है। दाम्पत्य संबंध मधुर हो तो हमारा परिवार खुशहाली भरे वातावरण में पनपता रहता है और अगर इन संबंधों में थोड़ी सी भी कड़वाहट पैदा हो जाए तो परिवार के साथ–साथ समाज का भी स्वरूप विकृत हो जाता है। इसलिए सामाजिक व्यवस्था का निर्वाह करने के लिए दाम्पत्य संबंधों में मधुरता अत्यधिक अनिवार्य है। दाम्पत्य संबंधों की आधारशिला ही हमारी पारिवारिक व्यवस्था की इमारत को मजबूती प्रदान करती है।

ऊषा प्रियंवदा ने अपनी कहानियों के माध्यम से नारी के स्वरूप दर्शाने का प्रयास किया है कि नारी को पुरुष प्रधान समाज केवल घर की चारदीवारी में कैद रखना चाहता है। उसे नारी की स्वतंत्रता से परहेज है। यही ऊषा प्रियंवदा की कुछ कहानियों का प्रमुख विषय रहा है तथा इन कहानियों ने नारी की प्रत्येक स्थिति का विस्तारपूर्वक वर्णन करने का प्रयास किया है। रूढ़िवादी समाज में नारी मन की अवहेलना की जाती है, जिससे उसके जीवन में निराशा भर जाती है वह न केवल उदासी भरा जीवन व्यतीत करती है, बल्कि किसी भी प्रकार की स्थिति का सामना करने में भी समर्थ नहीं रहती। पारिवारिक व्यवस्था में संयुक्त परिवार भी कभी–कभी नारी की परिस्थितियां कठिन बना देते हैं, क्योंकि परिवार में बड़े लोगों की बातों का अनुसरण किया जाता है। कभी तो उनके द्वारा निर्धारित नियमों का पालन किया जाता है तो कभी स्त्री के ऊपर घर के कार्यों का बोझ अत्यधिक लाद दिया जाता है। ऐसी स्थिति में नारी की मनोस्थिति को बड़ी ही मुश्किल परिस्थितियों से गुजरना पड़ता है। पारिवारिक व्यवस्था की कुटिलता और अत्यधिक व्यस्तता का प्रभाव दांपत्य संबंधों पर भी पड़ता है, लेकिन इस कारण का निवारण अत्यंत कठिन हो जाता है, क्योंकि परिवार में बड़े–बुजुर्गों की बातों को मानना आवश्यक होता है। चाहे वे बातें रूढ़िवादी विचारधारा के अर्न्तगत ही आती हों। कभी–कभी जब नारी अपनी जीवन प्रक्रिया को अपने अनुसार चलाने का प्रयास करती है तो भी उसके सामने अनेक प्रकार की समस्याएं उत्पन्न हो जाती है। वह कामकाजी महिला के रूप में तो अपनी पहचान बना लेती है, लेकिन पारिवारिक व्यवस्था का भी निर्वाह उसकी दिनचर्या को इतना व्यस्त बना देता है कि वह उसी में उलझ कर रह जाती है।

'नई कोंपल' में नारी की व्यथा को आसानी से समझा जा सकता है कि वह प्रत्येक समय अपने लिए नहीं बल्कि अपने परिवार के लिए कार्य

करती रहती है और उसके लिए वह अपनी आशाओं की बलि तक दे देती है, लेकिन उसे अपने किए का श्रेय नहीं मिलता तब वह सोचने को मजबूर हो जाती है कि जो वह जीवन भर करती रही उसके लिए उसे क्या मिला। उधर वैयक्तिक स्वतन्त्रता से जुड़े सपनों के टूटने से व्यक्ति मोहभंग की स्थिति में पहुँच जाता है। उषा प्रियंवदा के कथा साहित्य में मध्यवर्ग की घुटन, पीड़ा की अकुलाहट, संत्रास, अजनबीपन दिखाई देता है। नारी इस संसार की धुरी है। इसके सहयोग के बिना सृष्टि का चलायमान रहना संभव नहीं है। इसके बिना पुरुष या मानव जीवन में एक अभाव बना रहता है। इसके बिना साहित्य सृजन असंभव सा जान पड़ता है। नारी के स्वरूप का विवेचन साहित्य में किया गया है। इनमें मुख्य रूप से नारी ने मातृ रूप, पत्नी रूप, कन्या या पुत्री रूप का वर्णन किया गया है। इसके साथ–साथ मनोवैज्ञानिक दृष्टि से नारी के स्वरूप का विवेचन किया जाएगा। तृतीय अध्याय में उषा प्रियंवदा के कथा साहित्य में नारी के विविध रूप, नारी के जीवन से संबंधित समस्याओं का चित्रण प्रस्तुत किया गया है। इनकी कहानियों में मुख्य रूप से नारी शोषण, पति–पत्नी के संबंधों में बिखराव, नारी पर अत्याचार और शोषण का प्रारंभ इनकी कहानियों में सर्वत्र देखा जा सकता है। उषा प्रियंवदा ने अपनी कहानियों में नारी के प्रत्येक रूप का चित्रण बड़ी ही सजीवता से किया है। अबला, सबला, माता, बहन, पत्नी, नौकरानी आदि पात्रों के माध्यम से इन्होंने समाज ने विकृत रूप का घिनौना यथार्थ प्रस्तृत करने का प्रयास किया है। नारी शोषण की समस्या इनके कथा साहित्य का प्रमुख विषय रहा है।

उषा प्रियंवदा का साहित्य कथ्यों की दृष्टि से अत्यंत महत्वपूर्ण हैं। गांवों में पनपता पारस्परिक प्रेम, द्वेष, छुआछुत, नारी शिक्षा के लिए प्रेरित करती कथाएं लेखिका की लेखनी का लोहा मनवाने में सक्षम है। इनमें यथासंभव समय असमय परस्पर सर्मपित भावनाओं को आधार बनाया गया है। गांव का परिदृश्य चित्रित किया गया है तो यह भी आवश्यक है कि गांव में विभिन्न जाति एवं सम्प्रदाय के लोग रहते हैं तो निश्चित रूप से उस आबादी का कुछ प्रतिशत तो मुस्लिम संप्रदाय का भी होगा और जहाँ भिन्न भिन्न समुदाय के लोग निवास करते है तो वहाँ कुछ न कुछ जातिगत वैमनस्य भी होना लगभग निश्चित ही होगा। सांप्रदायिक दंगो की संभावनाएं भी दर्शायी गई है। कथ्य की दृष्टि से उषा प्रियंवदा के कथा साहित्य में अत्यंत उल्लेखनीय हैं। मनोभावों के प्रत्येक कोने को झांक कर लेखिका ने देखा है। नारी की अथाह शक्ति का अंदाजा इसी बात से लगाया जा सकता है कि किस प्रकार नारी अनेक प्रकार की

भूमिकाएं निभाती है। सास, बहू, बेटी, पत्नी आदि सभी में सामंजस्य केवल नारी ही स्थापित कर सकती है। इन स्वरूपों को एक सबला नारी ही जीवंत बना सकती है और यही स्वरूप हमें नारी जीवन के विभिन्न पहलुओं से अवगत करवाता है कि नारी शक्तिमान है। उपरोक्त कहानियों के माध्यम से यह स्वीकार किया जा सकता है कि पारिवारिक व्यवस्था का स्वरूप नारी ही व्यवस्थित रख सकती है। पुरुष चाहे कितना ही बलवान या बुद्धिमान हो नारी के बिना उसका अस्तित्व अधूरा ही स्वीकार किया जाता है। नारी के बिना कोई भी व्यक्ति अपनी पारिवारिक व्यवस्था को उच्च कोटि की श्रेणी में नहीं गिन सकता। नारी ही मनुष्य के जीवन की वह गाड़ी है जो उसके जीवन को जीने योग्य बनाती है और मनुष्य को परिवार के संबंधों में बांधे रखती है। यहां परिवार की व्यवस्था को देखा जा सकता है कि किस प्रकार परिवार के खर्चों का बोझ एक स्त्री ने उठा रखा है और नारी होने के अपने कर्तव्यों का भली भांति पालन कर रही है, जबकि पुरुष हृदय अपने आपको कुंठित स्थिति में पाता है। वर्तमान समय में आर्थिक परिस्थितियां ही व्यक्ति की जीवनशैली का निर्धारण करती है। ऐसा स्पष्ट उदाहरण ऊषा प्रियंवदा की कहानियों में देखा जा सकता है कि किस प्रकार जब परिवार में पुरुष कमाता ना हो तथा स्त्री कमाती हो तो पुरुष की अहमियत कम हो जाती है। पुरुष प्रधान समाज में आज नारी की अहमियत बढ़ती जा रही है। वह आर्थिक परिस्थिति के साथ–साथ पारिवारिक खर्च आदि को चलाने में परिवार की सहायता करती है।

नारी के विभिन्न रूपों में उसका एक रूप पत्नी का भी है, जिसके कारण वह समाज में सम्मान प्राप्त करती है। वैदिक साहित्य में नारी को पति के घर में सर्वोपरि स्थान दिया गया है। इसका प्रमाण है कि वेदों में भी कहा गया है कि पत्नी ही घर है। प्रकृति ने स्त्री और पुरुष को एक दूसरे का पूरक बनाया है। पत्नी बनकर स्त्री पुरुष की सहधर्मिणी और अर्धांगिनी बनती है। यही भारतीय सभ्यता है। स्त्री ही भारतीय परिवार की व्यवस्था की धूरी है। भारतीय समाज सभी नारियों से ऐसे ही पतिव्रत धर्म की अपेक्षा करता है। एक स्त्री ही परिवार की व्यवस्था को न केवल सुधारती है, बल्कि अपने बलबुते पर परिवार को सुसंस्कृत, सभ्य एवं सुशिक्षित बनाती है, ताकि पारिवारिक व्यवस्था में कोई कमी न रहे। इन पंक्तियों से यह स्पष्ट एक स्त्री अपनी पारिवारिक व्यवस्था को भी संभालती है तथा अपने जीवन की नियमित प्रक्रियाओं को भी पूरा करती है। स्त्री ही दांपत्य संबंधों की रीढ़ होती है। इसलिए दांपत्य संबंधों की व्यवस्था में नारी ही प्रमुख भूमिका निभाती हुई नारी अपनी शक्ति, त्याग,

प्रेम और बलिदान के द्वारा ही पारिवारिक व्यवस्था को खुशहाली प्रदान करती है, लेकिन कभी–कभी हल्की–फुल्की नौंक–झौंक दांपत्य संबंधों की प्रगाढ़ता को कम कर देते हैं।

उषा प्रियंवदा के कथा साहित्य में दांपत्य संबंधों में आई कटुता को दर्शाया गया है कि किस प्रकार थोड़ी सी नाराजगी से दांपत्य संबंधों में कटुता पैदा हो जाती है। जो पारिवारिक व्यवस्था के लिए नुकसानदायक होती है। परिवार के लिए प्रत्येक क्रिया, धर्म, परंपरा, संस्कृति और रीति–रिवाज का पालन करती है। स्त्री ही परिवार के लिए अनेक तरह के प्रयास करके पारिवारिक माहौल को खुशनुमा बनाने का प्रयास करती है। दांपत्य संबंधों में स्त्री तथा पुरुष के संबंधों में मधुरता अनिवार्य है नहीं तो उसकी पारिवारिक व्यवस्था गड़बड़ा सकती है।

नारी की स्वतंत्रता ही उसकी पारिवारिक व्यवस्था का आधार है। उसे परिवार की बागडोर संभालने के लिए किसी भी प्रकार का दबाव या कोई रोक–टोक नहीं होनी चाहिए तथा प्रत्येक परिस्थितियों में नारी का सहयोग करना चाहिए। परंतु कभी–कभी अतीत की कुछ गलतियां परिवार को खंडित कर सकती है, क्योंकि ये समस्याएं किसी के भी परिवार को तोड़ सकती हैं। दांपत्य संबंधों पर आधारित परिवार ही खुशहाल जीवन व्यतीत करता है, लेकिन कुछ कटुता के कारण दांपत्य संबंध न केवल बिखर जाते हैं, बल्कि परिवारिक व्यवस्था भी गड़बड़ा जाती है। ऐसी परिस्थिति में दांपत्य संबंधों में न केवल टकराव बढ़ता है, बल्कि जीवन में नीरसता आ जाती है तथा अत्यधिक परेशानियों का सामना करना पड़ता है। इसलिए दांपत्य संबंध ही परिवार की रीढ़ होते हैं, इसमें मजबूती दोनों के सहयोग से आती है।

सम्पूर्ण कहानियाँ की भूमिका में वह स्वयं लिखती हैं, ''बहुत से पाठक–पाठिकाएँ, मेरी रचनाओं का परिवेश विदेश में होने के कारण उन्हें आत्मकथात्मक समझने लगते हैं पर ऐसा है नहीं। मैं वही लिखती हूँ जिससे मैं परिचित हूँ–यानि भारत और विदेश का परिवेश। मेरे चारों ओर की घटनाएँ, लोग, उनके जीवन जीवन की उलझनें और समस्याएँ हर समय मेरी सृजनता को प्रभावित करती रहती हैं; उन सबके सम्मिश्रण से पात्र एक आकार लेकर मानस को ऐसा जकड़ लेते हैं कि उन्हें नाम, मानव प्रवृत्तियाँ देकर, विभिन्न घटनाओं को पिरोकर एक कहानी अपने आप बन जाती है। बस, उसे लिखने का काम मेरा होता है। मैं अपने प्रति अन्याय करूँगी यदि मैं किसी कहानी या घटना में अनायास उतर आए 'स्व' को नकारूँगी। जैसे 'शून्य' में राहुल का अपराध–बोध और पिता की मृत्यु पर विघटन, जो मैंने अपनी माँ की मृत्यु के बाद लिखी

थी।"[6] हमारे साहित्यकारों ने भी अपने साहित्य में नारी के प्रति मानवीय संवेदना को खूब उकेरा है। चाहे 21वीं सदी में बल पर केंद्रित राजनीति, पूंजी, बाजारवाद, सूचना, मीडिया, भूमंडलीकरण आदि की महत्ता काफी बढ़ी है लेकिन समता, समानता, न्याय के सवाल वही खड़े हैं जिस कारण मूलतः नारी संवेदना की साझी विरासत को धक्का लगा है। आज सामाजिक जीवन में ही बची–खुची संवेदना है लेकिन अब इसकी छोटी इकाई परिवार में ही संवेदना अपनी अंतिम अवस्था सांसे गिन रही है। मीडिया, पूंजी और तकनीकी उपकरणों के माया जाल ने संस्कृति, राजनीति और समाज का चेहरा बिगाड़ दिया है। आज के मनुष्य ने कला और साहित्य को बाजार की वस्तु बना दिया है।

'एक कोई दूसरा' कहानी संग्रह में औद्योगीकरण, संयुक्त परिवार विघटन की समस्या के कारण व्यक्ति के मन में अलगाव और अजनबीपन की स्थिति को दिखाया गया है। 'झूठा दर्पण' की अमृता परिवार के टूटने के कारण, अक्समात भाई की मृत्यु के कारण, ममी और डैडी के अलग–अलग रहने के कारण अपनी ज़िन्दगी से ऊब गई है। कोई भी उसको इस स्थिति से बाहर नहीं निकालता। वह इन सभी परिस्थितियों से बाहर निकलना चाहती है। मानसिक स्वतन्त्रता चाहती है लेकिन चाहकर भी ऐसा नहीं कर पा रही। उषा प्रियंवदा के कथा–साहित्य में संबंधों के बदलते स्वरूप भी दिखाई देते हैं। शिक्षित नारी के अजनबीपन को इन्होंने स्पष्ट रूप से व्यक्त किया है। परिवार से टूटा हुआ व्यक्ति कहीं–न–कहीं सहारा चाहता है। प्रेम की तलाश करता है। प्रेम संबंधों में उसको निराशा हाथ लगती है। तब वह अस्मिता के लिए तत्पर रहता है। अस्मिता की तलाश में निरन्तर लगा रहता है।

'सागर पार का संगीत' कहानी में देवयानी न जाने कहाँ–कहाँ भटकते हुए अपने मन को शान्ति नहीं दे पाती। औस्कर से शादी के बाद भी अकेलापन उसका पीछा नहीं छोड़ता। "न जाने मुझे क्या हो गया है। मेरे अन्दर जैसे एक दानव है जो हर घड़ी मुझे नोंचा करता है। मैं भटकती हूँ, कुछ खोजती हूँ – कुछ देर काम में मन लगता है, फिर उचट जाता है और कुछ अच्छा नहीं लगता, तब मन चाहता है कि रेत में पैर गड़ा दूँ और सागर–तट पर बैठी रहूँ।"[7] इस कहानी की देवयानी अपने–आपको विदेशी भूमि, सभी से दूर जाकर भी अकेला ही पाती है।

लक्ष्मीसागर वार्ष्णेय उषा प्रियंवदा की कहानियों के विषय में कहते हैं कि "आज के नारी जीवन में स्वतन्त्रता की प्राप्ति के बाद जो परिवर्तन आए हैं और जिन मूल्यों को आत्मसात करने और पुराने मूल्यों को अस्वीकारने के लिए आज की नारी बिना सोचे–समझे अपनाने के लिए

आकुल हो रही है। उसके क्या परिणाम हुए हैं, उषा प्रियंवदा की कहानियों में यह अत्यंत सूक्ष्मता के साथ मुखरित हुआ है।''[8] नारी का परिवार में महत्त्वपूर्ण स्थान होता है। सूझ–बूझ से बनाई योजना, काम को आसान, लक्ष्यों को निश्चित तथा वातावरण को सुखद व शांतिमय बनाती है। इससे परिवार का कल्याण सम्भव होता है । कभी कोई नारी के बारे में नहीं सोचता। परिवार के दैनिक जीवन में बहुत सी समस्याएं आती है । उनसे जुझने के लिए, तनावपूर्ण स्थिति से निपटने तथा उसके समाधान के लिए आयोजन की आवश्यकता पड़ती है। सुनिश्चित आयोजन से परिवार के समस्त साधनों का मित्यव्ययता पूर्ण ढंग से उपयोग होता है। और इच्छानुकूल लक्ष्य प्राप्त होते हैं। डॉ. गोरधन सिंह शेखावत ने उषा प्रियंवदा की कहानियों के बारे में लिखा है, ''उषा जी की कहानियों में जीवन और परिवार का अनुभूति प्रवण चित्र दिखाई पड़ते हैं। आधुनिक नगर बोध की उदासी, अकेलेपन, ऊब आदि का अंकन उन्होंने यथार्थ के साथ किया है। उनकी कहानियों में चमत्कार नहीं, पर इनकी कहानियाँ गहरा प्रभाव छोड़ती हैं।''[9] घर से सम्बन्धित क्रियाओं को सफलतापूर्वक ढंग से संगठित कर उनका प्रयोग करने से रहन सहन के स्तर में वृद्धि होती है। अतः सन्तोष तथा लक्ष्य प्राप्ति के लिए उसे अपने ज्ञान, विवेक, अनुभव और कुशलता का ढंग से प्रयोग करना चाहिए। ऐसा करने से अनिश्चित तथा आकस्मिक समय के लिए कुछ धन बचाया जा सकता है। आवश्यकताओं की पूर्ति तथा सदस्यों के विकास के लिए साधनों का संगठन आवश्यक है।

उषा प्रियंवदा की कहानियों में वैयक्तिक स्वतन्त्रता का भाव

विवेकपूर्ण निर्देशन में घर के काम सुचारू रूप से सम्पादित होते हैं और काम के सुपरिणाम निकलते हैं। निर्देशन द्वारा ही कार्य को व्यवहारिक रूप मिलता है तथा शीघ्रता व कुशलता से सम्पन्न हो जाते हैं। निर्देशिका के रूप में नारी की भूमिका का बहुत महत्त्व होता है। निर्देशिका के इस रूप में वह स्वयं कार्य न करके अन्य सदस्यों को यह बताती है कि योजना को किस ढंग से क्रियान्वित किया जाए। पारिवारिक क्रिया–कलापों के लिए उसे सुनिश्चित योजना बनाकर, पूर्ण संगठन करके उचित प्रबन्ध करना चाहिए। इसके पश्चात् नारी को विवेकपूर्ण ढंग से कार्य का निर्देशन करना चाहिए। परिवार के स्तर के अनुसार आवश्यकता पड़ने पर नारी सभी सदस्यों को निर्देशित कर सकती है। आधुनिक या शिक्षित परिवारों में जहां नारी नौकरी करती है, वहां कार्यों के सम्पादन हेतु नौकरों की सहायता लेनी पड़ती है और निर्देश देने पड़ते हैं। इच्छानुकूल कार्यों के लिए निर्देश देना बहुत जरूरी होता है।

निर्देश देने के बाद उसका कितना पालन हो रहा है यह जानना भी निर्देशिका का कार्य होता है।

'एक कोई दूसरा कहानी की 'नीलांजना' एक स्वतन्त्रत विचारों वाली, सुन्दर और चंचल स्त्री है। पढ़ी–लिखी होने के साथ–साथ आधुनिकता का पूरा–पूरा अनुसरण करती है। दूसरों के द्वारा की गई प्रशंसा उसको बहुत ही भाती है। धीरेन्द्र, दीक्षित और स्टड जैसे पुरुषों के साथ मित्रता रखती है और घूमने–फिरने जाती है। उसके स्वभाव में चापल्य नजर आता है, "मेरे होठों पर वही लाली है, आँखों की पुतलियों में वही चमक और लोग अब भी उसी सराहना भरी दृष्टि से मुझे देखते हैं। मेरे अन्दर बड़ा गहरा सन्तोष है कि मेरा रूप, मेरा चापल्य, मेरी हँसी किसी रिक्त जीवन का थोड़ा–सा कोना तो भर सकी।"[10] भाभी और भैया के द्वारा वैभव, कुलीनता, शालीनता और बिरादरी आदि सब कुछ देखकर नीलांजना का रिश्ता करने का भरसका प्रयास किया जाता है। भाभी के द्वारा उसको समझाया जाता है कि हरे पत्ते नोंचकर फेंक देने से ही पतझड़ नहीं आ सकता ? तुम्हारी सुंदरता चिरस्थाई नहीं है। कभी न कभी यह खो जाएगी। इन सब बातों का उस पर कोई प्रभाव नहीं पड़ता वह कहती है कि मेरे ऊपर तो हमेशा ही बसन्त विद्यमान है। इन सब बातों से उसकी व्यक्तिगत स्वतन्त्रता झलकती है। घरवालों का मानना है कि उसको किसी धनी व्यवसायी या मिल–मालिक से शादी करके उसके घर की शोभा बढ़ानी चाहिए। मगर वह तो प्रशंसित दृष्टि की चाहना में ही खुश रहती है। "पुरुषों की चाहना–भरी दृष्टि की मदिरा मुझे सदा गुदगुदा जाती है। यदि मेरे पास अथाह रत्न–राशि भी होती तब भी मुझे ऐसा न लगता, जैसा कि धीरेन्द्र के मुख पर प्रीतिमय दास–भाव देखकर लग रहा था। ....कितना कुछ था मेरे पास देने को, पर वह सब मुट्ठी में भींच किसी को कुछ न देने का निश्चय करके भी, मैं सबको ललचा रही थी।"[11] नारी मन की व्यथा को समझना आवश्यक ही नहीं बल्कि अत्यधिक आवश्यक है क्योंकि नारी ही परिवार का पालन पोषण करती है तथा नारी ही परिवार को सुसंगठित एवं सुसंस्कृत बनाती है। इसलिए नारी निष्ठा को समझना आवश्यक हो जाता है। उपरोक्त उदाहरण में पाश्चात्य संस्कृति का प्रभाव स्पष्ट देखा जा सकता है कि किस प्रकार नारी तथा स्त्री के संबंधों में मुखरता के साथ–साथ अश्लीलता भी आ रही है। चाहे वह दात्पय संबंध हो या अन्य कोई संबंध कुछ सामाजिक बुराईयां जैसे शराब पीना आदि कई कुरीतियां पाश्चात्य संस्कृति की देन है। जिसे हम आसानी से अपना रहे हैं और अपनी गिनती उच्च वर्ग में करते हैं। पहले स्त्रियों को रात को घर से बाहर निकलना प्रतिबंधित माना जाता था, लेकिन वर्तमान में यह एक सामाजिक श्रेय के रूप में

प्रवासी साहित्यकार उषा प्रियंवदा की साहित्य-साधना

गिना जाने लगा है। लोग क्लबों तथा पार्टियों में जाते हैं तथा वहां पर शराब आदि नशे करके पूरी रात झूमते हैं। इन पंक्तियों में देखा जा सकता है कि किस प्रकार पाश्चात्य संस्कृति के प्रभाव के कारण दांपत्य संबंधों में भी कटुता बढ़ती जा रही है तथा परिवारों में टूटन तथा विखंडन अत्यधिक बढ़ गया है जिसका कारण पाश्चात्य संस्कृति ही है। आज नारी अपने आपको बाहरी कार्यों में इतना व्यस्त रखना चाहती है कि उसे अपनी घरेलू जिम्मेदारियों का अहसास ही नहीं रहता जिसके कारण भी दांपत्य-संबंधों में भी कटुता पनपने लगती है। वर्तमान समय में नारी अपने आपको सामाजिक कार्यों में व्यस्त रखने पार्टियों और क्लबों में जाकर अपने सामाजिक स्तर को उठाने का प्रयास करती है, लेकिन वह अपनी पारिवारिक संपदा को खोती जा रही है। उसका कारण पाश्चात्य संस्कृति को स्वीकार किया जा सकता है कि किस प्रकार नारी अपने अहम को पुरुष से ऊंचा उठाना चाहती है तो पुरुष नारी से। इस प्रकार की परिस्थितियों में दांपत्य संबंधों में कटुता ही उत्पन्न होती है।

भारतीय संस्कृति में प्राचीन समय से ही स्त्रियां केवल अपने पति के सिवा किसी को भी नहीं देखती थी, यहां तक के अपनों से छोटों से भी घुंघट करती थी। बदलते परिवेश और बदलती संस्कृति ने हमें पाश्चात्य संस्कृति का अनुकरण करना भी सिखा दिया है। इस बदलते परिवेश में नारी अपनी वर्जनाओं को तोड़ने लगी है। वर्तमान समय में नारी अपनी पसंद के पुरुष से शादी कर सकती है तथा अपनी कल्पनाओं के संसार में रह सकती है यहां तक कि अपनी कल्पनाओं की दुनिया बसा सकती है यही है पाश्चात्य संस्कृति का प्रभाव कुछ हद तक सकारात्मक भी और नकारात्मक भी। आधुनिक नारी अपने आपको स्वतंत्र घोषित कर चुकी है। वह अब समाज की चिंता नहीं करती उसे केवल अपनी खुशियों से सरोकार है। चाहे वह किसी भी रूप में मिले वह अपने सपनों को पाना चाहती है। नारी मन अपनी व्यथा को किसी के सामने प्रदर्शित करने से हिचकिचाता है क्योंकि नारी की अपनी एक अलग दुनिया होती है। नारी सभी प्रकार की जिम्मेदारियों का निर्वाह बड़ी ही कुशलता से करती है, लेकिन अपने आपको वे परेशानियों से मुक्त नहीं रख पाती। यही कारण है कि सबका बोझ अपने ऊपर सहने के बाद वे तनाव की स्थिति में रहती है। यही कारण है नारी मन अपनी व्यथा को कहने से डरता है कि कहीं उसको कमजोर न समझ लिया जाए। तनाव की यही स्थिति नारी को विचलित कर देती है।

'आधुनिक काव्य में प्रतीकवाद' रिसर्च के विषय पर नीलांजना कार्य कर रही थी। डॉक्टर कुमार के निर्देशन में कार्य कर रही नीलांजना थीसिस के चैप्टर करते हुए दत्तचित्र बैठी रहती कि अध्ययन की सामग्री

प्रवासी साहित्यकार उषा प्रियंवदा की साहित्य-साधना

कैसे प्रस्तुत की जाए, कभी-कभी झुंझलाहट में सब कुछ छोड़ने का मन होता। तभी मन में निश्चय करती कि डॉक्टर कुमार को वह कुछ करके दिखाएगी। अक्सर डॉक्टर कुमार के सामने वह अपने आपको अज्ञान के बोध से बोझिल पाती लेकिन उनके सामने आते ही कई उसने अपने गिरते हुए आत्मविश्वास को बढ़ते देखा। नीलांजना जब से डॉक्टर कुमार के सम्पर्क में आई। धीरे-धीरे उसके अन्दर से रुपया-पैसा, मोटरें, कोठियां और आभूषण सब व्यर्थ से लगने लगे। इन सभी आरामपरस्त वस्तुओं के बारे में सोचते हुए वह कुंठित-सी हो जाती।

नीलांजना को अकेलापन अच्छा लगने लगता है एवं अकेले बैठकर अपने विचारों को वह व्यवस्थित करना चाहती थी। एक तरफ विजय, जिसको पति-रूप में स्वीकार करने में उसकी हिचक, उलझन और संशय ने घेर लिया। विजय उन सब बन्धनों का प्रतीक था, जिनसे वह मुक्त होना चाहती थी। अगर वह एयरकंडीशन घर, मिलों और भरी तिजोरियों के आवरण में अपनी मानसिक दरिद्रता को छिपाए हुए था। नीलांजना इन सब पदार्थों को अस्वीकार करती गई। इनसे घिरी हुई वह अपने आपको अकेले पाती और तनावपूर्ण पाती। कीमती हीरे अब उसको प्रभावित नहीं कर सकते। "चमकीले पत्थरों के ये टुकड़े मुझे अब न खरीद सकेंगे। मेरा समस्त व्यक्तित्व इस परिस्थिति को स्वीकार करने से विद्रोह कर रहा है।"[12] इन बातों के बाद तो सभी दुखी हुए। वह खुद अकेली थी नितान्त अकेली। डॉक्टर कुमार से सारी बात करने पर भी उन्होंने यही बताया कि जीवन तुम्हारा है। तुम्हें अपना पथ निर्धारित करने का अधिकार है। अब तुम अपने रिसर्च में कोई बाधा चाहती हो या नहीं।

प्रत्येक क्षण वह पूर्ण रूप से उसी राह पर चलती रही। उसे लगता कि रंगीन और झिलमिलाती दुनिया उसका आह्वान कर रही है। उसे दृढ़, अडिग भावना अभिभूत करने लगी। कभी-कभी अपनी भावनाओं की गहराई से वह काँप जाती बल्कि प्रत्येक क्षण उसको सुख देता था। पति तथा पत्नी दोनों पर परिवार के कर्तव्यों का भार होता है। वे एक-दूसरे के प्रति अपने उत्तरदायित्व पूरे करते हैं। पति-पत्नी के उत्तरदायित्व अब उन्हें माता-पिता के रूप में भी निभाने पड़ते हैं। परिवार के अन्य सदस्य भी अपने सहयोग से उनके दायित्वों को निभाने में सहयोग देते हैं। वैसे तो परिवार के संचालन में सभी के सहयोग से जिम्मेदारियां निभाई जाती हैं, किन्तु माता-पिता की प्रमुख भूमिका होती है।

अस्मिता की तलाश

नीलांजना अस्मिता की तलाश में संघर्ष करती हुई, कभी-कभी अजनबीपन का शिकार हुई नजर आती है। डॉक्टर कुमार से उसने बहुत

कुछ सीखा था। उसके अस्तित्व का स्तर और भी ऊँचा हो गया था। वह उनके व्यक्तित्व से काफी प्रभावित सी जान पड़ती थी। डॉक्टर कुमार के प्रति उसके मन में बहुत अधिक व्यापक, विस्तृत और गहरी भावना है जो उनकी विद्वता से प्रेरित है। वे उसके जीवन के लिए नए आयाम थे। उन्होंने उसको जीवन के प्रति नई दृष्टि दी है। नीलांजना यह महसूस करती है कि उसका जीवन कितना खोखला, बेमानी-सा और निरर्थक व्यतीत हो रहा है। अब डॉक्टर कुमार ने उसके जीवन की भटकन को खत्म कर दिया है। वह अवास्तविक मायाजाल से निकलकर एक तपस्वी की तरह एकाग्र हो जाती है। उसमें गूढ़े लीनता आ जाती है। उसको अपने जीवन के अस्तित्व के मायने समझ आने लगते हैं। डॉक्टर कुमार और मिसेज कुमार से जो नीलांजना को मिला अपने घर में वह उससे वंचित रहती है। उसके परिवार के सभी लोग दिखावट की दुनिया में विश्वास करते हैं। उसका भाई अक्सर व्यवसाय के काम के लिए विदेश में ही रहता है। पत्नी और बहन की उदासीनता का कारण कभी उसने जाना ही नहीं। जब वापिस आता है तो कीमती गहने, उपहार आदि उनके लिए ले आता है। इसीलिए नीलांजना कई बार यह सब सोचकर कुंठित हो जाती है। तभी उसको अजनबीपन घेर लेता है। मिसेज कुमार से उसको स्नेहमयी प्रेरणा मिली। उसका दृष्टिकोण ही बदल गया। ''जीवन की उपलब्धियाँ कितनी बदल गई थीं.........प्रत्येक अनुभव का नया दृष्टिकोण प्रत्येक संवेदना में एक पैनापन.........मैं जैसे एक फूल थी जिसकी पंखुरियों का रंग अनायास ही चटक हो आया हो ......मुझे यह सब उन्होंने दिया था और मैं उनके प्रति आभारी थी।''[13] डॉक्टर कुमार की मुस्कान से नीलांजना के हृदय और चित्र पर पड़ा गहरा मालिन्य कच्चे रंग की तरह धूल जाता और वह हल्का-फुल्का अनुभव करने लगती। नीलांजना को पता चलता है कि उनको ब्रेन ट्यूमर है तो उसको लगा कि जैसे जीवन के सारे दीपक एक साथ बुझ गए हैं और वह निविड़ अन्धकार में डूब गई है। लेकिन अब वह अपूर्व दृष्टिवान हो गई थी। उसको अपने भविष्य में आशा और विश्वास नज़र आने लगते हैं।

वैयक्तिक सुख-दु:ख को स्पष्ट करते हुए प्रणय और उन्मुक्त प्रेम को चित्रित किया है। आधुनिक युग में व्यक्ति भरे-पूरे परिवार में, भीड़-भाड़ में भी अपने-आपको अकेले पाता है। समृद्धि के बाद भी उसे विरक्तता घेरे रहती है। प्रिय व्यक्ति के साथ रहकर भी आज के व्यक्ति को अजीब विसंगति का बोध होता रहता है। उषा प्रियंवदा की कहानियों में ऐसी ही वैयक्तिक स्वतन्त्रता, शून्यता, एकाकीपन, निराशा और अजनबीपन जैसी अनुभूतियाँ, परिलक्षित होती रहती हैं। उषा प्रियंवदा की कहानियों के पात्र एक बंधन में बंधकर चलना पसन्द नहीं करते। वे

प्रवासी साहित्यकार उषा प्रियंवदा की साहित्य-साधना

स्वतन्त्रता चाहते हैं। विजयमोहन सिंह का कहना है कि ''उनकी कहानी एक विशेष प्रकार का मानसिक तथा परिवेशगत वातावरण रचती है जिसमें उदासी, अकेलापन और बाहर या दूसरे से न जुड़ पाने की एक अभिशप्त स्थिति अंकित की जाती है। वह प्रायः उच्च शिक्षा कामकाजी आधुनिक स्त्री की नियति बन जाती है। खासतौर पर एक ऐसी स्त्री जो स्वतन्त्र, निजी और लीक से तनिक हटकर जीना चाहती है। यद्यपि उनकी सर्वाधिक चर्चित कहानी वापसी एक भिन्न प्रकार की कहानी है। उसमें एक सेवानिवृत व्यक्ति का अभिशप्त रूप व्यक्त किया गया है। वह वापिस उसी दुनिया में नहीं जा सकता जहाँ वह जाना चाहता है, या जा सकता है। आधुनिक पारिवारिक संरचना की यह अनिवार्य नियति है।''[14]

'झूठा दर्पण' कहानी में अमृता के मम्मी-पापा अलग-अलग रहते हैं। जिसका प्रभाव अमृता के जीवन पर बहुत गहरा पड़ता है। उसको भीड़-भाड़ और चहल-पहल बिल्कुल भी प्रभावित नहीं करती। वह तो इस सबसे बिल्कुल अलग-थलग है। वह तो स्मृतियों की गहराइयों में डूबी रहती है और संवेदनाओं की गोधूलि में भटकती रहती है। उसको नए-नए व्यक्तियों से परिचय बड़ा ही उबाने वाला लगता है। कुँवर से शादी के दिन तो निकट आ जाते हैं लेकिन उसको बिबिया, यति, मीरा और बम्बी से अलग होना अच्छा नहीं लगता। सभी सम्बन्धियों के मन में बड़ा उत्साह होता है अमृता के विवाह का क्योंकि इस अवसर पर कई बरस से अलग रहते मम्मी और डैडी इकट्ठे हो जाते हैं। सामान्य गाड़ी के दो पहियों के अनुरूप, परिवार रूपी गाड़ी में यदि पिता एक पहिया है तो माता गाड़ी का दूसरा पहिया होती है। परिवार चाहे पितृ-प्रधान हो अथवा मातृ-प्रधान, माता की भूमिका अति महत्त्वपूर्ण होती है। माता परिवार की निर्मात्री होती है। माता से घर की सुन्दरता बढ़ती है। माता घर की शोभा बढ़ाती है अर्थात् उसका महत्त्व पिता से भी अधिक होता है क्योंकि उसका अधिकांश समय घर में व्यतीत होता है। माता सन्तान की जननी है और सन्तान की चरित्रनिर्मात्री भी है। माता के बिना परिवार तथा बच्चे अनाथ हो जाते हैं और घर सुनसान हो जाता है। 'झूठा दर्पण' कहानी में उषा प्रियंवदा ने जीवन की उदासी, अकेलेपन और अजनबीपन को चित्रित किया है। उषा जी वैयक्तिक स्वतन्त्रता की पक्षधर है। विवाह के पश्चात पति की गृहस्वामिनी पत्नी होती है। इसलिए उसे गृह-लक्ष्मी की संज्ञा भी दी गई है। पत्नी पति की सहायता से परिवार की सुख-शान्ति, समृद्धि की व्यवस्था करती है। पति द्वारा अर्जित धन का सदुपयोग करती है। वह घर के विभिन्न कार्य करती है तथा सन्तान का भरण-पोषण व देखभाल करती है। माता बच्चों की शिक्षिका, मित्र,

उपदेशिका तथा हमराज भी होती है। क्योंकि बच्चा प्रारम्भ से ही माता के सम्पर्क में अधिक आता है, इसलिए माता के आचरण, व्यवहार की झलक बच्चों में दिखती है। अतः माता का आदर्शवादी होना अति आवश्यक है। माता परिवार के सभी कार्यों का सम्पादन उनकी आवश्यकतानुसार करती है। यदि आवश्यकता पड़े तो वह त्याग की मूर्ति बन जाती है और त्याग भी करती है। माता ही घर को स्वर्ग या नरक बना सकती है। इन सभी बातों से यह स्पष्ट है कि परिवार में माता की भूमिका सर्वश्रेष्ठ तथा अत्याधिक महत्त्वपूर्ण होती है। मम्मी और डैडी के अलग हो जाने से अमृता के दिल पर खरोंस–सी पड़ जाती है। बच्चे परिवार की रौनक तथा शान होते हैं। वे परिवार के वंश को आगे बढाते है और माता–पिता के दुःख–दर्द को बांटते हैं। वे माता–पिता को संतति की तृप्ति देते हैं। माता–पिता की वृद्धावस्था में वे उनकी आर्थिक तथा शारीरिक रूप में सहायता और सुरक्षा करते हैं। भारतीय परिवारों में पुत्र का जन्म आर्थिक सम्पन्नता तथा समृद्धि का द्योतक माना जाता है। इसलिए माता–पिता पुत्र के भरण–पोषण तथा शिक्षा को विशेष महत्त्व देते है ताकि वह उनके बुढ़ापे का सहारा बन सके । पुत्री का स्थान परिवार में इतना महत्त्व नहीं रखता जबकि उसके दायित्व पुत्र से अधिक होते हैं। माता को पुत्री पर संतुलित रूप से दायित्व डालने चाहिए। बच्चों को माता की भावनाओं को समझकर अपनी योग्यतानुसार गृहकार्य में मदद करनी चाहिए और माता–पिता को बच्चों के अनुकूल वातावरण पैदा करना चाहिए। इससे बच्चों का परिवार से सम्बन्ध स्थापित रहता है और वह घर से भागते नहीं। उपर्युक्त सभी सदस्यों की भूमिकाओं को ध्यान में रखते हुए यह कहा जा सकता है कि परिवार में पिता की भूमिका अर्थव्यवस्था हेतु और माता की भूमिका गृह–प्रबन्ध हेतु महत्त्वपूर्ण है। सभी सदस्यों को घर के कार्य परिपूर्ण करने हेतु अपनी–अपनी भूमिकाएं निभानी होती हैं।

अमृता का जब तक विवाह न होगा तब तक वह वैधानिक रूप से अलग नहीं होंगे। यह निर्णय उन्होंने अमृता के कारण ही लिया था। उन दोंनों में हमेशा से ही मतभेद होता रहता है लेकिन अमृता ने यह कल्पना बिल्कुल नहीं की थी कि वे अलग हो जाएंगे। अमृता का जीवन हर प्रकार से रिक्त हो गया था और जीवन में अचानक जो दरार पड़ गई उसने उसके विश्वास को भी तोड़ दिया। वह अपनी सहेली मीरा के घर रहती है। अमृता के मन में विवाह के लिए कोई चाव नहीं बचता, वह इस आयु में दुल्हन नहीं बनना चाहती। मीरा उसको समझाती है, ''तू ज़िन्दगी को एक झूठे दर्पण में देख रही है, अमृता। यह आवश्यक नहीं की जो मम्मी और डैडी में हुआ, वही तेरे साथ हो। और रहे मेरे स्वप्न, मेरा ही दोष था। मैंने ज़िन्दगी को बहुत रोमांटिक दृष्टि से देखा था।''[15]

मीरा को हमेशा से ही धन–दौलत आकर्षित करती है। उसका पति, यति सहज और हँसमुख प्रकृति वाला परिस्थितियों का संघर्षपूर्ण स्थिति में सामना करता है। उसको कई उलझनों ने घेर रखा है। अमृता ने कुँवर से विवाह की स्वीकृति देकर अपने को पूर्ण रूप से अदृश्य पर छोड़ दिया, उसकी मनःस्थिति ऐसे प्राणी की सी थी जो कि अपनी नौका में धीरे–धीरे पानी आता देखता है और चुपचाप बैठ जाता है। वह जानता है कि इससे लड़ना बेकार है। उधर मीरा की हसरतें धनाभाव के कारण मर जाती हैं। अमृता यति की संवेदनाओं को अच्छी तहर समझती है लेकिन कुछ कर नहीं पाती। इस कहानी में लेखिका ने बहुत अच्छे–से ज़िन्दगी के पैटर्न को बुना है। अमृता की ज़िन्दगी का यथार्थ कुँवर था। प्रोफेसर नामवर सिंह का कथन है, "यह दूसरी कहानी है उषा प्रियंवदा की जो 'नई कहानियों' में अगस्त 1960 में प्रकाशित हुई और जिसे पत्रिका की ओर से वर्ष का प्रथम पुरस्कार दिया गया।"[16] 'वापसी' कहानी में आधुनिक युग के यथार्थ को प्रस्तुत किया गया है। आधुनिक पीढ़ी जीवन के सामाजिक मूल्यों को छोड़ती जा रही है। इसी प्रकार वह पुराने मूल्यों की तरह पिता को भी छोड़ देती है। उसको सिर्फ धन कमाने का साधन मात्र माना गया है। इस कहानी के पात्र गजाधर बाबू ने पैंतीस वर्ष घर से दूर रहकर नौकरी की। उस अकेलेपन को उसने इसी आशा में सहा कि रिटायर होने के बाद वह ज़िन्दगी का बाकि समय परिवार के साथ खुशी–खुशी व्यतीत करेगा। लेकिन घर पहुँचकर उसकी कल्पना को ठेस पहुँचती है। परिवार का कोई भी सदस्य उस पर ध्यान नहीं देता। गजाधर बाबू बहुत ही स्नेही व्यक्ति होने के कारण स्नेह के आकांक्षी भी हैं। कवि प्रकृति के न होने पर भी उनको पत्नी की स्नेहपूर्ण बातें बहुत याद आती हैं। जब वह थके–हारे बाहर से आते तो उनकी आहट पाकर उनकी पत्नी रसोई से बाहर आकर मुस्कराहट के साथ उनका स्वागत करती। इन सब बातों को याद करके कई बार वह उदास हो जाते। कितने वर्षों के बाद वह अवसर आता है जब वह फिर उसी स्नेह और आदर के मध्य रहने जाते हैं। घर पहुँचकर गजाधर बाबू को बहुत अजनबी सा लगता है, "गजाधर बाबू के रहने के लिए कोई स्थान न बचा था। जैसे किसी मेहमान के लिए कुछ अस्थायी प्रबन्ध कर दिया जाता है। उसी प्रकार बैठक में कुर्सियों को दीवार से सटाकर बीच में गजाधर बाबू के लिए पतली–सी चारपाई डाल दी गई–गजाधर बाबू उस कमरे में पड़े–पड़े, कभी–कभी अनायास ही उस अस्थायित्व का अनुभव करने लगते।"[17] पत्नी के प्रति भी उनकी स्नेहमयी बातें गजाधर बाबू को याद आती हैं। जिसके हाथों के कोमल स्पर्श, जिसकी मुस्कान की याद

में उसने अपना सम्पूर्ण जीवन काट दिया था। उनको लगता है कि वह लावण्यमयी युवती जीवन की राह में कहीं खो गई है। अब उसकी जगह आज जो रहती है, वह उसके मन और प्राणों के लिए बिल्कुल अपरिचित है। गजाधर बाबू को लगता है कि किसी बात में हस्तक्षेप न करने के लिए निश्चय के बाद भी उसका अस्तित्व उस वातावरण का एक भाग न बन सका। उसकी उपस्थिति उस घर में ऐसी असंगत लगने लगती है, जैसे सजी हुई बैठक में उसकी चारपाई थी। इस प्रकार उसकी सारी खुशी एक गहरी उदासीनता में डूब जाती है। पत्नी के व्यवहार में स्नेह और सहानुभूति का पूर्ण अभाव गजाधर बाबू को बहुत खटकता है।

उषा प्रियंवदा की कहानियों में व्याप्त शून्यता-बोध

उषा प्रियंवदा ने अपनी कहानियों में ऐसे व्यक्तियों को रेखांकित करने का प्रयत्न किया है जो समाज के प्रति अपनत्व और जुड़ाव की भावना खोकर बैठते हैं। पारिवारिक रिश्तों के टूटने से व्यक्ति अपने आपको अकेला पाता है और वह असहाय हो जाता है। उषा प्रियंवदा ने व्यक्ति की अनुभूतियों पर अधिक ध्यान दिया है। उन्होंने व्यक्ति की प्रवृत्ति या परिस्थितियों के द्वारा उसके खोखलेपन और शून्य जीवन को व्यक्त किया है। अपनी भावनाओं को ठेस और इच्छाओं की पूर्ति न होने पर व्यक्ति निराश और कुंठाग्रस्त हो जाता है। समाज में और परिवार में रहते हुए वह अपने आपको अजनबी पाता है एवं कहीं दूर जाने की सोचता है। आज का व्यक्ति परिस्थितियों से भागना शुरू कर देता है।

उषा प्रियंवदा के कथा साहित्य में नारी का विशिष्ट स्थान है। हिन्दी कथाकार ऊषा प्रियंवदा के सन्दर्भ में जब मूल्य मर्यादा और सामाजिक दायित्व के निर्वाह की बात उठती है तो भारतीय जीवन पद्धति में हुए परिवर्तनों की ओर बरबस ही ध्यान खिंच जाता है। भारतीय जीवन पद्धति की दृष्टि से यह एक नया काल था। विदेशी जातियों के सम्पर्क में आने के परिणामस्वरूप हमारी जीवन पद्धति में निरन्तर परिवर्तन होता गया और स्वतन्त्र होते-होते हमारी सभ्यता और संस्कृति सहित प्रत्येक क्षेत्र में हम पाश्चात्य जीवन से प्रभावित हुए हैं। बिंदु अग्रवाल ने नारी की स्थिति के सुधार को आर्थिक आधार से जोड़ते हुए कहा है कि "जिन घरों में बेटा अर्थोपार्जन का मुख्य सहारा है, उनमें बहु को सास से दबकर नहीं चलना पड़ता।"[18] इस भावना ने भारतीय जीवन में बड़ी विषमता और भयानकता के साथ आधुनिकता के लिए खींचतान करने की प्रवृत्ति को जगा दिया है। अकेलापन और अजनबीपन हमारे जीवन पर बुरी तरह हावी होने लगा है। आज व्यक्ति समाज में रहते हुए भी अलग थलग इकाई बन गया और उसे अपने अस्तित्व की चिन्ता सताने लगती है।

आर्थिक बोझ धीरे–धीरे संयुक्त परिवार की कमर तोड़ने लगा। नारी मन की व्यथा को समझना आसान नहीं होता। यही स्थिति ऊपर प्रदर्शित की गई है कि मानसिक परेशानियां स्त्री को न केवल मानसिक अपितु शारीरिक रूप से भी कमजोर कर देती है। जैसा कि आमतौर पर होता है नारी की यही व्यथा हमें सोचने पर मजबूर कर देती है कि ये वही देवियां है जिन्होंने एक सुसंस्कृत परिवार को जन्म दिया तथा अपने सारे दुख–दर्दों को भुलाकर सभी परेशानियों को अपने सिर पर लिया। कभी–कभी ऐसी परिस्थितियां भी पैदा हो जाती है कि नारी ही नारी को समझ नहीं पाती। ऐसी ही परिस्थितियों में नारी का मन अत्यन्त द्रवित हो उठता है क्योंकि जिसको एक नारी ने जन्म दिया वह भी उसकी व्यथा को समझने का प्रयास नहीं करता। इस स्थिति में नारी अपनी किस्मत पर ही नहीं रोती बल्कि प्रतिदिन अपनों से ही वह पराजित हो जाती है। पारिवारिक परिस्थितियों में किस प्रकार नारी को ही अत्यधिक परेशानियों का सामना करना पड़ता है। इसके उदाहरण हम साहित्य और समाज दोनों में देख सकते हैं। नारी मन जैसे कोमल ह्रदय पर कितने कुठाराघात होने के बाद भी वह अपने को संभाले रखती है तथा अपने कर्तव्यों का पालन करती रहती है। नारी सदैव अपने परिवार के लिए कार्य करती रहती है वह प्रत्येक स्थिति में बचत करने की कोशिश करती है ताकि बाद में यह किसी काम आ सके। वह अपनी खुशियों का त्याग करती रहती है। यहीं से नारी की महानता को समझा जा सकता है कि नारी के बिना पारिवारिक वातावरण का निर्माण नहीं किया जा सकता। नारी के बना परिवार, समाज की कल्पना भी नहीं की जा सकती। घर में लड़कियों पर बेवजह रोकटोक भीं उनके लिए तनाव की स्थिति पैदा कर देती है। जैसा कि निम्न उदाहरण में देखा जा सकता है।

यहां पर गजाधर अपनी लड़की की शिकायत अपनी पत्नी से करते हैं, लेकिन बच्चों के मन पर इस व्यवहार का बुरा असर पड़ता है तथा उनकी व्यवस्था पर भी बुरा प्रभाव पड़ता है। जब स्त्री की कल्पनाओं और सपनों पर कुठाराघात होता है तो वह अपने आपको संसार में अकेली महसूस करती है। उसे लगता है कि संसार में सभी अकेले है, कोई किसी के साथ नहीं ऐसा ही अचला के साथ भी होता जब दो स्त्रियों में एक पुरुष और एक नारी को अत्यधिक महत्व दिया जाता है तो ऐसी स्थिति उत्पन्न हो जाती है।

परिवारिक बिखराव

ऊषा प्रियंवदा ने अपने कहानी संसार में नारी की प्रत्येक स्थिति का वर्णन अत्यन्त मुखरता से किया है। ऊषा जी ने नारी को संसार में प्रमुख

स्थान दिया है। नारी के बिना समाज तथा परिवार की कल्पना भी नहीं की जा सकती, लेकिन उसकी मानसिक स्थिति को कोई समझने का प्रयास भी नहीं करता, जिसके कारण वह हमेशा तनावग्रस्त रहती है। यही पर नारी अपने मन की व्यथा किसी को कह भी नहीं पाती। पारिवारिक बिखराव के कारण ही सामाजिकता बिखरने लगी है और उसके स्थान पर वर्ग, समूह, गुट, पैदा होने लगे'। बड़े नगर, कस्बे यहां तक कि गांव भी इस अलगाव की वृति की लपेट में आ गये और संस्था में संस्था, इसी प्रकार संस्थाएँ पनपने लगी, यहाँ तक कि व्यक्ति अपने आप में ही एक संस्था बन गया। पति–पत्नी, माता–पिता और पुत्र–पुत्री, भाई भाई और भाई बहन तक जब वे एक दूसरे के लिए अजनबी और अपरिचित से हो जाते हैं और इस प्रकार की समस्याओं पर उषा प्रियंवदा ने ढेर सारी कहानियाँ लिखी गयी हैं।

उषा प्रियंवदा ने पूर्व और पश्चिम के मूल्यों के बीच उत्पन्न द्वन्द्व को अपने कहानी–संग्रहों में अभिव्यक्त किया है। 'सागर पार का संगीत' कहानी में देवयानी औस्कर से शादी करके पश्चिम में जा बसती है। अपना देश, अपनी भाषा, माता–पिता एवं उनके द्वारा आयोजित विवाह यह सब कुछ छोड़कर, किसी की भी परवाह न करके वह औस्कर से प्रेम और विवाह करती है। एक तरफ पति–प्रेम उसको खींचता है और दूसरी तरफ देश–प्रेम इसी द्वन्द्व में उसके अन्दर एक मानसिक विभ्रान्ति पैदा हो जाती है। इसी के चलते वह अपने आपको अकेला समझती है। "मैं औस्कर को बहुत–बहुत प्यार करती हूँ – मैं बेहद भरी भी हूँ, फुलफिल्ड ! और बेहद अकेली थी। कभी–कभी तो मैं इतनी अकेली हो जाती हूँ कि औस्कर, उसके मित्र, सभी बड़ी दूर लगने लगते हैं, जैसे मेरे चारों ओर एक शीशे की दीवार आ खड़ी हुई हो।"[19]

देवयानी प्रकृति प्रेमी है। वह सागर के तट पर जाकर घंटों अकेली बैठी रहती है। देवयानी कुछ सुनना चाहती है, पर सब ओर सन्नाटा है, न पत्तियों पर वर्षा, न लहरों का स्वर और उसके चारों तरफ शून्यता का बोध होता है। उसके मन में एक दानव उत्पन्न हो गया है, जो उसे नोचता रहता है। मन की बातें मन में दबा लेने से सिर में दर्द रहने लगता है। औस्कर, देवयानी के साथ बहुत कम समय व्यतीत करता है। उसको कहता है कि अगर उसे अकेलापन लगे तो माँ के पास चली जाना। छह दिनों के लिए औस्कर को काम के सिलसिले में बाहर जाना पड़ता है तो तीन दिन देवयानी गुमसुम पड़ी रहती है। उदासी का ऐसा घना कुहरा छा जाता है कि उसका कहीं भी मन नहीं लगता।

अलगाव की स्थिति

'कितना बड़ा झूठ' कहानी संग्रह मे उषा प्रियंवदा ने भटकते हुए पात्रों की उदासी एवं अकेलेपन से जूझते पाश्चात्य परिवेश में भारतीयों की दशा का बखूबी चित्रण किया है। 'सुरंग' कहानी में सभी पात्र अलगाव की स्थिति में मौन धारण किए रहते हैं। बेबी नामक छोटी लड़की घर के आँगन में ऐसे बैठे रहती है जैसे कोई वृक्ष उग आया हो। उसकी दीदी काफी समय बाद घर लौटती है, वह भी बेबी से कोई बात नहीं करती। बेबी की कोई सखी–सहेली नहीं है। उसकी माँ बेटे की मृत्यु के कारण हमेशा पूजा–पाठ में लगी रहती है। बेबी इस जीवन में अब बिल्कुल अकेली पड़ जाती है। वह अपनी साज–सज्जा पर भी कोई ध्यान नहीं देती। अरुणा बाँह को सिर के नीचे तकिया लगाकर चारपाई पर लेटी रहती है। बेबी आँगन में, अरुणा चारपाई पर और माँ पूजा–पाठ में लगी रहती है। कोई किसी से आपसी बातचीत नहीं करता। न चाहकर भी वह चुप ही रहती है। वह बहुत से प्रश्न मन में लिए बिना कुछ कहे सारा दिन काम करती रहती है। अरुणा और माँ के चाय माँगने पर उनको चाय बनाकर दे आती है। उसको अपना दुःख किसी से कहने का अवसर हीं नहीं मिलता। बेबी के मन में कौन–कौन से विचार दौड़ते हैं ? वह गहरी काई से ढके, बँधे जल–सी निरुद्ध है, यह न तो उसकी माँ जानती है और न ही अरुणा। इस संबंध में कहा गया है कि "जिन स्थितियों, विचारों और डरों ने उसे अब तक ग्रसा है, उन पर वह सायास रोक लगाना चाहती है। अगर पहाड़ी नदियों पर बाँध बाँधे जा सकते हैं तो अरुणा भी अब तक की निरुद्देश्य जी हुई ज़िन्दगी को नया मोड़ दे सकती है। अभी तो वह उन विचारों की फ्रीज करने की प्रक्रिया में है, कि कुछ न सोचो, पीछे मुड़कर न देखो।"[20]

बेबी की आँखें भी हमेशा की तरह उदास ही रहती हैं उसके चेहरे पर भी सूनापन छाया रहता है। बेबी को याद रहता है कि ट्रेन जब सुरंगों में घुसी थी तो उसने अँधेरे से डरकर चीख–चीखकर रोना शुरू कर दिया था। तब उसके अन्दर डर बैठ जाता है। उसकी माँ अपनी बेटी के पास आकर बैठती नहीं। जब कभी वह माँ से लिपट जाती है तो वह निर्मम हाथों से उसे परे कर देती है। माँ सारा दिन पूजा–पाठ में लगी रहती है। वह अपनी बेटियों के सुख–दुख से इतनी दूर है कि उसको तनिक भी ध्यान नहीं रहता कि उसकी बेटियाँ अलगाव की स्थिति में हैं। बेबी अकेली रहने के कारण किसी भारी दुःख से विवश है, जो उसको अन्दर ही अन्दर सालता रहता है। रात के बीच विवश हृदय–विदारक और अनियंत्रित रूप में वह फूट पड़ता है। वह उस दुख

को बाँट नहीं सकती क्योंकि वह अपने आपको अकेला समझती है। अरुणा का जीवन भी बड़ा त्रास भरा और खोखला है।

'जिन्दगी और गुलाब के फूल' कहानी का सुबोध घर में अलगाव की स्थिति के कारण पीड़ित है। वह अच्छी नौकरी पर कार्यरत था लेकिन अपने स्वाभिमान को ठेस न पहुँचे और अपने अफ़सर की अपमानजनक बातें सुनकर वह अपने आत्मसम्मान की रक्षा के लिए इस्तीफा दे देता है। ज़िन्दगी ने उसको भी गुलाब के फूल दिए थे लेकिन उसने स्वयं ही उन्हें ठुकरा दिया। अपने स्मृति के एलबम ने उसको स्वयं ही उसको स्पष्ट रूप से एक–एक बातें याद करवाई। ऐसा स्वाभिमानी व्यक्ति एक कड़वा–सा घूंट भरकर रह जाता है। नौकरी छोड़ने के बाद वह कुछ महीने तो घर नहीं लौटता। दूसरी नौकरी की खोज में निकल पड़ता है। जब खाली हाथ घर आता है तो घर का उसके कमरे का चित्र ही बदला जाता है। उसकी अनुपस्थिति में वृन्दा उसके कमरे से जरूरत का सामान ले लेती है। जब बेकार नहीं था तो उसकी दिनचर्या के अनुसार घर के काम होते थे। कहानीकार ने इस संबंध में लिखा है कि "तब वृन्दा और माँ दोनों उसके इन्तजार में बैठी रहती थी। वृन्दा हमेशा बाद में खाती थी। पहले जब तक वह स्वयं अखबार न पढ़ लेता था वृन्दा को अखबार छूने की हिम्मत न पड़ती थी, क्योंकि वह हमेशा पन्ने गलत तरह से लगा देती थी।"[21] बेकार होने पर कोई भी उसको पूछता नहीं, वह गली–गली भटकता फिरता है। कोई उसका इन्तजार नहीं करता। जब थक जाता है तो घर का अकेलापन उसे सताता है। घर के सारे काम वृन्दा की मर्जी से होने लगते हैं। सुबोध घर में अजनबी बन जाता है। माँ भी खाना खाने के लिए सुबोध का इन्तजार नहीं करती। सुबह भी वृन्दा के चाय पीने के बाद वह चाय पीता है। अखबार लेने भी वृन्दा के कमरे में उसे जाना पड़ता है। इसीलिए उसके अखबार पढ़ना ही छोड़ दिया है। सुबोध के चेहरे पर विषाद और चिन्ता की रेखाएँ गहरी होती जा रही है। इस बारे में अपनी माँ से भी वह कुछ नहीं कह पाता।

अब सुबोध जैसे उसका बेटा नहीं कोई अनजान व्यक्ति, गंभीर अपरिचित पुरुष हो गया है, जो दिनभर भटकता रहता है और रात को आकर सो जाता है। नौकरी तो वह आत्मसम्मान की रक्षा के लिए छोड़ता है। इसके बाद बेकार होने पर घर में उसका कोई अस्तित्व नहीं रह जाता, घर का कोई भी सदस्य उसका सम्मान नहीं करता। सुबोध और शोभा का प्रेम आत्मीयता से भरा हुआ है। सुबोध की नौकरी छूट जाने के बाद शोभा का पिता सुबोध और शोभा की सगाई तोड़ देता है। दुखी मन से सुबोध इस निर्णय को स्वीकार करता है। वह यह जान चुका है कि

पेट की आग प्यार से भी बड़ी है। प्रकृति ने स्त्री को पुरुष की पूरक बनाया है। पत्नी बनकर स्त्री पुरुष की सहधर्मिणी और अर्धांगिनी बनती है। पति–पत्नी दोनों के सहयोग से ही दांपत्य जीवन का संचालन होता है। स्त्री जिसे एक बार वरण कर लेती है। आजीवन उसी के प्रति समर्पित रहती है। यही भारतीय सभ्यता है। यह स्त्रीत्व और सतीत्व की मर्यादा भारतीय परिवार व्यवस्था की धुरी है। भारतीय समाज सभी नारियों से ऐसे ही पतिव्रत धर्म की अपेक्षा करता है। भारतीय संस्कृति में पत्नी के रूप में नारी का किरदार भारतीय पारिवारिक व्यवस्था में मुख्य भूमिका निभाता है। चाहे वह किसी भी स्थिति में या परिस्थिति में हो अपने धर्म का पालन करना नहीं भूलती। यही गुण भारतीय नारी को अन्य वर्गों से सर्वश्रेष्ठ घोषित करते हैं। माता शब्द ही अपने आप एक संपूर्ण संसार को समाए हुए है, क्योंकि नारी के संपूर्ण जीवन का सबसे महत्वपूर्ण पल वह होता है जब वह किसी बच्चे को जन्म देती है। यही नारी के संपूर्ण होने का प्रमाण भारतीय संस्कृति में स्वीकार किया जाता है। वह अपने ऊपर कष्टों को झेलकर अपनी तथा अपने बच्चों की देखभाल करती है तथा साथ ही अपनी पारिवारिक व्यवस्था का निर्वाह करती है। यहां देखा जा सकता है कि मां का हृदय कितना कोमल और प्यार तथा स्नेह से भरा होता है। वह अपने बच्चे के अलावा भी सभी बच्चों से उतना ही स्नेह करती है। जितना अपने बच्चों से फिर भी भविष्य में ये बच्चे ही अपनी माता से संबंध विच्छेद को आतुर रहते हैं।

अजनबीपन

सुबोध की उसके घर में कोई कद्र नहीं, यह सुबोध अच्छी तरह से समझ गया है। अपनी छटपटाहट से उसके अन्दर एक तीव्र विध्वंसक प्रवृत्ति जाग उठती है। उसका मन करता है कि जो कुछ भी सामने आए, उसे तहस–नहस कर डाले। इन्हीं विचारों के चलते वह एक साइकिल सवार से टकरा जाता है। उसकी कुहनियाँ खुरदरी सड़क से छिल जाती हैं। एक तीव्र पीड़ा के कारण उसका ध्यान बँटता है। अब अकेला सुबोध हक्का–बक्का रह जाता है। जब वह उठकर चलने की कोशिश करता है तो उसका बायाँ पैर सूजने लगता है, वह लंगड़ाता हुआ पार्क की बेंच पर आकर बैठ जाता है। दाहिने पैर टाँग से उसके खून टपकता रहता है। आत्मपीड़न से वह जाड़ों के दिनों में पार्क की बेंच पर लेटा रहता है। पैर के दर्द के कारण और कोहनी के दर्द के कारण वह उठ नहीं सकता। वह अपना ध्यान पीड़ा से हटाने के लिए वह ताजे फूलों को देखता है। सारी रात वह ऐसे ही लेटा रहता है। जब सूरज सिर पर आ जाता है तो वह बाँया पैर घसीटता हुआ दर्द सहता हुआ, पेड़ की छाँह में

शीतल घास पर लेट जाता है। सिर में भारीपन, मुँह में कड़वाहट और पैर में दर्द लिए वह लेटा–लेटा सोचता है कि उसको कोई भी खोजता हुआ नहीं आया। वृन्दा को तो मालूम होगा कि वह अक्सर पार्क में ही बैठता है। चौकीदार आकर कहता है कि बाबू पार्क बन्द करने का समय हो गया है। आप घर चले जाओ। लड़खड़ाते हुए कदमों से वह घर आ जाता है। माँ भी अब उसका इन्तजार नहीं करती। घर आने पर "दरवाजा खुला था। बरामदे में मद्धिम रोशनी थी। चौके में अँधेरा। वह अपने कमरे में आया। कोने में मैले कपड़ों का ढेर था। ढीली चारपाई, गन्दा बिस्तर, तिपाई पर खाना ढका हुआ था। सुबोध चारपाई पर बैठ गया और तिपाई खींचकर लालचियों की तरह जल्दी–जल्दी बड़े–बड़े कौर खाने लगा।"[22] पारिवारिक संबंधों के तनाव से उत्पन्न अकेलेपन की वजह से सुबोध को घर में कहीं भी अपना अस्तित्व नज़र नहीं आता। वह अपनी प्रेमिका शोभा को भी कहता है कि वह ज़िन्दगी में फेलियर है। वह अपनी इच्छा के अनुसार कुछ भी नहीं कर सकता। जिसके कारण वह अन्दर से टूट चुका है। उसको अपने चारों तरफ शून्यता का बोध होता है। इस प्रकार सुबोध के अजनबीपन की तीव्रता इस कहानी में प्रमुख रूप से मुखरित हुई है। आधुनिक मनोविज्ञान ने पुरूष की मानसिक गहराइयों का जितना अन्वेषण किया है, उसके कहीं अधिक वह नारी की मानसिक गहराइयों में उतरने के लिए प्रयत्नशील रहा है। मां अपने बच्चों के लिए हमेशा एक जैसा व्यवहार करती है। चाहे वह किसी भी प्रकार की परिस्थितियों में क्यों न हो। वह लड़के–लड़की में कोई भेद नहीं करती। चाहे कोई कमाता भी हो या ना हो मां अपने कर्तव्य का पालन भली–भाँति करती है। क्योंकि उसे पता है कि उसने अपनी संतानों का पालन–पोषण करना है। 'जिंदगी और गुलाब के फूल' नामक कहानी में मां का यह स्वरूप स्पष्ट रूप से देखा जा सकता है। इस कहानी में मां के ममत्व को आसानी से देखा जा सकता है कि किस प्रकार मां अपने बच्चों का पालन–पोषण करती है। बच्चे चाहे छोटे हो या बड़े उनके स्वरूप में मां के लिए कोई परिवर्तन नहीं आता। मां शब्द ही अपने आप में पूरे संसार को समेटे हुए है, वह अपनी तथा अपने परिवार की जिम्मेदारी जितनी अच्छी तरह से संभाल सकती है वैसा कोई भी नहीं कर सकता। मां ही समाज तथा परिवार का स्वरूप उत्कृष्ट बनाती है तथा एक आदर्श उदाहरण प्रस्तुत करती है।

मां की स्मृति इतनी ज्यादा प्रभावशाली होती है कि बच्चा किसी भी परिस्थिति में हो माँ को ही याद करता है। ऐसा ही सुबोध के साथ हुआ जब उसे अपनी माँ की चिंता होती है, तो किस प्रकार वह अब भी

दरवाजे पर खड़ी उसकी प्रतीक्षा कर रही होगी। ऊषा प्रियंवदा ने अपनी कहानियों में मां के स्वरूप को बड़ी ही मुखरता से उद्घाटित किया है। उनके अनुसार मां इस संसार की जननी है। एक सभ्य तथा सुसस्कृत मनुष्य के पीछे उसकी माता का आशीर्वाद तथा एक अदम्य, अद्भुत एवं अदृश्य शक्ति हमेशा उसके साथ चलती है जो कि विकट परिस्थितियों में उसकी रक्षा करती है तथा उसे सद्मार्ग का ज्ञान प्रदान करती है।

अकेलापन

'कितना बड़ा झूठ' कहानी–संग्रह में सम्बन्ध कहानी की श्यामला सर्जन से प्यार करती है। वह एक ऐसी कॉटेज में रहती है, जहाँ सिवाय सर्जन के कोई नहीं आता। वहाँ वह अकेली सबसे अलग सबसे कटी हुई रह रही है। सर्जन हमेशा चाहता आया है कि उसके अस्पताल के पास ही एक छोटे–से आधुनिक फ्लैट में श्यामला रहे, बाहर आए–जाए, घूमे–फिरे और लोगों से मिले–जुले लेकिन श्यामला को किसी से मिलना–जुलना अच्छा नहीं लगता। वह बिल्कुल अकेली रहना चाहती है। बाहरी दुनिया से वह बहुत कम मिलती–जुलती है। बहुत बार सर्जन श्यामला के कन्धे झिंझोड़कर कहना चाहता है कि जागो श्यामला यह बैरागीपन तुम्हारा सहज स्वभाव नहीं है। वह सर्जन के अनुसार जीना चाहती है लेकिन जी नहीं पाती। उसको इस तरह अकेलेपन की स्वतन्त्रता बहुत पसन्द है। "वह सर्जन को कभी भी न समझा पाएगी कि इस तरह स्वतन्त्र असम्पृक्त रूप से एक सुख है, स्वार्थ भरा, पर है सुख।"[23] सर्जन के सफल होने के आत्मविश्वास और दिन–रात मौत एवं तकलीफ देखते रहने से उसकी आँखों में जो अकेली–अकेली–सी उदासी थी, कहीं–न–कहीं श्यामला को उसने छुआ था। भरे–पूरे परिवारवाले, सम्पन्न, सफल सर्जन की आँखों में उसने अपना ही प्रतिबिम्ब पाया था क्योंकि तभी तो सर्जन को अकेली, उजाड़, फटेहाल–सी कॉटेज में जाकर ही कुछ समय के लिए राहत मिलती है। श्यामला के मन की भटकन का भी कुछ नहीं कहा जा सकता। जब भटकन बढ़ जाएगी तब वह अपना सूटकेस उठाकर यहाँ से चल देगी। उषा प्रियंवदा की कहानियों में यही घिरे हुए जीवन का उबासीपन एवं उदासीनता उभर कर सामने आती है। आत्मीयता और करुणा के स्वर इन कहानियों में फूट पड़ते हैं। आत्म भर्त्सना की स्थिति जब बीत जाती है तो एक निरुपाय, बेसहारा एवं आक्रोश गुस्से के रूप में उभरकर सामने आता है।

'सम्बन्ध' कहानी में उन्नीस साल की भोली–भाली लड़की जब एकदम हैल्पलैस हो जाती है। तब उसके नजायज बच्चे का पिता उसे

छोड़कर कैलीफोर्निया चला जाता है। जब कोई अबार्शन का अरेंज नहीं होता तो वह सुसाइड करने की कोशिश करती है। कई दिनों तक अस्पताल में रहने के बाद वह मर जाती है। उस भारतीय लड़की के साथ आत्मीयता के सम्बन्ध के कारण श्यामला को उसके मरने से बहुत दुःख पहुँचता है। पहली बार उसके गहरे भाव-बाहर उमड़ते हैं।

इस अलगाव के कारण बहुत दिनों से धीरे-धीरे पके फोड़े फूटते हैं। वह फूट-फूटकर रोती है। वह त्रसित हो जाती है। सुनीता मर जाती है और श्यामला के पास सिर्फ ग्लानि बचती है क्योंकि उसने सुनीता की मदद नहीं की थी। इस कारण वह अकेलेपन का शिकार हो जाती है। उसको अपने चारों तरफ शून्यता का बोध होता है। औद्योगिक क्रांति से मनुष्य नगरों की तरफ आकर्षित हुआ है। भारत में संयुक्त परिवार में रहने वाले भारतीयों की स्थिति अब बिखर गई है। मशीनों की भांति दौड़ते हुए मनुष्य के जीवन से रागात्मकता प्रायः समाप्त हो गई है।

इस संबंध में अपनी कहानी के माध्यम से कहती है कि "सुबोध कुछ तीखी-सी बात कहते-कहते रुक गया। कई साल में घिसट-घिसटकर बी.ए.एल.टी. कर लेने और मास्टरनी बन जाने से ही जैसे वृंदा का मेज पर हक हो गया हो, कोई आध्यापिका होने से ही पुस्तकों का प्रेमी नहीं हो जाता। सुबोध की उस मेज पर अब जुड़े के कांटे, नेल-पॉलिश की शीशी और गर्द-भरी किताबें पड़ी रहती थीं और फिर कुछ दिनों बाद मां ने कहा, वृंदा को रोज स्कूल जाने में देर हो जाती है। अपनी अलार्म घड़ी दे दो, सुबोध।

सुबोध ने कठोर होकर कहा था, नई घड़ी खरीद क्यों नहीं लेती? उसे क्या कमी है?

मां ने आहत और भर्त्सनापूर्ण दृष्टि से उसे देखकर कहा, उसके पास बचता ही क्या है। तुम खर्च करते होते तो जानते।

नहीं, मुझे क्या पता! हमेशा से तो वृंदा ही घर का खर्च चलाती आई है। मैं तो बेकार हूं, निठल्ला। और झुंझलाकर सुबोध ने घड़ी उसे दे दी।

सबसे अधिक आश्चर्य तो उसे वृंदा पर था। अक्सर वह सोच उठता कि यह वही वृंदा है, जो उसके आगे-पीछे घूमा करती थी, उसके सारे काम दौड़-दौड़कर किया करती थी! जब उसने चाय मांगी, वृंदा ने चाय तैयार कर दी। और जब ? एक रात जरा देर से आने पर उसने सुना, वृंदा बिगड़कर मां से कह रही थी, काम न धंधा, तब भी दादा से यह नहीं होता कि ठीक वक्त पर खाना खा लें। तुम कब तक जाड़े में

बैठोगी, मां ? उठाकर रख दो, अपने आप खा लेंगे।"[24]

यहाँ स्पष्ट होता है कि वर्तमान समय में स्त्री पर एक ओर कर्तव्य बढ़ गया है। उसे अपने परिवार का पालन पोषण करना और जिस घर में कोई पुरुष कार्य ना करता हो वहं पर नारी को घर से बाहर निकलना पारिवारिक परंपरा का त्याग करना भी पड़ता है तथा अपनी खुशियों का भी त्याग करना होता है।

विभिन्न पारिवारिक चरित्रों के अलावा नारी का एक चरित्र ऐसा भी है, जिसे ज्यादातर लोग पसंद नहीं करते वह है प्रेमिका का स्वरूप। प्रेमिका के रूप में भी ऊषा प्रियंवदा ने नारी चरित्र को मुखरता प्रदान की है। उनके अनुसार पुरुष प्रधान समाज में नारी को अपने हृदय की बात सुनकर उस पर चलने का हक है।

'मोहबंध' कहानी की अचला और राजन आधुनिक दौर में जीवन व्यतीत कर रहे देवेन्द्र और नीलू जैसे चरित्रों से मिली निराशा के परिणामस्वरूप उत्पन्न घुटन और कुंठा के शिकार हैं जो शादी हो जाने के बाद भी अकेलेपन और अजनबीपन की समस्या से ग्रसित हैं। इस कहानी के सभी पात्रों में अस्थिरता देखने को मिलती है। न तो नीलू, राजन के प्रति प्रतिबद्ध रहती है और न ही देवेन्द्र अचला के प्रति प्रतिबद्ध रहता है। इसके कारण अचला का जीवन बहुत प्रभावित होता है। अचला का जीवन अस्थिर हो जाता है। आधुनिकता के चलते 'मोहबंध' कहानी में मनुष्य की स्वच्छता के अतिशय को भी व्यक्त किया गया है। नीलू और राजन के दाम्पत्य सम्बन्ध में आये अलगाव की अभिव्यक्ति करती हुई यह कहानी अचला के दाम्पत्य जीवन के मूल्यों के प्रति प्रतिबद्ध दिखाती देती है। अचला का देवेन्द्र के प्रति सच्चा प्यार और नीलू की सुन्दरता पर आकर्षित हुए देवेन्द्र का अचला को अनदेखा करना, अचला को उदास कर जाता है। सृष्टि के परिवर्तन के साथ नारी का स्वरूप, उसकी भूमिकाएँ भी परिवर्तित होती रही है परिणामतः नारी का रूप अपने विकास क्रम में एकरूपता नहीं रखता। नारी विषयक प्राचीन मान्यताएँ जिस सामाजिक स्थिति, सांस्कृतिक चेतना और बौद्धिक विकास की भूमि पर विकसित हुई है वह आधुनिक मनोविश्लेषणवादी भूमि नहीं है ।

छटपटाहट

अचला के मन में न कामना, न ईर्ष्या और न दर्द होता है। ''अचला का मन छटपटाने लगा, किसी को इतना अनुराग, सुख और मान, किसी के भाग्य में कुछ नहीं, रूप जीत जाए, प्यार हार जाए।''[25] अचला को लगता है कि जीवन ऐसे ही बीत जाएगा। वह एक दिन मृत्यु को प्राप्त

प्रवासी साहित्यकार उषा प्रियंवदा की साहित्य-साधना

हो जाएगी। जीवन के अन्तिम क्षण में उसे अपनी ज़िन्दगी पर दृष्टि डालकर ऐसा लगता है कि वह जैसे रोती-रोती आयी थी वैसे ही चली जाएगी। उसकी सहेली सुजाता भी उसे समझाती है कि ज़िन्दगी बहुत छोटी है किन्तु बहुत मूल्यवान है, उसको ऐसे निराशा में ही मत काटो। अपने भविष्य की तरफ देखो और अपने भविष्य को उज्ज्वल बनाओ परन्तु अचला तो सूनी, उदास हवा की तरह निर्जन सड़कों पर भटकती रहती है। उसका जीवन एक प्रतीक्षा बन जाता है। नीलू भी एक जगह पर टिककर नहीं रह सकती। वह बहुत जल्दी ही ऊब जाती है। नीलू के इस व्यवहार के कारण राजन भी अकेला महसूस करता है। वह समझता है कि नीलू के जीवन में अब वह गौण हो गयी है। अचला को वह समझाता है कि अतीत में रहकर और स्मृतियों के घेरे में देवेन्द्र के लिए भटकते हुए उसे अपना जीवन व्यर्थ में नहीं गँवाना चाहिए। वह स्पष्ट रूप से कहता है कि जीवन के प्रत्येक क्षण को जीना चाहिए। पूरी तरह हर पल को खुशी-खुशी व्यतीत करो। अचला को प्राणदान देने वाला पुरुष चाहिए था। देवेन्द्र उसके लिए उपयुक्त पात्र नहीं था। राजन के प्यार को पाकर अचला उन क्षणों में वर्षों की निद्रा के बाद जागती है। तब जाकर उसकी चेतना लौटती है। उसको लगता है कि अभी वह जीवित है। उषा प्रियंवदा ने कहानी के अंत में अचला के माध्यम से असीम सुख के उस क्षण में अचला को यह अनुभव करवा दिया कि इस मोहबंध को तोड़कर उसे जाना है।

उषा प्रियंवदा की 'मछलियाँ' कहानी के तकरीबन सभी पात्र भावनाओं में बहते हुए परिवेश के दबाव के कारण प्रेम संबंधों में टूटन के शिकार हैं। विजी भी मनीश से बहुत प्यार करती है। इस प्यार के कारण ही वह भारत से अमेरिका चली जाती है। अपनी मौसी की मदद से वह अपनी सौतेली माँ से बचकर अपने नाना के द्वारा उसकी माँ को दिए गए गहने बेचकर विदेश जाने का सारा इन्तजाम करती है। अमेरिका पहुँचती है तो मनीश उसे एयरपोर्ट लेने भी नहीं आता। मनीश का मित्र नटराजन विजी को बड़े आदर एवं स्नेह से अपने घर ले जाता है और फिर उसके बारे में मनीश को बताता है। अमेरिका के उस शहर में विजी नाम की लड़की के स्वर में न आग्रह होता है और न आत्मीयता का स्वर। नटराजन अपनी भावनाओं और विचारों को अलग-अलग कक्षों में बाँट देता है। छह साल से अपने चारों तरफ शून्य के अलावा उसे कुछ भी नज़र नहीं आता। भारत में अपनी पसन्द की नौकरी न मिलने से उसको अमेरिका में ही कुछ वर्ष और रहना पड़ता है। वहाँ वह मुकी से शादी करना चाहता है। निश्चय ही वह ठंडे दिमाग से सोचने-विचारने के बाद

यह सब करता है। मुकी और नटराजन दोनों यह जानते हैं कि विवाह का दायित्व वे अच्छी तरह निबाह सकेंगे। इस कहानी में दो प्रणय जोडियाँ हैं–विजी–मनीश और मुकी–नटराजन।

विजी को मनीश ही लगातार प्रेम–पत्र लिखकर भारत से अमेरिका बुलाता है लेकिन वहाँ मुकी से मुलाकात होने पर वह विजी को छोड़कर कनाडा चला जाता है। जिससे विजी बहुत आहत हो जाती है क्योंकि उसके दिल में मनीश के प्रति अथाह प्रेम था। वह भारत में अपने पिता, भाई और बहन को भी पत्र लिखकर नहीं बताती की मनीश से उसकी शादी टूट चुकी है। मछलियाँ नाम कहानी का नाटक से पड़ा। विजी, नटराजन को कहती है कि "वाशिंगटन में मैंने एक नाटक देखा था, जो बहुत पसन्द आया 'छोटी मछली, बड़ी मछली' जिसमें बड़ी मछली, छोटी मछलियों को निगलती रहती है। तब से कभी–कभी सोचती हूँ कि क्या छोटी मछली उलटकर वार भी नहीं कर सकती ?"[26] इन बातों के बाद विजी अनमनी–सी हो जाती है। विजी और मनीश के विवाह न करने के पीछे मुकी का हाथ होता है। यह नटराजन जानता है। नटराजन का विवाह मुकी से तय हो चुका है। मुकी एक धनी पिता की पुत्री है। सोफ़स्टिकेटेड है, कार चलाती है, अंग्रेज़ी में कविता लिखती है और पीली मछलियाँ पालती है। वह फाइन आर्टस की छात्रा होती है। ताँबे के पात्र गढ़ती है। चित्र बनाती है। मुकी जैसी कलात्मक, स्फूर्तिदायक और इंटेलेक्चुअल लड़की से मनीश प्रभावित हो जाता है और ऐसी ही भावी पत्नी वह चाहता है। विजी तो निर्मम और कठोर बिल्कुल नहीं होती। वह भारतीय संस्कारों वाली लड़की पूरी तरह आधुनिक नहीं होना चाहती। वह मनीश की बातों से हैरान हो जाती है कि वह कैसे कहता है कि भावनाएँ मर जाती हैं ? इसके विपरीत नटराजन एक बहुत कंवीनियट व्यक्ति होता है जिससे सभी अपने–अपने मन की बात कह सकते हैं परन्तु वह अपने मन की किसी से नहीं कहता, उसके अन्दर भी तो कुछ होता है जो काटता रहता है, हर समय धुनता रहता है।

नटराजन की आँखों के आगे विजी का आहत और दयनीय हो आया चेहरा घूमता रहता है। वह उसे और दुःखी नहीं करना चाहता। मनीश इतना लापरवाह व्यक्ति है कि वह लगातार पत्र लिखकर विजी को भारत से बुलाता है और उसके पहुँचने से पहले ही ऊबकर अकेला मैक्सिको चला जाता है। मध्यवर्गीय विजी दुबली–पतली, असहाय–सी फिर भी विश्वास भरी आँखों से उत्साहित रहती है। मनीश के चले जाने के बाद भी वह सुनसान सड़क पर टहलती हुई अकसर उसके आने का इन्तजार करती है। मनीश को मुकी से प्यार है, यह जानकर विजी बहुत

विक्षिप्त–सी हो जाती है। मुकी कभी भी उद्वेलित नहीं होती उसके स्वर में ठंडापन है। वह विजी की तरह केवल एक नारी–मात्र बनकर संतुष्ट नहीं रह सकती। नटराजन विजी के हर दुख, हर चिन्ता का भागीदार बनना चाहता है लेकिन विजी के मना करने पर वह कुंठित होकर रह जाता है।

इस कहानी का प्रत्येक पात्र संशयों, उलझनों और अविश्वास से भरा हुआ है। आधुनिकता के दौर में परम्पराओं, मान्यताओं और नैतिकता का ध्यान न रखते हुए मनीश पाश्चात्य संस्कृति का द्योतक है। उषा प्रियंवदा ने मानव की अस्मिता और मानवीय संबंधों के बदलते हुए परिवेश में गरिमा को व्यक्त किया है। मछलियाँ कहानी में असफल प्रेम की टीस, अकेलेपन का दर्द एवं भारतीयों के द्वारा विदेश की भूमि पर किए गए संघर्ष और बिछुड़े प्रिय को दोबारा से प्राप्त करने की अदम्य लालसा व्यक्त की गई है।

अकेले वाशिंगटन में मन पर छा जाने वाली घनघोर उदासी, बिना कुछ खाए पूरा–पूरा दिन बिताना, कुँडली–सी मारे हुए मन में विचारों की जड़ता लिए हुए विजी नटराजन के साथ नई जिंदगी नहीं चाहती। वह अपनी ज़िन्दगी के बारे में विचार रखती है कि "विमाता का बुदबुदाना, पिता की लम्बी चुप्पियाँ या खीझ, झुँझलाहट–भरा स्वर, छोटी बहन का रेडियो के साथ फिल्मी गीत गाना, क्या कभी किसी को उसकी, विजय लक्ष्मी की कभी भी याद न आती होगी ?"[27] इन डेढ़ सालों में वह कितनी दूर आ जाती है कि मुड़कर देखने से उसका मन आश्चर्य से भर जाता है। वह आज के बारे में सोचती है, क्या कभी ज़िन्दगी इससे भिन्न भी थी ? कभी उसको मनीश का प्रेम याद आता है और कभी उसके क्रूर शब्द भी वह याद कर लेती है। वह इस स्थिति से भाग जाना चाहती है। भारत लौट जाना उसके लिए असम्भव होता है क्योंकि उसके पास किराए के पैसे नहीं हैं। असमंजस की स्थिति में वह सोचती है कि कब अनजाने में उसकी ज़िन्दगी में ऐसा कुछ घटित हो गया, जिससे वह औरों से अलग छिटक गई। यदि मनीश पर विश्वास न किया होता तो शायद इस हालात तक न पहुँचती। यदि मुकी–सी कुटिलता आती तो भी उसको आज अकेले ऐसे अपने से द्वन्द्व न करना पड़ता। नटराजन भी विजी की दशा के कारण उदास और अनमना–सा रहता है। विजी अपनी इसी बात को उपलब्धि मानती है कि खिन्न होने के बाद वह अपने आपको सँभाल लेती है। नटराजन के मन में मुकी के प्रति ममत्व या स्नेह नहीं होता, वह यह विवाह चौंतीस साल के जीवन के अकेलेपन को दूर करने के निमित्त करना चाहता है। मुकी घर–गृहस्थी में इतनी रुचि लेगी,

प्रवासी साहित्यकार उषा प्रियंवदा की साहित्य-साधना

नटराजन इससे विस्मित हो जाता है क्योंकि उसको ऐसी आशा नहीं थी। नटराजन के जीवन में कभी न भर सकने वाले अनेक अभाव हो गए थे। उसको थोड़ा-सा धीरज था कि हर समय विजी की उपस्थिति दंश देने को नहीं रहेगी। विजी ने नटराजन से किराए के लिए पैसे लेकर अपने देश लौटा दिया। उसको लगता है कि कुछ भी हो वह अपना देश है। वहाँ के लोग उसके अपने हैं। इस प्रकार विजी वापिस हताश, निराश और हारे हुए उदास मन से भारत लौट आती है। वह एक सूटकेस लेकर विदेश जाती है और उसी सूटकेस में कितनी वेदना का भार भी साथ लेकर वापिस आती है। विजी के अन्दर बल का एक स्रोत है। वह टूटती है, बिखरती है और फिर अपने आपको संभाल लेती है। उसकी जगह कोई और लड़की होती तो इन परिस्थितियों से घबराकर पागल हो जाती। इसमें विजी के संघर्ष को अभिव्यक्त किया गया है।

भटकन

कितना बड़ा झूठ कहानी-संग्रह की 'नींद' कहानी में नायिका का भटकते मन और अकेलेपन को दूर करने के लिए नींद की गोलियाँ खाना मशीनी युग के दौर को व्यक्त करता है। नायिका की मुलाकात एक ऐसे पुरुष से होती है जो नायिका का प्रथम स्पर्श मात्र पाकर अचम्भित हो जाता है। उसकी प्रतिक्रिया देखकर नायिका हैरान हो जाती है। अकसर वह सागर के तट पर लहरों और उनके गर्जन की प्रतिध्वनि को देखती और सुनती, इस तरह वह अपना त्रासद दूर करती रहती है। उसको पुरुष के साथ यात्रा करने का प्रस्ताव मिलता है और वह स्वीकार कर लेती है। वह सोचती है कि आठ घंटे की त्रासद भरी बस यात्रा से तो उसे छुट्टी मिली। उसको मनोविशेषज्ञ को दिखाने जाना होता है। डॉक्टर ने उसको रोगी बताया है लेकिन वह कहती है कि वह बिल्कुल स्वस्थ है। जिसको कहानी में इस तरह से प्रदर्शित किया गया है, "नहीं, मैं रुग्ण नहीं हूँ, न मुझमें कोई मानसिक विकृति है। वह डॉक्टर, मेरा मनोविद् झूठ कहता है। मैं पूर्णतया स्वस्थ हूँ। मैं केवल साथ ढूँढती हूँ, कम्पेनियनशिप, तुम्हें जिलाए रखने के लिए।"[28] नायिका को साथ चाहिए, एक ज़िन्दगी भर साथ निभाने वाला साथ चाहिए। उसको अकेलापन अखरता है। सुबह जगाने वाला कोई नहीं होता, धूप काफी चढ़ जाती है तब वह जागती है क्योंकि वह रात को नींद की गोलियाँ खाकर सोती है। यात्रा में क्षणांश के लिए ही किसी के साथ ने उसको नई ज़िन्दगी दी है। चाहे सामने सपाट सड़क और दो अलग-अलग मौन साधे पात्र क्यों न हो। वह अनमनी-सी होकर रह जाती है और अपने विचारों को व्यक्त नहीं कर पाती।

उनके जाने के बाद तो उसको जाना–पहचाना शहर भी अजनबी लगने लगता है। वह डॉक्टर के पास नहीं जाती। वह जानती है कि डॉक्टर उसे बचाना चाहते हैं परन्तु उसको कोई रोग ही नहीं है। उसका तो स्वस्थ एवं रोग हीन शरीर है। न जाने क्यों वह शहर की सड़कों पर भटकती रहती है। ऊँचे टीले पर बनी अब्राहम लिंकन की कांस्य–प्रतिमा को उसी के पास बैठकर देखती रहती है। पतझर के मौसम में ठंडे पत्थर पर बैठी–बैठी बिखरी पत्तियों के साथ अपने बिखरे हुए अस्तित्व की वह तुलना करती रहती। उसके पास स्वदेश वापिस जाने का टिकट होता है। वह जिन पत्थरों पर बैठी रहती है वे बहुत ठंडे होते हैं लेकिन वह ठंड से बिल्कुल नहीं डरती। वह केवल रात से डरती है। अकेली, घनी, काली और लम्बी–लम्बी रातों से वह बहुत डरती है और नींद की गोलियाँ खाकर सो जाती है। वह रोग, गरीबी और ठंड किसी से भी न डरकर एक लम्बी व अंधेरी रात के अकेलेपन से डरती है। वह उसके त्राण के लिए ही इधर–उधर भटकती है। पुरुष प्रधान समाज में नारी की वर्तमान स्थिति में काफी सुधार आया है। पहले नारी को चारदीवारी से बाहर कदम रखने की इजाजत नहीं दी जाती थी, लेकिन वर्तमान समय में नारी ने अपनी आजादी और स्वतंत्रता को जीना सीख लिया है। प्रभा खेतान के अनुसार नारी की स्वतंत्रता उसके पर्स से शुरू होती है, वे नारी की असली आजादी आर्थिक आजादी को ही स्वीकार करती है। उसी प्रकार ऊषा प्रियंवदा ने नारी को स्वतंत्र रूप प्रदान करते हुए उसे आत्मनिर्भर बनने की ओर प्रेरित किया है। वर्तमान समय में और पुरुषों के कंधे से कंधा मिलाकर चल रही वह घर के कार्य ही नहीं करती, बल्कि आजीविका चलाने के लिए घर से बाहर निकलकर कार्य भी करती है।

ऊषा प्रियंवदा ने अपनी कहानियों के माध्यम से नारी की आत्मनिर्भरता के स्वरूप को उजागर किया है कि किस प्रकार वर्तमान समय में नारी ने अपने लिए एक अलग स्थान बनाया है तथा संसार के प्रत्येक कार्य में अपनी भूमिका को आवश्यक बनाया है। नींद कहानी में नींद न आने को उसका मनोविद् बीमारी कहता है। वह उसकी चिकित्सा करना चाहता है ताकि उसकी भटकन समाप्त हो जाए। वह हमेशा के लिए किसी के साथ कहीं घर बसाकर सुख–चैन से रह सके। विश्वविद्यालय के पुस्तकालय के पास जो मकान एक मित्र ने ढूँढ़ा होता है। कुछ दिन पहले उसके खिड़की–दरवाजे तोड़ दिए जाते हैं, ताकि कोई इसमें अवैध रूप से रह न सके। वह बिखरे हुए काँच पर सावधानी से चप्पलें रखती हुई सीधी ऊपर चली जाती है। उसकों चारों तरफ सन्नाटा नज़र आता है और सन्नाटे के मध्य एक ढहाया जाने वाला घर

है। उसका मन स्मृतियों के दाने चुगने लगता है।

आधुनिक कहानीकारों ने स्त्री की दशा सुधारने के लिए चाहे कितनी ही कहानियाँ क्यों न लिखी हों किन्तु नारी की स्थिति में कोई विशेष सुधार नहीं हुआ। पूँजीवादी अर्थव्यवस्था के अन्तर्गत हो चाहे राजनीतिक आन्दोलन की दण्ड व्यवस्था के अन्तर्गत, गाँधीवादी प्रेम के अन्तर्गत हो या फ्रायड के सिद्धांत के अन्तर्गत, प्रगतिवादी संघर्ष के अन्तर्गत हो अथवा मनोविश्लेषणवादी संघर्ष के अन्तर्गत नारी–विषयक भूमियाँ बदली हैं, भूमिकाएँ नहीं। आधुनिक हिन्दी कहानी में नारी की भूमिकाएँ एक साथ दो फ्रण्ट पर ही रही थी। बाहरी लड़ाई थी विदेशी सत्ता के विरूद्ध जिसमें नारी पुरूष का साथ ही नहीं दे रही थी उसे स्फूर्ति, प्रेरणा और प्रोत्साहन देकर उसका मार्ग–निर्देशन भी कर रही थी। इसके समानान्तर चल रही थी स्वतन्त्रता की भीतरी लड़ाई। इस लड़ाई का क्षेत्र था समाज, जिससे जूझ रहा था देश का सुधारक वर्ग। इस क्षेत्र में नारी ने प्रत्यक्ष और परोक्ष दोनों प्रकार की भूमिकाओं का निर्वाह किया। इसीलिए डॉ. सूतदेव ने नारी का सर्मथन करते हुए लिखा था कि मानव जीवन की सच्ची सुन्दरता इसी नारी नाम में निहित है। एक और तो नारी को लेकर सुधारवादी आन्दोलन हुए। इनसे प्रेरित हिन्दी कथाकार ने विधवा विवाह, बालविवाह, अनमेल विवाह, नारी–शोषण, अशिक्षा आदि अनेक समस्याओं पर आधारित रचनाओं के माध्यम से भारतीय नारी की स्थिति से समाज को परिचित कराया और उसे परिवर्तित होने का आहवान दिया। दूसरी ओर स्वयं नारी ने प्रगतिवादी कदम उठाया। उसने शिक्षा ग्रहण करना प्रारम्भ किया, नारी स्वतन्त्रता की आवाज़ उठायी, सामाजिक परम्पराओं, कुरीतियों, रूढ़ियों और नारी–शोषण आदि के विरूद्ध विद्रोह करते हुए, बीसवीं शताब्दी के परिवर्तित दृष्टिकोण के साथ पुरूष के समकक्ष बैठने की घोषणा कर दी। हिन्दी कहानीकारों ने नारी की इस स्वतन्त्र भूमिका पर आधारित अनेक कथाएँ लिखी और उसे अपनी स्थिति सुधारने की दिशा में नैतिक सहयोग दिया। नारी ह्रदय से अत्यधिक कोमल और स्नेहशील होती है। नारी की अपनी इच्छाएं, आकांक्षाएं, कल्पनाएं होती है। जिनके पूरा होने की आशा लिए वह अपने आपको सभी के प्रति समर्पित करती है। चाहे माता–पिता, भाई–बहन, पति, सास, ससुर या अपने बच्चे सभी के लिए इस आशा से कार्य करती है कि कोई उसकी व्यथा को समझे तथा उसकी मानसिकता के अनुरूप उसकी खुशी के लिए कार्य करें। यह स्थिति कहीं–कहीं पर तो पूरी हो जाती है, लेकिन कहीं उसी इच्छा अभिलाषा अधूरी भी रह जाती है। "और उस क्षण परमेश्वरी को लगा कि जब जीवन में उसे कुछ और नहीं चाहिए। उसने आसमान छू लिया है। पुलकित कालिंदी और आने वाले शिशु की प्रतीक यह गाड़ी,

प्रवासी साहित्यकार उषा प्रियंवदा की साहित्य-साधना

अब कुछ दिन बाद इसमें लेटा नन्हा-मुन्ना घर में परिवर्तन ले आएगा। उसी की आवश्यकता पर दोनों की नई चर्चा बनेगी। फिर बैठना सीखकर इसमें से झांका करेगा। सारे घर में उसकी हंसी, उसकी किलकारियां प्रतिध्वनित हुआ करेंगी और गाड़ी का हैंडिल पकड़े कालिंदी सोच रही थी, अब इसमें नाप की गद्दियां सीऊंगी, छोटे-छोटे तकियों पर रंग-बिरंगे फूल बनाऊंगी। उसकी आंखें परमेश्वरी की आंखों से मिलीं और दोनों अपने-अपने सपनों की अमूल्य निधि को संजोये मुस्कुरा दिए। छोटा सा घर था, सीमित आय, पर कालिंदी वहां की रानी थी। काम-धंधा समाप्त कर लेट जाती और कभी-कभी कुछ करते-करते भी हाथ रुक जाते और एक गोल-सा चेहरा आंखों के आगे आ जाता, उसकी पीठ पर भार देकर ठुनकता हुआ, उसके हर काम में विघ्न डालता हुआ। जितनी बार कमरे में जाती एक नजर गाड़ी पर जरूर डाल लेती। उसके दिन एक मधुर, उत्सुक आशा में बीतते जा रहे थे।"[29] इन पंक्तियों में नारी मन की अभिलाषा और इच्छा को भली-भांति समझा जा सकता है कि किस प्रकार नारी अपनी इच्छाओं के पूरा होने की आस से ही खुश हो जाती है। एक नारी के लिए मां बनना दुनिया की सबसे बड़ी खुशियों का अनुपम उपहार होता है। वह मन ही मन तरंगित होती रहती है तथा आने वाले बच्चे के लिए विभिन्न प्रकार की कल्पनाएं उसके जीवन को नवसृजित कर देती है। "फिर आने वाला शिशु... पर उन सबके बावजूद उल्लास की एक नन्हीं-सी हिलोर उठती और उसके मनप्राणों का तरंगित कर जाती। और जब मां ने उसके पास उसके नवजात शिशु को लिटाया तो कालिंदी सब कुछ भूल गई, सारी पीड़ा, सारी चिंताएं, दिल के ऊपर जमीं हुई गहरी काली काई, उसके एक कोमल स्पर्श से न जाने कहां तिरोहित हो गई। उसने धीरे से बच्चे के काले बालों को उंगली से छुआ और उसकी आंखें देखकर पास बैठी बहन को लगा जैसे स्वच्छ जल पर चांद की किरणें फिसल गई हों। बच्चा निवाड़ के पुराने पालने में लेटा रहता था। कालिंदी को लगता कि अगर गाड़ी होती तो कैसा अच्छा रहता। वह भी हैंडिल में एक रंग-बिरंगा खिलौना लगा देती और बच्चा अपनी काली-काली पुतलियों से उसे देखता रहता।"[30] नारी के मातृत्व मन को इन पंक्तियों के माध्यम से व्यक्त किया गया है कि किस प्रकार उसका सारा संसार उसके बच्चे तक सिमट कर रह जाता है। उससे उसकी खुशियाँ और गम जुड़े रहते हैं। नारी हृदय काफी कोमल तो होता है कि लेकिन वह अन्दर से पुरुष जितनी कठोर और मजबूत नहीं होती, इसलिए उसके एक ऐसे व्यक्ति की आवश्यकता होती है जो उसको समझ सके तथा उसकी भावनाओं की कदर कर सके। 'मोहबंध' कहानी में ऊषा प्रियंवदा ने अचला के मन की व्यथा को स्पष्ट किया है।

प्रवासी साहित्यकार उषा प्रियंवदा की साहित्य-साधना

वह लिखती है कि "तुम्हारे लिए देवेंद्र उपयुक्त नहीं था। तुम्हें चाहिए एक ऐसा पुरुष, जो तुम्हें समझ सके, तुम्हारी कमजोरी को अपना बल दे। तुम्हारे शब्दों में, तुम्हें प्राणदान दे। जब तुम ऐसे व्यक्ति से मिलोगी, तो तुम अपने आप उसे पहचान लोगी। तुम्हारे यह बदलते हुए मूड, सिर-दर्द, सब यों, चुटकी बजाते हुए गायब हो जाएंगे। अच्छा, हटाओ इन सब बातों को। आज पिकनिक पर चलोगी?"[31] नारी अथाह शक्ति का भंडार है अगर वह चाहे तो किसी को भी अपने वश में कर सकती है बस आवश्यकता है विश्वास, शक्ति और धैर्य की। यही वह गुण है जो नारी को पुरुष से श्रेष्ठ बनाती है, निम्न पंक्तियों में कौमुदी के इसी स्वरूप का वर्णन 'जाले' कहानी के माध्यम से ऊषा प्रियंवदा ने किया है। "राजेश्वर कौमुदी के लिए एक भारी चुनौती बनकर आए थे। उसकी पहचान के लोगों से भिन्न उसके अस्तित्व से अपरिचित, कौमुदी को अपने पर गहरा अटल विश्वास था। वह सोचती थी कि अवसर आने पर वह राजेश्वर को भी झुका सकती है। वह उसके सामने अशक्त-दुर्बल हो उठेंगे, और याचक बन उसकी कृपा दृष्टि चाहेंगे। पर अब उसने जाना कि उसके बंधन इतने दृढ़ न थे और वह पराजिता, खंडिता, दलिता रह गई थी, छोटे बच्चे की तरह सुबकते हुए कौमुदी ने सोचा कि उसका जीवन कितना खोखला, कितना निस्सार है। पहली बार उसे अपने पर करुणा और अपरिचित स्त्रियों से ईर्ष्या हुई। वे अपनी संकुचित परिधि में रानी थीं। उन्हें अपने जीने के लिए श्रम नहीं करना पड़ता था। उनका जीवन पति और बच्चों के स्नेह से सरस था।"[32] प्रस्तुत उदाहरणों में नारी मन की व्यथा का चित्रण किया गया है। शादी से पहले तथा बाद की स्थिति का यहाँ मूल्यांकन प्रस्तुत किया गया है। जिस प्रकार की आजादी नारी के लिए शादी से पहले होती है वैसी शादी के बाद में नहीं रहती। शादी से पहले वह अपनी मर्जी से कहीं भी आ जा सकती है, लेकिन शादी के बाद अनेक प्रकार की जिम्मेदारियां उसको अपने मन की इच्छाओं को पूरा करने में रुकावट पैदा करती है। कभी-कभी शादी के बाद ऐसी परिस्थितियाँ उत्पन्न हो जाती है कि लड़की का पति अपनी पत्नी की मानसिक स्थिति को समझ नहीं पाता। ऐसी स्थिति में वैवाहिक जीवन निरस और संवेदन शून्य हो जाता है। दोनों की उपस्थिति में घर ना के बराबर रह जाती है। ऐसे में स्त्री के मन में कई ख्याल उमड़ते हैं वह अपने सपनों को टटोलने का प्रयास करती है लेकिन वहां सपनों की दुनिया खत्म हो जाती है। जैसा कि निम्न पंक्तियों में दर्शाया गया है "आनंद ने उकताकर कहा, छोड़ो भी... पर राजी अकसर सोच उठती कि मास्टर साहब सचमुच रेगिस्तान-सा शून्य, तप्त, रसहीन जीवन बिताते हैं। पढ़ा आए, पका-खा लिया और रात-भर कराहते रहे। जीवन तो

राजी सा होना चाहिए, सुख का सागर उसके चरण भिगो–भिगो कर उमड़ता रहता है, उस पर स्नेह और अनुराग की वर्षा होती रहती है। आनंद, अम्मा, पापा, किरन, हरखू, मास्टर साहब आदि सभी उसे चाहते हैं, कभी एक कड़ा शब्द नहीं सुना, कभी तीक्ष्ण दृष्टि नहीं सही। राजी ने एक लंबी सांस ली, उन सब अभागों के लिए जो स्नेह के भूखे हैं।"[33] इस उदाहरण के माध्यम से ऊषा प्रियंवदा ने नारी हृदय की तस्वीर प्रस्तुत करने का प्रयास किया है कि किस प्रकार नारी अपने आने वाले जीवन की कामना करके पुलकित होती रहती है लेकिन परिस्थितियाँ अनुकूल न होने पर उसके सपनों का संसार चूर–चूर हो जाता है। उसके जीवन में निरसता और संवेदनहीनता आ जाती है इसलिए पुरुष को नारी मन की समझ होनी चाहिए ताकि नारी की इच्छाओं को पूरा करके पारिवारिक जीवन को खुशहाल बनाया जा सके।

ऊषा प्रियंवदा की कहानियों के माध्यम से नारी के प्रत्येक स्वरूप का चित्रण बड़ी ही मुखरता एवं संजीवता से किया गया है। नारी के प्रत्येक रूप माता, बहन, बेटी, सास, बहू आदि सभी भूमिकाओं का निर्वाह सार्थक रूप में प्रस्तुत किया गया है। साथ ही नारी की कर्तव्य भावना, निष्ठा, नारी मन, पाश्चात्य संस्कृति का प्रभाव तथा नारी के अबला तथा सबला रूप का विस्तार से वर्णन किया गया है। विदेशी भूमि पर रहते हुए न जाने कितने रंगों की गोलियाँ और शीशियाँ पर्स में डाल रखी थी, जिनसे वह अपनों से दूर होने के दुख को और अकेलेपन को दूर कर सके। उषा प्रियंवदा की इस कहानी में भारतीयों के द्वारा झेले गए ऊब, अकेलेपन और संत्रास को व्यक्त किया गया है जो कि विदेशी भूमि पर जाकर रह रहे हैं लेकिन वहाँ अपने आप को अकेला पाते हैं जिसके कारण उनकों नींद नहीं आती। इस संबंध में कहा गया है कि "गुलाबी और सलेटी कैपसूलों से दर्द मिटता है, छोटी–छोटी लाल गोलियाँ नींद लेने के लिए हैं, सफ़ेद गोलियाँ..........। पानी यहाँ कहाँ होगा ? फिर भी धैर्यपूर्वक मैं एक–एक करके सभी गोलियाँ निगल रही हूँ। मेरा शरीर एक उत्तेजना, सुख मिश्रित रोमांच से काँप रहा है।"[34]

परिवारिक विघटन की स्थिति

लम्बे समय से विदेश में रहने के कारण उषा प्रियंवदा की कहानियों पर पाश्चात्य संस्कृति का प्रभाव भी परिलक्षित होता है। 'कितना बड़ा झूठ' कहानी में पति–पत्नी के विवाह के बाद अनैतिक संबंधों में भटकाव भरे जीवन के चित्र को इस कहानी में प्रस्तुत किया गया है। इसी संग्रह की 'प्रतिध्वनियाँ' कहानी में पारिवारिक विघटन का प्रमुख कारण पाश्चात्य परिवेश को माना गया है। इस कहानी की नायिका वसु विवाह को

मान्यता नहीं देती। वह अपने अस्तित्व को महत्व देती हुई एक शिक्षित और स्वावलंबी स्त्री के रूप में अपनी पहचान बनाना चाहती है। वह अनेक पुरुषों से संबंध बनाती है और तोड़ती है। जिसका सीधा प्रभाव उसके वैवाहिक जीवन पर पड़ता है। इस कारण वह घुटन, संत्रास और अकेलेपन का जीवन जीती है। लेखिका ने इस कहानी में बताया है कि जो स्त्रियाँ नैतिक मूल्यों के प्रति अनास्था, अति बौद्धिकता और अपनी संस्कृति के प्रति संवेदनहीनता रखती है, उनका जीवन अंततः दुखभरा ही होता है। नित्य नए–नए संबंधों को जोड़ना और जल्दी से उनको तोड़ना इनकी चारित्रिक विशेषता होती है। ऐसे पात्रों का जीवन झूठ बनकर रह जाता है। कहानीकार लिखती है कि "डॉक्टर जूलियन, मैंने आपसे ठीक ही कहा था। मेरे चारों ओर एक जीवित, स्पन्दित संसार है, जो मेरे लिए मर चुका है। इस सबके बीच मैं हूँ।"[35] वह सारी दुनिया को कालापानी समझती है और उसके लिए सारे लोग मरे हुए होते हैं। यह सब उसके विचार मात्र होते हैं। पड़ोसियों में तो उसको बिल्कुल भी दिलचस्पी नहीं होती। नया संसार गढ़ने से पुराने संसार में ही लौट जाना क्या ज्यादा अच्छा नहीं है ? और विशेषकर तब जबकि दोनों ही संसार मात्र प्रतिध्वनियाँ हों। विवाह के बाद बेटी होने के बाद खासकर खुद की बेटी ने ही उसे पूछ लिया कि मम्मी आप हमारे साथ खुशी–खुशी क्यों नहीं रहती ? तब वह नहीं कह सकी कि उसे बँधी हुई ज़िन्दगी पसन्द नहीं है। वह मुक्त जीवन व्यतीत करना चाहती है।

विवाह के छह वर्षो की गाथा वह अपनी बेटी से नहीं कह सकती। मुक्त होकर उसको ऐसा लगता है कि उसकी उमंगें और कामनाएँ मरी नहीं हैं, वह अब भी अपने आपको आकर्षक युवती मानती है। उसके लिए अपने में निहित स्वतन्त्र एवं पूर्ण व्यक्तित्व को पाना बहुत बड़ी उपलब्धि होती हैं, उसको श्यामल के अंकुशों से निकलकर बहुत हल्का लगता है। वह उन अस्थायी संबंधों नलिन, पटनायक, विंस आदि के नाम गिनती है जो पुरुष उसके जीवन में आए होते हैं। उसके पास उसकी बेटी लेटी होती है, वह अपनी बेटी रुचि का जन्म एक बायलॉजिकल घटना से अधिक नहीं मानती। पहले उसको श्यामल का प्यार नागपाश–सा लगता था लेकिन थोड़े समय में ही वह इसको बन्धन मानने लगती है और छटपटाने लगती है। वह इस बंधन से मुक्त होना चाहती है। वह अपने को खोजना चाहती है। श्यामल की पत्नी होने के संदर्भ से कटकर वह जानना चाहती है कि वह असलियत में क्या है ? फिर वह अपने आपको मुक्त समझती है और कुछ मानों में उसने अपने को पा भी लिया है। अब वह जान लेती है कि वह आकर्षक भी है और बौद्धिक भी है। डॉक्टर के

प्रवासी साहित्यकार उषा प्रियंवदा की साहित्य-साधना

पास चैकअप के लिए जाती है तो डॉक्टर के लिए वह कोई विशिष्ट व्यक्तित्व लिए युवती नहीं केवल बीमार शरीर होती है और उसके रोग को मिटाना ही डॉक्टर के मन में सर्वोपरि होता है। वह डॉक्टर जूलियन के पचासों मरीजों में एक भारतीय युवती नहीं रही। वह वसु थी जो अपना अलग व्यक्तित्व और अपनी अलग समस्याएँ लेकर आने लगती है। डॉक्टरों ने उसको धमकी दी थी कि यदि वह इसी तरह डिप्रेशन के वृत्त में फँसी रहेगी तो वह इमीग्रेशन ऑफिस को लिख देंगे कि उसकी मानसिक दशा इस लायक नहीं है कि वह विदेश में अकेली रहे। उसको अब भारत लौटना ही पड़ेगा। इस पर वसु वादा करती है कि वह बहुत अच्छी लड़की की तरह रहने की कोशिश करेगी, खूब खाएगी, सोएगी और श्यामल से मिलकर अच्छा जीवन व्यतीत करेगी। भविष्य के लिए अच्छा सोचेगी। वह नौकरी करने के बारे में भी सोचती है। अब उसके मन में श्यामल के प्रति क्यूरियॉसिटी हो गई है। डिनर के बाद एक ड्रिंक लेने की आदत श्यामल की पुरानी आदत होती है। इसके साथ-साथ वह नींद आने के लिए गोलियाँ भी लेता है। डॉक्टर जूलियन को मालूम नहीं होता कि उसने दूसरे डॉक्टर से गोलियाँ ले रखी हैं। श्यामल के साथ बैठकर ड्रिंक करते हुए श्यामल उसे कहता है ''पश्चिम में रहकर बस यह बात तुमने अच्छी सीखी है। नही तो एक सोबर और एक नशे वाले में क्या कम्युनिकेशन हो सकता है।''[36]

श्यामल एक अन्तर्मुख और एक अजीब छटपटाहट के गर्त में डूबा हुआ होता है। वह कहता है वसु, तुम्हारा मन जो कहता है, जिससे तुम्हें सुख मिलता है, तुमने जो रास्ता चुना है, तुम उसी पर चलती रहो। वही करो जिस पर तुम्हें विश्वास हो। वह चाहता है कि उसे और रुचि को लेकर वह गिल्ट के बोझ को न ढोती रहे। वह उसे पूर्ण रूप से मुक्त करना चाहता है। उसने श्यामल से ऐसी अपेक्षा नहीं की होती। वह थरथराती पलकों से नीचे बह गए आँसुओं को पोंछते हुए कहती है, ''पर यह भटकन तो नहीं जाती।''[37] वसु परिवार में द्वन्द्वात्मक स्थिति, मानसिक तनाव, संघर्ष, पीड़ा, निराशा और हताशा के क्षणों को जीती नारी का प्रतीक है वह प्रतिकूल परिस्थितियों में तालमेल बिठाने का भरसक प्रयास करती है लेकिन नाकामयाब रहती है। क्योंकि पश्चिमी परिवेश का प्रभाव उसके रागात्मक संबंधों पर पड़ता है, जिससे उसकी पीड़ा अधिक गहराती जाती है। उषा प्रियंवदा ने यथासंभव तटस्थ रहते हुए नारी जीवन के विविध और सजीव चित्र उकेरे हैं।

वसु ने एक अंधेरी रात को जीवन से मुड़कर और पीड़ा न सह पाने पर कई मुट्ठियाँ भर-भरकर बारबिचुरेट खा लेती है लेकिन डॉक्टरों ने

उसे मरने नहीं दिया। वह एक सप्ताह बेहोशी में पड़ी रहती है। जब आँखे खोलती है तो रात–दिन उसके प्राणों के लिए लड़ते रहने वाले डॉक्टर जूलियन को वह श्यामल कहकर पुकारती है। 'प्रतिध्वनियाँ' कहानी में वसु की ज़िन्दगी बहुत ही उलझनों भरी है। वह अपने मन के भावों को किसी से नहीं कह पाती, जिससे वह रोगग्रस्त हो जाती है। भारत जाकर अपने पति श्यामल से भी उसने बहुत कोशिश की कि अपनी यातना, पीड़ा और भटकनों को उनके सामने व्यक्त करे लेकिन वहाँ स्थिति ही ऐसी होती है कि वह किसी से कुछ नहीं कह पाती। जैसे जाती है वैसे ही लौट आती है।

हिन्दी कथाकार ऊषा प्रियंवदा के सन्दर्भ में जब मूल्य मर्यादा और सामाजिक दायित्व के निर्वाह की बात उठती है तो वह भारतीय जीवन पद्धति में हुए परिवर्तनों की ओर बरबस ही हमारा ध्यान खींच लेती है। भारतीय जीवन पद्धति की दृष्टि से यह नया काल था। पाश्चात्य संस्कृति के सम्पर्क में आने के परिणामस्वरूप हमारी जीवन पद्धति में निरन्तर परिवर्तन होता गया और स्वतन्त्र होते–होते हमारी सभ्यता और संस्कृति यहाँ तक की हम प्रत्येक क्षेत्र में, पाश्चात्य जीवन से प्रभावित हो गये। इस भावना ने भारतीय जीवन में बड़ी विषमता और भयानकता के साथ आधुनिकता के लिए खींचतान करने की वृति जगा दी। अकेलापन और अजनबीपन हमारे जीवन पर बुरी तरह हावी होने लगा कि व्यक्ति, समाज में रहते हुए भी अलग अलग इकाई बन गया और उसे अपने अस्तित्व की चिन्ता सताने लगी। "मैं वहाँ किसी से अपने बारे में न कह सकी। लगा कि वह सब यातना बिल्कुल मेरी अपनी थी। वे सब नहीं समझेंगे शब्द वह सब न कह सकेंगे।"[38]

सम्भावनाएँ जो कि वसु के असम्भव दिवा–स्वप्नों में घटी थीं रंगीन तितलियों की तरह उसके सामने फड़फड़ाने लगती है। उसका अस्थिर मन कहीं भी टिककर नहीं रहता। उसके मन में अजीब तरह की छटपटाहट होती है। किसी के साथ उन्मुक्त रूप से अपने मन के भावों को व्यक्त न कर सकने के कारण वह नींद न आने का शिकार हो जाती है और कुंठित हो जाती है। इस कारण वह अपने इर्द–गिर्द के लोगों को मरे हुए लोग कहती है, कालापानी कहती है क्योंकि वह किसी से कुछ कह नहीं सकती है कभी सिर दर्द का और कभी बुखार का बहाना बनाकर अकसर वह लोगों के झुंड से छुटकारा पा लेती है। उसे समाज से कोई लेना–देना नहीं होता। वह सिर्फ अपने आपको जीवित मानती है। जीवित संसार एवं संबंधियों को उसने मृत घोषित कर रखा है। वह तो दूर बहुत दूर उसके मन में जो झिलमिलाती दुनिया है, उसे देखती है। मन में छोटी–छोटी हिलोरें उठती हैं। भूली हुई यादों की खोए हुए

चेहरों की आकृतियाँ बार–बार उसके सामने आती हैं और मिट जाती हैं। परिवार से, समाज से सबसे कटकर एक अलग, मुक्त जीवन की पक्षधर वसु कहीं भी चैन नहीं पाती। न भारत भूमि में और न ही विदेशी भूमि पर वह चैन से रह पाती है।

सन्नाटापन

'ट्रिप' कहानी में सोनी को अतीत और वर्तमान के बीच स्वतन्त्र भाव से आना–जाना अच्छा लगता है। कभी–कभी बचपन की बातें सोचते हुए वह बच्ची बन जाती और कभी–कभी अपने से भी बड़ी बन जाती है। उसे मछली की इमेज बहुत पसन्द आती है। वह अकसर उन क्षणों में एक चंचल चमकती मछली बन जाती है जो कि अनेक सागरों में बिना रूकावट, बिना मछुओं के क्रीड़ा करती रहती है। वह स्वतन्त्रता चाहती है। जैसे ही शाम होती है वह एक अनवरत लहरों की तरह एक के बाद एक ढेर सारे बिम्ब, इमेज उसकी बन्द आँखों के आगे से गुजरने लगते हैं। उसको रात का सन्नाटा बेहद गाढ़ा लगने लगता है। इन्हीं कारणों के कारण वह पाइप पीना सीख लेती है। बड़ी आसानी से ढेर–सा धुआँ निगलकर फेफड़ों तक फैंक देती है। हर बार उसे किसी न किसी नवीन संवेदना की अनुभूति होती है। कई बार तो वह अपने अन्दर के सारे तनाव जैसे झाड़ू से समेटकर एक कोने में इकट्ठे कर देती है और वह भोक्ता और दर्शक दोनों बन जाती है। वह अनुभव भी करती है और साथ ही साथ एक स्टेनों की तरह पास खड़ी हर प्रक्रिया, हर भावना और हर मुश्किल को अपनी नोटबुक में दर्ज करती रहती है। वह जो सोचती है, उसे याद करती है, वह फिल्म की तरह आँखों के आगे से गुज़रता रहता है। किसी शंख को कान से लगाकर सुनने में जिस तरह की ध्वनि आती है बिल्कुल उसी तरह की ध्वनि उसके कानों में समुद्र की लहरों की गूँजती रहती है। ''कुछ इमेजेज उभरती है–कन्याकुमारी का सागर, पुरी का सागर, रोड आइलैंड में अटंलाटिक का रन। फिर फिल्म नए सीन पर देर तक रुकी रहती है। वह दोनों समुद्र के किनारे टहल रही है।''[39]

सोनी को सुख चाहिए होता है। दो बच्चे और पति सब कुछ तो है उसके घर में, फिर किस बात से दुखी थी वह ? सुख की अपनी–अपनी परिभाषाएँ होती हैं। कोई अपने आपको नशे में डुबोकर दुःख भूल जाना चाहता है। कोई फिल्में देखकर अपने अकेलेपन को दूर करता है।

उसके लिए सुख की परिभाषाएँ बदलती रहती हैं। उसके बच्चे बड़े हो गए तो पति ने उनको बोर्डिंग–हाउस में भेज दिया था। जब वो घर आते हैं तो उसे ऐसा लगता है जैसे वे पहले से और दूर हो गयी। बेटे माँ की रूटीन में बाधा नहीं डालते और वह भी समझ नहीं पाती की

लड़कों के साथ क्या बात करे। पहले वह तरह–तरह के व्यंजन बनाकर अपने–आपको व्यस्त रखती थी लेकिन अब उसके बच्चे बड़े हो गए हैं। उनकी रुचि समय के साथ–साथ बदल जाती है। अब माँ के बनाए पकवान आज्ञाकारी बच्चों की तरह वह चख लेते हैं, कुछ नहीं कहते। उसे ज़िन्दगी ऊब सी लगती है। सब कुछ होते हुए भी उसको लगता है कि जैसे किसी चीज की कमी है। उसके पति आत्मनिर्भर व्यक्ति हैं। उनके साथ उसके सम्बन्ध बड़े काम्पलिकेटेड हैं। वे अपना काम स्वयं करते हैं, जहाँ तक कि अपना कमरा साफ–सुथरा रखना, कपड़े अपने–आप टाँग देना, मोजे, बनियानों का शुमार रखना, कपड़े लांड्री को देकर आना। ये सारे काम बिना कहे वे रोज़ाना कर लेते हैं। बच्चे छोटे थे तो पति नाश्ता भी तैयार करके देते थे और सुबह की क्लास को पढ़ाने चले जाते थे। सोनी को ऐसे पति से कोई शिकायत नहीं होती। बस एक ही शिकायत होती है, मौन शिकायत। रोमांस की कमी की शिकायत होती है जो वह बोलकर नहीं बता सकती। ''बच्चों के चले जाने पर वह कितनी अकेली रह गई थी। शायद पति ठीक ही कहते थे। ज़िन्दगी उस रोमांटिक कहानियों की तरह नहीं हो सकती। हर शुरुआत कहानी की तरह होती थी, एक उच्छवासित वेग से, और अन्त प्रायः एक बड़े ही अनरोमैंटिक ढंग से।''[40] वह अंततः हफ्तों घर में बन्द एवं चुपचाप पड़ी रहती है। फिर अचानक कहीं किसी जगह किसी नए व्यक्ति से मुलाकात हो जाती है। उस नए अफेयर में वह एक बार फिर सारी पुरानी बातें भूल जाती है। उसका ऐसे ही रूटीन चलता रहता है। इसी रूटीन में स्टीफान भी है जो उसे नर्सरी में मिलता है। स्टीफान उसके पति से प्रभावित होता है।

अधिकांश लोग उसके पति से ही प्रभावित होते हैं। स्टीफान एक नए व्यक्ति हैं, जिनसे सोनी का गहरा लगाव हो जाता है। गहरी निस्तब्धता, मन के अकेलेपन को दूर करने के लिए वह स्टीफान के साथ समय बीताती है। जब सारी संवेदनाएँ तीखी हो जाती हैं तो वह ड्रिंक भी लेती है। यह सब करते हुए भी उसके मन की भटकन दूर नहीं होती। स्टीफान द्वारा कही गई यह बात उसको वास्तविकता से परिचित करवाती है कि ''नहीं तो तुम्हें भी मरे हुए वियतनामी और अमरीकन चेहरे 'हांट' करने लगे।''[41] प्रस्तुत कहानी में सोनी पति और बच्चों के साथ घरेलु जीवन व्यतीत करती हुई, हमेशा से तीसरे व्यक्ति की खोज में रहती है। 'ट्रिप' कहानी लेखिका ने डेनमार्क में लिखी है। नशीले पदार्थों का सेवन करते हुए सामाजिक मान्यताओं को तोड़ना इस कहानी का मुख्य विषय है। सोनी का पति कभी भी अपनी पत्नी की भावनाओं को नहीं समझता। वह एक सफल प्रोफेसर होते हुए भी नशीले पदार्थों का सेवन करता है।

साथ ही साथ अपनी पत्नी के साथ बैठकर दोनों नशा करते हैं। निष्कर्षतया कहा जा सकता है कि इस तरह की बातों से हमारी सामाजिक मान्यताओं को ठेस पहुँचती हैं। यह कहानी आधुनिक के दौर में समाज में व्याप्त बुराईयों को व्यक्त करती हुई आज के यथार्थ को बयान करती है।

उषा प्रियंवदा की कहानियों के परिप्रेक्ष्य में आस्था, अनास्था, संत्रास और विसंगतियों की अभिव्यक्ति

उषा प्रियंवदा की कहानियों में भारत और विदेश के परिवेश का उभरा हुआ चित्र दिखाई देता है। उषा प्रियंवदा वही लिखती है, जिससे वह परिचित है। समाज में घटित घटनाएँ, लोग उनके जीवन की उलझनें और समस्याएँ हर समय उषा प्रियंवदा की लेखनी को प्रभावित करती हैं। इनकी कहानियों में बदलती परिस्थितियों के अनुरूप अपने आपको ढालते हुए पात्र जीवंत प्रतीत होते हैं। उषा प्रियंवदा की कहानियों में जहाँ प्रेम की पुकार दिखाई देती है वहीं प्रेम का मूक समर्पण हमें 'मछलियाँ' कहानी में मिलता है। इनकी कहानियों के पात्र भले ही विदेशी भाव–भूमि पर, विदेशी संस्कृति, खुले माहौल में रहते हों, संत्रास और कुंठाग्रस्त हो लेकिन इनकी कहानियों की नायिकाएँ अपने आपको भारतीय संस्कारों से मुक्त नहीं कर पाई हैं। 'मछलियाँ' कहानी की विजी पूरी तरह अपनी संस्कृति एवं संस्कारों को पाठक के सामने लाकर रख देती है।

उषा प्रियंवदा ने अंग्रेज़ी साहित्य में अपनी पढ़ाई करने के बाद भी अपनी संस्कृति और अपनी भाषा को विदेश में जाकर नहीं छोड़ा। अमेरीकी परिवेश में भी उन्होंने हिन्दी साहित्य में साहित्य सर्जन किया। यह उनके भारतीय प्रेम को व्यक्त करता है। लेखिका ने खुद लिखा है कि "इतनी दूर आकर अपने संदर्भ से कटकर भी मैं लेखन और हिन्दी और भारत से जुड़ी हुई हूँ कि हिन्दी ही मेरी भाषा है और यदि कुछ वर्थव्हाइल मुझसे लिखा जाएगा – तो हिन्दी में ही।"[42]

आधुनिक युग की नारी अपने नारीत्व की मूल भूमिका और भावना के साथ वही नहीं है जो वेदों उपनिषदों के युग की थी। बीसवीं शताब्दी के प्रथम चरण में ही वह पुरातनता से विद्रोह करना सीख गयी थी। अन्धविश्वासों के प्रति अविश्वास, परम्पराओं के प्रति आक्रोश, रूढ़ियों के प्रति विद्रोह और गृहित सामाजिक बन्धनों तथा नैतिकताओं के प्रति अवमानना लेकर उसने समस्त पुरातनता को झकझोरना शुरू कर दिया। अपनी इस नवीन चेतना से सम्पन्न होकर सबसे पहले नारी ही लक्ष्मीबाई के रूप में भारतीय स्वाधीनता संग्राम में कूदी थी। नारी पुरूष के साथ चलकर राष्ट्रीय चेतना का अनिवार्य अंग बन गयी। हिंदी साहित्यकार ने

सुधारवाद, मानववाद, गांधी वाद, समाजवाद, छायावाद और प्रगतिवाद इत्यादि अनेक नवीन सन्दर्भो में उसे विभिन्न राष्ट्रीय, सामाजिक एवं वैयक्तिक भूमिकाओं पर चित्रित किया। नारी द्वारा भी नारी के सुन्दर, संश्लिस्ट और विश्लिष्ट रूप प्रस्तुत किये गये। कथाकार ने नारी को एकनिष्ठ प्रेम करने वाली के रूप में चित्रित करके उसके त्याग व बलिदान की भावना को प्रस्तुत किया है वहीं दूसरी ओर उसको ऐसी प्रेमिकाओं के रूप में दर्शाया है जो अपने प्रेमी से तृप्त न होने पर किसी अन्य के प्रति आसक्त हो जाती है। इस परतन्त्रता की छटपटाहट और स्वतन्त्रता की तीखी प्यास से आकुल व्याकुल नारी की आत्मा ने घोषणा कर रखी है।

उन्मुक्तता

उषा प्रियंवदा की कहानियाँ अमेरीका के उन्मुक्त वातावरण से प्रभावित होकर लिखी गई हैं। 'सम्बन्ध' कहानी में श्यामला उन्मुक्त विदेशी परिवेश को व्यक्त करती है। डॉक्टर एक सफल सर्जन है। श्यामला एक शादीशुदा डॉक्टर के साथ नजायज सम्बन्ध बनाती है। भारतीय सामाजिक और सांस्कृति मान्यताओं के यह विपरीत है। श्यामला एक कॉटेज में अकेली सबसे अलग और सबसे कटकर रह रही है। उसका स्वार्थ–भरा सुख उसको बाहरी दुनिया से दूर रखता है।

'फिर वसन्त आया' कहानी संग्रह में आस्था, अनास्था, संत्रास और विसंगतियों से जुड़ी हुई कहानियाँ उषा प्रियंवदा की कहानियों की प्रथम विशेषता है। मानव की दृष्टि में वही सबसे श्रेष्ठ है उसके लिए दूसरे लोगों का कोई महत्व नहीं है। 'मेनका : रम्भा : उर्वशी' इस कहानी में दिखावे को मुख्य विषय बनाया गया है। चाची के चाँद के टुकड़े से तीन बेटे होते हैं। बेटे इतने सुन्दर होते हैं कि वह लोगों की बुरी नज़र से उनको बचाती फिरती। मन–ही–मन वह बहुत सुन्दर है। जब तीनों बेटे बड़े होते हैं तो उन्हें देखकर चाची का कलेजा गर्व से फूल जाता है। चाची का अरमान होता है कि तीनों बहुएँ बेटों से बढ़कर नहीं, तो कम से कम उनके जोड़ की तो हैं। उसने स्वयं यह अनुभव किया था कि जब मनचाहा या सुन्दर साथी नहीं मिलता तो बहुत बुरा लगता है। अब वह दोबारा से बेटों के लिए यह दोहराना नहीं चाहती है।

विशन के विवाह के लिए चाची के दिल के कोने में मुद्दतों से सोए हुए अरमान करवट लेते हैं। वह सोचती है बहु आएगी तो वह अप्सरा जैसी होगी। सुन्दर बहु की खोज में वह जमीन–आसमान एक कर देती है। गोरे, आकर्षक और गुलाब के फूल जैसे विशन के लिए इतनी मेहनत से उसने मेनका–जैसी लड़की खोजी लेकिन लड़के के राज़ी न होने के

कारण वही लड़की उसी मुहल्ले के हरि की बहु बन जाती है। चाची सोचती है कि भला हरि और इस बहु का तो कोई जोड़ ही नहीं है।

चाची के मन की भटकन कम नहीं होती कोई ढोलक उसके आगे रख देता है। उसके अभ्यस्त हाथ उसे बजाते रहते हैं लेकिन मन भटकता रहता है। वह ऊबकर उठ जाती है। विशन की शादी हो जाती है लेकिन चाची के अरमानों को कुचलकर भाग्य दहेज से उसका घर भर देता है। सामान इतना मिलता है कि चाची दोहरी-दोहरी, तिहरी-तिहरी चीजें बैठक, बरामदे और आँगन में उठाते-धरते थक जाती है। कोहनी तक जेवरों से भरे हुए काले-काले हाथों को देखकर चाची की आँखें विषाद से भर जाती हैं। बहु का मन सुन्दर है या नहीं चाची यह नहीं देखती। वह तो सिर्फ बाहरी सुन्दरता की कायल है। अपने मन के भावों को छिपाते हुए वह औरतों को कहती है कि "शक्ल - सूरत में क्या रखा है। बहू सुशील हो, ऊँचे कुल की हो और सुलक्षणी हो।"[43] इतनी साध और अरमानों से पहली बहू के आने के जो वह सपने देखती है वह चूर-चूर हो जाते हैं। दूसरे बेटे किशन जो उसके तीनों बेटों में से सबसे सुन्दर होता है उसकी शादी से पहले ही चाची कह देती है कि "बात यह है कि हम लड़की गोरी चाहते हैं, खूब उजला साफ रंग हो, नाक, आँख भी सुन्दर हो।"[44] शीलों नाम की सुन्दर बहु चाची को बिल्कुल उर्वशी-सी लगती है। मँझली बहु के आने की तैयारियाँ शीलो का आँखों के सामने चित्र लाकर करती। वह सोचती कि मेरे घर सचमुच उर्वशी जैसी अप्सरा ही आ रही है। किशन की सगाई से लेकर शादी में डेढ़ साल का समय बीत गया। एक बार फिर से चाची के अरमानों पर पानी फिर गया। जब एक दिन धूम-धाम और गाजे-बाजे के साथ किशन शीलो को बयाह कर लाता है तो चाची किशन को खिन्न और उदास देखती है। पिछले डेढ़ साल से शीलो इतनी मोटी हो जाती है कि पैर रखकर आने के लिए जो सात सकोरे रखे होते हैं वे शीलों के पैर रखते ही चूर-चूर हो जाते हैं। मुहल्ले की औरतें आँचल में मुँह छिपाकर खिलखिलाने लगती हैं। यही चाची को डर होता होता है। चाची बस आह भरकर रह जाती है। अब रह जाता है तीसरा बेटा नारायण उसका तो मुकद्दर ही कुछ ओर होता है। किसी कारणवश उसकी शादी एक सूने, शोभाहीन चेहरे वाली लड़की कुसुमी से हो जाती है। जिसके पास न रूप, न धन और न ही विद्या होती है। वह तो तीन साल में भी दसवीं पास न कर सकी। जहाँ चाची की सरस, स्निग्ध कोमलता दिखाई देती है जो वह एक अनाथ और करुणा की प्रतीक कुसुमी को अप्सरा बनाकर घर ले आती है। यहाँ चाची की दयालुता तो झलकती है और इसके साथ-साथ त्याग की भावना भी झलकती है।

कुंठित होना

'फिर वसन्त आया' कहानी–संग्रह में संग्रहित 'दोस्त कहानी' हमारी भारतीय संस्कृति को प्रस्तुत करती हुई भाईचारे की भावना को बयान करती है। सुरेखा का अकेलेपन के कारण कुंठित हो जाना स्वाभाविक है। सुरेखा को एक दिन की तो छुट्टी होती है, उस दिन भी यह नहीं कि उसका पति दो क्षण बैठकर बात कर ले। पति अपने दोस्तों शर्मा, चौधरी और सूद आदि के साथ ज्यादा से ज्यादा समय व्यतीत करता है। पत्नी खाली समय में सिर्फ आह भरकर रह जाती है।

छह साल पहले सुरेखा जब कॉलेज में पढ़ती थी तो रंग–बिरंगी साडियाँ, बढ़िया से बढ़िया जूते और बेफिक्री की ज़िन्दगी जीती थी। अब उसके बाल अस्त–व्यस्त रहते हैं, आँखों में थकान रहती है, गम से भारी, होंठ सूखे और मुँह कुम्हलाया रहता है। जब सुरेखा गौर से अपने आपको देखती है तो छह साल पहले की सुरेखा में उसको बहुत भिन्नता नज़र आती है। कई बार तो वह सोचती है कि अजय–सा पति तो भाग्य से ही मिलता है। मगर पहले उसको पता नहीं था कि "विवाह नारी के लिए जीवनभर की बेड़ी है। चुपचाप रो लो, अपने–आपको पति और बच्चों पर न्यौछावर कर दो, और पति देवता दोस्तों के संग ऐश करें।"[45]

कई बार अजय को उसके विवेक ने धिक्कारा है। जब सुरेखा उससे दो बातें करने को तरसती हुई रोते–रोते सो जाती। कई बार अजय दृढ़ निश्चय करता है कि भविष्य में कभी सुरेखा की बिना अनुमति के वह दोस्तों के साथ नहीं जाएगा। परन्तु जैसे ही वह दफ्तर से निकलता है तो कोई–न–कोई मिल ही जाता है। एक बार फिर वह चाय का कप पीने बैठ जाता है और घर देरी से पहुँचता है। सुरेखा फिर से अपनी शादीशुदा ज़िन्दगी से निराश हो जाती है। वह कहती है कि "छह साल में जो कुछ था, सब खत्म हो गया। अब तो बच्चे पालो, दोनों वक्त चूल्हे में सिर दो, छप्पन व्यंजन बनाकर इंतजार करो।"[46] ऐसे ही दिन गुजरने लगते हैं। एक दिन ऐसा आता है जब अजय के दोस्तों की परीक्षा होनी होती है। अजय की बहन दीपा की शादी में अजय किसी काम से वेग से सीढियाँ उतरता नीचे आ रहा होता है तो अचानक पैर फिसल जाता है। अजय के पैर की हड्डी टूट जाती है। वही दोस्त जिनको रोज़ान सुरेखा भला–बुरा कहती है काम आने लगे। अजय के पास आकर सभी दोस्तों ने कहा कि अजय आप परेशान मत हो, हम लोग तुम्हारे साथ हैं। हम सारा काम सँभाल लेंगे। आपकी बहन हमारी बहन है। दोस्तों ने घर में आकर घर के सन्नाटे को रौनक में तब्दील कर दिया।

नीरा, अजय की दोस्त जिससे सुरेखा को बहुत परेशानी होती थी। वह भी आकर सुरेखा को सांत्वना देती है कि घबराने की जरूरत नहीं है हम तुम्हारे साथ हैं। "रेखा जी, यह सब मुझ पर छोड़ दीजिए। आप अजय बाबू के पास जाइए....... आप रात भर जागी हैं थकी होंगी, आराम कीजिए।"[47] कोई दोस्त मिठाई का आर्डर देता है, कोई बारात के ठहरने का प्रबन्ध कर देता है, कोई अजय की देखभाल करता है, इस प्रकार दोस्त अजय के घर में आकर दीपा की शादी को खुशनुमा बना देते हैं। सुरेखा यह सब देखकर कुछ नहीं कह सकती, अनायास ही सुरेखा की आँखें भर आती हैं और वह सभी को धन्यवाद देती है। अजय भी पैर का दर्द भूल जाता है। वह सोचता है कि पैर तो टूट गया लेकिन सुरेखा अब दोस्तों के साथ दोस्ती निभाने की नहीं मना करेगी।

इस प्रकार इस कहानी में दोस्ती की अहमियत को बताया गया है कि समाज में रहते हुए हर किसी को एक–दूसरे की जरूरत पड़ती है। दुःख को दूर करने में दोस्त भी अहम् भूमिका निभाते हैं। अकेलेपन को दूर करते हैं।

छटपटाहट

'आश्रिता' कहानी में मधु के माँ–बाप मर जाते हैं। चाची मधु को अपने पास रखती है और सारा दिन उससे काम करवाती है। पढ़ने–लिखने की आयु में वह चाची के घर में सारा दिन काम करती है। सुबह से लेकर उसका काम का सिलसिला चल पड़ता है, वह रात तक रुकने का नाम ही नहीं लेता। मुन्ने को दूध देती नीरा का मुँह धुलाती, चाचा को हुक्का भरकर देती, कभी न खत्म होने वाली चाची की फरमाइशें पूरी करती। चचेरी बहन मंजु से छह महीने छोटी मधु को घर के काम से ही फुरसत नहीं होती, उधर मंजु उसके सामने रोजाना नए–नए कपड़े पहनें कॉलेज जाती है।

चाची के भाई के बेटे शेखर को मधु पर होते अत्याचार को देखकर बहुत दुःख होता है और बड़ा क्रोध आता है। पर वह कुछ नहीं कर सकता। सबसे नज़र बचाकर कई बार वह सांत्वना के कुछ शब्द कह देता है। शेखर अक्सर यह सोचता है कि वह क्या करे, जिससे मधु की व्यथा कम हो जाए। शेखर की आँखों के सामने मधु की सिसकियाँ घूमती रहती है। चाची के कड़वे शब्द तो उसका कलेजा फाड़ देते हैं। चाची कहती है कि "ऐसी निकम्मी लड़की है, ज़रा भी तमीज नहीं। दुनिया में ठोकरें खाती फिरती, मुझे तरस आ गया, बाप तो दो धेले भी छोड़कर नहीं मरा। हमारे घर का सत्यानाश करने पर तुली है।"[48] चाचा पत्नी के

प्रवासी साहित्यकार उषा प्रियंवदा की साहित्य-साधना

स्वभाव के आदी हो जाते हैं। चाची के मन में जो आता है, वह बोलती रहती है। मधु चुपचाप सिर झुकाकर अपने काम में लगी, सुनती रहती है और रोती रहती है। आँसू भर आते हैं और टपक जाते, बहते रहते और वही उसके दुःख के एकमात्र संगी होते हैं। यूनिवर्सिटी से शेखर लौटता है तो अपनी बुआ के अत्याचारों को देखकर तड़प उठता है। चाची का नाटक देखकर वह सोचता है कि मधु को धरती निगल जाए, किसी तरह उसे नरक से छुटकारा तो मिल जाए। यही सोचकर गुमसुम-सा बैठा रहता है और अपनी प्रगाढ़ वेदना को व्यक्त नहीं कर सकता। वह मधु से कहता है कि "मुझे बहुत बुरा लगता है, मधु। मैं तड़फकर रह जाता हूँ, मैं कर ही क्या सकता हूँ ?" "आपकी सहानुभूति ही मेरे लिए बहुत है।"[49]

मधु को कई बार पिताजी याद आते हैं, चाची का कर्कश स्वर उसको अतीत से वर्तमान में खींच लाता है। वर्तमान के अजीब से अनुभव ने मधु को अन्दर से नोच लिया है। मधु के साँवले, सलौने मुख पर शान्त वेदना से घायल दो आँखें शेखर को उद्वेलित कर देती हैं। डाँट-फटकार से भी वह कुछ नहीं बोलती है। आँखों में व्यथा की छाया गहरी हो जाती है और वह विवश होकर रह जाती है। जहाँ कर्कशा चाची होती है, वहाँ कोमल वाणीवाला शेखर भी होता है। जब चालीस की उम्र वाले लड़के के साथ चाची मधु की शादी तय कर देती है, तब अठारह साल की मधु के प्रति शेखर का दुलार उमड़ पड़ता है। वह चाची को उसकी गलती के बारे में बताता है लेकिन चाची शेखर को वहाँ से जाने के लिए कह देती है। रात के सन्नाटे में जाने से पहले वह मधु को कुछ खाने के लिए दे आता है। वह कहता है कि "नहीं, मधु, मैं तुम पर होता अन्याय नहीं सह सकता और जब अपनी और देखता हूँ तो पाता हूँ कि कुछ नहीं कर सकता। मधु मुझे मेरी असमर्थताओं के लिए माफ़ कर देना। मैं कुछ भी न कर सका। और.........और........कभी-कभी.........भूले-बिसरे.......याद कर लेना।"[50]

बन्द पक्षी पिंजरे से बाहर जाने के लिए जिस तरह छटपटाता है यही हालत मधु की होती है। शेखर के जाने के बाद उसकी ज़िन्दगी वीरान सी हो जाती है। न तो हरियाली बचती है, न रंगीनी बचती है। दिन बीतते जाते हैं, शादी के दिन नजदीक आ जाते हैं। शेखर अपने पिता को मधु का हाथ माँगने भेजता है। चाची उनको भला-बुरा कहकर भेज देती है। मधु का उदास मुख और व्यथित नेत्रों ने शेखर के पिता का दिल भी छू लिया था। शेखर के पिता गोविन्द से मधु की शादी को मना करके जाते हैं। चाची मौका मिलते ही मधु की शादी गोविन्द से कर

देती है। परीक्षाएँ खत्म होने के बाद मन में मीठे अरमान लेकर माँ के साथ शेखर जब बनारस पहुँचा तो उसकी आकुल आँखें किसी को खोजती हैं। वह आतुर-सा इधर-उधर देखता है। मधु की चाची कहती है बड़ी जल्दी में मधु की शादी करनी पड़ी, अब गोविन्द बाबू की बदली बर्मा हो गई है। यह खबर सुनकर शेखर कुर्सी से सिर टिकाकर बैठ जाता है।

उषा प्रियंवदा ने इस कहानी में आश्रित बच्चों की व्यथा तो बताई है इसके साथ-साथ हमारे समाज में व्याप्त अत्याचारों को भी व्यक्त किया है। अठारह साल की मधु के साथ चालीस साल के गोविन्द की शादी अनमेल विवाह को प्रदर्शित करती है। समाज में फैली ऐसी बुराईयों को दूर करना पड़ेगा तभी देश खुशहाल हो सकता है। उषा प्रियंवदा ने अपने साहित्य-सृजन में अपने अनुभवों को प्रस्तुत किया है। शिक्षित समाज में भी न जाने कितनी मधु होंगी जिनके साथ समाज ऐसा बर्ताव करता है। समाज में फैली ऐसी कुरीतियाँ समाज को खोखला बना रही हैं। मधु की भावनाओं के साथ चाची के द्वारा दुर्व्यवहार करना बहुत ही ग़लत है। समाज में न जाने ऐसे कितने ही लोग हैं जो यह नहीं समझते कि भगवान के बनाए हुए लोग सब बराबर हैं। मधु न तो अपने अस्तित्व को पहचान सकी एवं न ही शेखर की भावनाओं को ही। चाची के दबाव के कारण वह बरबस ही दब कर रह जाती है। वह कुंठित हो जाती है। लेखिका ने मधु की रेगिस्तान-सी वीरान ज़िन्दगी में हरियाली को नहीं दिखाया। मधु की उदासी, उसकी सिसकियाँ और उसकी व्यथा को कोई सहारा नहीं मिलता। एक शेखर की सहानुभूति होती है उसके पास, वो भी उससे छीन ली जाती है। प्रश्न यह है कि समाज में से चाची जैसे पात्रों को उचित शिक्षा देकर समझाना चाहिए या उनको कोई सबक देना चाहिए ताकि और भी कोई देखे तो समझ जाए कि बुरा करेंगे तो बुरा ही होगा। मधु जिस नरक से निकलती है उसी नरक में झोंक दी जाती है। उसको भी स्वतन्त्रता मिलनी चाहिए थी।

निरर्थकता

'मान और हठ' कहानी में अमृता और मुकुल दोनों के अपने-अपने अस्तित्व को दिखाया है। अमृता को अपनी सुन्दरता का मान है और मुकुल पुरुष प्रधान समाज का प्रतिनिधित्व करता हुआ नज़र आता है। उसको पुरुष होने का आत्माभिमान है। इस कहानी में कहा गया है कि ''उसे झुकना नहीं आता। मुकुल के हठ को बताया है, ''उसे अपने रूप पर मान है, तो मैं भी अपने हठ का पक्का हूँ। झुकेगी, तो अमृता – वह नारी है, पत्नी है। मैं पति हूँ।''[51] शादी के दिन ही अमृता जब औरतों को

बातें करती सुनती है कि चाँद–सी सुन्दर, बेटी को वर कैसा मिला है तो उसका दिल टूट जाता है क्योंकि उसने विवाह से पहले मुकुल को नहीं देखा होता। मुकुल धनी जज का बेटा होता है। सुशिक्षित और अच्छी नौकरी पर कार्यरत होता है। इसका अमृता पर कोई प्रभाव नहीं पड़ता। वह तो इस बात से बहुत दुःखी होती है कि उसका पति अत्यधिक कुरूप है। घूँघट उठाकर शादी में आई हुई औरतें अमृता को देखती हैं तो मुकुल के भाग्य को सराहती हैं। उसका मन होता है कि घूँघट फाड़कर फेंक दे, स्त्रियों का मुँह नोच ले और दीवार से टकरा–टकराकर मर जाए परन्तु समय की नजाकत को समझती हुई वह शान्त और सिर झुकाकर बैठी रहती है। बड़ी–बड़ी काली आँखों में आँसू उमड़ते रहते हैं और वह सिसकियाँ अपने मन में दबाकर बैठी रहती है। अपने माँ–बाप को कोसती हुई वह ससुराल में दिन बिताने लगती है। दोनों में झगड़ा होने के बाद अमृता अपने मायके चली जाती है। दोनों ही अपने घमंड के कारण एक–दूसरे से अलग–अलग हो जाते हैं। अमृता को अपने रूप का घमंड होता है और मुकुल को अपनी दौलत का। मुकुल सोचता है कि अमृता पतिव्रता स्त्री की भाँति आकर उसके पैरों पड़ेगी और उससे क्षमा माँगेगी, मगर वह नहीं आती है।

दिन बीतते जाते हैं। अमृता को लगता है कि वह खोखली होती जा रही है। एक निरर्थकता की भावना उसके मन–प्राणों पर छा जाती है। उसे ऐसा लगता है कि वह पथ भूल गई है, अब कभी वह मंजिल तक नहीं पहुँच पाएगी। वह अपने आप को वही बेफिक्र अमृता पाना चाहती है जिसके मन में अपने समान ही सुन्दर पति पाने के अरमान होते हैं।

मुकुल की दूसरी शादी कर दी जाती है। अमृता के हठ का यह परिणाम होगा, यह किसी ने नहीं सोचा होता। पिता अमृता से बोलना छोड़ देते हैं। भाई झिडकने लगते हैं। भाभियाँ पग–पग पर अपमानित करना शुरू कर देती हैं। अगर मुकुल झुकता तो वह उसे स्वीकार कर लेती, पर स्वयं झुकना अमृता को असह्य लगता है। अब अमृता को भी अकेलापन अखरने लगता है।

वह पड़ोस में रोज़ देखती है कि पत्नी प्रसन्न मुख से पति के साथ उसे बाहर तक पहुँचाने जाती है। बच्चों का मुख चूमकर उन्हें स्कूल भेजती है, पड़ोसियों का घर दो बच्चों के मधुर कलरव से गूँजता रहता है। इस संबंध में वह कहती है कि ''यह सूनापन, यह अकेली ज़िन्दगी। मुकुल के पत्नी है। बच्चे भी होंगे ही। आठ साल हो गए, पूरे आठ साल। मुकुल पुरुष है। वह अपनी दुनिया बार–बार बसा सकता है। पर अमृता ?''[52] जाड़े की लम्बी सूनी शामों को वह चुपचाप अँगीठी में दहकते

कोयले को देखकर काटती। एक दिन उसके दिल में भी ऐसी ही आग धधकती है जो अब बुझ चुकी है। निर्जन सड़क पर एक भूला–भटका–सा व्यक्ति उसे नज़र आता है। शायद वह भी उसी तरह लक्ष्यहीन हो। उस अनजान, अपरिचित व्यक्ति के लिए संवेदना से उसका हृदय भर जाता है। एक दिन व्यथित–सा मुकुल उसके पास पहुँच जाता है। जाकर उसे बताता है कि उसकी पत्नी मर चुकी है। उसके जीते–जी उतना ही अकेला होता है, जितना अमृता के जाने के बाद होता है। न जाने उसे वहाँ तक क्या खींच लाता है। अमृता एक टक उसे देखती है। आठ सालों में वह बहुत बदल गया था। अमृता को मुकुल बरसों का बीमार–सा, टूटा–टूटा, खोया–खोया, उदास और बेहद अकेला लगता है। उसके दर्द ने उसे एक स्निग्ध, अलौकिक आकर्षण दे दिया था, जिसे केवल अमृता की ही आँखे देख सकीं। अमृता और मुकुल के मन में लम्बे समय से विद्यमान प्रेम के कारण उनका मान और हठ टूट जाता है। इस प्रकार उनका अकेलापन दूर हो जाता है। उषा प्रियंवदा ने इस कहानी के अन्त में प्रेम को मान और हठ से ऊपर दिखाकर कहानी में रोचकता बढ़ा दी है।

अपराध–बोध, असमंजस की भावना

'नष्ट नीड़' कहानी में उषा प्रियंवदा ने सभ्य और सुसंस्कृत परिवार की लड़की सुधीरा और भुवन के प्रेम प्रसंग को चित्रित किया है। प्रोफेसर कृष्ण का कितना मन होता है कि वो सुधीरा की शादी भुवन से करे। तब तो भुवन कोशिश ही नहीं करता कि उनकी शादी हो जाए। जब सुधीरा की शादी कहीं ओर हो रही होती है तो भुवन के मन में असली ज्ञान की बात कौंध जाती है। उस ज्ञान की पीड़ा इतनी गहन और तीव्र होती है कि भुवन को लगता है कि उसके मुलायम मांस में दूर तक कोई पैनी चीज धँसती चली जाती है। एक क्षण को वह हत बुद्धि–सा रह जाता। सुधीरा का अपराधी भुवन ही है, यह अकसर भुवन के दिमाग में चलता रहता है। भुवन की माँ का बहुत मन होता है कि सुधीरा उसकी बहू बने। प्रोफेसर कृष्ण खुद भुवन से सुधीरा की शादी करना चाहते थे परन्तु भुवन यह नहीं जानता था कि वह न करके अपनी ही खुशी ठुकरा देता है। सुधीरा उसके अस्तित्व का अभिन्न अंग बन गई, यह तो उसको तब अनुभव होता है, जब सुधीरा के द्वार पर आम के पत्तों की वन्दनवार बँध चुकी होती हैं। तब भुवन को ऐसा लगता है कि जैसे सुधीरा जा नहीं रही, बल्कि भुवन के शरीर का कोई अंग काट डाला गया है। सुधीरा के बिना उसको अपना अस्तित्व निरर्थक–सा प्रतीत होता है। एक क्षण तो

वह सोचता है, फिर झट से प्रोफेसर कृष्ण को कह देता है कि ''प्रोफेसर साहब, आप मुझे पता नहीं क्या समझेंगे, मगर मैं सुधीरा से शादी करना चाहता हूँ।''[53] प्रोफेसर कृष्ण अपनी पोजीशन और बदनामी न हो, ऐसा कहकर चले जाते हैं लेकिन भुवन की आँखों की ज्वाला बुझ जाती है। उनमें सूनापन आ जाता है। वह अपने अरमानों को जलते देखता है। वह एकान्त चाहता है। अन्धेरा और सन्नाटा चाहता है। उसको हर काम के लिए अपने आपको ढकेलना पड़ता है। वह एक डॉक्टर है जो लोगों को स्वस्थ करके जीवनदान देता है मगर वह स्वयं मृत है, अचेतन। वह सोचता है कि उसके अन्दर कोई चीज़ मर गई है, जिसमें फिर से प्राण नहीं आ सकते।

भुवन के मन में कचोट-सी उठती है। उसको कितना अखरता था लाखी का महाराज से हँसना और खिलखिलाना। वह नहीं जानता था कि वह अपनी आँखों से ही उस नीड़ के तिनके बिखरते हुए देखेगा। लाखी भी सिसकते-सिसकते अपने ससुराल चली जाती है। इसके साथ ही घूँघट के अन्दर दबे-दबे सिसकियाँ लेती सुधीरा का चित्र भुवन की आँखों के सामने घूम जाता है। चलते हुए इक्के पर से लाखी चीख मारती है और वह अवश, करुण चीख दूर तक गहराई तक भुवन का हृदय बेधती चली जाती है।

इस कहानी में भुवन पहले-पहल दुविधाग्रस्त रहता है। प्रोफेसर कृष्ण के कहने पर भी वह सुधीरा से शादी के लिए हाँ नहीं कर पाता लेकिन जब सुधीरा की शादी कहीं ओर तय हो जाती है तो वह अपनी भावनाओं को दबते देख कुंठित-सा हो जाता है। वह एकान्त प्रिय हो जाता है। उसकी ज़िन्दगी सूनी-सी प्रतीत होती है। उसको किसी नौकर और नौकरानी का हँसना और खिलखिलाना अच्छा नहीं लगता। उसको अचेतनता घेर लेती है। सुधीरा के चेहरे पर भी नीरवता छाई रहती है।

सुधीरा के बिना भुवन को अपना जीवन अस्तित्वहीन प्रतीत होने लगता है। भुवन अकेला रह जाता है सिर्फ सुधीरा की स्मृति ही उसके पास होती है। अपने आपको कोसने और धिक्कारने के सिवा अब उसके पास कुछ नहीं बचता। वह कर भी क्या सकता था।

उषा प्रियंवदा की इस कहानी में मनुष्य की असमंजस की भावना को भी प्रस्तुत किया गया है। इसके चलते वह सही समय पर, उचित फैसला नहीं कर पाता, जिसके कारण बाद में वह पछताता है और अपराध-बोध का शिकार हो जाता है। उसको लगता है कि उसकी जो परिस्थितियाँ बन गई हैं, शायद इसका अपराधी वह खुद ही है।

प्रवासी साहित्यकार उषा प्रियंवदा की साहित्य-साधना

उदासीनता

'पूर्ति' कहानी में उषा प्रियंवदा ने अचला के द्वारा परिस्थितिवश जीवन के प्रति बढ़ती जा रही उदासीनता को प्रस्तुत किया गया है। समाज में रहते हुए कई बार व्यक्ति के हालात ऐसे बन जाते हैं कि वह खोया-खोया सा रहने लगता है। अपनी भावनाएँ दूसरों से छिपाने लगता है। अचला निर्विकार भाव से घिरी हुई है। अपने माता-पिता के साथ बिताए गए अचला के मधुर क्षणों से श्रीकान्त की याद भी जुड़ी होती है। बच्ची अचला श्रीकान्त की उपस्थिति वैसे ही स्वीकार कर लेती है, जैसे वह पापा की करती है। श्रीकान्त उसको पापा की छाया ही प्रतीत होता है। पापा के व्यवसाय का साझीदार होने के साथ-साथ वह उनके हृदय के भी बहुत निकट होता है। किशोर व श्रीकान्त को पिता दीनानाथ ने सहारा दिया होता है। श्रीकान्त कभी भी उसके पापा की तरह दिल खोलकर नहीं हँसता है परन्तु अपनी दयापूर्ण आँखों और कोमल कंठ से वह सहज में ही बच्चों को जीत लेता है। अचानक अचला को पता चलता है कि उसकी माँ मर गई। जब वह माँ-माँ पुकारती हुई बाहर की तरफ दौड़ती है तो श्रीकान्त ही उसे सहारा देता है। वह तब तक तरह-तरह की बातों में बहलाकर रखता है, जब तक वह सो नहीं जाती। इस घटना के साल बाद ही घर में नई माँ आ जाती है। उसके पापा तो उसे उतना ही प्यार करते थे, परन्तु अचला के साथ बिताने को अधिक समय नहीं मिलता था। तब श्रीकान्त भरसक प्रयास करता कि अचला पापा की अनुपस्थिति को महसूस न करे। फिर कुछ दिनों के बाद बोर्डिंग स्कूल में भेज दी जाती है। पापा और सौतेले भाई-बहनों से दूर अचला ज्यों-ज्यों बड़ी होती जाती है तो अपने को और भी अकेला पाती है। अठारह साल की अचला को पापा के हार्ट फेल होने के समाचार ने बड़ी निर्दयता से उसके दिल के टुकड़े कर दिए होते हैं। उसकी छोटी-सी दुनिया के केन्द्र हँसते, बेफिक्र, लापरवाह-से पापा उसको छोड़कर चले जाते हैं। टूटे हुए मुख पर गहन उदासी और चिन्ता की रेखाएँ लिए श्रीकान्त ने निःशब्दता से उसको ढाँढ़स बँधाया था। जिन लोगों से उसकी दुनिया बनी उनमें श्रीकान्त भी होता है। अचला अब संसार में निर्धन और अकेली रह जाती है। सौतेली माँ के छोड़ देने पर अचला को श्रीकान्त पर ही असीम विश्वास होता है। वह कहती है कि "मेरी बात मानोगी, अचला ? तुम पढ़ाई न छोड़ो। बाद में मैं तुम्हारी शादी कर दूँगा। मेरा आभार न मानो, मैं तो तुम्हारे पापा का ही ऋणी हूँ।"[54] किशोर और संवेदनशील हृदयों को अपना-पराया कितनी चोट पहुँचाता

है, यह वह अपने अनुभवों से जान लेता है। उसके क्षुधित हृदय के अभावों की पूर्ति दीनानाथ ने स्नेही स्वभाव से की होती है।

श्रीकान्त यह निश्चय कर लेता है कि वह अचला को कभी भी अकेला या अवांछनीय नहीं अनुभव करने देगा। "तुम अब कुछ भी फिक्र न करना। मैं तो हूँ न।......अब तुम्हें सुखी बनाना मेरी जिम्मेदारी है।"[55] उदासी के क्षणों में यही बातें उसको हौंसला देती हैं दुख और पीड़ा दोनों ही अस्तित्व की अनुभूति के अनिवार्य आधार होते हैं। दुख और पीड़ा से मुक्ति पाना आसान नहीं है तो उनको स्वीकार कर लेना भी उचित नहीं है। खतरनाक से खतरनाक परिस्थितियों का सामना वह अपनी सारी शक्तियों को एकत्र करके कर सकता है। फिर मनुष्य का अस्तित्व निश्चित है और अपनी इच्छा के अनुसार जीवनयापन उसका अधिकार होता है। मुश्किलों से घबराना बुजदिलों का काम होता है। अस्तित्ववाद व्यक्ति की स्वतन्त्रता और उसके अस्तित्व को महत्व देता है।

'पूर्ति' कहानी की अचला चाहे विपरीत परिस्थितियों से घिरी हुई क्यों न हो है। इच्छाएँ अधूरी होने के कारण वह विसंगतिबोध की शिकार हो जाती है। श्रीकान्त को भी लगता है कि वह चवालीस वर्षों में ही वृद्ध हो गया है, जिसकी पूर्ति करना असम्भव–सा लगता है। उसने बहुत छोटी आयु में ही जीवन के कटु अनुभवों से जान लिया था कि वह एक प्रतिष्ठित और धनिक व्यक्ति जरूर है लेकिन उसका जीवन अधूरा होता है। पत्नी, बच्चे और नारी का अनुराग तो उसने कभी नहीं पाया होता। माँ की गोद उसे याद नहीं होती, लज्जाशील पत्नी की विवाह के कुछ महीनों बाद ही मृत्यु के कारण उसके साथ बिताए क्षण बहुत कम होते हैं। श्रीकान्त को लगता है कि उसका जीवन एक मरुस्थल की तरह सूखा है। उसके लिए अचला का अपनापन, अचला का ध्यान एक नखलिस्तान की तरह होता है। बडे उदास और खिन्न मन से वह अचला की शादी के बारे में सोचता है। उसको अचला के सुख और सन्तोष का ही ख्याल रहता है लेकिन अचला स्वतन्त्र विचारों की है। वह चाहती है कि "मैं स्वतन्त्र रहना चाहती हूँ। मैं नौकरी करूँगी।"[56] अचला की जीवन के प्रति बढ़ती उदासीनता को श्रीकान्त स्नेह, साहस, उत्साह और जिम्मेदारी से दूर कर देता है।

अवहेलना

'नई कोंपल' कहानी में उषा प्रियंवदा ने बिन्नो पात्र के माध्यम से यह उजागर करने की कोशिश की है कि आधुनिक समाज में न जाने कितने ऐसे पात्र हैं जो अवहेलना के शिकार होने के कारण व्यथित

जीवन जी रहे हैं। आत्म–सम्मानी बिन्नो की शादी को केवल एक साल ही हुआ होता है। निरन्तर होने वाले दर्द के कारण उसके अन्दर टीस–सी उठती है। बिन्नो को लगता है कि उसके सीने में कुछ अटक–सा रहा है। वह अपनी ननद शान्ता की तरफ देखती है कि वह भी एक साल पहले ऐसी ही थी। वह कहती है कि ''बोझिल पलकों और गीली आँखों से, उन आँखों से, जिनमें साल–साल पहले शान्ता की तरह अरमान बटोरे आई थी। अब उनमें पानी था, केवल पानी। अपने कमरे में जाकर वह निर्जीव–सी चारपाई पर गिर पड़ी।''[57] तात्पर्य यह है कि अपने आधुनिक परिवेश में नारी पुरूष के समकक्ष स्वातंत्र्य चेतना से सम्पन्न होकर जीवन के नवीन आयामों में अपनी विशिष्ट इकाई का निर्माण करने लगी है।

उषा प्रियंवदा ने सामाजिक और पारिवारिक चुनौतियों को बड़ी सूक्ष्मता से उकेरा है। हमारे समाज में पत्नी को दोहरी ही नहीं तिहरी भूमिका निभानी पड़ती है। सुखी दाम्पत्य जीवन में कहीं न कहीं दरार भी पैदा हो जाती है। जहाँ पति, पत्नी के प्रति अपने उत्तरदायित्व और जिम्मेदारी को नहीं समझता। उषा प्रियंवदा नारी मन के उतार–चढ़ाव और ताने–बाने को अच्छी तरह बनु सकी है। समस्याओं से जूझती हुई उनकी नारी पात्र अपने अस्तित्व की लड़ाई लड़ती है। बिन्नो का पति सुबोध उसकी तरफ बिल्कुल भी ध्यान नहीं देता है। बिन्नो अचल, निश्चेष्ट–सी पड़ी रहती है, उसके शरीर का तनाव घिरते अँधेरे में खोने लगता है लेकिन सुबोध उसकी तरफ कोई ध्यान नहीं देता।

बिन्नो सारा दिन बिना रूके काम करती है और कोई भी उससे सीधे मुँह बात नहीं करता। दिन–रात काम करते उसके बदन का पोर–पोर दर्द करने लगता है, आँखों में सुइयाँ चुभती हैं, दिल को एक अव्यक्त–सा विषाद घेर लेता है। उसको अपनी सुध–बुध भी नहीं रहती। बन–ठनकर रहने का समय ही नहीं मिलता है। औरतें तरह–तरह की बातें करती हैं और कहती हैं कि ''बहन जी, सुबोध तो इतना सुन्दर और सुशील है, पर बहु क्या देखकर ली।''[58] इतनी बेतुकी–सी बातें सुनकर भी वह किसी से कुछ नहीं कहती। वह स्वयं ही अपनी हीनता की भावना से इस कदर दबी हुई है कि जो कुछ थोड़े से भी थोड़ा मिलता है उसी से वह संतुष्ट हो जाती है। आत्म–सम्मानी बिन्नो किसी से भी शिकायत नहीं करती कि उसका पति उसे चाहता नहीं है। पति को एक पत्र के द्वारा उसकी दशा मालूम होती है। बिन्नो की थकी–उदास मुद्रा उसका दिल कचोटने लगती है। कितना अपमान, कितनी व्यथा उस नन्हीं–सी बिन्नो ने चुपचाप सही होती है। यदि वह स्वयं बिन्नो की जगह होता तो पति की रुखाई, उदासीनता और अवहेलना का रोना हर किसी से रोता।

इस संबंध में कहानी में कहा गया है कि "वर्षा से सूखे वृक्ष में एक नन्हीं–सी कोमल कोंपल फूटी। सोते–सोते ही बिन्नो की पलकों में हल्की–सी हरकत हुई........सुबोध उसके बालों पर हाथ फेरता रहा, जैसे अपनी रुखाई के लिए माफ़ी माँग रहा हो। बिन्नो सपने में देख रही थी कि उसकी शय्या पर फूलों की वर्षा हो रही है।"[59] सुबोध के दिल में एक कोमल कोंपल फुटाकर लेखिका ने बहुत बड़ा उद्धार किया है। समाज में व्याप्त समस्याओं को बताकर उसका समाधान भी बता दिया है। समाज में असंख्य व्यक्ति अवहेलना का शिकार होते हैं, चाहे पुरुष हो या नारी पात्र। आज जरूरत है उनको सहारे की, प्यार की और सम्मान की ताकि वो अपने अस्तित्व को समझ सकें। स्वतन्त्र जीवनयापन कर सकें। इस सुन्दर–सी ज़िन्दगी के गीत को लय में गा सकें। ज़िन्दगी को बोझ समझकर ढोने की बजाय, उसको खुशनुमा बना सके। समाज में व्याप्त ऐसे दुर्व्यवहार की शिकार औरतों को जागरूक करने की आवश्यकता है। हमारा यह कर्त्तव्य बनता है कि अगर हम ऐसे किसी का व्यथित जीवन देखते हैं तो अपमान करने वाले लोगों को समय–समय पर समझाएँ और बिन्नो जैसे पात्रों का उचित मार्गदर्शन करके उनको स्वतन्त्रता दिलवाएँ।

'फिर वसन्त आया' कहानी–संग्रह में उषा प्रियंवदा ने दिल में बसे एक ऐसे खिंचाव को प्रस्तुत किया है जो एक अजीब–सी जीने की लालसा लिए हुए है। इस कहानी की पात्र छाया न रोयी न चीखी और न ही उसने आत्महत्या करने की कोशिश की है इसके विपरीत परिस्थितियाँ हो जाने पर भी उसने जीना नहीं छोड़ा। बस वह धीरे–धीरे बुझती जाती है। छोटे–छोटे बच्चों को पढ़ाते हुए उसने अपने आपको व्यस्त कर लिया था। उसकी क्लास में एक सुन्दर–सा बच्चा हर्ष जिसके भोले मुख पर ऐसा खिंचाव होता है कि अनजान एवं अपरिचित भी उसको गोद में उठाना चाहता है। गौरे मुख पर गम्भीर नेत्र एवं जिनकी बरौनियाँ घनी और काली थीं। बाल रेशम जैसे मुलायम थे। छाया नौकरी करती है और मिसेज वार्ष्णेय के यहाँ पेइंग गेस्ट की तरह रह रही होती है। बहते आँसुओं के साथ छाया निश्चल लेटी रहती है, जब उसे पता चलता है कि हर्ष विनायक का पुत्र है। पूरे आठ साल बाद वह विनायक के सामने आई थी। वह सोचती है कि आठ साल बाद फिर क्यों विनायक उसके जीवन में आया। छाया का जीवन तालाब के निश्चल जल की तरह हो गया होता है, जिसमें विनायक ने आकर कंकड़ डाल दिए और अब लहरें उठने लगती हैं। छाया फिर रो–रोकर, सिसक–सिसककर पिछली ज़िन्दगी के पृष्ठ उलटती है, जिसमें सुख के अपूर्व क्षण थोड़े होते हैं और दुख की रातें अनगिनत होती हैं। अविनाश

के साथ ही विनायक उनके घर रहता है और उसके जीवन का अभिन्न अंग बन जाता है। विनायक भाभी गीता को सब बता देता है, "मेरे पिता चाहते हैं कि पहले मैं शादी कर लूँ जिससे बहनों की शादी में मदद मिले। मैंने उससे कह दिया है कि मैं उनकी तय की हुई शादी नहीं कर सकता। मगर वह समझ नहीं सकते कि मैं इतना स्वार्थी क्यों हो गया हूँ।"[60]

छाया के माता-पिता एक दुर्घटना में मर जाते हैं। बड़े भाई अविनाश के साथ ही विनायक उसके जीवन में आ जाता है। किसी कारणवश पिता के दबाव के कारण उसको किसी दूसरी लड़की से शादी करनी पड़ती है। इसका पता चलने पर दिन-ब दिन छाया बुझने लगती है। वह सिर्फ लोगों को दिखाने के लिए हँसती-बोलती है परन्तु आँखों के पीछे आँसुओं का अपरिमित सागर लहरे लेता है। भाई और भाभी के लाख कोशिशों के बाद भी वह शादी करने को नहीं मानती।

वह ट्रेनिंग ले लेती है और नन्हें-नन्हें बच्चों में अपने को डुबा लेती है। वह सोचती है कि वह भूल गई है, दर्द हल्का पड़ गया है लेकिन विनायक के सामने आने पर उसने जान लिया कि केवल छलना होती है, दर्द में वही तीव्रता है, याद में वही पैनापन है। उसकी क्लास में एक लड़का पढ़ता है हर्ष चन्द्रा बाद में उसे पता चलता है कि वह विनायक का लड़का है। वही बाल, चौड़ा माथा, स्वच्छ, गम्भीर नेत्र और दाहिने कान के पास वही तिल वही विनायक एक दिन उसके सामने आ जाता है।

विनायक छाया को बताता है कि इन वर्षों में कोई भी दिन ऐसा नहीं होता, जब उसने अपने को कोसा या धिक्कारा नहीं होगा। उसने प्यार का प्याला सिर्फ ऊपर ही ऊपर पिया, प्याले को आखिरी घूँट तक पिया तो उसमें जहर ही थी। उसने कुछ कम व्यथा नहीं सही। छाया का मन होता है कि हाथ बढ़ाकर मृदुलता से पीड़ा की रेखाएँ मिटा दे। उसका हृदय अनेक नीरव सन्देश विनायक से कहना चाहता है लेकिन वह कुछ भी कह न सकी। इसके बाद वह उद्देश्यहीन इधर-उधर घूमती रहती है। वह निद्राहीन अँधेरी लम्बी रातों के विचार से डरने लगती है। "अच्छा है बीमार पड़ जाऊँ..........अच्छा मै मर जाऊँ..........मेरे लिए रोने को कौन बैठा है ?"[61]

ऐसी बातें वह बारिश में बैठे-बैठे ही सोचती रहती है। घर पहुँचती है तो महसूस होता है कि उसको बुखार है। निमोनिया ने उसे घेर लिया तो बुरी तरह सब घबरा जाते हैं। मिस्टर चूरामनी, उनकी बहन, उनका लड़का सभी छाया को देखने आते हैं। मिसेज वार्ष्णेय के बताने पर उसे

पता चलता है कि हर्ष के जन्म के कुछ दिन बाद ही उसकी माँ मर जाती है। विनायक अब अकेला रह रहा होता है। इस प्रकार छाया का मन द्रवित हो जाता है और वह विनायक से शादी करने के लिए तैयार हो जाती है। महत्वाकांक्षा की ऊँची उडान के कारण छाया अकेली रह गई थी। असन्तोष के कारण वह विद्रोही हो गई थी। कल्पनाओं की दुनिया में रहती हुई अचानक छाया बुरी तरह छटपटा जाती है। आधुनिक युग की युवा पीढ़ी जिस और कदम बढ़ा रही है, वहाँ सभी हैं, लेकिन फिर भी वो अकेली है। इस कहानी में आत्मपीड़ा और अकेलेपन एवं आधुनिक नारी के भटकाव को दर्शाया गया है। नए अस्तित्व की खोज में लगी नारी के यथार्थ का भी इस कहानी में सांगोपांग चित्रण किया गया है।

अजनबीपन

'वनवास' कहानी–संग्रह में संग्रहित 'शून्य' कहानी में अकेलेपन की शिकार पात्र को दिखाया गया है। उषा प्रियंवदा की कहानियों के पात्र या तो अजनबीपन या फिर अकेलेपन से ग्रसित हैं। चाहे वे पात्र विदेशी हों या भारतीय। उषा प्रियंवदा की कहानियाँ अपने आप में पूर्ण अनुभूति बिम्ब हैं। इन अनुभूति बिम्ब की रचना विस्तृत एवं सूक्ष्म वर्णनों, विवरणों, स्मृतियों, ऐन्द्रिकता के प्रतीक, बिम्ब आदि की सहायता से की गई है। यथार्थ का निर्ममतापूर्वक साक्षात्कार करने की प्रवृत्ति के बावजूद उषा प्रियंवदा की कहानियों में एक प्रकार की काव्यात्मकता है। ऐसा इसलिए कि उनकी कहानियाँ वैचारिकता की कहानियाँ न होकर सूक्ष्म एन्द्रिय बोध की कहानियाँ हैं। उनकी कहानियों में उनका अपना अनुभव व अनुभूति निहित है।

'शून्य' कहानी के द्वारा उषा प्रियंवदा ने विदेशी भूमि पर उच्च शिक्षा ग्रहण करने के लिए गए छात्रों की समस्याओं को उजागर किया है। इस कहानी में उषा प्रियंवदा ने ऐसे छात्रों का वर्णन किया है जिसके पिता रिटायर्ड प्रिंसीपल होते हैं और घर में सौतेली माँ होती है। कम बोलने वाली एवं कम इच्छाओं वाली उस माँ का घर में पत्नीत्व निभाने के दायित्व के अतिरिक्त कोई अस्तित्व नहीं होता। वह इच्छाविहीन हो जाती है। वह अमरीका में डॉक्टरेट करने जाता है। वहाँ की ज़िन्दगी, खासतौर से विद्यार्थियों के लिए बेहद मुश्किल है। वृद्धा मकान मालकिन सिगरेट पीकर फर्श पर फेंक देती है जिससे मकान में आग लग जाती है। मकान मालकिन को तो घर का बीमा मिल जाता है, परन्तु उसके सारे नोट्स, रफ ड्राफ्ट सारे जल जाते हैं और वह अन्दर से टूट जाता है। "उसने पाया कि वह उस शहर, उस यूनिवर्सिटी, उस पी–एच.डी. की पूरी

कवायद से एकदम ऊब उठा है। अब उसमें दोबारा काम शुरू करने की ताब नहीं रह गई है।''[62] इसके बाद तो उसने दिन रात मेहनत करनी शुरू की। कम्प्यूटर लैब में बैठकर वह काम करता रहता। थीसिस समाप्त करते ही उसको यूनिवर्सिटी में ऐस्ट्रो–फिजिक्स विभाग में नौकरी मिल जाती है।

एक दिन माँ कहती है कि ''चुप्प, घुन्ना, इसे न प्यार होता है न दुख–दर्द।''[63] माँ की यह बात सुनकर वह सुन्न और जड़ हो जाता है। मंजूश्री ने भी उसकी माँ को कहा रिसर्च ही करता है, लैब में कम्प्यूटर पर ही वह बैठा रहता है। वह तो मशीन बन गया है। उसने कभी परिवार वालों की खबर नहीं ली। वह सोच लेता है कि अपने आप को बदलने की पूरी कोशिश करेगा। अपने अन्दर बैठकर पूरी कोशिश करेगा कि वह वास्तव में क्या है ? वह अपने 'स्वयं' की खोज करेगा।

एक दिन अचानक उसको दद्दा का फोन आता है। उसे पता चलता है कि भारत में उसके पिता को हार्ट अटैक आया है। वह अपने देश की तरफ चल देता है। पहली बार वह महसूस करता है कि कितनी लम्बी है भारत तक की यात्रा।

आधी दुनिया पार करके वह भारत पहुँचता है। घर पहुँचकर वह देखता है कि कानों, नाक और मुँह में रुई ठुँसे हुए उसके पिता अकेले लेटे हैं और पंडित उनके पास बैठा कुछ बुदबुदा रहा है। सभी एक ही बात कहते हैं कि जल्दी से जल्दी क्रियाकर्म कर देना चाहिए। तब उसे महसूस हुआ जैसे गंगा की नहर के पास सड़क पर चलते हुए बिच्छू ने उसे काट लिया है। मन बहुत बोझिल होता है कि उसने बाबू जी के लिए कुछ नहीं किया होता। एक पार्कर पेन तक उसको खरीदकर नहीं दिया होता। उसको खुद को तो कोई आकांक्षा नहीं होती वह तो पी–एच. डी. की थीसिस लिखने और विदेश में अपनों से दूर रहते ऊब चुका था। वह वापिस विदेशी भूमि पर चला जाता है लेकिन पिता की मृत्यु के बाद वह अकेलापन ज्यादा महसूस करने लगता है।

''अकेले रसोई में बैठे उसे लगा जैसे गड्डमड्ड ज़िन्दगी अपनी जगह आ गई है। यही है उसका घर, जमीन, जड़ें। अकेलापन ही उसका साथी, जिसमें उसे कभी अकेला महसूस नहीं होता। सन्नाटे में सिर्फ़ घड़ी की टिक–टिक थी। इसके अलावा कोई आवाज नहीं। बाहर हाड गलाने वाली सर्दी और बर्फ़। अन्दर अकेला वह और घड़ी की टिक–टिक।''[64] विदेश में रहते हुए भी भारतीय समय के अनुसार ही उसका शरीर काम करता है। अम्मा उसी खाट पर लेटी होंगी, जहाँ बाबू जी लेटा करते थे। दद्दा के फ्लैट के नीचे अम्मां की साड़ी सूख रही होगी। यही कुछ वह

प्रवासी साहित्यकार उषा प्रियंवदा की साहित्य-साधना

सोचता रहता है। घर से इतनी दूर बैठे आज उसको जीवन की क्षणभंगुरता ने झकझोर दिया था। वह समझ चुका था कि "यही अन्त है। एकदम फाइनल इति। वैज्ञानिक दिमाग ने भी परलोक, पुनर्जन्म पर विश्वास नहीं किया। शारीरिक मृत्यु ही अन्त है। जीवन की इति। इसके बाद अँधेरा ही है और शान्ति। अनन्त शान्ति। चाहे जलाओ या बहाओ या दफन करो।"[65] इन सब बातों के दिमाग में आने के बाद वह जैसे दृष्टिहीन-सा हो जाता है। मन में एक सोच लगी रहती है। दिन-रात सोचता ही रहता है। मन छटपटाता रहता है। उस समय सिर्फ सोचा ही जा सकता था, क्योंकि सोचने की सीमा अनन्त है।

'छुट्टी का दिन' कहानी भी 'वनवास' कहानी-संग्रह में से संग्रहित है। इस कहानी में माया के अकेलेपन, संत्रास और ऊब को चित्रित किया गया है। छुट्टी का दिन माया के लिए पहाड़ जैसा बड़ा होता है। सप्ताह-भर वह जो काम टालती रहती है उन्हें खत्म करके भी इतना समय बच जाता है कि वह खीझ उठती है। झुँझला उठती है। जब वह भाई-बहनों के साथ घर पर रहती थी तो समझ भी न पाती थी कि रविवार कब आता और कैसे पंख लगाकर उड़ जाता। अब वह काम खत्म करके भी खिड़की के पास खड़ी रहती है और दूसरे फ्लैटों की हलचल सुनती रहती है। एक दिन अचानक ध्यान से अपना प्रतिबिम्ब वह देखती रह जाती है, "सूना मुँह, सूनी आँखें, एक क्षण को उसे लगा कि यह प्रतिबिम्ब किसी और का है। वह स्वयं कैसे इतनी थकी, इतनी टूटी-सी हो सकती है। शीशे के अन्दर से वह अनजान-सी युवती, माया को जैसे पहचानने की कोशिश कर रही हो, ऐसे देखती रही, जब तक कि माया ने भीगे, असहाय, विवश हाथों से अपने बाल छूते हुए दृष्टि हटा न ली।"[66] वह कल्पना और स्वप्नों की दुनिया में विचरती रहती है। अपने कमरे और दीवारों को वह बन्धन समझती है। जीवन और सत्य के बारे में वह सोचती रहती है।

अकेलेपन से बचने के लिए वह सिनेमा चली जाती है। वहाँ भी अकेलेपन से छुटकारा नहीं होता। अभी उसकी नितान्त अकेले बैठकर सिनेमा देखने की आदत नहीं होती इसलिए उसको विचित्र अटपटा-सा लगता है। वह छोटी-सी बात पर ही कुंठित हो जाती है। सिनेमा से आते हुए वह एक दूर के भाई से मिलने चली जाती है। वहाँ से जब लौटती है तो उसकी चैती नौकरानी उसका इन्तजार करके थककर चली जाती है। उसकी दृष्टि भीगे हुए कपड़ों पर पड़ती है जो चैती धोना भूल जाती है। दोष उसका ही होता है, फिर भी न जाने क्यों उसको रोना आ जाता है। रेशमी ब्लाउज के कच्चे निकल जाने पर और कपड़े खराब हो

145

जाने पर नहीं बल्कि अपनी ज़िन्दगी के पैटर्न पर उसके खोखलेपन और सारहीनता पर रोना आता है। "किसलिए वह घर–बार छोड़कर इतनी दूर आकर पडी थी, किसलिए वह सुबह से शाम तक कॉलेज में मगज–पच्ची करती थी। इसलिए कि ज़िन्दगी के दिन एक–एक करके गुजरते जाएँ और हर गुज़रा हुआ दिन उसके जीवन का खालीपन और भी गहरा करता जाए और एक दिन, सोचे कि इस जीवन में उसने क्या पाया, तो पता चले कि वह एक लम्बे अनन्त मरुस्थल की तरह था।"[67] इस कहानी में माया एक आधुनिक, नौकरी करने वाली पढ़ी लिखी युवती अकेलेपन से ग्रसित है। लाख कोशिश करने के बाद भी वह अपने अकेलेपन से छुटकारा नहीं पा सकी।

'बनवास' कहानी–संग्रह की प्रमुख कहानी 'बनवास' एक सीधी–सादी भारतीय संस्कृति में पली–बढ़ी बिरजन की विदेश में जाकर बदली मानसिकता को दर्शाती है। बिरजन के पति मिस्टर वर्मा मैथैमैटिक्स डिपार्टमैंट से काफ़ी डॉलर कमाते हैं, यूनिवर्सिटी में इसी कारण वह अपने को सारी भारतीय स्त्रियों से ऊपर समझती है। सवा सौ रुपये पाने वाले दुहाजु वर से सांवली सुन्दर बिरजन का विवाह हो जाता है। किसी को क्या पता कि बिरजन का तो भाग्य चमक उठेगा। वर्मा साहब लगातार उन्नति करते गए हर महीने बैंक अकाउंट बढ़ता गया, जब भी बिरजन रुपयों का हिसाब लगाती तो उसका मुँह खुला का खुला ही रह जाता। बड़ी सन्तुष्ट होती है भारतीय बिरजन। वर्मा साहब भी उसके प्रति उदार होते हैं। लेकिन एक दिन वर्मा साहब की अनुपस्थिति में श्रीवास्तव ने ऐसी–ऐसी बातें की कि उनको सुनकर बिरजन अनमनी–सी हो जाती है। वह कहता है कि "भाभी, तुम क्या समझो इस ज़िन्दगी के मज़े। यहाँ जब तक हैं तभी तक अवसर है, हिन्दुस्तान में कौन पूछेगा अपने को। यहाँ गोरी लड़की की बग़ल मे बैठकर सिनेमा देखो या उसे कहीं ले जाओ और खुद भी पियो, उसे भी पिलाओ। शुक्रवार की रात को अगर 'डेट' न हो तो आत्महत्या करने का विचार होने लगता है।..........तुम्हारे लिए एक डेट फ़िक्स कर दूँ। यह नहीं बताऊँगा कि तुम्हारे दो बच्चे भी हैं। सच भाभी अगर तुम शादीशुदा नहीं होती तो ग़जब ढा देतीं। काली आँखों और काले बालों पर तो यहाँ लोग जान देते हैं।"[68]

श्रीवास्तव के जाने के बाद बिरजन का किसी काम में मन नहीं लगता। वह खिड़की के पास बैठकर अनमनी–सी होकर बाहर देखती रहती है। लिन और पीटर को आते–जाते देखती तो उनके बारे में सोचती है। बार–बार सोचती कि उनके पति ने तो कभी नहीं कहा कि

प्रवासी साहित्यकार उषा प्रियंवदा की साहित्य-साधना

तुम सुन्दर लगती हो और अच्छी लगती हो। फिर अचानक नरम पड़ जाती और अपने को समझाना चाहती कि वह सचमुच भाग्यवती है, अलीगढ़ में तो इतनी सुख-सुविधाएँ नहीं मिलनी थी। इतना सोचने पर भी बिरजन अनमनी-सी ही रहती है। मिसेज चंद्रा और मिसेज बख्शी के साथ बातचीत करते हुए वह बहुत खुश रहती थी लेकिन अब खोखली और अर्थहीन हल्की-सी मुस्कान देकर ही रह जाती।

एक अजीब-सी बेचैनी बिरजन पर छा जाती है। मिसेज़ बख्शी और मिसेज़ चंद्रा की बातों से भी एकदम मन उचट जाता है। मन ही मन वह सोचती है, मैं सुन्दर हूँ, बाल खोलूँ तो कमर के नीचे आते हैं परन्तु वह पागल होकर किसी के पीछे भागती नहीं फिरती। विदेश में आकर वह अपनी संस्कृति नहीं भूली। बिरजन के सामने वाले अपार्टमैंट में बौब और जीन रहते हैं। बड़े-बड़े बच्चे होने के बाद भी बौब आते ही जीन को बाँहों में भर लेता है। बिरजन अकसर उनको देखते रहती है। जीन भारतीय पति-पत्नी पर व्यंग्य करता है। वह कहता है कि "भारतीय पति-पत्नी ऐसा आचरण करते हैं, जैसे बरसों से बोलचाल बंद हो।"[69] बिरजन लिविंग रूम की खिड़की के पास जाकर बैठी रहती है और अकेले बाहर देखती रहती है। उसके अन्दर इतनी व्यग्रता और व्याकुलता किस बात की होती है कि वह यह नहीं जान सकी थी। सभी कुछ तो था उसके जीवन में – पति, बच्चे, अपना घर और धन। कुछ दिनों के लिए पति के बाहर जाने पर बिरजन की मुलाकात जैनिटर नाम के अमेरिकन आदमी से होती है। वह भारतीय औरतों की बहुत खुले मन से प्रशंसा करता है "मुझे हिन्दुस्तानी स्त्रियाँ बहुत अच्छी लगती हैं। उनका पहनावा, बातचीत, सभी बड़ा आकर्षक होता है। हमारी अमरीकी स्त्रियाँ तो हर बात में पुरुषों की बराबरी करती हैं, पैंट पहनकर हर जगह घूमा करती हैं।"[70] एक बार फिर पीटर और लीन को अपनी एक नई, तरुण और आत्मीय दुनिया में खोये हुए बिरजन देखती है। फिर वही ऊब और छटपटाहट के कारण अजीब-सी बातें उसके मन में आती हैं। विदेशी संस्कृति को देख-देखकर और जैनिटर की बातें उसके दिल पर इतनी बोझ भरी होती हैं कि एक दिन वह रोती हुई अपने पति को कह देती है, "मुझे तो आप वापस भेज दीजिए, मुझसे यहाँ नहीं रहा जाएगा, मैं पागल हो जाऊँगी।"[71] बिरजन नामक नायिका ने भारतीय संस्कृति को देखा, परखा और भोगा होता है। विदेश में जाने के बाद वह विदेशी संस्कृति से बहुत प्रभावित होती है। विचलित हो जाने के कारण उसका अमेरिका का परिवेश ऊबता जाता है। अनमने भाव से वह वहाँ से छुटकारा पाना चाहती है। अपने पति के साथ विदेशी परिवेश में रहते हुए उसको वहाँ की परिस्थितियाँ किसी 'बनवास' से कम नहीं लगती। मानवीय संवेदनाओं

को व्यक्त करती हुई यह कहानी स्त्री–जीवन की विसंगतियों, तनावों, अन्तर्द्वन्द्वों और संत्रास को व्यक्त करती है।

निष्कर्षतया कहा जा सकता है कि उषा प्रियंवदा की कहानियों में अकेलेपन, अजनबीपन, व्यक्तिगत स्वतन्त्रता के लिए छटपटाहट, संत्रास, वैयक्तिक संघर्ष और रिश्तों के खोखलेपन का यथार्थ चित्रण मिलता है। पारिवारिक संबंधों में आई खटास व्यक्ति को कहीं–न–कहीं अजनबी बना देती है। उषा प्रियंवदा ने जिस विषय पर भी लिखा है उसे स्वतन्त्र और उन्मुक्त भाव से लिखा है। अपनी अनुभूति को ही व्यक्त किया गया है। सम्पूर्ण कहानियाँ की भूमिका में वह स्वयं लिखती हैं कि वह इडियाना विश्वविद्यालय में अमेरिकन साहित्य पढ़ रही थी तो छात्रावास में रहना, नए–नए विषयों के बारे में और नई–नई किताबें पढ़ना, देश–विदेश के विद्यार्थियों के बीच रहना यह सब कुछ उसके लिए नया होता है उत्तेजक और रोचक होता है। वह पिंजरे से मुक्त हुए पक्षी की तरह पंख पसारकर, खुले आकाश में होती है और न कोई बन्धन होता है न कोई प्रतिबन्ध होता है। साहित्यिक आकलन में नारी का भी एक विशिष्ट स्थान है। वास्तव में नारी हित में ही सामाजिक हित है। इस कम्प्यूटर के युग में शारीरिक शक्ति की उपेक्षा अन्य योग्यताएं अधिक कार्यकुशलता प्रदान करती है तो फिर पुरूष की तुलना में नारी पीछे क्यों है? नारी पुरूष को अपना सर्वस्व मानती है, उसके लिए अपनी जान तक देने को तैयार रहती है फिर भी उसके अस्तित्व को पुरूष चुनौती देता रहता है, उस पर अपना शिंकजा कसना चाहता है। नारी के लिए पति ही परम् पुरूष होता है। वही स्वप्न होता है, वही जागरण है, वही प्रणय है, वही निवेदन है, वही स्वामी है, उसी परम पुरूष में ही सारी नारी सत्ता के समर्पण की अंतिम गति है।

उषा प्रियंवदा की कहानियों में पात्र अपने अस्तित्व की तलाश के लिए निरन्तर संघर्षरत रहते हैं। कुछ कहानियों के मुख्य पात्र अलगाव से पीड़ित हैं और कुछ कर नहीं सकते, जैसे 'जिन्दगी और गुलाब के फूल' कहानी का मुख्य पात्र–सुबोध है। दूसरी तरफ भारतीय संस्कृति और विदेशी सभ्यता में अपने आपको नितान्त अकेला पाने वाले पात्र भारतीयता को अपने व्यक्तित्व से अलग नहीं कर पाते। इसीलिए अपरिचित देश में उन्हें अकेलेपन का अनुभव होता है। 'कच्चे धागे' जैसी कहानियों में तो आर्थिक तंगी के कारण घुटन को प्रस्तुत किया गया है। आधुनिकता के चलते आधुनिक मानव अपना अस्तित्व खो बैठा है। वह मशीनी युग के अनुरूप चलने को विवश है इसीलिए यान्त्रिकता के दौर में भी अपने अस्तित्व को कायम रखना बहुत जरूरी है।

उषा प्रियंवदा की प्रत्येक कहानी हृदय पटल पर गहरी छाप छोड़ती

है। इनकी कहानियों के पात्र इनके परिवेश से ही लिए गए हैं। आधुनिक परिवेश का पुट इनकी कहानियों में बखूबी मिलता है। इनकी कहानियों में जो कल्पना, अनुभव और अनुभूति मिलती है इसके संबंध में उषा प्रियंवदा का स्वयं का कहना है कि ''मेरी कहानियों के पीछे एक बीज जरूर होता है। एक विचार एक इमेज, एक अनुभव या अनुभूति का चैलेंज मुझे उत्साहित करता है। डेडलाइन्स मुझे प्रेरित करती हैं। मेरी प्रिय कहानियाँ वे हैं, जो फ्लैश में जन्मी और मैंने एक या दो दिन में उन्हें लिख डाला।''[72] इस कथन से हमें इनकी रचनाओं की कल्पना, अनुभव, अनुभूति और फ्लैश बैक पद्धति का पता चलता है। अपने आस पास के वातावरण, चरित्र और घटनाओं को उषा प्रियंवदा ने अपनी कहानियों में स्थान दिया है। नारी इस संसार की धुरी है। इसके सहयोग के बिना सृष्टि का चलायमान रहना संभव नहीं है। इसके बिना पुरुष या मानव जीवन में एक अभाव बना रहता है। इसके बिना साहित्य सृजन असंभव सा जान पड़ता है।

'एक कोई दूसरा' कहानी–संग्रह की कहानियों को पढ़ते हुए हम एक ऐसे पाठ से गुजरते हैं जो हमें लगातार सम्पूर्ण का आभास कराता हुआ, एक अधूरी, अतृप्त जिन्दगी की कसक साथ–साथ देता चलता है। एक कोई दूसरा की नीलांजना, झूठा दर्पण की अमृता, कोई नहीं की नमिता, सागर पार का संगीत की देवयानी, पिघलती हुई बर्फ के अक्षय और छवि, चाँदनी में बर्फ पर के हेम और मीरा (मेरी) और टूटे हुए की तंत्री त्रिपाठी उर्फ़ टीटी–ये सभी पात्र अधूरा और यातनाप्रद जीवन जी रहे हैं। अपने देश की मिट्टी से उखड़कर बाहर किसी सम्पन्न और पराये मुल्क में 'अकेला' और 'अलग होकर' रहना इस यंत्रणा का एक विशिष्ट पहलु हैं जिनको ये कहानियाँ लगातार रेखांकित करती हैं।'एक कोई दूसरा' कहानी–संग्रह मे निम्नलिखित कहानियाँ संग्रहित हैं :–1. एक कोई दूसरा 2. झूठा दर्पण 3. कोई नहीं 4. सागर पार का संगीत 5. पिघलती हुई बर्फ 6. चादँनी में बर्फ पर 7. टूटे हुए।

उषा प्रियम्वदा की इन कहानियों को पढ़ना भाषा की एक समतल, शान्त और काँच–सी पारदर्शी सतह पर चलना है लेकिन यह सब भाषा तक ही सीमित है, भाषा के भीतर जो कहानी होती है, वह बेहद बैचेन कर देने वाली है। इन कहानियों को पढ़ते हुए हम एक ऐसे पाठ से गुजरते हैं जो हमें लगातार सम्पूर्ण का आभास कराता हुआ, एक अधूरी, अतृप्त जिन्दगी की कसक साथ–साथ देता चलता है। प्रस्तुत शोध प्रबंध भी लेखिका उषा प्रियंवदा के कथा साहित्य में नारी जीवन के विविध आयामों में व्याप्त मानवीय संवेदना एवं संघर्ष–मुक्ति के मूल्यांकन की

दिशा में किया गया एक प्रयत्न है। मूल्यांकन वह प्रक्रिया है जिसमें निश्चित मूल्यों एवं सिद्धांतों की दृष्टि के आधार पर किसी लेखक या लेखक की रचना की सफलता–असफलता का पूरी ईमानदारी के साथ निर्धारण किया जाता है। कथा साहित्य में मूल्यांकन का कार्य सूक्ष्म, विशद और विराट है। इसका संबंध हमारी समस्त चेतना, मानवीय इतिहास, समाज और मानव की चरम नियति एवं सर्वोच्च रूचि संस्कार आदि से है। अतः किसी भी कृति का सही–सही मूल्यांकन करना अति आवश्यक है।

लेखिका उषा प्रियंवदा के साहित्य में नारी के संघर्ष की पीड़ा को चित्रित किया है। लेखिका के हृदय में मानव मात्र के प्रति दया और करुणा का भाव सतत् रूप में विद्यमान है। इसलिए उनकी कथाओं में नारी संवेदना के स्वर को मुखरित किया है। नारी होने के कारण लेखिका ने अपने कथा साहित्य में नारियों की समस्याओं और संवेदनाओं को बड़ी बारीकी से अभिव्यक्ति व चित्रित करने का उपक्रम किया है। लेखिका ने नारी को विभिन्न कोनों से, विभिन्न परिवेशों और परिस्थितियों में देखा परखा है। इस प्रकार नारी जीवन की विडम्बनाओं का सजीव चित्र तथा संवेदनाओं का संयोग भी बड़ा प्रभावशाली बन पड़ा है। प्रस्तुत कहानी संग्रह की अधिकतर कहानियों में सामाजिक व पारिवारिक परिस्थितियों से जूझती हुई नारी की पीड़ा या व्यथा है।

उनकी सुप्रसिद्ध 'वापसी' कहानी में परिजनों की आधुनिक भौतिकवादी, स्वच्छन्द जीवनदृष्टि व घोर व्यक्तिवादी जीवनदर्शन के कारण पैंतीस वर्ष की नौकरी के पश्चात् रिटायरमेंट के बाद शेष जीवन स्वजनों के साथ सुकून से बिताने का सपना संजोये घर लौटे गजाधर बाबू का यह सपना आकाश कुसुम ही साबित होता है। भरे–पूरे परिवार में स्वकेन्द्रित परिजनों के मध्य गजाधर बाबू स्वयं को उपेक्षित महसूस करते हैं। उनकी मनोदशा निम्न वाक्यों में स्पष्ट परिलक्षित होती नजर आती है, ''घर छोटा था और ऐसी व्यवस्था हो चुकी थी कि उसमें गजाधर बाबू के रहने के लिए कोई स्थान न बचा था। जैसे किसी मेहमान के लिए कुछ अस्थायी प्रबन्ध कर दिया जाता है, उसी प्रकार बैठक में कुर्सियों को दीवार से सटाकर बीच में गजाधर बाबू के लिए पतली–सी चारपाई डाल दी गई थी। गजाधर बाबू उस कमरे में पड़े–पड़े, कभी–कभी अनायास ही, इस अस्थायित्व का अनुभव करने लगते। उन्हें याद हो आती उन रेलगाड़ियों की, जो आतीं और थोडी देर रुक कर किसी और लक्ष्य की ओर चली जाती।''[73]

इस उदाहरण से स्पष्ट होता है कि व्यक्ति आज किस तरह से स्वार्थी हो चुका है। जिस परिवार के लिए बाबू साहिब अपनी सारी जिन्दगी बिता देते हैं वहीं घर उन्हें काटने को दौड़ता है। अपने अस्तित्व एवं अकेलेपन की जो अनुभूति उन्हें सताती रहती है उसका यथार्थ वर्णन इस कहानी में देखने को मिलता है।

उषा प्रियंवदा ने अपनी कहानियों में समाज की समसामयिक समस्याओं की गहराई में उतर कर पैनी दृष्टि से उनकी नब्ज टटोलते हुए व्यक्ति के जीवन से जुड़ी समस्याओं को अलग कोण से उठाया है। नारी– जीवन में आए परिवर्तनों की भी सूक्ष्म पड़ताल की है।

कितना बड़ा झूठ' की अधिकांश कहानियाँ अमेरिकी अथवा यूरोपीय परिवेश में लिखी गई हैं। कुछ कहानियों का परिवेश भारतीय है, लेकिन किसी न किसी रूप में, विशेष रूप से नारी पात्रों का संबंध यूरोप अथवा अमेरिका से है।इन कहानियों में आधुनिकता का स्वर भी प्रबल है। इस कहानी–संग्रह की कहानियाँ इस प्रकार हैं :–1. सम्बन्ध 2. प्रतिध्वनियाँ 3. कितना बड़ा झूठ 4. ट्रिप 5. नींद 6. सुरंग 7. स्वीकृति 8. मछलियाँ। अपने दूसरे कहानी–संग्रह 'जिन्दगी और गुलाब के फूल' से लेकर अब तक विषय–वस्तु और शिल्प की दृष्टि से लेखिका ने विकास की जो मंजिलें तय की हैं, उनका जीवन्त परिचय हमें कितना बड़ा झूठ की कहानियों से ही मिलता है।

उषा प्रियंवदा ने स्त्री की कामनाओं और निर्णय लेने से जुड़े प्रश्नों को विभिन्न कोणों से अपनी कहानियों में चित्रित किया है। इनकी कहानियों में स्त्री–स्वतंत्रता के मानदण्ड भिन्न रूप में दिखाई देते हैं। 'छुट्टी का दिन' और 'पूर्ति' कहानियों में चित्रित नायिका को देखकर लगता है कि क्या अपने पैरों पर खड़े हो जाने और परिजनों से बंधन तोड़ कर स्वतंत्र जीवन मात्र से ही स्त्री–सशक्त हो जाएगी? क्योंकि इन कहानियों में स्त्री–आर्थिक रूप से स्वतंत्र होने पर भी जीवन के अकेलेपन से दुखी है, अर्थोपार्जन मात्र से ही अकेलेपन, निराशा को दूर नहीं किया जा सकता। 'छुट्टी का दिन' की माया को अकेलेपन से भागने पर भी मुक्ति नहीं मिलती और वह इस स्थिति के लिए स्वयं को ही दोषी ठहराती है– ''दोष अपना ही था, फिर भी न जाने क्यों उसे रोना आ गया। रेशमी ब्लाउज के कच्चे निकल जाने पर नहीं, बल्कि अपनी जिंदगी के पैटर्न पर, उसके खोखलेपन और सारहीनता पर। किसलिए वह घर–बार छोडकर इतनी दूर आकर पड़ी थी, किसलिए वह सुबह से शाम तक कॉलेज में मगजपच्ची करती थी।... और एक दिन वह सोचे कि इस जीवन में उसने क्या पाया, तो पता चले कि वह एक लम्बे अनंत मरूस्थल की तरह था।''[74]

प्रवासी साहित्यकार उषा प्रियंवदा की साहित्य-साधना

उषा प्रियंवदा ने अपनी कई कहानियों में विदेशी धरती और परिवेश में भारतीय नारी के परम्परागत और आधुनिकता के द्वंद्व को बखूबी चित्रित किया है। भारतीय व पाश्चात्य समाज की संगतियों-विसंगतियों को समान स्तर पर अभिव्यक्ति प्रदान की है। उषा प्रियंवदा की कहानियों में भारतीय नारी का पश्चिमी सभ्यता और संस्कृति के प्रभाव से हुआ वैचारिक रूपान्तरण सहज ही देखा जा सकता है। इनकी कहानियों की नारी ने वैचारिक और जीवन-पद्धति के स्तर पर अपने को विदेशी परिवेश में यदि ढाल भी नहीं लिया है तो किसी न किसी सीमा तक अपने को उसी के अनुरूप बना लिया है। इसलिए उषा प्रियंवदा की नारियाँ विदेशी परिवेश में भारतीय नारी के जाग्रत व्यक्तित्व को प्रस्तुत करती है। नारी एक आदर्श पत्नी के रूप में अपने घर की स्वामिनी होती है और पति की एक उत्तम सहयोगिनी होती है। आज की नारी पति के साथ कन्धे से कन्धा मिलाकर चलती है। पति के सुख-दुःख में वह उसकी सर्वोत्तम मित्र, साथी तथा सुधारक होती है। इन सब बातों से बाहर निकलकर आधुनिक लेखकों ने समाज में ऐसी रचनाएँ प्रस्तुत की हैं जिनसे समाज को नया दृष्टिकोण मिला है।

उषा प्रियंवदा की प्रारम्भिक कहानियों में मुख्यतः मध्यवर्गीय समाज का चित्रण अधिक हुआ है। नई कहानी की महान लेखिका उषा प्रियंवदा का कथा साहित्य आधुनिक मनुष्य के संघर्ष, समस्याएँ, ऊब, छटपटाहट, अजनबीपन आदि को प्रस्तुत करता है। उषा प्रियंवदा का कथा साहित्य मानवीय अस्तित्व की सार्थकता पर बल देता है। आधुनिक दौर में मशीनी युग के कारण मानवीय आदर्श खोखले हो गए हैं। उषा प्रियंवदा की कहानियों में आधुनिक युवक-युवतियों के आर्थिक, सामाजिक, पारिवारिक संघर्ष को प्रस्तुत किया है। चाहे वो भारत में संघर्षरत है, चाहे विदेशी भूमि पर। अपने अस्तित्व की पहचान में लगे उषा प्रियंवदा की कहानियों के पात्र बहुत ही संघर्षशील रहे हैं। वे खुद भी स्वतंत्र अस्तित्व की पक्षधर हैं। उषा प्रियंवदा की कहानियों में एक तरफ भारतीय संस्कृति के दर्शन होते हैं। जिनमें भारतीय मूल्यों की पृष्ठ भूमि मिलती है। वहीं दूसरी तरफ पाश्चात्य संस्कृति को उनकी बाद की कहानियों में देखा जा सकता है। उनकी कहानियों में भारतीय और पाश्चात्य मूल्यों का एक स्वर भारतीय है, दूसरा पाश्चात्य मूल्यों का है और कुछ कहानियाँ भारतीय और पाश्चात्य मूल्यों के सामंजस्य से परिपूर्ण हैं। ये सभी कहानियाँ नई और आधुनिक संवेदनाओं से परिपूर्ण हैं।

इनकी अधिकांश कहानियों पर यूरोपीय प्रभाव परिलक्षित होता है। विदेशी जीवन-शैली से प्रभावित पात्र वही पाश्चात्य संस्कृति में रच-बस

जाते हैं। दाम्पत्य जीवन की उन्मुक्तता को भी इनकी कहानियों में देखा जा सकता है। अत्याधुनिक नारी अपनी पुरानी नैतिकताओं को भूल चुकी है। यांत्रिकता के युग में स्त्री पात्रों की आस्था-अनास्था को भी इनकी कहानियों में देखा जा सकता है। उषा प्रियंवदा की कहानियों में स्वतन्त्र अस्तित्व की खोज, टूटते हुए पारिवारिक रिश्ते, आधुनिक मनुष्य के अकेलेपन, नारी जीवन की घुटन मुख्य विषय रहे हैं। उषा जी के आधुनिक विचारों से परिपूर्ण पात्र हमें आधुनिकता बोध से जोड़ते हैं।

रामधारी सिंह दिनकर के शब्दों में, "जिसे हम आधुनिकता कहते हैं वह एक प्रक्रिया का नाम है। यह प्रक्रिया अंधविश्वासों से बाहर निकलने की प्रक्रिया है। यह प्रक्रिया नैतिकता में उदारता बरतने की प्रक्रिया है। यह प्रक्रिया बुद्धिवादी बनने की प्रक्रिया है। आधुनिकता वह है जो मनुष्य की ऊँचाई उसकी जाति या गौत्र नहीं, बल्कि उसके कर्म से नापता है। आधुनिक वह है जो मनुष्य-मनुष्य को समान समझे।"[75]

उषा प्रियंवदा की अधिकांश कहानियों में नारी के अस्तित्व, संघर्ष, ऊब, अलगाव, थकान, अस्मिता की तलाश से संबंधित विषय मिलते हैं। स्त्रियों पर उत्तरदायित्व का भार उतना ही है जितना पुरुषों पर है बल्कि उनसे बढ़कर ही है। फिर समाज में, परिवार में उसको प्रताड़ित किया जाता है। 'नई कोंपल' कहानी की बिन्नो समाज में नारी की सारी स्थिति को बयान करती है। महादेवी वर्मा ने बिल्कुल सही कहा है, "हमें न किसी पर जय चाहिए, न किसी पर पराजय न किसी पर प्रभुता चाहिए, न किसी का प्रभुत्व। हमें केवल अपना वह स्थान, वह स्वत्व चाहिए जिनका पुरुषों के निकट कोई उपयोग नहीं, परन्तु जिसके बिना हम समाज का उपयोगी अंग नहीं बन सकेंगी।"[76]

ऊषा प्रियंवदा ने अपनी कहानियों के माध्यम से नारी के स्वरूप दर्शाने का प्रयास किया है कि नारी को पुरुष प्रधान समाज केवल घर की चारदीवारी में कैद रखना चाहता है। उसे नारी की स्वतंत्रता से परहेज है। यही ऊषा प्रियंवदा की कुछ कहानियों का प्रमुख विषय रहा है तथा इन कहानियों ने नारी की प्रत्येक स्थिति का विस्तारपूर्वक वर्णन करने का प्रयास किया है। रूढ़िवादी समाज में नारी मन की अवहेलना की जाती है, जिससे उसके जीवन में निराशा भर जाती है वह न केवल उदासी भरा जीवन व्यतीत करती है, बल्कि किसी भी प्रकार की स्थिति का सामना करने में भी समर्थ नहीं रहती। पारिवारिक व्यवस्था में संयुक्त परिवार भी कभी-कभी नारी की परिस्थितियां कठिन बना देते हैं, क्योंकि परिवार में बड़े लोगों की बातों का अनुसरण किया जाता है। कभी तो उनके द्वारा निर्धारित नियमों का पालन किया जाता है तो कभी स्त्री के

ऊपर घर के कार्यों का बोझ अत्यधिक लाद दिया जाता है। ऐसी स्थिति में नारी की मनोस्थिति को बड़ी ही मुश्किल परिस्थितियों से गुजरना पड़ता है। पारिवारिक व्यवस्था की कुटिलता और अत्यधिक व्यस्तता का प्रभाव दांपत्य संबंधों पर भी पड़ता है, लेकिन इस कारण का निवारण अत्यंत कठिन हो जाता है, क्योंकि परिवार में बड़े–बुजुर्गों की बातों को मानना आवश्यक होता है। चाहे वे बातें रूढ़िवादी विचारधारा के अर्न्तगत ही आती हों। कभी–कभी जब नारी अपनी जीवन प्रक्रिया को अपने अनुसार चलाने का प्रयास करती है तो भी उसके सामने अनेक प्रकार की समस्याएं उत्पन्न हो जाती है। वह कामकाजी महिला के रूप में तो अपनी पहचान बना लेती है, लेकिन पारिवारिक व्यवस्था का भी निर्वाह उसकी दिनचर्या को इतना व्यस्त बना देता है कि वह उसी में उलझ कर रह जाती है।

'नई कोंपल' में नारी की व्यथा को आसानी से समझा जा सकता है कि वह प्रत्येक समय अपने लिए नहीं बल्कि अपने परिवार के लिए कार्य करती रहती है और उसके लिए वह अपनी आशाओं की बलि तक दे देती है, लेकिन उसे अपने किए का श्रेय नहीं मिलता तब वह सोचने को मजबूर हो जाती है कि जो वह जीवन भर करती रही उसके लिए उसे क्या मिला। उधर वैयक्तिक स्वतन्त्रता से जुड़े सपनों के टूटने से व्यक्ति मोहभंग की स्थिति में पहुँच जाता है। उषा प्रियंवदा के कथा साहित्य में मध्यवर्ग की घुटन, पीड़ा की अकुलाहट, संत्रास, अजनबीपन दिखाई देता है। नारी इस संसार की धुरी है। इसके सहयोग के बिना सृष्टि का चलायमान रहना संभव नहीं है। इसके बिना पुरुष या मानव जीवन में एक अभाव बना रहता है। इसके बिना साहित्य सृजन असंभव सा जान पड़ता है। नारी के स्वरूप का विवेचन साहित्य में किया गया है। इनमें मुख्य रूप से नारी ने मातृ रूप, पत्नी रूप, कन्या या पुत्री रूप का वर्णन किया गया है। इसके साथ–साथ मनोवैज्ञानिक दृष्टि से नारी के स्वरूप का विवेचन किया जाएगा। तृतीय अध्याय में उषा प्रियंवदा के कथा साहित्य में नारी के विविध रूप, नारी के जीवन से संबंधित समस्याओं का चित्रण प्रस्तुत किया गया है। इनकी कहानियों में मुख्य रूप से नारी शोषण, पति–पत्नी के संबंधों में बिखराव, नारी पर अत्याचार और शोषण का प्रारंभ इनकी कहानियों में सर्वत्र देखा जा सकता है। उषा प्रियंवदा ने अपनी कहानियों में नारी के प्रत्येक रूप का चित्रण बड़ी ही सजीवता से किया है। अबला, सबला, माता, बहन, पत्नी, नौकरानी आदि पात्रों के माध्यम से इन्होंने समाज ने विकृत रूप का घिनौना यथार्थ प्रस्तृत करने का प्रयास किया है। नारी शोषण की समस्या इनके कथा साहित्य का

प्रमुख विषय रहा है।

उषा प्रियंवदा का साहित्य कथ्यों की दृष्टि से अत्यंत महत्वपूर्ण हैं। गांवों में पनपता पारस्परिक प्रेम, द्वेष, छुआछुत, नारी शिक्षा के लिए प्रेरित करती कथाएं लेखिका की लेखनी का लोहा मनवाने में सक्षम है। इनमें यथासंभव समय असमय परस्पर सर्मपित भावनाओं को आधार बनाया गया है। गांव का परिदृश्य चित्रित किया गया है तो यह भी आवश्यक है कि गांव में विभिन्न जाति एवं सम्प्रदाय के लोग रहते हैं तो निश्चित रूप से उस आबादी का कुछ प्रतिशत तो मुस्लिम संप्रदाय का भी होगा और जहाँ भिन्न भिन्न समुदाय के लोग निवास करते है तो वहाँ कुछ न कुछ जातिगत वैमनस्य भी होना लगभग निश्चित ही होगा। सांप्रदायिक दंगो की संभावनाएं भी दर्शायी गई है। कथ्य की दृष्टि से उषा प्रियंवदा के कथा साहित्य में अत्यंत उल्लेखनीय हैं। मनोभावों के प्रत्येक कोने को झांक कर लेखिका ने देखा है। नारी की अथाह शक्ति का अंदाजा इसी बात से लगाया जा सकता है कि किस प्रकार नारी अनेक प्रकार की भूमिकाएं निभाती है। सास, बहू, बेटी, पत्नी आदि सभी में सामंजस्य केवल नारी ही स्थापित कर सकती है। इन स्वरूपों को एक सबला नारी ही जीवंत बना सकती है और यही स्वरूप हमें नारी जीवन के विभिन्न पहलुओं से अवगत करवाता है कि नारी शक्तिमान है। उपरोक्त कहानियों के माध्यम से यह स्वीकार किया जा सकता है कि पारिवारिक व्यवस्था का स्वरूप नारी ही व्यवस्थित रख सकती है। पुरुष चाहे कितना ही बलवान या बुद्धिमान हो नारी के बिना उसका अस्तित्व अधूरा ही स्वीकार किया जाता है। नारी के बिना कोई भी व्यक्ति अपनी पारिवारिक व्यवस्था को उच्च कोटि की श्रेणी में नहीं गिन सकता। नारी ही मनुष्य के जीवन की वह गाड़ी है जो उसके जीवन को जीने योग्य बनाती है और मनुष्य को परिवार के संबंधों में बांधे रखती है। यहां परिवार की व्यवस्था को देखा जा सकता है कि किस प्रकार परिवार के खर्चों का बोझ एक स्त्री ने उठा रखा है और नारी होने के अपने कर्तव्यों का भली भांति पालन कर रही है, जबकि पुरुष हृदय अपने आपको कुंठित स्थिति में पाता है। वर्तमान समय में आर्थिक परिस्थितियां ही व्यक्ति की जीवनशैली का निर्धारण करती है। ऐसा स्पष्ट उदाहरण ऊषा प्रियंवदा की कहानियों में देखा जा सकता है कि किस प्रकार जब परिवार में पुरुष कमाता ना हो तथा स्त्री कमाती हो तो पुरुष की अहमियत कम हो जाती है। पुरुष प्रधान समाज में आज नारी की अहमियत बढ़ती जा रही है। वह आर्थिक परिस्थिति के साथ–साथ पारिवारिक खर्च आदि को चलाने में परिवार की सहायता करती है।

नारी के विभिन्न रूपों में उसका एक रूप पत्नी का भी है, जिसके कारण वह समाज में सम्मान प्राप्त करती है। वैदिक साहित्य में नारी को पति के घर में सर्वोपरि स्थान दिया गया है। इसका प्रमाण है कि वेदों में भी कहा गया है कि पत्नी ही घर है। प्रकृति ने स्त्री और पुरुष को एक दूसरे का पूरक बनाया है। पत्नी बनकर स्त्री पुरुष की सहधर्मिणी और अर्धांगिनी बनती है। यही भारतीय सभ्यता है। स्त्री ही भारतीय परिवार की व्यवस्था की धूरी है। भारतीय समाज सभी नारियों से ऐसे ही पतिव्रत धर्म की अपेक्षा करता है। एक स्त्री ही परिवार की व्यवस्था को न केवल सुधारती है, बल्कि अपने बलबुते पर परिवार को सुसंस्कृत, सभ्य एवं सुशिक्षित बनाती है, ताकि पारिवारिक व्यवस्था में कोई कमी न रहे। इन पंक्तियों से यह स्पष्ट एक स्त्री अपनी पारिवारिक व्यवस्था को भी संभालती है तथा अपने जीवन की नियमित प्रक्रियाओं को भी पूरा करती है। स्त्री ही दांपत्य संबंधों की रीढ़ होती है। इसलिए दांपत्य संबंधों की व्यवस्था में नारी ही प्रमुख भूमिका निभाती हुई नारी अपनी शक्ति, त्याग, प्रेम और बलिदान के द्वारा ही पारिवारिक व्यवस्था को खुशहाली प्रदान करती है, लेकिन कभी–कभी हल्की–फुल्की नौंक–झौंक दांपत्य संबंधों की प्रगाढ़ता को कम कर देते हैं।

उषा प्रियंवदा के कथा साहित्य में दांपत्य संबंधों में आई कटुता को दर्शाया गया है कि किस प्रकार थोड़ी सी नाराजगी से दांपत्य संबंधों में कटुता पैदा हो जाती है। जो पारिवारिक व्यवस्था के लिए नुकसानदायक होती है। परिवार के लिए प्रत्येक क्रिया, धर्म, परंपरा, संस्कृति और रीति–रिवाज का पालन करती है। स्त्री ही परिवार के लिए अनेक तरह के प्रयास करके पारिवारिक माहौल को खुशनुमा बनाने का प्रयास करती है। दांपत्य संबंधों में स्त्री तथा पुरुष के संबंधों में मधुरता अनिवार्य है नहीं तो उसकी पारिवारिक व्यवस्था गड़बड़ा सकती है।

नारी की स्वतंत्रता ही उसकी पारिवारिक व्यवस्था का आधार है। उसे परिवार की बागडोर संभालने के लिए किसी भी प्रकार का दबाव या कोई रोक–टोक नहीं होनी चाहिए तथा प्रत्येक परिस्थितियों में नारी का सहयोग करना चाहिए। परंतु कभी–कभी अतीत की कुछ गलतियां परिवार को खंडित कर सकती है, क्योंकि ये समस्याएं किसी के भी परिवार को तोड़ सकती हैं। दांपत्य संबंधों पर आधारित परिवार ही खुशहाल जीवन व्यतीत करता है, लेकिन कुछ कटुता के कारण दांपत्य संबंध न केवल बिखर जाते हैं, बल्कि परिवारिक व्यवस्था भी गड़बड़ा जाती है। ऐसी परिस्थिति में दांपत्य संबंधों में न केवल टकराव बढ़ता है, बल्कि जीवन में नीरसता आ जाती है तथा अत्यधिक परेशानियों का सामना करना पड़ता है। इसलिए दांपत्य संबंध ही परिवार की रीढ़ होते

प्रवासी साहित्यकार उषा प्रियंवदा की साहित्य-साधना

हैं, इसमें मजबूती दोनों के सहयोग से आती है।

सम्पूर्ण कहानियाँ की भूमिका में वह स्वयं लिखती हैं, "बहुत से पाठक-पाठिकाएँ, मेरी रचनाओं का परिवेश विदेश में होने के कारण उन्हें आत्मकथात्मक समझने लगते हैं पर ऐसा है नहीं। मैं वही लिखती हूँ जिससे मैं परिचित हूँ-यानि भारत और विदेश का परिवेश। मेरे चारों ओर की घटनाएँ, लोग, उनके जीवन जीवन की उलझनें और समस्याएँ हर समय मेरी सृजनता को प्रभावित करती रहती हैं; उन सबके सम्मिश्रण से पात्र एक आकार लेकर मानस को ऐसा जकड़ लेते हैं कि उन्हें नाम, मानव प्रवृत्तियाँ देकर, विभिन्न घटनाओं को पिरोकर एक कहानी अपने आप बन जाती है। बस, उसे लिखने का काम मेरा होता है। मैं अपने प्रति अन्याय करूँगी यदि मैं किसी कहानी या घटना में अनायास उतर आए 'स्व' को नकारूँगी। जैसे 'शून्य' में राहुल का अपराध-बोध और पिता की मृत्यु पर विघटन, जो मैंने अपनी माँ की मृत्यु के बाद लिखी थी।"[77] हमारे साहित्यकारों ने भी अपने साहित्य में नारी के प्रति मानवीय संवेदना को खूब उकेरा है। चाहे 21वीं सदी में बल पर केंद्रित राजनीति, पूंजी, बाजारवाद, सूचना, मीडिया, भूमंडलीकरण आदि की महत्ता काफी बढ़ी है लेकिन समता, समानता, न्याय के सवाल वही खड़े हैं जिस कारण मूलतः नारी संवेदना की साझी विरासत को धक्का लगा है। आज सामाजिक जीवन में ही बची-खुची संवेदना है लेकिन अब इसकी छोटी इकाई परिवार में ही संवेदना अपनी अंतिम अवस्था सांसे गिन रही है। मीडिया, पूंजी और तकनीकी उपकरणों के माया जाल ने संस्कृति, राजनीति और समाज का चेहरा बिगाड़ दिया है। आज के मनुष्य ने कला और साहित्य को बाजार की वस्तु बना दिया है।

'एक कोई दूसरा' कहानी संग्रह में औद्योगीकरण, संयुक्त परिवार विघटन की समस्या के कारण व्यक्ति के मन में अलगाव और अजनबीपन की स्थिति को दिखाया गया है। 'झूठा दर्पण' की अमृता परिवार के टूटने के कारण, अक्समात भाई की मृत्यु के कारण, ममी और डैडी के अलग-अलग रहने के कारण अपनी ज़िन्दगी से ऊब गई है। कोई भी उसको इस स्थिति से बाहर नहीं निकालता। वह इन सभी परिस्थितियों से बाहर निकलना चाहती है। मानसिक स्वतन्त्रता चाहती है लेकिन चाहकर भी ऐसा नहीं कर पा रही। उषा प्रियंवदा के कथा-साहित्य में संबंधों के बदलते स्वरूप भी दिखाई देते हैं। शिक्षित नारी के अजनबीपन को इन्होंने स्पष्ट रूप से व्यक्त किया है। परिवार से टूटा हुआ व्यक्ति कहीं-न-कहीं सहारा चाहता है। प्रेम की तलाश करता है। प्रेम संबंधों में उसको निराशा हाथ लगती है। तब वह अस्मिता के लिए तत्पर रहता है। अस्मिता की तलाश में निरन्तर लगा रहता है।

'सागर पार का संगीत' कहानी में देवयानी न जाने कहाँ–कहाँ भटकते हुए अपने मन को शान्ति नहीं दे पाती। औस्कर से शादी के बाद भी अकेलापन उसका पीछा नहीं छोड़ता। "न जाने मुझे क्या हो गया है। मेरे अन्दर जैसे एक दानव है जो हर घड़ी मुझे नोंचा करता है। मैं भटकती हूँ, कुछ खोजती हूँ – कुछ देर काम में मन लगता है, फिर उचट जाता है और कुछ अच्छा नहीं लगता, तब मन चाहता है कि रेत में पैर गड़ा दूँ और सागर–तट पर बैठी रहूँ।"[78] इस कहानी की देवयानी अपने–आपको विदेशी भूमि, सभी से दूर जाकर भी अकेला ही पाती है।

उषा प्रियंवदा के कहानी–संग्रहों में व्याप्त अस्तित्व की अभिव्यक्ति

लक्ष्मीसागर वार्ष्णेय उषा प्रियंवदा की कहानियों के विषय में कहते हैं कि "आज के नारी जीवन में स्वतन्त्रता की प्राप्ति के बाद जो परिवर्तन आए हैं और जिन मूल्यों को आत्मसात करने और पुराने मूल्यों को अस्वीकारने के लिए आज की नारी बिना सोचे–समझे अपनाने के लिए आकुल हो रही है। उसके क्या परिणाम हुए हैं, उषा प्रियंवदा की कहानियों में यह अत्यंत सूक्ष्मता के साथ मुखरित हुआ है।"[79] नारी का परिवार में महत्त्वपूर्ण स्थान होता है। सूझ–बूझ से बनाई योजना, काम को आसान, लक्ष्यों को निश्चित तथा वातावरण को सुखद व शांतिमय बनाती है। इससे परिवार का कल्याण सम्भव होता है । कभी कोई नारी के बारे में नहीं सोचता। परिवार के दैनिक जीवन में बहुत सी समस्याएं आती है । उनसे जुझने के लिए, तनावपूर्ण स्थिति से निपटने तथा उसके समाधान के लिए आयोजन की आवश्यकता पड़ती है। सुनिश्चित आयोजन से परिवार के समस्त साधनों का मित्यव्ययता पूर्ण ढंग से उपयोग होता है। और इच्छानुकूल लक्ष्य प्राप्त होते हैं। डॉ. गोरधन सिंह शेखावत ने उषा प्रियंवदा की कहानियों के बारे में लिखा है, "उषा जी की कहानियों में जीवन और परिवार का अनुभूति प्रवण चित्र दिखाई पड़ते हैं। आधुनिक नगर बोध की उदासी, अकेलेपन, ऊब आदि का अंकन उन्होंने यथार्थ के साथ किया है। उनकी कहानियों में चमत्कार नहीं, पर इनकी कहानियाँ गहरा प्रभाव छोड़ती हैं।"[80] घर से सम्बन्धित क्रियाओं को सफलतापूर्वक ढंग से संगठित कर उनका प्रयोग करने से रहन सहन के स्तर में वृद्धि होती है। अतः सन्तोष तथा लक्ष्य प्राप्ति के लिए उसे अपने ज्ञान, विवेक, अनुभव और कुशलता का ढंग से प्रयोग करना चाहिए। ऐसा करने से अनिश्चित तथा आकस्मिक समय के लिए कुछ धन बचाया जा सकता है। आवश्यकताओं की पूर्ति तथा सदस्यों के विकास के लिए साधनों का संगठन आवश्यक है।

उषा प्रियंवदा की कहानियों में वैयक्तिक स्वतन्त्रता

विवेकपूर्ण निर्देशन में घर के काम सुचारू रूप से सम्पादित होते हैं और काम के सुपरिणाम निकलते हैं। निर्देशन द्वारा ही कार्य को व्यवहारिक रूप मिलता है तथा शीघ्रता व कुशलता से सम्पन्न हो जाते हैं। निर्देशिका के रूप में नारी की भूमिका का बहुत महत्त्व होता है। निर्देशिका के इस रूप में वह स्वयं कार्य न करके अन्य सदस्यों को यह बताती है कि योजना को किस ढंग से क्रियान्वित किया जाए। पारिवारिक क्रिया–कलापों के लिए उसे सुनिश्चित योजना बनाकर, पूर्ण संगठन करके उचित प्रबन्ध करना चाहिए। इसके पश्चात् नारी को विवेकपूर्ण ढंग से कार्य का निर्देशन करना चाहिए। परिवार के स्तर के अनुसार आवश्यकता पड़ने पर नारी सभी सदस्यों को निर्देशित कर सकती है। आधुनिक या शिक्षित परिवारों में जहां नारी नौकरी करती है, वहां कार्यों के सम्पादन हेतु नौकरों की सहायता लेनी पड़ती है और निर्देश देने पड़ते हैं। इच्छानुकूल कार्यों के लिए निर्देश देना बहुत जरूरी होता है। निर्देश देने के बाद उसका कितना पालन हो रहा है यह जानना भी निर्देशिका का कार्य होता है।

'एक कोई दूसरा कहानी की 'नीलांजना' एक स्वतन्त्रत विचारों वाली, सुन्दर और चंचल स्त्री है। पढ़ी–लिखी होने के साथ–साथ आधुनिकता का पूरा–पूरा अनुसरण करती है। दूसरों के द्वारा की गई प्रशंसा उसको बहुत ही भाती है। धीरेन्द्र, दीक्षित और स्टड जैसे पुरुषों के साथ मित्रता रखती है और घूमने–फिरने जाती है। उसके स्वभाव में चापल्य नजर आता है, "मेरे होठों पर वही लाली है, आँखों की पुतलियों में वही चमक और लोग अब भी उसी सराहना भरी दृष्टि से मुझे देखते हैं। मेरे अन्दर बड़ा गहरा सन्तोष है कि मेरा रूप, मेरा चापल्य, मेरी हँसी किसी रिक्त जीवन का थोड़ा–सा कोना तो भर सकी।"[81] भाभी और भैया के द्वारा वैभव, कुलीनता, शालीनता और बिरादरी आदि सब कुछ देखकर नीलांजना का रिश्ता करने का भरसका प्रयास किया जाता है। भाभी के द्वारा उसको समझाया जाता है कि हरे पत्ते नोंचकर फेंक देने से ही पतझड़ नहीं आ सकता ? तुम्हारी सुंदरता चिरस्थाई नहीं है। कभी न कभी यह खो जाएगी। इन सब बातों का उस पर कोई प्रभाव नहीं पड़ता वह कहती है कि मेरे ऊपर तो हमेशा ही बसन्त विद्यमान है। इन सब बातों से उसकी व्यक्तिगत स्वतन्त्रता झलकती है। घरवालों का मानना है कि उसको किसी धनी व्यवसायी या मिल–मालिक से शादी करके उसके घर की शोभा बढ़ानी चाहिए। मगर वह तो प्रशंसित दृष्टि की चाहना में ही खुश रहती है। "पुरुषों की चाहना–भरी दृष्टि की मदिरा मुझे सदा

गुदगुदा जाती है। यदि मेरे पास अथाह रत्न–राशि भी होती तब भी मुझे ऐसा न लगता, जैसा कि धीरेन्द्र के मुख पर प्रीतिमय दास–भाव देखकर लग रहा था। ....कितना कुछ था मेरे पास देने को, पर वह सब मुट्ठी में भींच किसी को कुछ न देने का निश्चय करके भी, मैं सबको ललचा रही थी।''[82] नारी मन की व्यथा को समझना आवश्यक ही नहीं बल्कि अत्यधिक आवश्यक है क्योंकि नारी ही परिवार का पालन पोषण करती है तथा नारी ही परिवार को सुसंगठित एवं सुसंस्कृत बनाती है। इसलिए नारी निष्ठा को समझना आवश्यक हो जाता है। उपरोक्त उदाहरण में पाश्चात्य संस्कृति का प्रभाव स्पष्ट देखा जा सकता है कि किस प्रकार नारी तथा स्त्री के संबंधों में मुखरता के साथ–साथ अश्लीलता भी आ रही है। चाहे वह दात्पय संबंध हो या अन्य कोई संबंध कुछ सामाजिक बुराईयां जैसे शराब पीना आदि कई कुरीतियां पाश्चात्य संस्कृति की देन है। जिसे हम आसानी से अपना रहे हैं और अपनी गिनती उच्च वर्ग में करते हैं। पहले स्त्रियों को रात को घर से बाहर निकलना प्रतिबंधित माना जाता था, लेकिन वर्तमान में यह एक सामाजिक श्रेय के रूप में गिना जाने लगा है। लोग क्लबों तथा पार्टियों में जाते हैं तथा वहां पर शराब आदि नशे करके पूरी रात झूमते हैं। इन पंक्तियों में देखा जा सकता है कि किस प्रकार पाश्चात्य संस्कृति के प्रभाव के कारण दांपत्य संबंधों में भी कटुता बढ़ती जा रही है तथा परिवारों में टूटन तथा विखंडन अत्यधिक बढ़ गया है जिसका कारण पाश्चात्य संस्कृति ही है। आज नारी अपने आपको बाहरी कार्यों में इतना व्यस्त रखना चाहती है कि उसे अपनी घरेलू जिम्मेदारियों का अहसास ही नहीं रहता जिसके कारण भी दांपत्य–संबंधों में भी कटुता पनपने लगती है। वर्तमान समय में नारी अपने आपको सामाजिक कार्यों में व्यस्त रखने पार्टियों और क्लबों में जाकर अपने सामाजिक स्तर को उठाने का प्रयास करती है, लेकिन वह अपनी पारिवारिक संपदा को खोती जा रही है। उसका कारण पाश्चात्य संस्कृति को स्वीकार किया जा सकता है कि किस प्रकार नारी अपने अहम को पुरुष से ऊंचा उठाना चाहती है तो पुरुष नारी से। इस प्रकार की परिस्थितियों में दांपत्य संबंधों में कटुता ही उत्पन्न होती है।

भारतीय संस्कृति में प्राचीन समय से ही स्त्रियां केवल अपने पति के सिवा किसी को भी नहीं देखती थी, यहां तक के अपनों से छोटों से भी घुंघट करती थी। बदलते परिवेश और बदलती संस्कृति ने हमें पाश्चात्य संस्कृति का अनुकरण करना भी सिखा दिया है। इस बदलते परिवेश में नारी अपनी वर्जनाओं को तोड़ने लगी है। वर्तमान समय में नारी अपनी पसंद के पुरुष से शादी कर सकती है तथा अपनी कल्पनाओं के संसार

प्रवासी साहित्यकार उषा प्रियंवदा की साहित्य-साधना

में रह सकती है यहां तक कि अपनी कल्पनाओं की दुनिया बसा सकती है यही है पाश्चात्य संस्कृति का प्रभाव कुछ हद तक सकारात्मक भी और नकारात्मक भी। आधुनिक नारी अपने आपको स्वतंत्र घोषित कर चुकी है। वह अब समाज की चिंता नहीं करती उसे केवल अपनी खुशियों से सरोकार है। चाहे वह किसी भी रूप में मिले वह अपने सपनों को पाना चाहती है। नारी मन अपनी व्यथा को किसी के सामने प्रदर्शित करने से हिचकिचाता है क्योंकि नारी की अपनी एक अलग दुनिया होती है। नारी सभी प्रकार की जिम्मेदारियों का निर्वाह बड़ी ही कुशलता से करती है, लेकिन अपने आपको वे परेशानियों से मुक्त नहीं रख पाती। यही कारण है कि सबका बोझ अपने ऊपर सहने के बाद वे तनाव की स्थिति में रहती है। यही कारण है नारी मन अपनी व्यथा को कहने से डरता है कि कहीं उसको कमजोर न समझ लिया जाए। तनाव की यही स्थिति नारी को विचलित कर देती है।

'आधुनिक काव्य में प्रतीकवाद' रिसर्च के विषय पर नीलांजना कार्य कर रही थी। डॉक्टर कुमार के निर्देशन में कार्य कर रही नीलांजना थीसिस के चैप्टर करते हुए दत्तचित्र बैठी रहती कि अध्ययन की सामग्री कैसे प्रस्तुत की जाए, कभी-कभी झुंझलाहट में सब कुछ छोड़ने का मन होता। तभी मन में निश्चय करती कि डॉक्टर कुमार को वह कुछ करके दिखाएगी। अक्सर डॉक्टर कुमार के सामने वह अपने आपको अज्ञान के बोध से बोझिल पाती लेकिन उनके सामने आते ही कई उसने अपने गिरते हुए आत्मविश्वास को बढ़ते देखा। नीलांजना जब से डॉक्टर कुमार के सम्पर्क में आई। धीरे-धीरे उसके अन्दर से रुपया-पैसा, मोटरें, कोठियां और आभूषण सब व्यर्थ से लगने लगे। इन सभी आरामपरस्त वस्तुओं के बारे में सोचते हुए वह कुंठित-सी हो जाती।

नीलांजना को अकेलापन अच्छा लगने लगता है एवं अकेले बैठकर अपने विचारों को वह व्यवस्थित करना चाहती थी। एक तरफ विजय, जिसको पति-रूप में स्वीकार करने में उसकी हिचक, उलझन और संशय ने घेर लिया। विजय उन सब बन्धनों का प्रतीक था, जिनसे वह मुक्त होना चाहती थी। अगर वह एयरकंडीशन घर, मिलों और भरी तिजोरियों के आवरण में अपनी मानसिक दरिद्रता को छिपाए हुए था। नीलांजना इन सब पदार्थों को अस्वीकार करती गई। इनसे घिरी हुई वह अपने आपको अकेले पाती और तनावपूर्ण पाती। कीमती हीरे अब उसको प्रभावित नहीं कर सकते। "चमकीले पत्थरों के ये टुकड़े मुझे अब न खरीद सकेंगे। मेरा समस्त व्यक्तित्व इस परिस्थिति को स्वीकार करने से विद्रोह कर रहा है।"[83] इन बातों के बाद तो सभी दुखी हुए। वह खुद

अकेली थी नितान्त अकेली। डॉक्टर कुमार से सारी बात करने पर भी उन्होंने यही बताया कि जीवन तुम्हारा है। तुम्हें अपना पथ निर्धारित करने का अधिकार है। अब तुम अपने रिसर्च में कोई बाधा चाहती हो या नहीं।

प्रत्येक क्षण वह पूर्ण रूप से उसी राह पर चलती रही। उसे लगता कि रंगीन और झिलमिलाती दुनिया उसका आह्वान कर रही है। उसे दृढ़, अडिग भावना अभिभूत करने लगी। कभी-कभी अपनी भावनाओं की गहराई से वह काँप जाती बल्कि प्रत्येक क्षण उसको सुख देता था। पति तथा पत्नी दोनों पर परिवार के कर्तव्यों का भार होता है। वे एक-दूसरे के प्रति अपने उत्तरदायित्व पूरे करते हैं। पति-पत्नी के उत्तरदायित्व अब उन्हें माता-पिता के रूप में भी निभाने पड़ते हैं। परिवार के अन्य सदस्य भी अपने सहयोग से उनके दायित्वों को निभाने में सहयोग देते हैं। वैसे तो परिवार के संचालन में सभी के सहयोग से जिम्मेदारियां निभाई जाती हैं, किन्तु माता-पिता की प्रमुख भूमिका होती है।

अस्मिता की तलाश

नीलांजना अस्मिता की तलाश में संघर्ष करती हुई, कभी-कभी अजनबीपन का शिकार हुई नजर आती है। डॉक्टर कुमार से उसने बहुत कुछ सीखा था। उसके अस्तित्व का स्तर और भी ऊँचा हो गया था। वह उनके व्यक्तित्व से काफी प्रभावित सी जान पड़ती थी। डॉक्टर कुमार के प्रति उसके मन में बहुत अधिक व्यापक, विस्तृत और गहरी भावना है जो उनकी विद्वता से प्रेरित है। वे उसके जीवन के लिए नए आयाम थे। उन्होंने उसको जीवन के प्रति नई दृष्टि दी है। नीलांजना यह महसूस करती है कि उसका जीवन कितना खोखला, बेमानी-सा और निरर्थक व्यतीत हो रहा है। अब डॉक्टर कुमार ने उसके जीवन की भटकन को खत्म कर दिया है। वह अवास्तविक मायाजाल से निकलकर एक तपस्वी की तरह एकाग्र हो जाती है। उसमें गूढ़े लीनता आ जाती है। उसको अपने जीवन के अस्तित्व के मायने समझ आने लगते हैं। डॉक्टर कुमार और मिसेज कुमार से जो नीलांजना को मिला अपने घर में वह उससे वंचित रहती है। उसके परिवार के सभी लोग दिखावट की दुनिया में विश्वास करते हैं। उसका भाई अक्सर व्यवसाय के काम के लिए विदेश में ही रहता है। पत्नी और बहन की उदासीनता का कारण कभी उसने जाना ही नहीं। जब वापिस आता है तो कीमती गहने, उपहार आदि उनके लिए ले आता है। इसीलिए नीलांजना कई बार यह सब सोचकर कुंठित हो जाती है। तभी उसको अजनबीपन घेर लेता है। मिसेज कुमार से उसको स्नेहमयी प्रेरणा मिली। उसका दृष्टिकोण ही बदल गया। ''जीवन की उपलब्धियाँ कितनी बदल गई थीं.........प्रत्येक अनुभव का नया

प्रवासी साहित्यकार उषा प्रियंवदा की साहित्य-साधना

दृष्टिकोण प्रत्येक संवेदना में एक पैनापन.........मैं जैसे एक फूल थी जिसकी पंखुरियों का रंग अनायास ही चटक हो आया हो ......मुझे यह सब उन्होंने दिया था और मैं उनके प्रति आभारी थी।"[84] डॉक्टर कुमार की मुस्कान से नीलांजना के हृदय और चित्र पर पड़ा गहरा मालिन्य कच्चे रंग की तरह धूल जाता और वह हल्का-फुल्का अनुभव करने लगती। नीलांजना को पता चलता है कि उनको ब्रेन ट्यूमर है तो उसको लगा कि जैसे जीवन के सारे दीपक एक साथ बुझ गए हैं और वह निविड़ अन्धकार में डूब गई है। लेकिन अब वह अपूर्व दृष्टिवान हो गई थी। उसको अपने भविष्य में आशा और विश्वास नज़र आने लगते हैं।

वैयक्तिक सुख-दुःख को स्पष्ट करते हुए प्रणय और उन्मुक्त प्रेम को चित्रित किया है। आधुनिक युग में व्यक्ति भरे-पूरे परिवार में, भीड़-भाड़ में भी अपने-आपको अकेले पाता है। समृद्धि के बाद भी उसे विरक्तता घेरे रहती है। प्रिय व्यक्ति के साथ रहकर भी आज के व्यक्ति को अजीब विसंगति का बोध होता रहता है। उषा प्रियंवदा की कहानियों में ऐसी ही वैयक्तिक स्वतन्त्रता, शून्यता, एकाकीपन, निराशा और अजनबीपन जैसी अनुभूतियाँ, परिलक्षित होती रहती हैं। उषा प्रियंवदा की कहानियों के पात्र एक बंधन में बंधकर चलना पसन्द नहीं करते। वे स्वतन्त्रता चाहते हैं। विजयमोहन सिंह का कहना है कि "उनकी कहानी एक विशेष प्रकार का मानसिक तथा परिवेशगत वातावरण रचती है जिसमें उदासी, अकेलापन और बाहर या दूसरे से न जुड़ पाने की एक अभिशप्त स्थिति अंकित की जाती है। वह प्रायः उच्च शिक्षा कामकाजी आधुनिक स्त्री की नियति बन जाती है। खासतौर पर एक ऐसी स्त्री जो स्वतन्त्र, निजी और लीक से तनिक हटकर जीना चाहती है। यद्यपि उनकी सर्वाधिक चर्चित कहानी वापसी एक भिन्न प्रकार की कहानी है। उसमें एक सेवानिवृत व्यक्ति का अभिशप्त रूप व्यक्त किया गया है। वह वापिस उसी दुनिया में नहीं जा सकता जहाँ वह जाना चाहता है, या जा सकता है। आधुनिक पारिवारिक संरचना की यह अनिवार्य नियति है।"[85]

'झूठा दर्पण' कहानी में अमृता के मम्मी-पापा अलग-अलग रहते हैं। जिसका प्रभाव अमृता के जीवन पर बहुत गहरा पड़ता है। उसको भीड़-भाड़ और चहल-पहल बिल्कुल भी प्रभावित नहीं करती। वह तो इस सबसे बिल्कुल अलग-थलग है। वह तो स्मृतियों की गहराइयों में डूबी रहती है और संवेदनाओं की गोधूलि में भटकती रहती है। उसको नए-नए व्यक्तियों से परिचय बड़ा ही उबाने वाला लगता है। कुँवर से शादी के दिन तो निकट आ जाते हैं लेकिन उसको बिबिया, यति, मीरा और बम्बी से अलग होना अच्छा नहीं लगता। सभी सम्बन्धियों के मन में

प्रवासी साहित्यकार उषा प्रियंवदा की साहित्य-साधना

बड़ा उत्साह होता है अमृता के विवाह का क्योंकि इस अवसर पर कई बरस से अलग रहते मम्मी और डैडी इकट्ठे हो जाते हैं। सामान्य गाड़ी के दो पहियों के अनुरूप, परिवार रूपी गाड़ी में यदि पिता एक पहिया है तो माता गाड़ी का दूसरा पहिया होती है। परिवार चाहे पितृ-प्रधान हो अथवा मातृ-प्रधान, माता की भूमिका अति महत्त्वपूर्ण होती है। माता परिवार की निर्मात्री होती है। माता से घर की सुन्दरता बढ़ती है। माता घर की शोभा बढ़ाती है अर्थात् उसका महत्त्व पिता से भी अधिक होता है क्योंकि उसका अधिकांश समय घर में व्यतीत होता है। माता सन्तान की जननी है और सन्तान की चरित्रनिर्मात्री भी है। माता के बिना परिवार तथा बच्चे अनाथ हो जाते हैं और घर सुनसान हो जाता है। 'झूठा दर्पण' कहानी में उषा प्रियंवदा ने जीवन की उदासी, अकेलेपन और अजनबीपन को चित्रित किया है। उषा जी वैयक्तिक स्वतन्त्रता की पक्षधर है। विवाह के पश्चात पति की गृहस्वामिनी पत्नी होती है। इसलिए उसे गृह-लक्ष्मी की संज्ञा भी दी गई है। पत्नी पति की सहायता से परिवार की सुख-शान्ति, समृद्धि की व्यवस्था करती है। पति द्वारा अर्जित धन का सदुपयोग करती है। वह घर के विभिन्न कार्य करती है तथा सन्तान का भरण-पोषण व देखभाल करती है। माता बच्चों की शिक्षिका, मित्र, उपदेशिका तथा हमराज भी होती है। क्योंकि बच्चा प्रारम्भ से ही माता के सम्पर्क में अधिक आता है, इसलिए माता के आचरण, व्यवहार की झलक बच्चों में दिखती है। अतः माता का आदर्शवादी होना अति आवश्यक है। माता परिवार के सभी कार्यों का सम्पादन उनकी आवश्यकतानुसार करती है। यदि आवश्यकता पड़े तो वह त्याग की मूर्ति बन जाती है और त्याग भी करती है। माता ही घर को स्वर्ग या नरक बना सकती है। इन सभी बातों से यह स्पष्ट है कि परिवार में माता की भूमिका सर्वश्रेष्ठ तथा अत्याधिक महत्त्वपूर्ण होती है। मम्मी और डैडी के अलग हो जाने से अमृता के दिल पर खरोंस-सी पड़ जाती है। बच्चे परिवार की रौनक तथा शान होते हैं। वे परिवार के वंश को आगे बढाते है और माता-पिता के दुःख-दर्द को बांटते हैं। वे माता-पिता को संतति की तृप्ति देते हैं। माता-पिता की वृद्धावस्था में वे उनकी आर्थिक तथा शारीरिक रूप में सहायता और सुरक्षा करते हैं। भारतीय परिवारों में पुत्र का जन्म आर्थिक सम्पन्नता तथा समृद्धि का द्योतक माना जाता है। इसलिए माता-पिता पुत्र के भरण-पोषण तथा शिक्षा को विशेष महत्त्व देते है ताकि वह उनके बुढ़ापे का सहारा बन सके। पुत्री का स्थान परिवार में इतना महत्त्व नहीं रखता जबकि उसके दायित्व पुत्र से अधिक होते हैं। माता को पुत्री पर संतुलित रूप से दायित्व डालने चाहिए। बच्चों को माता की भावनाओं को समझकर अपनी योग्यतानुसार गृहकार्य में मदद करनी चाहिए और

माता–पिता को बच्चों के अनुकूल वातावरण पैदा करना चाहिए। इससे बच्चों का परिवार से सम्बन्ध स्थापित रहता है और वह घर से भागते नहीं। उपर्युक्त सभी सदस्यों की भूमिकाओं को ध्यान में रखते हुए यह कहा जा सकता है कि परिवार में पिता की भूमिका अर्थव्यवस्था हेतु और माता की भूमिका गृह–प्रबन्ध हेतु महत्त्वपूर्ण है। सभी सदस्यों को घर के कार्य परिपूर्ण करने हेतु अपनी–अपनी भूमिकाएं निभानी होती हैं।

अमृता का जब तक विवाह न होगा तब तक वह वैधानिक रूप से अलग नहीं होंगे। यह निर्णय उन्होंने अमृता के कारण ही लिया था। उन दोंनों में हमेशा से ही मतभेद होता रहता है लेकिन अमृता ने यह कल्पना बिल्कुल नहीं की थी कि वे अलग हो जाएंगे। अमृता का जीवन हर प्रकार से रिक्त हो गया था और जीवन में अचानक जो दरार पड़ गई उसने उसके विश्वास को भी तोड़ दिया। वह अपनी सहेली मीरा के घर रहती है। अमृता के मन में विवाह के लिए कोई चाव नहीं बचता, वह इस आयु में दुल्हन नहीं बनना चाहती। मीरा उसको समझाती है, "तू ज़िन्दगी को एक झूठे दर्पण में देख रही है, अमृता। यह आवश्यक नहीं की जो मम्मी और डैडी में हुआ, वही तेरे साथ हो। और रहे मेरे स्वप्न, मेरा ही दोष था। मैंने ज़िन्दगी को बहुत रोमांटिक दृष्टि से देखा था।"[86]

मीरा को हमेशा से ही धन–दौलत आकर्षित करती है। उसका पति, यति सहज और हँसमुख प्रकृति वाला परिस्थितियों का संघर्षपूर्ण स्थिति में सामना करता है। उसको कई उलझनों ने घेर रखा है। अमृता ने कुँवर से विवाह की स्वीकृति देकर अपने को पूर्ण रूप से अदृश्य पर छोड़ दिया, उसकी मनःस्थिति ऐसे प्राणी की सी थी जो कि अपनी नौका में धीरे–धीरे पानी आता देखता है और चुपचाप बैठ जाता है। वह जानता है कि इससे लड़ना बेकार है। उधर मीरा की हसरतें धनाभाव के कारण मर जाती हैं। अमृता यति की संवेदनाओं को अच्छी तहर समझती है लेकिन कुछ कर नहीं पाती। इस कहानी में लेखिका ने बहुत अच्छे–से ज़िन्दगी के पैटर्न को बुना है। अमृता की ज़िन्दगी का यथार्थ कुँवर था। प्रोफेसर नामवर सिंह का कथन है, "यह दूसरी कहानी है उषा प्रियंवदा की जो 'नई कहानियों' में अगस्त 1960 में प्रकाशित हुई और जिसे पत्रिका की ओर से वर्ष का प्रथम पुरस्कार दिया गया।"[87] 'वापसी' कहानी में आधुनिक युग के यथार्थ को प्रस्तुत किया गया है। आधुनिक पीढ़ी जीवन के सामाजिक मूल्यों को छोड़ती जा रही है। इसी प्रकार वह पुराने मूल्यों की तरह पिता को भी छोड़ देती है। उसको सिर्फ धन कमाने का साधन मात्र माना गया है। इस कहानी के पात्र गजाधर बाबू ने पैंतीस वर्ष घर से दूर रहकर नौकरी की। उस अकेलेपन को उसने इसी आशा में सहा

प्रवासी साहित्यकार उषा प्रियंवदा की साहित्य-साधना

कि रिटायर होने के बाद वह ज़िन्दगी का बाकि समय परिवार के साथ खुशी-खुशी व्यतीत करेगा। लेकिन घर पहुँचकर उसकी कल्पना को ठेस पहुँचती है। परिवार का कोई भी सदस्य उस पर ध्यान नहीं देता। गजाधर बाबू बहुत ही स्नेही व्यक्ति होने के कारण स्नेह के आकांक्षी भी हैं। कवि प्रकृति के न होने पर भी उनको पत्नी की स्नेहपूर्ण बातें बहुत याद आती हैं। जब वह थके-हारे बाहर से आते तो उनकी आहट पाकर उनकी पत्नी रसोई से बाहर आकर मुस्कराहट के साथ उनका स्वागत करती। इन सब बातों को याद करके कई बार वह उदास हो जाते। कितने वर्षों के बाद वह अवसर आता है जब वह फिर उसी स्नेह और आदर के मध्य रहने जाते हैं। घर पहुँचकर गजाधर बाबू को बहुत अजनबी सा लगता है, "गजाधर बाबू के रहने के लिए कोई स्थान न बचा था। जैसे किसी मेहमान के लिए कुछ अस्थायी प्रबन्ध कर दिया जाता है। उसी प्रकार बैठक में कुर्सियों को दीवार से सटाकर बीच में गजाधर बाबू के लिए पतली-सी चारपाई डाल दी गई-गजाधर बाबू उस कमरे में पड़े-पड़े, कभी-कभी अनायास ही उस अस्थायित्व का अनुभव करने लगते।"[88] पत्नी के प्रति भी उनकी स्नेहमयी बातें गजाधर बाबू को याद आती हैं। जिसके हाथों के कोमल स्पर्श, जिसकी मुस्कान की याद में उसने अपना सम्पूर्ण जीवन काट दिया था। उनको लगता है कि वह लावण्यमयी युवती जीवन की राह में कहीं खो गई है। अब उसकी जगह आज जो रहती है, वह उसके मन और प्राणों के लिए बिल्कुल अपरिचित है। गजाधर बाबू को लगता है कि किसी बात में हस्तक्षेप न करने के लिए निश्चय के बाद भी उसका अस्तित्व उस वातावरण का एक भाग न बन सका। उसकी उपस्थिति उस घर में ऐसी असंगत लगने लगती है, जैसे सजी हुई बैठक में उसकी चारपाई थी। इस प्रकार उसकी सारी खुशी एक गहरी उदासीनता में डूब जाती है। पत्नी के व्यवहार में स्नेह और सहानुभूति का पूर्ण अभाव गजाधर बाबू को बहुत खटकता है।

उषा प्रियंवदा की कहानियों में व्याप्त शून्यता-बोध

उषा प्रियंवदा ने अपनी कहानियों में ऐसे व्यक्तियों को रेखांकित करने का प्रयत्न किया है जो समाज के प्रति अपनत्व और जुड़ाव की भावना खोकर बैठते हैं। पारिवारिक रिश्तों के टूटने से व्यक्ति अपने आपको अकेला पाता है और वह असहाय हो जाता है। उषा प्रियंवदा ने व्यक्ति की अनुभूतियों पर अधिक ध्यान दिया है। उन्होंने व्यक्ति की प्रवृत्ति या परिस्थितियों के द्वारा उसके खोखलेपन और शून्य जीवन को व्यक्त किया है। अपनी भावनाओं को ठेस और इच्छाओं की पूर्ति न होने पर व्यक्ति निराश और कुंठाग्रस्त हो जाता है। समाज में और परिवार में

प्रवासी साहित्यकार उषा प्रियंवदा की साहित्य-साधना

रहते हुए वह अपने आपको अजनबी पाता है एवं कहीं दूर जाने की सोचता है। आज का व्यक्ति परिस्थितियों से भागना शुरू कर देता है।

उषा प्रियंवदा के कथा साहित्य में नारी का विशिष्ट स्थान है। हिन्दी कथाकार ऊषा प्रियंवदा के सन्दर्भ में जब मूल्य मर्यादा और सामाजिक दायित्व के निर्वाह की बात उठती है तो भारतीय जीवन पद्धति में हुए परिवर्तनों की ओर बरबस ही ध्यान खिंच जाता है। भारतीय जीवन पद्धति की दृष्टि से यह एक नया काल था। विदेशी जातियों के सम्पर्क में आने के परिणामस्वरूप हमारी जीवन पद्धति में निरन्तर परिवर्तन होता गया और स्वतन्त्र होते-होते हमारी सभ्यता और संस्कृति सहित प्रत्येक क्षेत्र में हम पाश्चात्य जीवन से प्रभावित हुए हैं। बिंदु अग्रवाल ने नारी की स्थिति के सुधार को आर्थिक आधार से जोड़ते हुए कहा है कि ''जिन घरों में बेटा अर्थोपार्जन का मुख्य सहारा है, उनमें बहु को सास से दबकर नहीं चलना पड़ता।''[89] इस भावना ने भारतीय जीवन में बड़ी विषमता और भयानकता के साथ आधुनिकता के लिए खींचतान करने की प्रवृत्ति को जगा दिया है। अकेलापन और अजनबीपन हमारे जीवन पर बुरी तरह हावी होने लगा है। आज व्यक्ति समाज में रहते हुए भी अलग थलग इकाई बन गया और उसे अपने अस्तित्व की चिन्ता सताने लगती है। आर्थिक बोझ धीरे-धीरे संयुक्त परिवार की कमर तोड़ने लगा। नारी मन की व्यथा को समझना आसान नहीं होता। यही स्थिति ऊपर प्रदर्शित की गई है कि मानसिक परेशानियां स्त्री को न केवल मानसिक अपितु शारीरिक रूप से भी कमजोर कर देती है। जैसा कि आमतौर पर होता है नारी की यही व्यथा हमें सोचने पर मजबूर कर देती है कि ये वही देवियां है जिन्होंने एक सुसंस्कृत परिवार को जन्म दिया तथा अपने सारे दुख-दर्दों को भुलाकर सभी परेशानियों को अपने सिर पर लिया। कभी-कभी ऐसी परिस्थितियां भी पैदा हो जाती है कि नारी ही नारी को समझ नहीं पाती। ऐसी ही परिस्थितियों में नारी का मन अत्यन्त द्रवित हो उठता है क्योंकि जिसको एक नारी ने जन्म दिया वह भी उसकी व्यथा को समझने का प्रयास नहीं करता। इस स्थिति में नारी अपनी किस्मत पर ही नहीं रोती बल्कि प्रतिदिन अपनों से ही वह पराजित हो जाती है। पारिवारिक परिस्थितियों में किस प्रकार नारी को ही अत्यधिक परेशानियों का सामना करना पड़ता है। इसके उदाहरण हम साहित्य और समाज दोनों में देख सकते हैं। नारी मन जैसे कोमल हृदय पर कितने कुठाराघात होने के बाद भी वह अपने को संभाले रखती है तथा अपने कर्तव्यों का पालन करती रहती है। नारी सदैव अपने परिवार के लिए कार्य करती रहती है वह प्रत्येक स्थिति में बचत करने की कोशिश करती है ताकि बाद में यह

किसी काम आ सके। वह अपनी खुशियों का त्याग करती रहती है। यहीं से नारी की महानता को समझा जा सकता है कि नारी के बिना पारिवारिक वातावरण का निर्माण नहीं किया जा सकता। नारी के बना परिवार, समाज की कल्पना भी नहीं की जा सकती। घर में लड़कियों पर बेवजह रोकटोक भीं उनके लिए तनाव की स्थिति पैदा कर देती है। जैसा कि निम्न उदाहरण में देखा जा सकता है।

यहां पर गजाधर अपनी लड़की की शिकायत अपनी पत्नी से करते हैं, लेकिन बच्चों के मन पर इस व्यवहार का बुरा असर पड़ता है तथा उनकी व्यवस्था पर भी बुरा प्रभाव पड़ता है। जब स्त्री की कल्पनाओं और सपनों पर कुठाराघात होता है तो वह अपने आपको संसार में अकेली महसूस करती है। उसे लगता है कि संसार में सभी अकेले है, कोई किसी के साथ नहीं ऐसा ही अचला के साथ भी होता जब दो स्त्रियों में एक पुरुष और एक नारी को अत्यधिक महत्व दिया जाता है तो ऐसी स्थिति उत्पन्न हो जाती है।

परिवारिक बिखराव

ऊषा प्रियंवदा ने अपने कहानी संसार में नारी की प्रत्येक स्थिति का वर्णन अत्यन्त मुखरता से किया है। ऊषा जी ने नारी को संसार में प्रमुख स्थान दिया है। नारी के बिना समाज तथा परिवार की कल्पना भी नहीं की जा सकती, लेकिन उसकी मानसिक स्थिति को कोई समझने का प्रयास भी नहीं करता, जिसके कारण वह हमेशा तनावग्रस्त रहती है। यही पर नारी अपने मन की व्यथा किसी को कह भी नहीं पाती। पारिवारिक बिखराव के कारण ही सामाजिकता बिखरने लगी है और उसके स्थान पर वर्ग, समूह, गुट, पैदा होने लगे'। बड़े नगर, कस्बे यहां तक कि गांव भी इस अलगाव की वृति की लपेट में आ गये और संस्था में संस्था, इसी प्रकार संस्थाएँ पनपने लगी, यहाँ तक कि व्यक्ति अपने आप में ही एक संस्था बन गया। पति–पत्नी, माता–पिता और पुत्र–पुत्री, भाई भाई और भाई बहन तक जब वे एक दूसरे के लिए अजनबी और अपरिचित से हो जाते हैं और इस प्रकार की समस्याओं पर उषा प्रियंवदा ने ढेर सारी कहानियाँ लिखी गयी हैं।

उषा प्रियंवदा ने पूर्व और पश्चिम के मूल्यों के बीच उत्पन्न द्वन्द्व को अपने कहानी–संग्रहों में अभिव्यक्त किया है। 'सागर पार का संगीत' कहानी में देवयानी औस्कर से शादी करके पश्चिम में जा बसती है। अपना देश, अपनी भाषा, माता–पिता एवं उनके द्वारा आयोजित विवाह यह सब कुछ छोड़कर, किसी की भी परवाह न करके वह औस्कर से प्रेम वह विवाह करती है। एक तरफ पति–प्रेम उसको खींचता है और दूसरी

तरफ देश–प्रेम इसी द्वन्द्व में उसके अन्दर एक मानसिक विभ्रान्ति पैदा हो जाती है। इसी के चलते वह अपने आपको अकेला समझती है। "मैं औस्कर को बहुत–बहुत प्यार करती हूँ – मैं बेहद भरी भी हूँ, फुलफिल्ड! और बेहद अकेली थी। कभी–कभी तो मैं इतनी अकेली हो जाती हूँ कि औस्कर, उसके मित्र, सभी बड़ी दूर लगने लगते हैं, जैसे मेरे चारों ओर एक शीशे की दीवार आ खड़ी हुई हो।"[90]

देवयानी प्रकृति प्रेमी है। वह सागर के तट पर जाकर घंटों अकेली बैठी रहती है। देवयानी कुछ सुनना चाहती है, पर सब ओर सन्नाटा है, न पत्तियों पर वर्षा, न लहरों का स्वर और उसके चारों तरफ शून्यता का बोध होता है। उसके मन में एक दानव उत्पन्न हो गया है, जो उसे नोचता रहता है। मन की बातें मन में दबा लेने से सिर में दर्द रहने लगता है। औस्कर, देवयानी के साथ बहुत कम समय व्यतीत करता है। उसको कहता है कि अगर उसे अकेलापन लगे तो माँ के पास चली जाना। छह दिनों के लिए औस्कर को काम के सिलसिले में बाहर जाना पड़ता है तो तीन दिन देवयानी गुमसुम पड़ी रहती है। उदासी का ऐसा घना कुहरा छा जाता है कि उसका कहीं भी मन नहीं लगता।

अलगाव की स्थिति

कितना बड़ा झूठ' कहानी संग्रह मे उषा प्रियंवदा ने भटकते हुए पात्रों की उदासी एवं अकेलेपन से जूझते पाश्चात्य परिवेश में भारतीयों की दशा का बखूबी चित्रण किया है। 'सुरंग' कहानी में सभी पात्र अलगाव की स्थिति में मौन धारण किए रहते हैं। बेबी नामक छोटी लड़की घर के आँगन में ऐसे बैठे रहती है जैसे कोई वृक्ष उग आया हो। उसकी दीदी काफी समय बाद घर लौटती है, वह भी बेबी से कोई बात नहीं करती। बेबी की कोई सखी–सहेली नहीं है। उसकी माँ बेटे की मृत्यु के कारण हमेशा पूजा–पाठ में लगी रहती है। बेबी इस जीवन में अब बिल्कुल अकेली पड़ जाती है। वह अपनी साज–सज्जा पर भी कोई ध्यान नहीं देती। अरुणा बाँह को सिर के नीचे तकिया लगाकर चारपाई पर लेटी रहती है। बेबी आँगन में, अरुणा चारपाई पर और माँ पूजा–पाठ में लगी रहती है। कोई किसी से आपसी बातचीत नहीं करता। न चाहकर भी वह चुप ही रहती है। वह बहुत से प्रश्न मन में लिए बिना कुछ कहे सारा दिन काम करती रहती है। अरुणा और माँ के चाय माँगने पर उनको चाय बनाकर दे आती है। उसको अपना दुःख किसी से कहने का अवसर हीं नहीं मिलता। बेबी के मन में कौन–कौन से विचार दौड़ते हैं ? वह गहरी काई से ढके, बँधे जल–सी निरुद्ध है, यह न तो उसकी माँ जानती है और न ही अरुणा। इस संबंध में कहा गया है कि "जिन

स्थितियों, विचारों और डरों ने उसे अब तक ग्रसा है, उन पर वह सायास रोक लगाना चाहती है। अगर पहाड़ी नदियों पर बाँध बाँधे जा सकते हैं तो अरुणा भी अब तक की निरुद्देश्य जी हुई ज़िन्दगी को नया मोड़ दे सकती है। अभी तो वह उन विचारों की फ्रीज करने की प्रक्रिया में है, कि कुछ न सोचो, पीछे मुड़कर न देखो।''[91]

बेबी की आँखें भी हमेशा की तरह उदास ही रहती हैं उसके चेहरे पर भी सूनापन छाया रहता है। बेबी को याद रहता है कि ट्रेन जब सुरंगों में घुसी थी तो उसने अँधेरे से डरकर चीख–चीखकर रोना शुरू कर दिया था। तब उसके अन्दर डर बैठ जाता है। उसकी माँ अपनी बेटी के पास आकर बैठती नहीं। जब कभी वह माँ से लिपट जाती है तो वह निर्मम हाथों से उसे परे कर देती है। माँ सारा दिन पूजा–पाठ में लगी रहती है। वह अपनी बेटियों के सुख–दुख से इतनी दूर है कि उसको तनिक भी ध्यान नहीं रहता कि उसकी बेटियाँ अलगाव की स्थिति में हैं। बेबी अकेली रहने के कारण किसी भारी दुःख से विवश है, जो उसको अन्दर ही अन्दर सालता रहता है। रात के बीच विवश हृदय–विदारक और अनियंत्रित रूप में वह फूट पड़ता है। वह उस दुख को बाँट नहीं सकती क्योंकि वह अपने आपको अकेला समझती है। अरुणा का जीवन भी बड़ा त्रास भरा और खोखला है।

'जिन्दगी और गुलाब के फूल' कहानी का सुबोध घर में अलगाव की स्थिति के कारण पीड़ित है। वह अच्छी नौकरी पर कार्यरत था लेकिन अपने स्वाभिमान को ठेस न पहुँचे और अपने अफ़सर की अपमानजनक बातें सुनकर वह अपने आत्मसम्मान की रक्षा के लिए इस्तीफा दे देता है। ज़िन्दगी ने उसको भी गुलाब के फूल दिए थे लेकिन उसने स्वयं ही उन्हें ठुकरा दिया। अपने स्मृति के एलबम ने उसको स्वयं ही उसको स्पष्ट रूप से एक–एक बातें याद करवाई। ऐसा स्वाभिमानी व्यक्ति एक कड़वा–सा घूंट भरकर रह जाता है। नौकरी छोड़ने के बाद वह कुछ महीने तो घर नहीं लौटता। दूसरी नौकरी की खोज में निकल पड़ता है। जब खाली हाथ घर आता है तो घर का उसके कमरे का चित्र ही बदला जाता है। उसकी अनुपस्थिति में वृन्दा उसके कमरे से जरूरत का सामान ले लेती है। जब बेकार नहीं था तो उसकी दिनचर्या के अनुसार घर के काम होते थे। कहानीकार ने इस संबंध में लिखा है कि ''तब वृन्दा और माँ दोनों उसके इन्तजार में बैठी रहती थी। वृन्दा हमेशा बाद में खाती थी। पहले जब तक वह स्वयं अखबार न पढ़ लेता था वृन्दा को अखबार छूने की हिम्मत न पड़ती थी, क्योंकि वह हमेशा पन्ने गलत तरह से लगा देती थी।''[92] बेकार होने पर कोई भी उसको पूछता नहीं, वह गली–गली

भटकता फिरता है। कोई उसका इन्तजार नहीं करता। जब थक जाता है तो घर का अकेलापन उसे सताता है। घर के सारे काम वृन्दा की मर्जी से होने लगते हैं। सुबोध घर में अजनबी बन जाता है। माँ भी खाना खाने के लिए सुबोध का इन्तजार नहीं करती। सुबह भी वृन्दा के चाय पीने के बाद वह चाय पीता है। अखबार लेने भी वृन्दा के कमरे में उसे जाना पड़ता है। इसीलिए उसके अखबार पढ़ना ही छोड़ दिया है। सुबोध के चेहरे पर विषाद और चिन्ता की रेखाएँ गहरी होती जा रही है। इस बारे में अपनी माँ से भी वह कुछ नहीं कह पाता।

अब सुबोध जैसे उसका बेटा नहीं कोई अनजान व्यक्ति, गंभीर अपरिचित पुरुष हो गया है, जो दिनभर भटकता रहता है और रात को आकर सो जाता है। नौकरी तो वह आत्मसम्मान की रक्षा के लिए छोड़ता है। इसके बाद बेकार होने पर घर में उसका कोई अस्तित्व नहीं रह जाता, घर का कोई भी सदस्य उसका सम्मान नहीं करता। सुबोध और शोभा का प्रेम आत्मीयता से भरा हुआ है। सुबोध की नौकरी छूट जाने के बाद शोभा का पिता सुबोध और शोभा की सगाई तोड़ देता है। दुखी मन से सुबोध इस निर्णय को स्वीकार करता है। वह यह जान चुका है कि पेट की आग प्यार से भी बड़ी है। प्रकृति ने स्त्री को पुरुष की पूरक बनाया है। पत्नी बनकर स्त्री पुरुष की सहधर्मिणी और अर्धांगिनी बनती है। पति-पत्नी दोनों के सहयोग से ही दांपत्य जीवन का संचालन होता है। स्त्री जिसे एक बार वरण कर लेती है। आजीवन उसी के प्रति समर्पित रहती है। यही भारतीय सभ्यता है। यह स्त्रीत्व और सतीत्व की मर्यादा भारतीय परिवार व्यवस्था की धुरी है।

अजनबीपन

सुबोध की उसके घर में कोई कद्र नहीं, यह सुबोध अच्छी तरह से समझ गया है। अपनी छटपटाहट से उसके अन्दर एक तीव्र विध्वंसक प्रवृत्ति जाग उठती है। उसका मन करता है कि जो कुछ भी सामने आए, उसे तहस-नहस कर डाले। इन्हीं विचारों के चलते वह एक साइकिल सवार से टकरा जाता है। उसकी कुहनियाँ खुरदरी सड़क से छिल जाती हैं। एक तीव्र पीड़ा के कारण उसका ध्यान बँटता है। अब अकेला सुबोध हक्का-बक्का रह जाता है। जब वह उठकर चलने की कोशिश करता है तो उसका बायाँ पैर सूजने लगता है, वह लंगड़ाता हुआ पार्क की बेंच पर आकर बैठ जाता है। दाहिने पैर टाँग से उसके खून टपकता रहता है। आत्मपीड़न से वह जाड़ों के दिनों में पार्क की बेंच पर लेटा रहता है। पैर के दर्द के कारण और कोहनी के दर्द के कारण वह उठ नहीं सकता। वह अपना ध्यान पीड़ा से हटाने के लिए वह ताजे फूलों को देखता है। सारी रात वह ऐसे ही लेटा रहता है। जब सूरज सिर पर आ

जाता है तो वह बाँया पैर घसीटता हुआ दर्द सहता हुआ, पेड़ की छाँह में शीतल घास पर लेट जाता है। सिर में भारीपन, मुँह में कड़वाहट और पैर में दर्द लिए वह लेटा–लेटा सोचता है कि उसको कोई भी खोजता हुआ नहीं आया। वृन्दा को तो मालूम होगा कि वह अक्सर पार्क में ही बैठता है। चौकीदार आकर कहता है कि बाबू पार्क बन्द करने का समय हो गया है। आप घर चले जाओ। लड़खड़ाते हुए कदमों से वह घर आ जाता है। माँ भी अब उसका इन्तजार नहीं करती। घर आने पर ''दरवाजा खुला था। बरामदे में मद्धिम रोशनी थी। चौके में अँधेरा। वह अपने कमरे में आया। कोने में मैले कपड़ों का ढेर था। ढीली चारपाई, गन्दा बिस्तर, तिपाई पर खाना ढका हुआ था। सुबोध चारपाई पर बैठ गया और तिपाई खींचकर लालचियों की तरह जल्दी–जल्दी बड़े–बड़े कौर खाने लगा।''[93] पारिवारिक संबंधों के तनाव से उत्पन्न अकेलेपन की वजह से सुबोध को घर में कहीं भी अपना अस्तित्व नज़र नहीं आता। वह अपनी प्रेमिका शोभा को भी कहता है कि वह ज़िन्दगी में फेलियर है। वह अपनी इच्छा के अनुसार कुछ भी नहीं कर सकता। जिसके कारण वह अन्दर से टूट चुका है। उसको अपने चारों तरफ शून्यता का बोध होता है। इस प्रकार सुबोध के अजनबीपन की तीव्रता इस कहानी में प्रमुख रूप से मुखरित हुई है। आधुनिक मनोविज्ञान ने पुरूष की मानसिक गहराइयों का जितना अन्वेषण किया है, उसके कहीं अधिक वह नारी की मानसिक गहराइयों में उतरने के लिए प्रयत्नशील रहा है। मां अपने बच्चों के लिए हमेशा एक जैसा व्यवहार करती है। चाहे वह किसी भी प्रकार की परिस्थितियों में क्यों न हो। वह लड़के–लड़की में कोई भेद नहीं करती। चाहे कोई कमाता भी हो या ना हो मां अपने कर्तव्य का पालन भली–भाँति करती है। क्योंकि उसे पता है कि उसने अपनी संतानों का पालन–पोषण करना है। 'जिंदगी और गुलाब के फूल' नामक कहानी में मां का यह स्वरूप स्पष्ट रूप से देखा जा सकता है। इस कहानी में मां के ममत्व को आसानी से देखा जा सकता है कि किस प्रकार मां अपने बच्चों का पालन–पोषण करती है। बच्चे चाहे छोटे हो या बड़े उनके स्वरूप में मां के लिए कोई परिवर्तन नहीं आता। मां शब्द ही अपने आप में पूरे संसार को समेटे हुए है, वह अपनी तथा अपने परिवार की जिम्मेदारी जितनी अच्छी तरह से संभाल सकती है वैसा कोई भी नहीं कर सकता। मां ही समाज तथा परिवार का स्वरूप उत्कृष्ट बनाती है तथा एक आदर्श उदाहरण प्रस्तुत करती है।

मां की स्मृति इतनी ज्यादा प्रभावशाली होती है कि बच्चा किसी भी परिस्थिति में हो माँ को ही याद करता है। ऐसा ही सुबोध के साथ हुआ जब उसे अपनी माँ की चिंता होती है, तो किस प्रकार वह अब भी

दरवाजे पर खड़ी उसकी प्रतीक्षा कर रही होगी। ऊषा प्रियंवदा ने अपनी कहानियों में मां के स्वरूप को बड़ी ही मुखरता से उद्घाटित किया है। उनके अनुसार मां इस संसार की जननी है। एक सभ्य तथा सुसस्कृत मनुष्य के पीछे उसकी माता का आशीर्वाद तथा एक अदम्य, अद्भुत एवं अदृश्य शक्ति हमेशा उसके साथ चलती है जो कि विकट परिस्थितियों में उसकी रक्षा करती है तथा उसे सद्मार्ग का ज्ञान प्रदान करती है।

अकेलापन

'कितना बड़ा झूठ' कहानी–संग्रह में सम्बन्ध कहानी की श्यामला सर्जन से प्यार करती है। वह एक ऐसी कॉटेज में रहती है, जहाँ सिवाय सर्जन के कोई नहीं आता। वहाँ वह अकेली सबसे अलग सबसे कटी हुई रह रही है। सर्जन हमेशा चाहता आया है कि उसके अस्पताल के पास ही एक छोटे–से आधुनिक फ्लैट में श्यामला रहे, बाहर आए–जाए, घूमे–फिरे और लोगों से मिले–जुले लेकिन श्यामला को किसी से मिलना–जुलना अच्छा नहीं लगता। वह बिल्कुल अकेली रहना चाहती है। बाहरी दुनिया से वह बहुत कम मिलती–जुलती है। बहुत बार सर्जन श्यामला के कन्धे झिंझोड़कर कहना चाहता है कि जागो श्यामला यह बैरागीपन तुम्हारा सहज स्वभाव नहीं है। वह सर्जन के अनुसार जीना चाहती है लेकिन जी नहीं पाती। उसको इस तरह अकेलेपन की स्वतन्त्रता बहुत पसन्द है। ''वह सर्जन को कभी भी न समझा पाएगी कि इस तरह स्वतन्त्र असम्पृक्त रूप से एक सुख है, स्वार्थ भरा, पर है सुख।''[94] सर्जन के सफल होने के आत्मविश्वास और दिन–रात मौत एवं तकलीफ देखते रहने से उसकी आँखों में जो अकेली–अकेली–सी उदासी थी, कहीं–न–कहीं श्यामला को उसने छुआ था। भरे–पूरे परिवारवाले, सम्पन्न, सफल सर्जन की आँखों में उसने अपना ही प्रतिबिम्ब पाया था क्योंकि तभी तो सर्जन को अकेली, उजाड़, फटेहाल–सी कॉटेज में जाकर ही कुछ समय के लिए राहत मिलती है। श्यामला के मन की भटकन का भी कुछ नहीं कहा जा सकता। जब भटकन बढ़ जाएगी तब वह अपना सूटकेस उठाकर यहाँ से चल देगी। उषा प्रियंवदा की कहानियों में यही घिरे हुए जीवन का उबासीपन एवं उदासीनता उभर कर सामने आती है। आत्मीयता और करुणा के स्वर इन कहानियों में फूट पड़ते हैं। आत्म भर्त्सना की स्थिति जब बीत जाती है तो एक निरुपाय, बेसहारा एवं आक्रोश गुस्से के रूप में उभरकर सामने आता है। सास को भारतीय समाज में मां के रूप में चित्रित किया गया है। पारिवारिक संबंधों में कदाचित सास–बहु का संबंध अधिक महत्वपूर्ण है। परिवार की सुख–शांति इसी संबंध पर टिकी होती है। आरंभ के हिंदी उपन्यासों में हमें सास व बहू विग्रह भरे संबंधों का चित्रण मिलता है। इस चित्रण में

प्रवासी साहित्यकार उषा प्रियंवदा की साहित्य-साधना

प्रायः इन सभी परिस्थितियों का समावेश हो गया है जो बहू पर सास के अन्याय, अत्याचार का कारण बनती है। पर ऐसे उदाहरण भी हैं, जिनमें सास-बहू को कर्तव्य-विमुख और दोषी ठहराती हैं।

ऊषा प्रियंवदा की प्रमुख कहानी वापसी में सास-बहू के संबंधों का भी वास्तविक चित्रण बड़ी ही मुखरता से किया गया है कि किस प्रकार सास-बहू के संबंधों पर ही घर में सुख-शांति निर्भर करती है। अगर घर चलने वाले लोगों में ही मतभेद होगा तो घर की व्यवस्था अव्यवस्था में बदल जाएगी यही घरेलू वातावरण को कमजोर बनाती है। इस स्थिति को उषा प्रियंवदा ने अपनी कहानियों में व्यक्त किया है।

'सम्बन्ध' कहानी में उन्नीस साल की भोली-भाली लड़की जब एकदम हैल्पलैस हो जाती है। तब उसके नजायज बच्चे का पिता उसे छोड़कर कैलीफोर्निया चला जाता है। जब कोई अबार्शन का अरेंज नहीं होता तो वह सुसाइड करने की कोशिश करती है। कई दिनों तक अस्पताल में रहने के बाद वह मर जाती है। उस भारतीय लड़की के साथ आत्मीयता के सम्बन्ध के कारण श्यामला को उसके मरने से बहुत दुःख पहुँचता है। पहली बार उसके गहरे भाव-बाहर उमड़ते हैं।

इस अलगाव के कारण बहुत दिनों से धीरे-धीरे पके फोड़े फूटते हैं। वह फूट-फूटकर रोती है। वह त्रसित हो जाती है। सुनीता मर जाती है और श्यामला के पास सिर्फ ग्लानि बचती है क्योंकि उसने सुनीता की मदद नहीं की थी। इस कारण वह अकेलेपन का शिकार हो जाती है। उसको अपने चारों तरफ शून्यता का बोध होता है। औद्योगिक क्रांति से मनुष्य नगरों की तरफ आकर्षित हुआ है। भारत में संयुक्त परिवार में रहने वाले भारतीयों की स्थिति अब बिखर गई है। मशीनों की भांति दौड़ते हुए मनुष्य के जीवन से रागात्मकता प्रायः समाप्त हो गई है।

हिंदी साहित्य की लगभग सभी विधाओं में नारी के विभिन्न रूपों का वर्णन किया गया है। नारी के विभिन्न रूपों में बेटी के रूप का चित्रांकन प्रत्येक कहानी, कविता, उपन्यास आदि में सजीव रूप में पाया जाता है। कहीं वह पिता के आदेश का पालन करती है तो कहीं वह विमुख दिखाई पड़ती है। कहीं-कहीं उसे परिवार के भरण पोषण के लिए कार्य भी करना पड़ता है। एक बेटी तीन परिवारों का पालन-पोषण एवं सुसंस्कृत बना सकती है। एक बेटी के रूप को ही ऊषा प्रियंवदा ने अपनी कहानियों में प्रमुख स्थान दिया है। स्वयं नारी होने के कारण प्रत्येक स्थिति को भोग कर वह अपनी कहानियों में चित्रित किया है, ताकि पात्रों के चरित्र में सजीवता आ सके और वह इसके माध्यम से समाज को संदेश दे सके।

प्रवासी साहित्यकार उषा प्रियंवदा की साहित्य-साधना

उषा प्रियंवदा ने इस गौण पात्र की परिस्थितियों को भी अपनी कहानियों का विषय बनाया है ताकि नारी के प्रत्येक स्वरूप की व्याख्या प्रस्तुत की जा सके और नारी के कोमल हृदय में छुपे दर्द को मुखर भाव से प्रस्तुत किया जा सके। नारी को संपूर्ण जीवन में अनेक प्रकार की भूमिकाओं का निर्वाह करना पड़ता है। इस संबंध में अपनी कहानी के माध्यम से कहती है कि "सुबोध कुछ तीखी-सी बात कहते-कहते रुक गया। कई साल में घिसट-घिसटकर बी.ए.एल.टी. कर लेने और मास्टरनी बन जाने से ही जैसे वृंदा का मेज पर हक हो गया हो, कोई आध्यापिका होने से ही पुस्तकों का प्रेमी नहीं हो जाता। सुबोध की उस मेज पर अब जुड़े के कांटे, नेल-पॉलिश की शीशी और गर्द-भरी किताबें पड़ी रहती थीं और फिर कुछ दिनों बाद मां ने कहा, वृंदा को रोज स्कूल जाने में देर हो जाती है। अपनी अलार्म घड़ी दे दो, सुबोध।

सुबोध ने कठोर होकर कहा था, नई घड़ी खरीद क्यों नहीं लेती? उसे क्या कमी है?

मां ने आहत और भर्त्सनापूर्ण दृष्टि से उसे देखकर कहा, उसके पास बचता ही क्या है। तुम खर्च करते होते तो जानते।

नहीं, मुझे क्या पता! हमेशा से तो वृंदा ही घर का खर्च चलाती आई है। मैं तो बेकार हूं, निठल्ला। और झुंझलाकर सुबोध ने घड़ी उसे दे दी।

सबसे अधिक आश्चर्य तो उसे वृंदा पर था। अक्सर वह सोच उठता कि यह वही वृंदा है, जो उसके आगे-पीछे घूमा करती थी, उसके सारे काम दौड़-दौड़कर किया करती थी! जब उसने चाय मांगी, वृंदा ने चाय तैयार कर दी। और जब ? एक रात जरा देर से आने पर उसने सुना, वृंदा बिगड़कर मां से कह रही थी, काम न धंधा, तब भी दादा से यह नहीं होता कि ठीक वक्त पर खाना खा लें। तुम कब तक जाड़े में बैठोगी, मां ? उठाकर रख दो, अपने आप खा लेंगे।"[95]

यहाँ स्पष्ट होता है कि वर्तमान समय में स्त्री पर एक ओर कर्तव्य बढ़ गया है। उसे अपने परिवार का पालन पोषण करना और जिस घर में कोई पुरुष कार्य ना करता हो वहं पर नारी को घर से बाहर निकलना पारिवारिक परंपरा का त्याग करना भी पड़ता है तथा अपनी खुशियों का भी त्याग करना होता है।

विभिन्न पारिवारिक चरित्रों के अलावा नारी का एक चरित्र ऐसा भी है, जिसे ज्यादातर लोग पसंद नहीं करते वह है-प्रेमिका का स्वरूप। प्रेमिका के रूप में भी ऊषा प्रियंवदा ने नारी चरित्र को मुखरता प्रदान की है। उनके अनुसार पुरुष प्रधान समाज में नारी को अपने हृदय की बात

सुनकर उस पर चलने का हक है।

'मोहबंध' कहानी की अचला और राजन आधुनिक दौर में जीवन व्यतीत कर रहे देवेन्द्र और नीलू जैसे चरित्रों से मिली निराशा के परिणामस्वरूप उत्पन्न घुटन और कुंठा के शिकार हैं जो शादी हो जाने के बाद भी अकेलेपन और अजनबीपन की समस्या से ग्रसित हैं। इस कहानी के सभी पात्रों में अस्थिरता देखने को मिलती है। न तो नीलू, राजन के प्रति प्रतिबद्ध रहती है और न ही देवेन्द्र अचला के प्रति प्रतिबद्ध रहता है। इसके कारण अचला का जीवन बहुत प्रभावित होता है। अचला का जीवन अस्थिर हो जाता है। आधुनिकता के चलते 'मोहबंध' कहानी में मनुष्य की स्वच्छता के अतिशय को भी व्यक्त किया गया है। नीलू और राजन के दाम्पत्य सम्बन्ध में आये अलगाव की अभिव्यक्ति करती हुई यह कहानी अचला के दाम्पत्य जीवन के मूल्यों के प्रति प्रतिबद्ध दिखाती देती है। अचला का देवेन्द्र के प्रति सच्चा प्यार और नीलू की सुन्दरता पर आकर्षित हुए देवेन्द्र का अचला को अनदेखा करना, अचला को उदास कर जाता है। सृष्टि के परिवर्तन के साथ नारी का स्वरूप, उसकी भूमिकाएँ भी परिवर्तित होती रही है परिणामतः नारी का रूप अपने विकास क्रम में एकरूपता नहीं रखता। नारी विषयक प्राचीन मान्यताएँ जिस सामाजिक स्थिति, सांस्कृतिक चेतना और बौद्धिक विकास की भूमि पर विकसित हुई है वह आधुनिक मनोविश्लेषणवादी भूमि नहीं है ।

छटपटाहट

अचला के मन में न कामना, न ईर्ष्या और न दर्द होता है। "अचला का मन छटपटाने लगा, किसी को इतना अनुराग, सुख और मान, किसी के भाग्य में कुछ नहीं, रूप जीत जाए, प्यार हार जाए।"[96] अचला को लगता है कि जीवन ऐसे ही बीत जाएगा। वह एक दिन मृत्यु को प्राप्त हो जाएगी। जीवन के अन्तिम क्षण में उसे अपनी ज़िन्दगी पर दृष्टि डालकर ऐसा लगता है कि वह जैसे रोती-रोती आयी थी वैसे ही चली जाएगी। उसकी सहेली सुजाता भी उसे समझाती है कि ज़िन्दगी बहुत छोटी है किन्तु बहुत मूल्यवान है, उसको ऐसे निराशा में ही मत काटो। अपने भविष्य की तरफ देखो और अपने भविष्य को उज्ज्वल बनाओ परन्तु अचला तो सूनी, उदास हवा की तरह निर्जन सड़कों पर भटकती रहती है। उसका जीवन एक प्रतीक्षा बन जाता है। नीलू भी एक जगह पर टिककर नहीं रह सकती। वह बहुत जल्दी ही ऊब जाती है। नीलू के इस व्यवहार के कारण राजन भी अकेला महसूस करता है। वह समझता है कि नीलू के जीवन में अब वह गौण हो गयी है। अचला को वह समझाता है कि अतीत में रहकर और स्मृतियों के घेरे में देवेन्द्र के लिए

भटकते हुए उसे अपना जीवन व्यर्थ में नहीं गँवाना चाहिए। वह स्पष्ट रूप से कहता है कि जीवन के प्रत्येक क्षण को जीना चाहिए। पूरी तरह हर पल को खुशी–खुशी व्यतीत करो। अचला को प्राणदान देने वाला पुरुष चाहिए था। देवेन्द्र उसके लिए उपयुक्त पात्र नहीं था। राजन के प्यार को पाकर अचला उन क्षणों में वर्षों की निद्रा के बाद जागती है। तब जाकर उसकी चेतना लौटती है। उसको लगता है कि अभी वह जीवित है। उषा प्रियंवदा ने कहानी के अंत में अचला के माध्यम से असीम सुख के उस क्षण में अचला को यह अनुभव करवा दिया कि इस मोहबंध को तोड़कर उसे जाना है।

उषा प्रियंवदा की 'मछलियाँ' कहानी के तकरीबन सभी पात्र भावनाओं में बहते हुए परिवेश के दबाव के कारण प्रेम संबंधों में टूटन के शिकार हैं। विजी भी मनीश से बहुत प्यार करती है। इस प्यार के कारण ही वह भारत से अमेरिका चली जाती है। अपनी मौसी की मदद से वह अपनी सौतेली माँ से बचकर अपने नाना के द्वारा उसकी माँ को दिए गए गहने बेचकर विदेश जाने का सारा इन्तजाम करती है। अमेरिका पहुँचती है तो मनीश उसे एयरपोर्ट लेने भी नहीं आता। मनीश का मित्र नटराजन विजी को बड़े आदर एवं स्नेह से अपने घर ले जाता है और फिर उसके बारे में मनीश को बताता है। अमेरिका के उस शहर में विजी नाम की लड़की के स्वर में न आग्रह होता है और न आत्मीयता का स्वर। नटराजन अपनी भावनाओं और विचारों को अलग–अलग कक्षों में बाँट देता है। छह साल से अपने चारों तरफ शून्य के अलावा उसे कुछ भी नज़र नहीं आता। भारत में अपनी पसन्द की नौकरी न मिलने से उसको अमेरिका में ही कुछ वर्ष और रहना पड़ता है। वहाँ वह मुकी से शादी करना चाहता है। निश्चय ही वह ठंडे दिमाग से सोचने–विचारने के बाद यह सब करता है। मुकी और नटराजन दोनों यह जानते हैं कि विवाह का दायित्व वे अच्छी तरह निबाह सकेंगे। इस कहानी में दो प्रणय जोडियाँ हैं–विजी–मनीश और मुकी–नटराजन।

विजी को मनीश ही लगातार प्रेम–पत्र लिखकर भारत से अमेरिका बुलाता है लेकिन वहाँ मुकी से मुलाकात होने पर वह विजी को छोड़कर कनाडा चला जाता है। जिससे विजी बहुत आहत हो जाती है क्योंकि उसके दिल में मनीश के प्रति अथाह प्रेम था। वह भारत में अपने पिता, भाई और बहन को भी पत्र लिखकर नहीं बताती की मनीश से उसकी शादी टूट चुकी है। मछलियाँ नाम कहानी का नाटक से पड़ा। विजी, नटराजन को कहती है कि "वाशिंगटन में मैंने एक नाटक देखा था, जो बहुत पसन्द आया 'छोटी मछली, बड़ी मछली' जिसमें बड़ी मछली, छोटी

मछलियों को निगलती रहती है। तब से कभी–कभी सोचती हूँ कि क्या छोटी मछली उलटकर वार भी नहीं कर सकती ?"[97] इन बातों के बाद विजी अनमनी–सी हो जाती है। विजी और मनीश के विवाह न करने के पीछे मुकी का हाथ होता है। यह नटराजन जानता है। नटराजन का विवाह मुकी से तय हो चुका है। मुकी एक धनी पिता की पुत्री है। सोफ़िस्टिकेटेड है, कार चलाती है, अंग्रेज़ी में कविता लिखती है और पीली मछलियाँ पालती है। वह फाइन आर्टस की छात्रा होती है। ताँबे के पात्र गढ़ती है। चित्र बनाती है। मुकी जैसी कलात्मक, स्फूर्तिदायक और इंटेलेक्चुअल लड़की से मनीश प्रभावित हो जाता है और ऐसी ही भावी पत्नी वह चाहता है। विजी तो निर्मम और कठोर बिल्कुल नहीं होती। वह भारतीय संस्कारों वाली लड़की पूरी तरह आधुनिक नहीं होना चाहती। वह मनीश की बातों से हैरान हो जाती है कि वह कैसे कहता है कि भावनाएँ मर जाती हैं ? इसके विपरीत नटराजन एक बहुत कंवीनियट व्यक्ति होता है जिससे सभी अपने–अपने मन की बात कह सकते हैं परन्तु वह अपने मन की किसी से नहीं कहता, उसके अन्दर भी तो कुछ होता है जो काटता रहता है, हर समय धुनता रहता है।

नटराजन की आँखों के आगे विजी का आहत और दयनीय हो आया चेहरा घूमता रहता है। वह उसे और दुःखी नहीं करना चाहता। मनीश इतना लापरवाह व्यक्ति है कि वह लगातार पत्र लिखकर विजी को भारत से बुलाता है और उसके पहुँचने से पहले ही ऊबकर अकेला मैक्सिको चला जाता है। मध्यवर्गीय विजी दुबली–पतली, असहाय–सी फिर भी विश्वास भरी आँखों से उत्साहित रहती है। मनीश के चले जाने के बाद भी वह सुनसान सड़क पर टहलती हुई अकसर उसके आने का इन्तजार करती है। मनीश को मुकी से प्यार है, यह जानकर विजी बहुत विक्षिप्त–सी हो जाती है। मुकी कभी भी उद्वेलित नहीं होती उसके स्वर में ठंडापन है। वह विजी की तरह केवल एक नारी–मात्र बनकर संतुष्ट नहीं रह सकती। नटराजन विजी के हर दुख, हर चिन्ता का भागीदार बनना चाहता है लेकिन विजी के मना करने पर वह कुंठित होकर रह जाता है।

इस कहानी का प्रत्येक पात्र संशयों, उलझनों और अविश्वास से भरा हुआ है। आधुनिकता के दौर में परम्पराओं, मान्यताओं और नैतिकता का ध्यान न रखते हुए मनीश पाश्चात्य संस्कृति का द्योतक है। उषा प्रियंवदा ने मानव की अस्मिता और मानवीय संबंधों के बदलते हुए परिवेश में गरिमा को व्यक्त किया है। मछलियाँ कहानी में असफल प्रेम की टीस, अकेलेपन का दर्द एवं भारतीयों के द्वारा विदेश की भूमि पर किए गए

संघर्ष और बिछुड़े प्रिय को दोबारा से प्राप्त करने की अदम्य लालसा व्यक्त की गई है।

अकेले वाशिंगटन में मन पर छा जाने वाली घनघोर उदासी, बिना कुछ खाए पूरा-पूरा दिन बिताना, कुँडली-सी मारे हुए मन में विचारों की जड़ता लिए हुए विजी नटराजन के साथ नई जिंदगी नहीं चाहती। वह अपनी ज़िन्दगी के बारे में विचार रखती है कि "विमाता का बुदबुदाना, पिता की लम्बी चुप्पियाँ या खीझ, झुँझलाहट-भरा स्वर, छोटी बहन का रेडियो के साथ फिल्मी गीत गाना, क्या कभी किसी को उसकी, विजयलक्ष्मी की कभी भी याद न आती होगी?"[98] इन डेढ़ सालों में वह कितनी दूर आ जाती है कि मुड़कर देखने से उसका मन आश्चर्य से भर जाता है। वह आज के बारे में सोचती है, क्या कभी ज़िन्दगी इससे भिन्न भी थी? कभी उसको मनीश का प्रेम याद आता है और कभी उसके क्रूर शब्द भी वह याद कर लेती है। वह इस स्थिति से भाग जाना चाहती है। भारत लौट जाना उसके लिए असम्भव होता है क्योंकि उसके पास किराए के पैसे नहीं हैं। असमंजस की स्थिति में वह सोचती है कि कब अनजाने में उसकी ज़िन्दगी में ऐसा कुछ घटित हो गया, जिससे वह औरों से अलग छिटक गई। यदि मनीश पर विश्वास न किया होता तो शायद इस हालात तक न पहुँचती। यदि मुकी-सी कुटिलता आती तो भी उसको आज अकेले ऐसे अपने से द्वन्द्व न करना पड़ता। नटराजन भी विजी की दशा के कारण उदास और अनमना-सा रहता है। विजी अपनी इसी बात को उपलब्धि मानती है कि खिन्न होने के बाद वह अपने आपको सँभाल लेती है। नटराजन के मन में मुकी के प्रति ममत्व या स्नेह नहीं होता, वह यह विवाह चौंतीस साल के जीवन के अकेलेपन को दूर करने के निमित्त करना चाहता है। मुकी घर-गृहस्थी में इतनी रुचि लेगी, नटराजन इससे विस्मित हो जाता है क्योंकि उसको ऐसी आशा नहीं थी। नटराजन के जीवन में कभी न भर सकने वाले अनेक अभाव हो गए थे। उसको थोड़ा-सा धीरज था कि हर समय विजी की उपस्थिति दंश देने को नहीं रहेगी। विजी ने नटराजन से किराए के लिए पैसे लेकर अपने देश लौटा दिया। उसको लगता है कि कुछ भी हो वह अपना देश है। वहाँ के लोग उसके अपने हैं। इस प्रकार विजी वापिस हताश, निराश और हारे हुए उदास मन से भारत लौट आती है। वह एक सूटकेस लेकर विदेश जाती है और उसी सूटकेस में कितनी वेदना का भार भी साथ लेकर वापिस आती है। विजी के अन्दर बल का एक स्रोत है। वह टूटती है, बिखरती है और फिर अपने आपको संभाल लेती है। उसकी जगह

कोई और लड़की होती तो इन परिस्थितियों से घबराकर पागल हो जाती। इसमें विजी के संघर्ष को अभिव्यक्त किया गया है।

भटकन

कितना बड़ा झूठ कहानी-संग्रह की 'नींद' कहानी में नायिका का भटकते मन और अकेलेपन को दूर करने के लिए नींद की गोलियाँ खाना मशीनी युग के दौर को व्यक्त करता है। नायिका की मुलाकात एक ऐसे पुरुष से होती है जो नायिका का प्रथम स्पर्श मात्र पाकर अचम्भित हो जाता है। उसकी प्रतिक्रिया देखकर नायिका हैरान हो जाती है। अकसर वह सागर के तट पर लहरों और उनके गर्जन की प्रतिध्वनि को देखती और सुनती, इस तरह वह अपना त्रासद दूर करती रहती है। उसको पुरुष के साथ यात्रा करने का प्रस्ताव मिलता है और वह स्वीकार कर लेती है। वह सोचती है कि आठ घंटे की त्रासद भरी बस यात्रा से तो उसे छुट्टी मिली। उसको मनोविशेषज्ञ को दिखाने जाना होता है। डॉक्टर ने उसको रोगी बताया है लेकिन वह कहती है कि वह बिल्कुल स्वस्थ है। जिसको कहानी में इस तरह से प्रदर्शित किया गया है, "नहीं, मैं रुग्ण नहीं हूँ, न मुझमें कोई मानसिक विकृति है। वह डॉक्टर, मेरा मनोविद् झूठ कहता है। मैं पूर्णतया स्वस्थ हूँ। मैं केवल साथ ढूँढती हूँ, कम्पेनियनशिप, तुम्हें जिलाए रखने के लिए।"[99] नायिका को साथ चाहिए, एक ज़िन्दगी भर साथ निभाने वाला साथ चाहिए। उसको अकेलापन अखरता है। सुबह जगाने वाला कोई नहीं होता, धूप काफी चढ़ जाती है तब वह जागती है क्योंकि वह रात को नींद की गोलियाँ खाकर सोती है। यात्रा में क्षणांश के लिए ही किसी के साथ ने उसको नई ज़िन्दगी दी है। चाहे सामने सपाट सड़क और दो अलग-अलग मौन साधे पात्र क्यों न हो। वह अनमनी-सी होकर रह जाती है और अपने विचारों को व्यक्त नहीं कर पाती।

उनके जाने के बाद तो उसको जाना-पहचाना शहर भी अजनबी लगने लगता है। वह डॉक्टर के पास नहीं जाती। वह जानती है कि डॉक्टर उसे बचाना चाहते हैं परन्तु उसको कोई रोग ही नहीं है। उसका तो स्वस्थ एवं रोग हीन शरीर है। न जाने क्यों वह शहर की सड़कों पर भटकती रहती है। ऊँचे टीले पर बनी अब्राहम लिंकन की कांस्य-प्रतिमा को उसी के पास बैठकर देखती रहती है। पतझर के मौसम में ठंडे पत्थर पर बैठी-बैठी बिखरी पत्तियों के साथ अपने बिखरे हुए अस्तित्व की वह तुलना करती रहती। उसके पास स्वदेश वापिस जाने का टिकट होता है। वह जिन पत्थरों पर बैठी रहती है वे बहुत ठंडे होते हैं लेकिन वह

ठंड से बिल्कुल नहीं डरती। वह केवल रात से डरती है। अकेली, घनी, काली और लम्बी–लम्बी रातों से वह बहुत डरती है और नींद की गोलियाँ खाकर सो जाती है। वह रोग, गरीबी और ठंड किसी से भी न डरकर एक लम्बी व अंधेरी रात के अकेलेपन से डरती है। वह उसके त्राण के लिए ही इधर–उधर भटकती है। पुरुष प्रधान समाज में नारी की वर्तमान स्थिति में काफी सुधार आया है। पहले नारी को चारदीवारी से बाहर कदम रखने की इजाजत नहीं दी जाती थी, लेकिन वर्तमान समय में नारी ने अपनी आजादी और स्वतंत्रता को जीना सीख लिया है। प्रभा खेतान के अनुसार नारी की स्वतंत्रता उसके पर्स से शुरू होती है, वे नारी की असली आजादी आर्थिक आजादी को ही स्वीकार करती है। उसी प्रकार ऊषा प्रियंवदा ने नारी को स्वतंत्र रूप प्रदान करते हुए उसे आत्मनिर्भर बनने की ओर प्रेरित किया है। वर्तमान समय में और पुरुषों के कंधे से कंधा मिलाकर चल रही वह घर के कार्य ही नहीं करती, बल्कि आजीविका चलाने के लिए घर से बाहर निकलकर कार्य भी करती है।

ऊषा प्रियंवदा ने अपनी कहानियों के माध्यम से नारी की आत्मनिर्भरता के स्वरूप को उजागर किया है कि किस प्रकार वर्तमान समय में नारी ने अपने लिए एक अलग स्थान बनाया है तथा संसार के प्रत्येक कार्य में अपनी भूमिका को आवश्यक बनाया है। नींद कहानी में नींद न आने को उसका मनोविद् बीमारी कहता है। वह उसकी चिकित्सा करना चाहता है ताकि उसकी भटकन समाप्त हो जाए। वह हमेशा के लिए किसी के साथ कहीं घर बसाकर सुख–चैन से रह सके। विश्वविद्यालय के पुस्तकालय के पास जो मकान एक मित्र ने ढूँढ़ा होता है। कुछ दिन पहले उसके खिड़की–दरवाजे तोड़ दिए जाते हैं, ताकि कोई इसमें अवैध रूप से रह न सके। वह बिखरे हुए काँच पर सावधानी से चप्पलें रखती हुई सीधी ऊपर चली जाती है। उसकों चारों तरफ सन्नाटा नज़र आता है और सन्नाटे के मध्य एक ढहाया जाने वाला घर है। उसका मन स्मृतियों के दाने चुगने लगता है।

आधुनिक कहानीकारों ने स्त्री की दशा सुधारने के लिए चाहे कितनी ही कहानियाँ क्यों न लिखी हों किन्तु नारी की स्थिति में कोई विशेष सुधार नहीं हुआ। पूँजीवादी अर्थव्यवस्था के अन्तर्गत हो चाहे राजनीतिक आन्दोलन की दण्ड व्यवस्था के अन्तर्गत, गाँधीवादी प्रेम के अन्तर्गत हो या फ्रायड के सिद्धांत के अन्तर्गत, प्रगतिवादी संघर्ष के अन्तर्गत हो अथवा मनोविश्लेषणवादी संघर्ष के अन्तर्गत नारी–विषयक भूमियाँ बदली हैं, भूमिकाएँ नहीं। आधुनिक हिन्दी कहानी में नारी की भूमिकाएँ एक साथ दो फ्रण्ट पर ही रही थी। बाहरी लड़ाई थी विदेशी

सत्ता के विरूद्ध जिसमें नारी पुरूष का साथ ही नहीं दे रही थी उसे स्फूर्ति, प्रेरणा और प्रोत्साहन देकर उसका मार्ग–निर्देशन भी कर रही थी। इसके समानान्तर चल रही थी स्वतन्त्रता की भीतरी लड़ाई। इस लड़ाई का क्षेत्र था समाज, जिससे जूझ रहा था देश का सुधारक वर्ग। इस क्षेत्र में नारी ने प्रत्यक्ष और परोक्ष दोनों प्रकार की भूमिकाओं का निर्वाह किया। इसीलिए डॉ. सूतदेव ने नारी का सर्मथन करते हुए लिखा था कि मानव जीवन की सच्ची सुन्दरता इसी नारी नाम में निहित है। एक और तो नारी को लेकर सुधारवादी आन्दोलन हुए। इनसे प्रेरित हिन्दी कथाकार ने विधवा विवाह, बालविवाह, अनमेल विवाह, नारी–शोषण, अशिक्षा आदि अनेक समस्याओं पर आधारित रचनाओं के माध्यम से भारतीय नारी की स्थिति से समाज को परिचित कराया और उसे परिवर्तित होने का आहवान दिया। दूसरी ओर स्वयं नारी ने प्रगतिवादी कदम उठाया। उसने शिक्षा ग्रहण करना प्रारम्भ किया, नारी स्वतन्त्रता की आवाज उठायी, सामाजिक परम्पराओं, कुरीतियों, रूढ़ियों और नारी–शोषण आदि के विरूद्ध विद्रोह करते हुए, बीसवीं शताब्दी के परिवर्तित दृष्टिकोण के साथ पुरूष के समकक्ष बैठने की घोषणा कर दी। हिन्दी कहानीकारों ने नारी की इस स्वतन्त्र भूमिका पर आधारित अनेक कथाएँ लिखी और उसे अपनी स्थिति सुधारने की दिशा में नैतिक सहयोग दिया। नारी ह्वदय से अत्यधिक कोमल और स्नेहशील होती है। नारी की अपनी इच्छाएं, आकांक्षाएं, कल्पनाएं होती है। जिनके पूरा होने की आशा लिए वह अपने आपको सभी के प्रति समर्पित करती है। चाहे माता–पिता, भाई–बहन, पति, सास, ससुर या अपने बच्चे सभी के लिए इस आशा से कार्य करती है कि कोई उसकी व्यथा को समझे तथा उसकी मानसिकता के अनुरूप उसकी खुशी के लिए कार्य करें। यह स्थिति कहीं–कहीं पर तो पूरी हो जाती है, लेकिन कहीं उसी इच्छा अभिलाषा अधूरी भी रह जाती है। "और उस क्षण परमेश्वरी को लगा कि जब जीवन में उसे कुछ और नहीं चाहिए। उसने आसमान छू लिया है। पुलकित कालिंदी और आने वाले शिशु की प्रतीक यह गाड़ी, अब कुछ दिन बाद इसमें लेटा नन्हा–मुन्ना घर में परिवर्तन ले आएगा। उसी की आवश्यकता पर दोनों की नई चर्चा बनेगी। फिर बैठना सीखकर इसमें से झांका करेगा। सारे घर में उसकी हंसी, उसकी किलकारियां प्रतिध्वनित हुआ करेंगी और गाड़ी का हैंडिल पकड़े कालिंदी सोच रही थी, अब इसमें नाप की गद्दियां सीऊंगी, छोटे–छोटे तकियों पर रंग–बिरंगे फूल बनाऊंगी। उसकी आंखें परमेश्वरी की आंखों से मिलीं और दोनों अपने–अपने सपनों की अमूल्य निधि को संजोये मुस्कुरा दिए। छोटा सा

घर था, सीमित आय, पर कालिंदी वहां की रानी थी। काम–धंधा समाप्त कर लेट जाती और कभी–कभी कुछ करते–करते भी हाथ रुक जाते और एक गोल–सा चेहरा आंखों के आगे आ जाता, उसकी पीठ पर भार देकर ठुनकता हुआ, उसके हर काम में विघ्न डालता हुआ। जितनी बार कमरे में जाती एक नजर गाड़ी पर जरूर डाल लेती। उसके दिन एक मधुर, उत्सुक आशा में बीतते जा रहे थे।"[100] इन पंक्तियों में नारी मन की अभिलाषा और इच्छा को भली–भांति समझा जा सकता है कि किस प्रकार नारी अपनी इच्छाओं के पूरा होने की आस से ही खुश हो जाती है। एक नारी के लिए मां बनना दुनिया की सबसे बड़ी खुशियों का अनुपम उपहार होता है। वह मन ही मन तरंगित होती रहती है तथा आने वाले बच्चे के लिए विभिन्न प्रकार की कल्पनाएं उसके जीवन को नवसृजित कर देती है। "फिर आने वाला शिशु... पर उन सबके बावजूद उल्लास की एक नन्हीं–सी हिलोर उठती और उसके मनप्राणों का तरंगित कर जाती। और जब मां ने उसके पास उसके नवजात शिशु को लिटाया तो कालिंदी सब कुछ भूल गई, सारी पीड़ा, सारी चिंताएं, दिल के ऊपर जमीं हुई गहरी काली काई, उसके एक कोमल स्पर्श से न जाने कहां तिरोहित हो गई। उसने धीरे से बच्चे के काले बालों को उंगली से छुआ और उसकी आंखें देखकर पास बैठी बहन को लगा जैसे स्वच्छ जल पर चांद की किरणें फिसल गई हों। बच्चा निवाड़ के पुराने पालने में लेटा रहता था। कालिंदी को लगता कि अगर गाड़ी होती तो कैसा अच्छा रहता। वह भी हैंडिल में एक रंग–बिरंगा खिलौना लगा देती और बच्चा अपनी काली–काली पुतलियों से उसे देखता रहता।"[101] नारी के मातृत्व मन को इन पंक्तियों के माध्यम से व्यक्त किया गया है कि किस प्रकार उसका सारा संसार उसके बच्चे तक सिमट कर रह जाता है। उससे उसकी खुशियाँ और गम जुड़े रहते हैं। नारी हृदय काफी कोमल तो होता है कि लेकिन वह अन्दर से पुरुष जितनी कठोर और मजबूत नहीं होती, इसलिए उसके एक ऐसे व्यक्ति की आवश्यकता होती है जो उसको समझ सके तथा उसकी भावनाओं की कदर कर सके। 'मोहबंध' कहानी में ऊषा प्रियंवदा ने अचला के मन की व्यथा को स्पष्ट किया है। वह लिखती है कि "तुम्हारे लिए देवेंद्र उपयुक्त नहीं था। तुम्हें चाहिए एक ऐसा पुरुष, जो तुम्हें समझ सके, तुम्हारी कमजोरी को अपना बल दे। तुम्हारे शब्दों में, तुम्हें प्राणदान दे। जब तुम ऐसे व्यक्ति से मिलोगी, तो तुम अपने आप उसे पहचान लोगी। तुम्हारे यह बदलते हुए मूड, सिर–दर्द, सब यों, चुटकी बजाते हुए गायब हो जाएंगे। अच्छा, हटाओ इन सब बातों को। आज पिकनिक पर चलोगी?"[102] नारी अथाह शक्ति

का भंडार है अगर वह चाहे तो किसी को भी अपने वश में कर सकती है बस आवश्यकता है विश्वास, शक्ति और धैर्य की। यही वह गुण है जो नारी को पुरुष से श्रेष्ठ बनाती है, निम्न पंक्तियों में कौमुदी के इसी स्वरूप का वर्णन 'जाले' कहानी के माध्यम से ऊषा प्रियंवदा ने किया है। "राजेश्वर कौमुदी के लिए एक भारी चुनौती बनकर आए थे। उसकी पहचान के लोगों से भिन्न उसके अस्तित्व से अपरिचित, कौमुदी को अपने पर गहरा अटल विश्वास था। वह सोचती थी कि अवसर आने पर वह राजेश्वर को भी झुका सकती है। वह उसके सामने अशक्त–दुर्बल हो उठेंगे, और याचक बन उसकी कृपा दृष्टि चाहेंगे। पर अब उसने जाना कि उसके बंधन इतने दृढ़ न थे और वह पराजिता, खंडिता, दलिता रह गई थी, छोटे बच्चे की तरह सुबकते हुए कौमुदी ने सोचा कि उसका जीवन कितना खोखला, कितना निस्सार है। पहली बार उसे अपने पर करुणा और अपरिचित स्त्रियों से ईर्ष्या हुई। वे अपनी संकुचित परिधि में रानी थीं। उन्हें अपने जीने के लिए श्रम नहीं करना पड़ता था। उनका जीवन पति और बच्चों के स्नेह से सरस था।"[103] प्रस्तुत उदाहरणों में नारी मन की व्यथा का चित्रण किया गया है। शादी से पहले तथा बाद की स्थिति का यहाँ मूल्यांकन प्रस्तुत किया गया है। जिस प्रकार की आजादी नारी के लिए शादी से पहले होती है वैसी शादी के बाद में नहीं रहती। शादी से पहले वह अपनी मर्जी से कहीं भी आ जा सकती है, लेकिन शादी के बाद अनेक प्रकार की जिम्मेदारियां उसको अपने मन की इच्छाओं को पूरा करने में रुकावट पैदा करती है। कभी–कभी शादी के बाद ऐसी परिस्थितियाँ उत्पन्न हो जाती है कि लड़की का पति अपनी पत्नी की मानसिक स्थिति को समझ नहीं पाता। ऐसी स्थिति में वैवाहिक जीवन निरस और संवेदन शून्य हो जाता है। दोनों की उपस्थिति में घर ना के बराबर रह जाती है। ऐसे में स्त्री के मन में कई ख्याल उमड़ते हैं वह अपने सपनों को टटोलने का प्रयास करती है लेकिन वहां सपनों की दुनिया खत्म हो जाती है। जैसा कि निम्न पंक्तियों में दर्शाया गया है "आनंद ने उकताकर कहा, छोड़ो भी... पर राजी अकसर सोच उठती कि मास्टर साहब सचमुच रेगिस्तान–सा शून्य, तप्त, रसहीन जीवन बिताते हैं। पढ़ा आए, पका–खा लिया और रात–भर कराहते रहे। जीवन तो राजी सा होना चाहिए, सुख का सागर उसके चरण भिगो–भिगो कर उमड़ता रहता है, उस पर स्नेह और अनुराग की वर्षा होती रहती है। आनंद, अम्मा, पापा, किरन, हरखू, मास्टर साहब आदि सभी उसे चाहते हैं, कभी एक कड़ा शब्द नहीं सुना, कभी तीक्ष्ण दृष्टि नहीं सही। राजी ने एक लंबी सांस ली, उन सब अभागों के लिए जो स्नेह के भूखे हैं।"[104]

इस उदाहरण के माध्यम से ऊषा प्रियंवदा ने नारी हृदय की तस्वीर प्रस्तुत करने का प्रयास किया है कि किस प्रकार नारी अपने आने वाले जीवन की कामना करके पुलकित होती रहती है लेकिन परिस्थितियाँ अनुकूल न होने पर उसके सपनों का संसार चूर–चूर हो जाता है। उसके जीवन में निरसता और संवेदनहीनता आ जाती है इसलिए पुरुष को नारी मन की समझ होनी चाहिए ताकि नारी की इच्छाओं को पूरा करके पारिवारिक जीवन को खुशहाल बनाया जा सके।

ऊषा प्रियंवदा की कहानियों के माध्यम से नारी के प्रत्येक स्वरूप का चित्रण बड़ी ही मुखरता एवं संजीवता से किया गया है। नारी के प्रत्येक रूप माता, बहन, बेटी, सास, बहू आदि सभी भूमिकाओं का निर्वाह सार्थक रूप में प्रस्तुत किया गया है। साथ ही नारी की कर्तव्य भावना, निष्ठा, नारी मन, पाश्चात्य संस्कृति का प्रभाव तथा नारी के अबला तथा सबला रूप का विस्तार से वर्णन किया गया है। विदेशी भूमि पर रहते हुए न जाने कितने रंगों की गोलियाँ और शीशियाँ पर्स में डाल रखी थी, जिनसे वह अपनों से दूर होने के दुख को और अकेलेपन को दूर कर सके। उषा प्रियंवदा की इस कहानी में भारतीयों के द्वारा झेले गए ऊब, अकेलेपन और संत्रास को व्यक्त किया गया है जो कि विदेशी भूमि पर जाकर रह रहे हैं लेकिन वहाँ अपने आप को अकेला पाते हैं जिसके कारण उनकों नींद नहीं आती। इस संबंध में कहा गया है कि ''गुलाबी और सलेटी कैपसूलों से दर्द मिटता है, छोटी–छोटी लाल गोलियाँ नींद लेने के लिए हैं, सफ़ेद गोलियाँ.........। पानी यहाँ कहाँ होगा ? फिर भी धैर्यपूर्वक मैं एक–एक करके सभी गोलियाँ निगल रही हूँ। मेरा शरीर एक उत्तेजना, सुख मिश्रित रोमांच से काँप रहा है।''[105]

परिवारिक विघटन की स्थिति

लम्बे समय से विदेश में रहने के कारण उषा प्रियंवदा की कहानियों पर पाश्चात्य संस्कृति का प्रभाव भी परिलक्षित होता है। 'कितना बड़ा झूठ' कहानी में पति–पत्नी के विवाह के बाद अनैतिक संबंधों में भटकाव भरे जीवन के चित्र को इस कहानी में प्रस्तुत किया गया है। इसी संग्रह की 'प्रतिध्वनियाँ' कहानी में पारिवारिक विघटन का प्रमुख कारण पाश्चात्य परिवेश को माना गया है। इस कहानी की नायिका वसु विवाह को मान्यता नहीं देती। वह अपने अस्तित्व को महत्व देती हुई एक शिक्षित और स्वावलंबी स्त्री के रूप में अपनी पहचान बनाना चाहती है। वह अनेक पुरुषों से संबंध बनाती है और तोड़ती है। जिसका सीधा प्रभाव उसके वैवाहिक जीवन पर पड़ता है। इस कारण वह घुटन, संत्रास और अकेलेपन का जीवन जीती है। लेखिका ने इस कहानी में बताया है कि

जो स्त्रियाँ नैतिक मूल्यों के प्रति अनास्था, अति बौद्धिकता और अपनी संस्कृति के प्रति संवेदनहीनता रखती है, उनका जीवन अंततः दुखभरा ही होता है। नित्य नए–नए संबंधों को जोड़ना और जल्दी से उनको तोड़ना इनकी चारित्रिक विशेषता होती है। ऐसे पात्रों का जीवन झूठ बनकर रह जाता है। कहानीकार लिखती है कि "डॉक्टर जूलियन, मैंने आपसे ठीक ही कहा था। मेरे चारों ओर एक जीवित, स्पन्दित संसार है, जो मेरे लिए मर चुका है। इस सबके बीच मैं हूँ।"[106] वह सारी दुनिया को कालापानी समझती है और उसके लिए सारे लोग मरे हुए होते हैं। यह सब उसके विचार मात्र होते हैं। पड़ोसियों में तो उसको बिल्कुल भी दिलचस्पी नहीं होती। नया संसार गढ़ने से पुराने संसार में ही लौट जाना क्या ज्यादा अच्छा नहीं है ? और विशेषकर तब जबकि दोनों ही संसार मात्र प्रतिध्वनियाँ हों। विवाह के बाद बेटी होने के बाद खासकर खुद की बेटी ने ही उसे पूछ लिया कि मम्मी आप हमारे साथ खुशी–खुशी क्यों नहीं रहती ? तब वह नहीं कह सकी कि उसे बँधी हुई ज़िन्दगी पसन्द नहीं है। वह मुक्त जीवन व्यतीत करना चाहती है।

विवाह के छह वर्षो की गाथा वह अपनी बेटी से नहीं कह सकती। मुक्त होकर उसको ऐसा लगता है कि उसकी उमंगें और कामनाएँ मरी नहीं हैं, वह अब भी अपने आपको आकर्षक युवती मानती है। उसके लिए अपने में निहित स्वतन्त्र एवं पूर्ण व्यक्तित्व को पाना बहुत बड़ी उपलब्धि होती हैं, उसको श्यामल के अंकुशों से निकलकर बहुत हल्का लगता है। वह उन अस्थायी संबंधों नलिन, पटनायक, विंस आदि के नाम गिनती है जो पुरुष उसके जीवन में आए होते हैं। उसके पास उसकी बेटी लेटी होती है, वह अपनी बेटी रुचि का जन्म एक बायलॉजिकल घटना से अधिक नहीं मानती। पहले उसको श्यामल का प्यार नागपाश–सा लगता था लेकिन थोड़े समय में ही वह इसको बन्धन मानने लगती है और छटपटाने लगती है। वह इस बंधन से मुक्त होना चाहती है। वह अपने को खोजना चाहती है। श्यामल की पत्नी होने के संदर्भ से कटकर वह जानना चाहती है कि वह असलियत में क्या है ? फिर वह अपने आपको मुक्त समझती है और कुछ मानों में उसने अपने को पा भी लिया है। अब वह जान लेती है कि वह आकर्षक भी है और बौद्धिक भी है। डॉक्टर के पास चैकअप के लिए जाती है तो डॉक्टर के लिए वह कोई विशिष्ट व्यक्तित्व लिए युवती नहीं केवल बीमार शरीर होती है और उसके रोग को मिटाना ही डॉक्टर के मन में सर्वोपरि होता है। वह डॉक्टर जूलियन के पचासों मरीजों में एक भारतीय युवती नहीं रही। वह वसु थी जो अपना अलग व्यक्तित्व और अपनी अलग समस्याएँ लेकर आने लगती है।

प्रवासी साहित्यकार उषा प्रियंवदा की साहित्य-साधना

डॉक्टरों ने उसको धमकी दी थी कि यदि वह इसी तरह डिप्रेशन के वृत्त में फँसी रहेगी तो वह इमीग्रेशन ऑफिस को लिख देंगे कि उसकी मानसिक दशा इस लायक नहीं है कि वह विदेश में अकेली रहे। उसको अब भारत लौटना ही पड़ेगा। इस पर वसु वादा करती है कि वह बहुत अच्छी लड़की की तरह रहने की कोशिश करेगी, खूब खाएगी, सोएगी और श्यामल से मिलकर अच्छा जीवन व्यतीत करेगी। भविष्य के लिए अच्छा सोचेगी। वह नौकरी करने के बारे में भी सोचती है। अब उसके मन में श्यामल के प्रति क्यूरियॉसिटी हो गई है। डिनर के बाद एक ड्रिंक लेने की आदत श्यामल की पुरानी आदत होती है। इसके साथ-साथ वह नींद आने के लिए गोलियाँ भी लेता है। डॉक्टर जूलियन को मालूम नहीं होता कि उसने दूसरे डॉक्टर से गोलियाँ ले रखी हैं। श्यामल के साथ बैठकर ड्रिंक करते हुए श्यामल उसे कहता है "पश्चिम में रहकर बस यह बात तुमने अच्छी सीखी है। नही तो एक सोबर और एक नशे वाले में क्या कम्युनिकेशन हो सकता है।"[107]

श्यामल एक अन्तर्मुख और एक अजीब छटपटाहट के गर्त में डूबा हुआ होता है। वह कहता है वसु, तुम्हारा मन जो कहता है, जिससे तुम्हें सुख मिलता है, तुमने जो रास्ता चुना है, तुम उसी पर चलती रहो। वही करो जिस पर तुम्हें विश्वास हो। वह चाहता है कि उसे और रुचि को लेकर वह गिल्ट के बोझ को न ढोती रहे। वह उसे पूर्ण रूप से मुक्त करना चाहता है। उसने श्यामल से ऐसी अपेक्षा नहीं की होती। वह थरथराती पलकों से नीचे बह गए आँसुओं को पोंछते हुए कहती है, "पर यह भटकन तो नहीं जाती।"[108] वसु परिवार में द्वन्द्वात्मक स्थिति, मानसिक तनाव, संघर्ष, पीड़ा, निराशा और हताशा के क्षणों को जीती नारी का प्रतीक है वह प्रतिकूल परिस्थितियों में तालमेल बिठाने का भरसक प्रयास करती है लेकिन नाकामयाब रहती है। क्योंकि पश्चिमी परिवेश का प्रभाव उसके रागात्मक संबंधों पर पड़ता है, जिससे उसकी पीड़ा अधिक गहराती जाती है। उषा प्रियंवदा ने यथासंभव तटस्थ रहते हुए नारी जीवन के विविध और सजीव चित्र उकेरे हैं।

वसु ने एक अंधेरी रात को जीवन से मुड़कर और पीड़ा न सह पाने पर कई मुट्ठियाँ भर-भरकर बारबिचुरेट खा लेती है लेकिन डॉक्टरों ने उसे मरने नहीं दिया। वह एक सप्ताह बेहोशी में पड़ी रहती है। जब आँखे खोलती है तो रात-दिन उसके प्राणों के लिए लड़ते रहने वाले डॉक्टर जूलियन को वह श्यामल कहकर पुकारती है। 'प्रतिध्वनियाँ' कहानी में वसु की ज़िन्दगी बहुत ही उलझनों भरी है। वह अपने मन के भावों को किसी से नहीं कह पाती, जिससे वह रोगग्रस्त हो जाती है।

प्रवासी साहित्यकार उषा प्रियंवदा की साहित्य-साधना

भारत जाकर अपने पति श्यामल से भी उसने बहुत कोशिश की कि अपनी यातना, पीड़ा और भटकनों को उनके सामने व्यक्त करे लेकिन वहाँ स्थिति ही ऐसी होती है कि वह किसी से कुछ नहीं कह पाती। जैसे जाती है वैसे ही लौट आती है।

हिन्दी कथाकार ऊषा प्रियंवदा के सन्दर्भ में जब मूल्य मर्यादा और सामाजिक दायित्व के निर्वाह की बात उठती है तो वह भारतीय जीवन पद्धति में हुए परिवर्तनों की ओर बरबस ही हमारा ध्यान खींच लेती है। भारतीय जीवन पद्धति की दृष्टि से यह नया काल था। पाश्चात्य संस्कृति के सम्पर्क में आने के परिणामस्वरूप हमारी जीवन पद्धति में निरन्तर परिवर्तन होता गया और स्वतन्त्र होते-होते हमारी सभ्यता और संस्कृति यहाँ तक की हम प्रत्येक क्षेत्र में, पाश्चात्य जीवन से प्रभावित हो गये। इस भावना ने भारतीय जीवन में बड़ी विषमता और भयानकता के साथ आधुनिकता के लिए खींचतान करने की वृति जगा दी। अकेलापन और अजनबीपन हमारे जीवन पर बुरी तरह हावी होने लगा कि व्यक्ति, समाज में रहते हुए भी अलग अलग इकाई बन गया और उसे अपने अस्तित्व की चिन्ता सताने लगी। "मैं वहाँ किसी से अपने बारे में न कह सकी। लगा कि वह सब यातना बिल्कुल मेरी अपनी थी। वे सब नहीं समझेंगे शब्द वह सब न कह सकेंगे।"[109]

सम्भावनाएँ जो कि वसु के असम्भव दिवा-स्वप्नों में घटी थीं रंगीन तितलियों की तरह उसके सामने फड़फड़ाने लगती है। उसका अस्थिर मन कहीं भी टिककर नहीं रहता। उसके मन में अजीब तरह की छटपटाहट होती है। किसी के साथ उन्मुक्त रूप से अपने मन के भावों को व्यक्त न कर सकने के कारण वह नींद न आने का शिकार हो जाती है और कुंठित हो जाती है। इस कारण वह अपने इर्द-गिर्द के लोगों को मरे हुए लोग कहती है, कालापानी कहती है क्योंकि वह किसी से कुछ कह नहीं सकती है कभी सिर दर्द का और कभी बुखार का बहाना बनाकर अकसर वह लोगों के झुंड से छुटकारा पा लेती है। उसे समाज से कोई लेना-देना नहीं होता। वह सिर्फ अपने आपको जीवित मानती है। जीवित संसार एवं संबंधियों को उसने मृत घोषित कर रखा है। वह तो दूर बहुत दूर उसके मन में जो झिलमिलाती दुनिया है, उसे देखती है। मन में छोटी-छोटी हिलोरें उठती हैं। भूली हुई यादों की खोए हुए चेहरों की आकृतियाँ बार-बार उसके सामने आती हैं और मिट जाती हैं। परिवार से, समाज से सबसे कटकर एक अलग, मुक्त जीवन की पक्षधर वसु कहीं भी चैन नहीं पाती। न भारत भूमि में और न ही विदेशी भूमि पर वह चैन से रह पाती है।

सन्नाटापन

'ट्रिप' कहानी में सोनी को अतीत और वर्तमान के बीच स्वतन्त्र भाव से आना–जाना अच्छा लगता है। कभी–कभी बचपन की बातें सोचते हुए वह बच्ची बन जाती और कभी–कभी अपने से भी बड़ी बन जाती है। उसे मछली की इमेज बहुत पसन्द आती है। वह अकसर उन क्षणों में एक चंचल चमकती मछली बन जाती है जो कि अनेक सागरों में बिना रूकावट, बिना मछुओं के क्रीड़ा करती रहती है। वह स्वतन्त्रता चाहती है। जैसे ही शाम होती है वह एक अनवरत लहरों की तरह एक के बाद एक ढेर सारे बिम्ब, इमेज उसकी बन्द आँखों के आगे से गुजरने लगते हैं। उसको रात का सन्नाटा बेहद गाढ़ा लगने लगता है। इन्हीं कारणों के कारण वह पाइप पीना सीख लेती है। बड़ी आसानी से ढेर–सा धुआँ निगलकर फेफड़ों तक फैंक देती है। हर बार उसे किसी न किसी नवीन संवेदना की अनुभूति होती है। कई बार तो वह अपने अन्दर के सारे तनाव जैसे झाडू से समेटकर एक कोने में इकट्ठे कर देती है और वह भोक्ता और दर्शक दोनों बन जाती है। वह अनुभव भी करती है और साथ ही साथ एक स्टेनों की तरह पास खड़ी हर प्रक्रिया, हर भावना और हर मुश्किल को अपनी नोटबुक में दर्ज करती रहती है। वह जो सोचती है, उसे याद करती है, वह फिल्म की तरह आँखों के आगे से गुज़रता रहता है। किसी शंख को कान से लगाकर सुनने में जिस तरह की ध्वनि आती है बिल्कुल उसी तरह की ध्वनि उसके कानों में समुद्र की लहरों की गूँजती रहती है। "कुछ इमेजेज उभरती है–कन्याकुमारी का सागर, पुरी का सागर, रोड आइलैंड में अटंलाटिक का रन। फिर फिल्म नए सीन पर देर तक रुकी रहती है। वह दोनों समुद्र के किनारे टहल रही है।"[110]

सोनी को सुख चाहिए होता है। दो बच्चे और पति सब कुछ तो है उसके घर में, फिर किस बात से दुखी थी वह ? सुख की अपनी–अपनी परिभाषाएँ होती हैं। कोई अपने आपको नशे में डुबोकर दुःख भूल जाना चाहता है। कोई फिल्में देखकर अपने अकेलेपन को दूर करता है।

उसके लिए सुख की परिभाषाएँ बदलती रहती हैं। उसके बच्चे बड़े हो गए तो पति ने उनको बोर्डिंग–हाउस में भेज दिया था। जब वो घर आते हैं तो उसे ऐसा लगता है जैसे वे पहले से और दूर हो गयी। बेटे माँ की रूटीन में बाधा नहीं डालते और वह भी समझ नहीं पाती की लड़कों के साथ क्या बात करे। पहले वह तरह–तरह के व्यंजन बनाकर अपने–आपको व्यस्त रखती थी लेकिन अब उसके बच्चे बड़े हो गए हैं। उनकी रुचि समय के साथ–साथ बदल जाती है। अब माँ के बनाए

पकवान आज्ञाकारी बच्चों की तरह वह चख लेते हैं, कुछ नहीं कहते। उसे ज़िन्दगी ऊब सी लगती है। सब कुछ होते हुए भी उसको लगता है कि जैसे किसी चीज की कमी है। उसके पति आत्मनिर्भर व्यक्ति हैं। उनके साथ उसके सम्बन्ध बड़े काम्पलिकेटेड हैं। वे अपना काम स्वयं करते हैं, जहाँ तक कि अपना कमरा साफ–सुथरा रखना, कपड़े अपने–आप टाँग देना, मोजे, बनियानों का शुमार रखना, कपड़े लांड्री को देकर आना। ये सारे काम बिना कहे वे रोज़ाना कर लेते हैं। बच्चे छोटे थे तो पति नाश्ता भी तैयार करके देते थे और सुबह की क्लास को पढ़ाने चले जाते थे। सोनी को ऐसे पति से कोई शिकायत नहीं होती। बस एक ही शिकायत होती है, मौन शिकायत। रोमांस की कमी की शिकायत होती है जो वह बोलकर नहीं बता सकती। ''बच्चों के चले जाने पर वह कितनी अकेली रह गई थी। शायद पति ठीक ही कहते थे। ज़िन्दगी उस रोमांटिक कहानियों की तरह नहीं हो सकती। हर शुरुआत कहानी की तरह होती थी, एक उच्छवासित वेग से, और अन्त प्रायः एक बड़े ही अनरोमैंटिक ढंग से।''[111] वह अंततः हफ्तों घर में बन्द एवं चुपचाप पड़ी रहती है। फिर अचानक कहीं किसी जगह किसी नए व्यक्ति से मुलाकात हो जाती है। उस नए अफेयर में वह एक बार फिर सारी पुरानी बातें भूल जाती है। उसका ऐसे ही रूटीन चलता रहता है। इसी रूटीन में स्टीफान भी है जो उसे नर्सरी में मिलता है। स्टीफान उसके पति से प्रभावित होता है।

अधिकांश लोग उसके पति से ही प्रभावित होते हैं। स्टीफान एक नए व्यक्ति हैं, जिनसे सोनी का गहरा लगाव हो जाता है। गहरी निस्तब्धता, मन के अकेलेपन को दूर करने के लिए वह स्टीफान के साथ समय बीताती है। जब सारी संवेदनाएँ तीखी हो जाती हैं तो वह ड्रिंक भी लेती है। यह सब करते हुए भी उसके मन की भटकन दूर नहीं होती। स्टीफान द्वारा कही गई यह बात उसको वास्तविकता से परिचित करवाती है कि ''नहीं तो तुम्हें भी मरे हुए वियतनामी और अमरीकन चेहरे 'हांट' करने लगे।''[112] प्रस्तुत कहानी में सोनी पति और बच्चों के साथ घरेलु जीवन व्यतीत करती हुई, हमेशा से तीसरे व्यक्ति की खोज में रहती है। 'ट्रिप' कहानी लेखिका ने डेनमार्क में लिखी है। नशीले पदार्थों का सेवन करते हुए सामाजिक मान्यताओं को तोड़ना इस कहानी का मुख्य विषय है। सोनी का पति कभी भी अपनी पत्नी की भावनाओं को नहीं समझता। वह एक सफल प्रोफेसर होते हुए भी नशीले पदार्थों का सेवन करता है। साथ ही साथ अपनी पत्नी के साथ बैठकर दोनों नशा करते हैं। निष्कर्षतया कहा जा सकता है कि इस तरह की बातों से हमारी

सामाजिक मान्यताओं को ठेस पहुँचती हैं। यह कहानी आधुनिक के दौर में समाज में व्याप्त बुराईयों को व्यक्त करती हुई आज के यथार्थ को बयान करती है।

उषा प्रियंवदा की कहानियों के परिप्रेक्ष्य में आस्था, अनास्था, संत्रास और विसंगतियों की अभिव्यक्ति

उषा प्रियंवदा की कहानियों में भारत और विदेश के परिवेश का उभरा हुआ चित्र दिखाई देता है। उषा प्रियंवदा वही लिखती है, जिससे वह परिचित है। समाज में घटित घटनाएँ, लोग उनके जीवन की उलझनें और समस्याएँ हर समय उषा प्रियंवदा की लेखनी को प्रभावित करती हैं। इनकी कहानियों में बदलती परिस्थितियों के अनुरूप अपने आपको ढालते हुए पात्र जीवंत प्रतीत होते हैं। उषा प्रियंवदा की कहानियों में जहाँ प्रेम की पुकार दिखाई देती है वहीं प्रेम का मूक समर्पण हमें 'मछलियाँ' कहानी में मिलता है। इनकी कहानियों के पात्र भले ही विदेशी भाव–भूमि पर, विदेशी संस्कृति, खुले माहौल में रहते हों, संत्रास और कुंठाग्रस्त हो लेकिन इनकी कहानियों की नायिकाएँ अपने आपको भारतीय संस्कारों से मुक्त नहीं कर पाई हैं। 'मछलियाँ' कहानी की विजी पूरी तरह अपनी संस्कृति एवं संस्कारों को पाठक के सामने लाकर रख देती है।

उषा प्रियंवदा ने अंग्रेज़ी साहित्य में अपनी पढ़ाई करने के बाद भी अपनी संस्कृति और अपनी भाषा को विदेश में जाकर नहीं छोड़ा। अमेरीकी परिवेश में भी उन्होंने हिन्दी साहित्य में साहित्य सर्जन किया। यह उनके भारतीय प्रेम को व्यक्त करता है। लेखिका ने खुद लिखा है कि "इतनी दूर आकर अपने संदर्भ से कटकर भी मैं लेखन और हिन्दी और भारत से जुड़ी हुई हूँ कि हिन्दी ही मेरी भाषा है और यदि कुछ वर्थव्हाइल मुझसे लिखा जाएगा – तो हिन्दी में ही।"[113]

उन्मुक्तता

उषा प्रियंवदा की कहानियाँ अमेरीका के उन्मुक्त वातावरण से प्रभावित होकर लिखी गई हैं। 'सम्बन्ध' कहानी में श्यामला उन्मुक्त विदेशी परिवेश को व्यक्त करती है। डॉक्टर एक सफल सर्जन है। श्यामला एक शादीशुदा डॉक्टर के साथ नजायज सम्बन्ध बनाती है। भारतीय सामाजिक और सांस्कृति मान्यताओं के यह विपरीत है। श्यामला एक कॉटेज में अकेली सबसे अलग और सबसे कटकर रह रही है। उसका स्वार्थ–भरा सुख उसको बाहरी दुनिया से दूर रखता है।

'फिर वसन्त आया' कहानी संग्रह में आस्था, अनास्था, संत्रास और विसंगतियों से जुड़ी हुई कहानियाँ उषा प्रियंवदा की कहानियों की प्रथम

विशेषता है। मानव की दृष्टि में वही सबसे श्रेष्ठ है उसके लिए दूसरे लोगों का कोई महत्व नहीं है। 'मेनका : रम्भा : उर्वशी' इस कहानी में दिखावे को मुख्य विषय बनाया गया है। चाची के चाँद के टुकड़े से तीन बेटे होते हैं। बेटे इतने सुन्दर होते हैं कि वह लोगों की बुरी नज़र से उनको बचाती फिरती। मन–ही–मन वह बहुत सुन्दर है। जब तीनों बेटे बड़े होते हैं तो उन्हें देखकर चाची का कलेजा गर्व से फूल जाता है। चाची का अरमान होता है कि तीनों बहुएँ बेटों से बढ़कर नहीं, तो कम से कम उनके जोड़ की तो हैं। उसने स्वयं यह अनुभव किया था कि जब मनचाहा या सुन्दर साथी नहीं मिलता तो बहुत बुरा लगता है। अब वह दोबारा से बेटों के लिए यह दोहराना नहीं चाहती है।

विशन के विवाह के लिए चाची के दिल के कोने में मुद्दतों से सोए हुए अरमान करवट लेते हैं। वह सोचती है बहु आएगी तो वह अप्सरा जैसी होगी। सुन्दर बहु की खोज में वह जमीन–आसमान एक कर देती है। गोरे, आकर्षक और गुलाब के फूल जैसे विशन के लिए इतनी मेहनत से उसने मेनका–जैसी लड़की खोजी लेकिन लड़के के राज़ी न होने के कारण वही लड़की उसी मुहल्ले के हरि की बहु बन जाती है। चाची सोचती है कि भला हरि और इस बहु का तो कोई जोड़ ही नहीं है।

चाची के मन की भटकन कम नहीं होती कोई ढोलक उसके आगे रख देता है। उसके अभ्यस्त हाथ उसे बजाते रहते हैं लेकिन मन भटकता रहता है। वह ऊबकर उठ जाती है। विशन की शादी हो जाती है लेकिन चाची के अरमानों को कुचलकर भाग्य दहेज से उसका घर भर देता है। सामान इतना मिलता है कि चाची दोहरी–दोहरी, तिहरी–तिहरी चीजें बैठक, बरामदे और आँगन में उठाते–धरते थक जाती है। कोहनी तक जेवरों से भरे हुए काले–काले हाथों को देखकर चाची की आँखें विषाद से भर जाती हैं। बहु का मन सुन्दर है या नहीं चाची यह नहीं देखती। वह तो सिर्फ बाहरी सुन्दरता की कायल है। अपने मन के भावों को छिपाते हुए वह औरतों को कहती है कि "शक्ल – सूरत में क्या रखा है। बहू सुशील हो, ऊँचे कुल की हो और सुलक्षणी हो।"[114] इतनी साध और अरमानों से पहली बहू के आने के जो वह सपने देखती है वह चूर–चूर हो जाते हैं। दूसरे बेटे किशन जो उसके तीनों बेटों में से सबसे सुन्दर होता है उसकी शादी से पहले ही चाची कह देती है कि "बात यह है कि हम लड़की गोरी चाहते हैं, खूब उजला साफ रंग हो, नाक, आँख भी सुन्दर हो।"[115] शीलों नाम की सुन्दर बहु चाची को बिल्कुल उर्वशी–सी लगती है। मँझली बहु के आने की तैयारियाँ शीलो का आँखों

के सामने चित्र लाकर करती। वह सोचती कि मेरे घर सचमुच उर्वशी जैसी अप्सरा ही आ रही है। किशन की सगाई से लेकर शादी में डेढ़ साल का समय बीत गया। एक बार फिर से चाची के अरमानों पर पानी फिर गया। जब एक दिन धूम–धाम और गाजे–बाजे के साथ किशन शीलो को बयाह कर लाता है तो चाची किशन को खिन्न और उदास देखती है। पिछले डेढ़ साल से शीलो इतनी मोटी हो जाती है कि पैर रखकर आने के लिए जो सात सकोरे रखे होते हैं वे शीलों के पैर रखते ही चूर–चूर हो जाते हैं। मुहल्ले की औरतें आँचल में मुँह छिपाकर खिलखिलाने लगती हैं। यही चाची को डर होता होता है। चाची बस आह भरकर रह जाती है। अब रह जाता है तीसरा बेटा नारायण उसका तो मुकद्दर ही कुछ ओर होता है। किसी कारणवश उसकी शादी एक सूने, शोभाहीन चेहरे वाली लड़की कुसुमी से हो जाती है। जिसके पास न रूप, न धन और न ही विद्या होती है। वह तो तीन साल में भी दसवीं पास न कर सकी। जहाँ चाची की सरस, स्निग्ध कोमलता दिखाई देती है जो वह एक अनाथ और करुणा की प्रतीक कुसुमी को अप्सरा बनाकर घर ले आती है। यहाँ चाची की दयालुता तो झलकती है और इसके साथ–साथ त्याग की भावना भी झलकती है।

कुंठित होना

'फिर वसन्त आया' कहानी–संग्रह में संग्रहित में 'दोस्त' कहानी हमारी भारतीय संस्कृति को प्रस्तुत करती हुई भाईचारे की भावना को बयान करती है। सुरेखा का अकेलेपन के कारण कुंठित हो जाना स्वाभाविक है। सुरेखा को एक दिन की तो छुट्‌टी होती है, उस दिन भी यह नहीं कि उसका पति दो क्षण बैठकर बात कर ले। पति अपने दोस्तों शर्मा, चौधरी और सूद आदि के साथ ज्यादा से ज्यादा समय व्यतीत करता है। पत्नी खाली समय में सिर्फ आह भरकर रह जाती है।

छह साल पहले सुरेखा जब कॉलेज में पढ़ती थी तो रंग–बिरंगी साडियाँ, बढ़िया से बढ़िया जूते और बेफिक्री की ज़िन्दगी जीती थी। अब उसके बाल अस्त–व्यस्त रहते हैं, आँखों में थकान रहती है, गम से भारी, होंठ सूखे और मुँह कुम्हलाया रहता है। जब सुरेखा गौर से अपने आपको देखती है तो छह साल पहले की सुरेखा में उसको बहुत भिन्नता नज़र आती है। कई बार तो वह सोचती है कि अजय–सा पति तो भाग्य से ही मिलता है। मगर पहले उसको पता नहीं था कि ''विवाह नारी के लिए जीवनभर की बेड़ी है। चुपचाप रो लो, अपने–आपको पति और बच्चों पर न्यौछावर कर दो, और पति देवता दोस्तों के संग ऐश करें।''[116]

प्रवासी साहित्यकार उषा प्रियंवदा की साहित्य-साधना

कई बार अजय को उसके विवेक ने धिक्कारा है। जब सुरेखा उससे दो बातें करने को तरसती हुई रोते-रोते सो जाती। कई बार अजय दृढ़ निश्चय करता है कि भविष्य में कभी सुरेखा की बिना अनुमति के वह दोस्तों के साथ नहीं जाएगा। परन्तु जैसे ही वह दफ्तर से निकलता है तो कोई-न-कोई मिल ही जाता है। एक बार फिर वह चाय का कप पीने बैठ जाता है और घर देरी से पहुँचता है। सुरेखा फिर से अपनी शादीशुदा ज़िन्दगी से निराश हो जाती है। वह कहती है कि "छह साल में जो कुछ था, सब खत्म हो गया। अब तो बच्चे पालो, दोनों वक्त चूल्हे में सिर दो, छप्पन व्यंजन बनाकर इंतजार करो।"[117] ऐसे ही दिन गुजरने लगते हैं। एक दिन ऐसा आता है जब अजय के दोस्तों की परीक्षा होनी होती है। अजय की बहन दीपा की शादी में अजय किसी काम से वेग से सीढियाँ उतरता नीचे आ रहा होता है तो अचानक पैर फिसल जाता है। अजय के पैर की हड्डी टूट जाती है। वही दोस्त जिनको रोज़ान सुरेखा भला-बुरा कहती है काम आने लगे। अजय के पास आकर सभी दोस्तों ने कहा कि अजय आप परेशान मत हो, हम लोग तुम्हारे साथ हैं। हम सारा काम सँभाल लेंगे। आपकी बहन हमारी बहन है। दोस्तों ने घर में आकर घर के सन्नाटे को रौनक में तब्दील कर दिया।

नीरा, अजय की दोस्त जिससे सुरेखा को बहुत परेशानी होती थी। वह भी आकर सुरेखा को सांत्वना देती है कि घबराने की जरूरत नहीं है हम तुम्हारे साथ हैं। "रेखा जी, यह सब मुझ पर छोड़ दीजिए। आप अजय बाबू के पास जाइए........ आप रात भर जागी हैं थकी होंगी, आराम कीजिए।"[118] कोई दोस्त मिठाई का आर्डर देता है, कोई बारात के ठहरने का प्रबन्ध कर देता है, कोई अजय की देखभाल करता है, इस प्रकार दोस्त अजय के घर में आकर दीपा की शादी को खुशनुमा बना देते हैं। सुरेखा यह सब देखकर कुछ नहीं कह सकती, अनायास ही सुरेखा की आँखें भर आती हैं और वह सभी को धन्यवाद देती है। अजय भी पैर का दर्द भूल जाता है। वह सोचता है कि पैर तो टूट गया लेकिन सुरेखा अब दोस्तों के साथ दोस्ती निभाने की नहीं मना करेगी।

इस प्रकार इस कहानी में दोस्ती की अहमियत को बताया गया है कि समाज में रहते हुए हर किसी को एक-दूसरे की जरूरत पड़ती है। दुःख को दूर करने में दोस्त भी अहम् भूमिका निभाते हैं। अकेलेपन को दूर करते हैं।

छटपटाहट

'आश्रिता' कहानी में मधु के माँ-बाप मर जाते हैं। चाची मधु को अपने पास रखती है और सारा दिन उससे काम करवाती है।

पढ़ने–लिखने की आयु में वह चाची के घर में सारा दिन काम करती है। सुबह से लेकर उसका काम का सिलसिला चल पड़ता है, वह रात तक रुकने का नाम ही नहीं लेता। मुन्ने को दूध देती नीरा का मुँह धुलाती, चाचा को हुक्का भरकर देती, कभी न खत्म होने वाली चाची की फरमाइशें पूरी करती। चचेरी बहन मंजु से छह महीने छोटी मधु को घर के काम से ही फुरसत नहीं होती, उधर मंजु उसके सामने रोजाना नए–नए कपड़े पहनें कॉलेज जाती है।

चाची के भाई के बेटे शेखर को मधु पर होते अत्याचार को देखकर बहुत दुःख होता है और बड़ा क्रोध आता है। पर वह कुछ नहीं कर सकता। सबसे नज़र बचाकर कई बार वह सांत्वना के कुछ शब्द कह देता है। शेखर अक्सर यह सोचता है कि वह क्या करे, जिससे मधु की व्यथा कम हो जाए। शेखर की आँखों के सामने मधु की सिसकियाँ घूमती रहती है। चाची के कड़वे शब्द तो उसका कलेजा फाड़ देते हैं। चाची कहती है कि "ऐसी निकम्मी लड़की है, ज़रा भी तमीज नहीं। दुनिया में ठोकरें खाती फिरती, मुझे तरस आ गया, बाप तो दो धेले भी छोड़कर नहीं मरा। हमारे घर का सत्यानाश करने पर तुली है।"[119] चाचा पत्नी के स्वभाव के आदी हो जाते हैं। चाची के मन में जो आता है, वह बोलती रहती है। मधु चुपचाप सिर झुकाकर अपने काम में लगी, सुनती रहती है और रोती रहती है। आँसू भर आते हैं और टपक जाते, बहते रहते और वही उसके दुःख के एकमात्र संगी होते हैं। यूनिवर्सिटी से शेखर लौटता है तो अपनी बुआ के अत्याचारों को देखकर तड़प उठता है। चाची का नाटक देखकर वह सोचता है कि मधु को धरती निगल जाए, किसी तरह उसे नरक से छुटकारा तो मिल जाए। यही सोचकर गुमसुम–सा बैठा रहता है और अपनी प्रगाढ़ वेदना को व्यक्त नहीं कर सकता। वह मधु से कहता है कि "मुझे बहुत बुरा लगता है, मधु। मैं तड़फकर रह जाता हूँ, मैं कर ही क्या सकता हूँ ?" "आपकी सहानुभूति ही मेरे लिए बहुत है।"[120]

मधु को कई बार पिताजी याद आते हैं, चाची का कर्कश स्वर उसको अतीत से वर्तमान में खींच लाता है। वर्तमान के अजीब से अनुभव ने मधु को अन्दर से नोच लिया है। मधु के साँवले, सलौने मुख पर शान्त वेदना से घायल दो आँखें शेखर को उद्वेलित कर देती हैं। डाँट–फटकार से भी वह कुछ नहीं बोलती है। आँखों में व्यथा की छाया गहरी हो जाती है और वह विवश होकर रह जाती है। जहाँ कर्कशा चाची होती है, वहाँ कोमल वाणीवाला शेखर भी होता है। जब चालीस की उम्र वाले लड़के के साथ चाची मधु की शादी तय कर देती है, तब अठारह साल की मधु

के प्रति शेखर का दुलार उमड़ पड़ता है। वह चाची को उसकी गलती के बारे में बताता है लेकिन चाची शेखर को वहाँ से जाने के लिए कह देती है। रात के सन्नाटे में जाने से पहले वह मधु को कुछ खाने के लिए दे आता है। वह कहता है कि ''नहीं, मधु, मैं तुम पर होता अन्याय नहीं सह सकता और जब अपनी ओर देखता हूँ तो पाता हूँ कि कुछ नहीं कर सकता। मधु मुझे मेरी असमर्थताओं के लिए माफ़ कर देना। मैं कुछ भी न कर सका। और.........और........कभी–कभी.........भूले–बिसरे.......याद कर लेना।''[121]

बन्द पक्षी पिंजरे से बाहर जाने के लिए जिस तरह छटपटाता है यही हालत मधु की होती है। शेखर के जाने के बाद उसकी ज़िन्दगी वीरान सी हो जाती है। न तो हरियाली बचती है, न रंगीनी बचती है। दिन बीतते जाते हैं, शादी के दिन नजदीक आ जाते हैं। शेखर अपने पिता को मधु का हाथ माँगने भेजता है। चाची उनको भला–बुरा कहकर भेज देती है। मधु का उदास मुख और व्यथित नेत्रों ने शेखर के पिता का दिल भी छू लिया था। शेखर के पिता गोविन्द से मधु की शादी को मना करके जाते हैं। चाची मौका मिलते ही मधु की शादी गोविन्द से कर देती है। परीक्षाएँ खत्म होने के बाद मन में मीठे अरमान लेकर माँ के साथ शेखर जब बनारस पहुँचा तो उसकी आकुल आँखें किसी को खोजती हैं। वह आतुर–सा इधर–उधर देखता है। मधु की चाची कहती है बड़ी जल्दी में मधु की शादी करनी पड़ी, अब गोविन्द बाबू की बदली बर्मा हो गई है। यह खबर सुनकर शेखर कुर्सी से सिर टिकाकर बैठ जाता है।

उषा प्रियंवदा ने इस कहानी में आश्रित बच्चों की व्यथा तो बताई है इसके साथ–साथ हमारे समाज में व्याप्त अत्याचारों को भी व्यक्त किया है। अठारह साल की मधु के साथ चालीस साल के गोविन्द की शादी अनमेल विवाह को प्रदर्शित करती है। समाज में फैली ऐसी बुराईयों को दूर करना पड़ेगा तभी देश खुशहाल हो सकता है। उषा प्रियंवदा ने अपने साहित्य–सृजन में अपने अनुभवों को प्रस्तुत किया है। शिक्षित समाज में भी न जाने कितनी मधु होंगी जिनके साथ समाज ऐसा बर्ताव करता है। समाज में फैली ऐसी कुरीतियाँ समाज को खोखला बना रही हैं। मधु की भावनाओं के साथ चाची के द्वारा दुर्व्यवहार करना बहुत ही ग़लत है। समाज में न जाने ऐसे कितने ही लोग हैं जो यह नहीं समझते कि भगवान के बनाए हुए लोग सब बराबर हैं। मधु न तो अपने अस्तित्व को पहचान सकी एवं न ही शेखर की भावनाओं को ही। चाची के दबाव के कारण वह बरबस ही दब कर रह जाती है। वह कुंठित हो जाती है।

लेखिका ने मधु की रेगिस्तान-सी वीरान ज़िन्दगी में हरियाली को नहीं दिखाया। मधु की उदासी, उसकी सिसकियाँ और उसकी व्यथा को कोई सहारा नहीं मिलता। एक शेखर की सहानुभूति होती है उसके पास, वो भी उससे छीन ली जाती है। प्रश्न यह है कि समाज में से चाची जैसे पात्रों को उचित शिक्षा देकर समझाना चाहिए या उनको कोई सबक देना चाहिए ताकि और भी कोई देखे तो समझ जाए कि बुरा करेंगे तो बुरा ही होगा। मधु जिस नरक से निकलती है उसी नरक में झोंक दी जाती है। उसको भी स्वतन्त्रता मिलनी चाहिए थी।

निरर्थकता

'मान और हठ' कहानी में अमृता और मुकुल दोनों के अपने-अपने अस्तित्व को दिखाया है। अमृता को अपनी सुन्दरता का मान है और मुकुल पुरुष प्रधान समाज का प्रतिनिधित्व करता हुआ नज़र आता है। उसको पुरुष होने का आत्माभिमान है। इस कहानी में कहा गया है कि ''उसे झुकना नहीं आता। मुकुल के हठ को बताया है, ''उसे अपने रूप पर मान है, तो मैं भी अपने हठ का पक्का हूँ। झुकेगी, तो अमृता - वह नारी है, पत्नी है। मैं पति हूँ।''[122] शादी के दिन ही अमृता जब औरतों को बातें करती सुनती है कि चाँद-सी सुन्दर, बेटी को वर कैसा मिला है तो उसका दिल टूट जाता है क्योंकि उसने विवाह से पहले मुकुल को नहीं देखा होता। मुकुल धनी जज का बेटा होता है। सुशिक्षित और अच्छी नौकरी पर कार्यरत होता है। इसका अमृता पर कोई प्रभाव नहीं पड़ता। वह तो इस बात से बहुत दुःखी होती है कि उसका पति अत्यधिक कुरूप है। घूँघट उठाकर शादी में आई हुई औरतें अमृता को देखती हैं तो मुकुल के भाग्य को सराहती हैं। उसका मन होता है कि घूँघट फाड़कर फेंक दे, स्त्रियों का मुँह नोच ले और दीवार से टकरा-टकराकर मर जाए परन्तु समय की नजाकत को समझती हुई वह शान्त और सिर झुकाकर बैठी रहती है। बड़ी-बड़ी काली आँखों में आँसू उमड़ते रहते हैं और वह सिसकियाँ अपने मन में दबाकर बैठी रहती है। अपने माँ-बाप को कोसती हुई वह ससुराल में दिन बिताने लगती है। दोनों में झगड़ा होने के बाद अमृता अपने मायके चली जाती है। दोनों ही अपने घमंड के कारण एक-दूसरे से अलग-अलग हो जाते हैं। अमृता को अपने रूप का घमंड होता है और मुकुल को अपनी दौलत का। मुकुल सोचता है कि अमृता पतिव्रता स्त्री की भाँति आकर उसके पैरों पड़ेगी और उससे क्षमा माँगेगी, मगर वह नहीं आती है।

दिन बीतते जाते हैं। अमृता को लगता है कि वह खोखली होती जा रही है। एक निरर्थकता की भावना उसके मन-प्राणों पर छा जाती है। उसे ऐसा लगता है कि वह पथ भूल गई है, अब कभी वह मंजिल तक

नहीं पहुँच पाएगी। वह अपने आप को वही बेफिक्र अमृता पाना चाहती है जिसके मन में अपने समान ही सुन्दर पति पाने के अरमान होते हैं।

मुकुल की दूसरी शादी कर दी जाती है। अमृता के हठ का यह परिणाम होगा, यह किसी ने नहीं सोचा होता। पिता अमृता से बोलना छोड़ देते हैं। भाई झिडकने लगते हैं। भाभियाँ पग–पग पर अपमानित करना शुरू कर देती हैं। अगर मुकुल झुकता तो वह उसे स्वीकार कर लेती, पर स्वयं झुकना अमृता को असह्य लगता है। अब अमृता को भी अकेलापन अखरने लगता है।

वह पड़ोस में रोज़ देखती है कि पत्नी प्रसन्न मुख से पति के साथ उसे बाहर तक पहुँचाने जाती है। बच्चों का मुख चूमकर उन्हें स्कूल भेजती है, पड़ोसियों का घर दो बच्चों के मधुर कलरव से गूँजता रहता है। इस संबंध में वह कहती है कि ''यह सूनापन, यह अकेली ज़िन्दगी। मुकुल के पत्नी है। बच्चे भी होंगे ही। आठ साल हो गए, पूरे आठ साल। मुकुल पुरुष है। वह अपनी दुनिया बार–बार बसा सकता है। पर अमृता ?''[123] जाड़े की लम्बी सूनी शामों को वह चुपचाप अँगीठी में दहकते कोयले को देखकर काटती। एक दिन उसके दिल में भी ऐसी ही आग धधकती है जो अब बुझ चुकी है। निर्जन सड़क पर एक भूला–भटका–सा व्यक्ति उसे नज़र आता है। शायद वह भी उसी तरह लक्ष्यहीन हो। उस अनजान, अपरिचित व्यक्ति के लिए संवेदना से उसका हृदय भर जाता है। एक दिन व्यथित–सा मुकुल उसके पास पहुँच जाता है। जाकर उसे बताता है कि उसकी पत्नी मर चुकी है। उसके जीते–जी उतना ही अकेला होता है, जितना अमृता के जाने के बाद होता है। न जाने उसे वहाँ तक क्या खींच लाता है। अमृता एक टक उसे देखती है। आठ सालों में वह बहुत बदल गया था। अमृता को मुकुल बरसों का बीमार–सा, टूटा–टूटा, खोया–खोया, उदास और बेहद अकेला लगता है। उसके दर्द ने उसे एक स्निग्ध, अलौकिक आकर्षण दे दिया था, जिसे केवल अमृता की ही आँखे देख सकीं। अमृता और मुकुल के मन में लम्बे समय से विद्यमान प्रेम के कारण उनका मान और हठ टूट जाता है। इस प्रकार उनका अकेलापन दूर हो जाता है। उषा प्रियंवदा ने इस कहानी के अन्त में प्रेम को मान और हठ से ऊपर दिखाकर कहानी में रोचकता बढ़ा दी है।

अपराध–बोध, असमंजस की भावना

'नष्ट नीड़' कहानी में उषा प्रियंवदा ने सभ्य और सुसंस्कृत परिवार की लड़की सुधीरा और भुवन के प्रेम प्रसंग को चित्रित किया है। प्रोफेसर कृष्ण का कितना मन होता है कि वो सुधीरा की शादी भुवन से करे। तब

प्रवासी साहित्यकार उषा प्रियंवदा की साहित्य-साधना

तो भुवन कोशिश ही नहीं करता कि उनकी शादी हो जाए। जब सुधीरा की शादी कहीं ओर हो रही होती है तो भुवन के मन में असली ज्ञान की बात कौंध जाती है। उस ज्ञान की पीड़ा इतनी गहन और तीव्र होती है कि भुवन को लगता है कि उसके मुलायम मांस में दूर तक कोई पैनी चीज धँसती चली जाती है। एक क्षण को वह हत बुद्धि-सा रह जाता। सुधीरा का अपराधी भुवन ही है, यह अकसर भुवन के दिमाग में चलता रहता है। भुवन की माँ का बहुत मन होता है कि सुधीरा उसकी बहू बने। प्रोफेसर कृष्ण खुद भुवन से सुधीरा की शादी करना चाहते थे परन्तु भुवन यह नहीं जानता था कि वह न करके अपनी ही खुशी ठुकरा देता है। सुधीरा उसके अस्तित्व का अभिन्न अंग बन गई, यह तो उसको तब अनुभव होता है, जब सुधीरा के द्वार पर आम के पत्तों की वन्दनवार बँध चुकी होती हैं। तब भुवन को ऐसा लगता है कि जैसे सुधीरा जा नहीं रही, बल्कि भुवन के शरीर का कोई अंग काट डाला गया है। सुधीरा के बिना उसको अपना अस्तित्व निरर्थक-सा प्रतीत होता है। एक क्षण तो वह सोचता है, फिर झट से प्रोफेसर कृष्ण को कह देता है कि ''प्रोफेसर साहब, आप मुझे पता नहीं क्या समझेंगे, मगर मैं सुधीरा से शादी करना चाहता हूँ।''[124] प्रोफेसर कृष्ण अपनी पोजीशन और बदनामी न हो, ऐसा कहकर चले जाते हैं लेकिन भुवन की आँखों की ज्वाला बुझ जाती है। उनमें सूनापन आ जाता है। वह अपने अरमानों को जलते देखता है। वह एकान्त चाहता है। अन्धेरा और सन्नाटा चाहता है। उसको हर काम के लिए अपने आपको ढकेलना पड़ता है। वह एक डॉक्टर है जो लोगों को स्वस्थ करके जीवनदान देता है मगर वह स्वयं मृत है, अचेतन। वह सोचता है कि उसके अन्दर कोई चीज़ मर गई है, जिसमें फिर से प्राण नहीं आ सकते।

भुवन के मन में कचोट-सी उठती है। उसको कितना अखरता था लाखी का महाराज से हँसना और खिलखिलाना। वह नहीं जानता था कि वह अपनी आँखों से ही उस नीड़ के तिनके बिखरते हुए देखेगा। लाखी भी सिसकते-सिसकते अपने ससुराल चली जाती है। इसके साथ ही घूँघट के अन्दर दबे-दबे सिसकियाँ लेती सुधीरा का चित्र भुवन की आँखों के सामने घूम जाता है। चलते हुए इक्के पर से लाखी चीख मारती है और वह अवश, करुण चीख दूर तक गहराई तक भुवन का हृदय बेधती चली जाती है।

इस कहानी में भुवन पहले-पहल दुविधाग्रस्त रहता है। प्रोफेसर कृष्ण के कहने पर भी वह सुधीरा से शादी के लिए हाँ नहीं कर पाता लेकिन जब सुधीरा की शादी कहीं ओर तय हो जाती है तो वह अपनी

भावनाओं को दबते देख कुंठित-सा हो जाता है। वह एकान्त प्रिय हो जाता है। उसकी ज़िन्दगी सूनी-सी प्रतीत होती है। उसको किसी नौकर और नौकरानी का हँसना और खिलखिलाना अच्छा नहीं लगता। उसको अचेतनता घेर लेती है। सुधीरा के चेहरे पर भी नीरवता छाई रहती है।

सुधीरा के बिना भुवन को अपना जीवन अस्तित्वहीन प्रतीत होने लगता है। भुवन अकेला रह जाता है सिर्फ सुधीरा की स्मृति ही उसके पास होती है। अपने आपको कोसने और धिक्कारने के सिवा अब उसके पास कुछ नहीं बचता। वह कर भी क्या सकता था।

उषा प्रियंवदा की इस कहानी में मनुष्य की असमंजस की भावना को भी प्रस्तुत किया गया है। इसके चलते वह सही समय पर, उचित फैसला नहीं कर पाता, जिसके कारण बाद में वह पछताता है और अपराध-बोध का शिकार हो जाता है। उसको लगता है कि उसकी जो परिस्थितियाँ बन गई हैं, शायद इसका अपराधी वह खुद ही है।

उदासीनता

'पूर्ति' कहानी में उषा प्रियंवदा ने अचला के द्वारा परिस्थितिवश जीवन के प्रति बढ़ती जा रही उदासीनता को प्रस्तुत किया गया है। समाज में रहते हुए कई बार व्यक्ति के हालात ऐसे बन जाते हैं कि वह खोया-खोया सा रहने लगता है। अपनी भावनाएँ दूसरों से छिपाने लगता है। अचला निर्विकार भाव से घिरी हुई है। अपने माता-पिता के साथ बिताए गए अचला के मधुर क्षणों से श्रीकान्त की याद भी जुड़ी होती है। बच्ची अचला श्रीकान्त की उपस्थिति वैसे ही स्वीकार कर लेती है, जैसे वह पापा की करती है। श्रीकान्त उसको पापा की छाया ही प्रतीत होता है। पापा के व्यवसाय का साझीदार होने के साथ-साथ वह उनके हृदय के भी बहुत निकट होता है। किशोर व श्रीकान्त को पिता दीनानाथ ने सहारा दिया होता है। श्रीकान्त कभी भी उसके पापा की तरह दिल खोलकर नहीं हँसता है परन्तु अपनी दयापूर्ण आँखों और कोमल कंठ से वह सहज में ही बच्चों को जीत लेता है। अचानक अचला को पता चलता है कि उसकी माँ मर गई। जब वह माँ-माँ पुकारती हुई बाहर की तरफ दौड़ती है तो श्रीकान्त ही उसे सहारा देता है। वह तब तक तरह-तरह की बातों में बहलाकर रखता है, जब तक वह सो नहीं जाती। इस घटना के साल बाद ही घर में नई माँ आ जाती है। उसके पापा तो उसे उतना ही प्यार करते थे, परन्तु अचला के साथ बिताने को अधिक समय नहीं मिलता था। तब श्रीकान्त भरसक प्रयास करता कि अचला पापा की अनुपस्थिति को महसूस न करे। फिर कुछ दिनों के बाद बोर्डिंग स्कूल में भेज दी जाती है। पापा और सौतेले भाई-बहनों से दूर अचला

ज्यों–ज्यों बड़ी होती जाती है तो अपने को और भी अकेला पाती है। अठारह साल की अचला को पापा के हार्ट फेल होने के समाचार ने बड़ी निर्दयता से उसके दिल के टुकड़े कर दिए होते हैं। उसकी छोटी–सी दुनिया के केन्द्र हँसते, बेफिक्र, लापरवाह–से पापा उसको छोड़कर चले जाते हैं। टूटे हुए मुख पर गहन उदासी और चिन्ता की रेखाएँ लिए श्रीकान्त ने निःशब्दता से उसको ढाँढ़स बँधाया था। जिन लोगों से उसकी दुनिया बनी उनमें श्रीकान्त भी होता है। अचला अब संसार में निर्धन और अकेली रह जाती है। सौतेली माँ के छोड़ देने पर अचला को श्रीकान्त पर ही असीम विश्वास होता है। वह कहती है कि "मेरी बात मानोगी, अचला ? तुम पढ़ाई न छोड़ो। बाद में मैं तुम्हारी शादी कर दूँगा। मेरा आभार न मानो, मैं तो तुम्हारे पापा का ही ऋणी हूँ।"[125] किशोर और संवेदनशील हृदयों को अपना–पराया कितनी चोट पहुँचाता है, यह वह अपने अनुभवों से जान लेता है। उसके क्षुधित हृदय के अभावों की पूर्ति दीनानाथ ने स्नेही स्वभाव से की होती है।

श्रीकान्त यह निश्चय कर लेता है कि वह अचला को कभी भी अकेला या अवांछनीय नहीं अनुभव करने देगा। "तुम अब कुछ भी फिक्र न करना। मैं तो हूँ न।.......अब तुम्हें सुखी बनाना मेरी जिम्मेदारी है।"[126] उदासी के क्षणों में यही बातें उसको हौंसला देती हैं दुख और पीड़ा दोनों ही अस्तित्व की अनुभूति के अनिवार्य आधार होते हैं। दुख और पीड़ा से मुक्ति पाना आसान नहीं है तो उनको स्वीकार कर लेना भी उचित नहीं है। खतरनाक से खतरनाक परिस्थितियों का सामना वह अपनी सारी शक्तियों को एकत्र करके कर सकता है। फिर मनुष्य का अस्तित्व निश्चित है और अपनी इच्छा के अनुसार जीवनयापन उसका अधिकार होता है। मुश्किलों से घबराना बुजदिलों का काम होता है। अस्तित्ववाद व्यक्ति की स्वतन्त्रता और उसके अस्तित्व को महत्व देता है।

पूर्ति' कहानी की अचला चाहे विपरीत परिस्थितियों से घिरी हुई क्यों न हो है। इच्छाएँ अधूरी होने के कारण वह विसंगतिबोध की शिकार हो जाती है। श्रीकान्त को भी लगता है कि वह चवालीस वर्षों में ही वृद्ध हो गया है, जिसकी पूर्ति करना असम्भव–सा लगता है। उसने बहुत छोटी आयु में ही जीवन के कटु अनुभवों से जान लिया था कि वह एक प्रतिष्ठित और धनिक व्यक्ति जरूर है लेकिन उसका जीवन अधूरा होता है। पत्नी, बच्चे और नारी का अनुराग तो उसने कभी नहीं पाया होता। माँ की गोद उसे याद नहीं होती, लज्जाशील पत्नी की विवाह के कुछ महीनों बाद ही मृत्यु के कारण उसके साथ बिताए क्षण बहुत कम होते हैं। श्रीकान्त को लगता है कि उसका जीवन एक मरुस्थल की तरह

सूखा है। उसके लिए अचला का अपनापन, अचला का ध्यान एक नखलिस्तान की तरह होता है। बडे उदास और खिन्न मन से वह अचला की शादी के बारे में सोचता है। उसको अचला के सुख और सन्तोष का ही ख्याल रहता है लेकिन अचला स्वतन्त्र विचारों की है। वह चाहती है कि "मैं स्वतन्त्र रहना चाहती हूँ। मैं नौकरी करूँगी।"[127] अचला की जीवन के प्रति बढ़ती उदासीनता को श्रीकान्त स्नेह, साहस, उत्साह और जिम्मेदारी से दूर कर देता है।

अवहेलना

'नई कोंपल' कहानी में उषा प्रियंवदा ने बिन्नो पात्र के माध्यम से यह उजागर करने की कोशिश की है कि आधुनिक समाज में न जाने कितने ऐसे पात्र हैं जो अवहेलना के शिकार होने के कारण व्यथित जीवन जी रहे हैं। आत्म–सम्मानी बिन्नो की शादी को केवल एक साल ही हुआ होता है। निरन्तर होने वाले दर्द के कारण उसके अन्दर टीस–सी उठती है। बिन्नो को लगता है कि उसके सीने में कुछ अटक–सा रहा है। वह अपनी ननद शान्ता की तरफ देखती है कि वह भी एक साल पहले ऐसी ही थी। वह कहती है कि "बोझिल पलकों और गीली आँखों से, उन आँखों से, जिनमें साल–साल पहले शान्ता की तरह अरमान बटोरे आई थी। अब उनमें पानी था, केवल पानी। अपने कमरे में जाकर वह निर्जीव–सी चारपाई पर गिर पड़ी।"[128] तात्पर्य यह है कि अपने आधुनिक परिवेश में नारी पुरूष के समकक्ष स्वातंत्र्य चेतना से सम्पन्न होकर जीवन के नवीन आयामों में अपनी विशिष्ट इकाई का निर्माण करने लगी है।

उषा प्रियंवदा ने सामाजिक और पारिवारिक चुनौतियों को बड़ी सूक्ष्मता से उकेरा है। हमारे समाज में पत्नी को दोहरी ही नहीं तिहरी भूमिका निभानी पड़ती है। सुखी दाम्पत्य जीवन में कहीं न कहीं दरार भी पैदा हो जाती है। जहाँ पति, पत्नी के प्रति अपने उत्तरदायित्व और जिम्मेदारी को नहीं समझता। उषा प्रियंवदा नारी मन के उतार–चढ़ाव और ताने–बाने को अच्छी तरह बनु सकी है। समस्याओं से जूझती हुई उनकी नारी पात्र अपने अस्तित्व की लड़ाई लड़ती है। बिन्नो का पति सुबोध उसकी तरफ बिल्कुल भी ध्यान नहीं देता है। बिन्नो अचल, निश्चेष्ट–सी पड़ी रहती है, उसके शरीर का तनाव घिरते अँधेरे में खोने लगता है लेकिन सुबोध उसकी तरफ कोई ध्यान नहीं देता।

बिन्नो सारा दिन बिना रूके काम करती है और कोई भी उससे सीधे मुँह बात नहीं करता। दिन–रात काम करते उसके बदन का पोर–पोर दर्द करने लगता है, आँखों में सुइयाँ चुभती हैं, दिल को एक अव्यक्त–सा विषाद घेर लेता है। उसको अपनी सुध–बुध भी नहीं रहती।

बन–ठनकर रहने का समय ही नहीं मिलता है। औरतें तरह–तरह की बातें करती हैं और कहती हैं कि "बहन जी, सुबोध तो इतना सुन्दर और सुशील है, पर बहु क्या देखकर ली।"[129] इतनी बेतुकी–सी बातें सुनकर भी वह किसी से कुछ नहीं कहती। वह स्वयं ही अपनी हीनता की भावना से इस कदर दबी हुई है कि जो कुछ थोड़े से भी थोड़ा मिलता है उसी से वह संतुष्ट हो जाती है। आत्म–सम्मानी बिन्नो किसी से भी शिकायत नहीं करती कि उसका पति उसे चाहता नहीं है। पति को एक पत्र के द्वारा उसकी दशा मालूम होती है। बिन्नो की थकी–उदास मुद्रा उसका दिल कचोटने लगती है। कितना अपमान, कितनी व्यथा उस नन्हीं–सी बिन्नो ने चुपचाप सही होती है। यदि वह स्वयं बिन्नो की जगह होता तो पति की रुखाई, उदासीनता और अवहेलना का रोना हर किसी से रोता। इस संबंध में कहानी में कहा गया है कि "वर्षा से सूखे वृक्ष में एक नन्हीं–सी कोमल कोंपल फूटी। सोते–सोते ही बिन्नो की पलकों में हल्की–सी हरकत हुई........सुबोध उसके बालों पर हाथ फेरता रहा, जैसे अपनी रुखाई के लिए माफ़ी माँग रहा हो। बिन्नो सपने में देख रही थी कि उसकी शय्या पर फूलों की वर्षा हो रही है।"[130] सुबोध के दिल में एक कोमल कोंपल फुटाकर लेखिका ने बहुत बड़ा उद्धार किया है। समाज में व्याप्त समस्याओं को बताकर उसका समाधान भी बता दिया है। समाज में असंख्य व्यक्ति अवहेलना का शिकार होते हैं, चाहे पुरुष हो या नारी पात्र। आज जरूरत है उनको सहारे की, प्यार की और सम्मान की ताकि वो अपने अस्तित्व को समझ सकें। स्वतन्त्र जीवनयापन कर सकें। इस सुन्दर–सी ज़िन्दगी के गीत को लय में गा सकें। ज़िन्दगी को बोझ समझकर ढोने की बजाय, उसको खुशनुमा बना सके। समाज में व्याप्त ऐसे दुर्व्यवहार की शिकार औरतों को जागरूक करने की आवश्यकता है। हमारा यह कर्त्तव्य बनता है कि अगर हम ऐसे किसी का व्यथित जीवन देखते हैं तो अपमान करने वाले लोगों को समय–समय पर समझाएँ और बिन्नो जैसे पात्रों का उचित मार्गदर्शन करके उनको स्वतन्त्रता दिलवाएँ।

'फिर वसन्त आया' कहानी–संग्रह में उषा प्रियंवदा ने दिल में बसे एक ऐसे खिंचाव को प्रस्तुत किया है जो एक अजीब–सी जीने की लालसा लिए हुए है। इस कहानी की पात्र छाया न रोयी न चीखी और न ही उसने आत्महत्या करने की कोशिश की है इसके विपरीत परिस्थितियाँ हो जाने पर भी उसने जीना नहीं छोड़ा। बस वह धीरे–धीरे बुझती जाती है। छोटे–छोटे बच्चों को पढ़ाते हुए उसने अपने आपको व्यस्त कर लिया था। उसकी क्लास में एक सुन्दर–सा बच्चा हर्ष जिसके

प्रवासी साहित्यकार उषा प्रियंवदा की साहित्य-साधना

भोले मुख पर ऐसा खिंचाव होता है कि अनजान एवं अपरिचित भी उसको गोद में उठाना चाहता है। गौरे मुख पर गम्भीर नेत्र एवं जिनकी बरौनियाँ घनी और काली थीं। बाल रेशम जैसे मुलायम थे। छाया नौकरी करती है और मिसेज वार्ष्णेय के यहाँ पेइंग गेस्ट की तरह रह रही होती है। बहते आँसुओं के साथ छाया निश्चल लेटी रहती है, जब उसे पता चलता है कि हर्ष विनायक का पुत्र है। पूरे आठ साल बाद वह विनायक के सामने आई थी। वह सोचती है कि आठ साल बाद फिर क्यों विनायक उसके जीवन में आया। छाया का जीवन तालाब के निश्चल जल की तरह हो गया होता है, जिसमें विनायक ने आकर कंकड़ डाल दिए और अब लहरें उठने लगती हैं। छाया फिर रो-रोकर, सिसक-सिसककर पिछली ज़िन्दगी के पृष्ठ उलटती है, जिसमें सुख के अपूर्व क्षण थोड़े होते हैं और दुख की रातें अनगिनत होती हैं। अविनाश के साथ ही विनायक उनके घर रहता है और उसके जीवन का अभिन्न अंग बन जाता है। विनायक भाभी गीता को सब बता देता है, "मेरे पिता चाहते हैं कि पहले मैं शादी कर लूँ, जिससे बहनों की शादी में मदद मिले। मैंने उससे कह दिया है कि मैं उनकी तय की हुई शादी नहीं कर सकता। मगर वह समझ नहीं सकते कि मैं इतना स्वार्थी क्यों हो गया हूँ।"[131]

छाया के माता-पिता एक दुर्घटना में मर जाते हैं। बड़े भाई अविनाश के साथ ही विनायक उसके जीवन में आ जाता है। किसी कारणवश पिता के दबाव के कारण उसको किसी दूसरी लड़की से शादी करनी पड़ती है। इसका पता चलने पर दिन-ब दिन छाया बुझने लगती है। वह सिर्फ लोगों को दिखाने के लिए हँसती-बोलती है परन्तु आँखों के पीछे आँसुओं का अपरिमित सागर लहरे लेता है। भाई और भाभी के लाख कोशिशों के बाद भी वह शादी करने को नहीं मानती।

वह ट्रेनिंग ले लेती है और नन्हें-नन्हें बच्चों में अपने को डुबा लेती है। वह सोचती है कि वह भूल गई है, दर्द हल्का पड़ गया है लेकिन विनायक के सामने आने पर उसने जान लिया कि केवल छलना होती है, दर्द में वही तीव्रता है, याद में वही पैनापन है। उसकी क्लास में एक लड़का पढ़ता है हर्ष चन्द्रा बाद में उसे पता चलता है कि वह विनायक का लड़का है। वही बाल, चौड़ा माथा, स्वच्छ, गम्भीर नेत्र और दाहिने कान के पास वही तिल वही विनायक एक दिन उसके सामने आ जाता है।

विनायक छाया को बताता है कि इन वर्षों में कोई भी दिन ऐसा नहीं होता, जब उसने अपने को कोसा या धिक्कारा नहीं होगा। उसने

प्यार का प्याला सिर्फ ऊपर ही ऊपर पिया, प्याले को आखिरी घूँट तक पिया तो उसमें जहर ही थी। उसने कुछ कम व्यथा नहीं सही। छाया का मन होता है कि हाथ बढ़ाकर मृदुलता से पीड़ा की रेखाएँ मिटा दे। उसका हृदय अनेक नीरव सन्देश विनायक से कहना चाहता है लेकिन वह कुछ भी कह न सकी। इसके बाद वह उद्देश्यहीन इधर–उधर घूमती रहती है। वह निद्राहीन अँधेरी लम्बी रातों के विचार से डरने लगती है। ''अच्छा है बीमार पड़ जाऊँ.........अच्छा मै मर जाऊँ..........मेरे लिए रोने को कौन बैठा है ?''[132]

ऐसी बातें वह बारिश में बैठे–बैठे ही सोचती रहती है। घर पहुँचती है तो महसूस होता है कि उसको बुखार है। निमोनिया ने उसे घेर लिया तो बुरी तरह सब घबरा जाते हैं। मिस्टर चूरामनी, उनकी बहन, उनका लड़का सभी छाया को देखने आते हैं। मिसेज वार्ष्णेय के बताने पर उसे पता चलता है कि हर्ष के जन्म के कुछ दिन बाद ही उसकी माँ मर जाती है। विनायक अब अकेला रह रहा होता है। इस प्रकार छाया का मन द्रवित हो जाता है और वह विनायक से शादी करने के लिए तैयार हो जाती है। महत्वाकांक्षा की ऊँची उडान के कारण छाया अकेली रह गई थी। असन्तोष के कारण वह विद्रोही हो गई थी। कल्पनाओं की दुनिया में रहती हुई अचानक छाया बुरी तरह छटपटा जाती है। आधुनिक युग की युवा पीढ़ी जिस और कदम बढ़ा रही है, वहाँ सभी हैं, लेकिन फिर भी वो अकेली है। इस कहानी में आत्मपीड़ा और अकेलेपन एवं आधुनिक नारी के भटकाव को दर्शाया गया है। नए अस्तित्व की खोज में लगी नारी के यथार्थ का भी इस कहानी में सांगोपांग चित्रण किया गया है।

अजनबीपन

'वनवास' कहानी–संग्रह में संग्रहित 'शून्य' कहानी में अकेलेपन की शिकार पात्र को दिखाया गया है। उषा प्रियंवदा की कहानियों के पात्र या तो अजनबीपन या फिर अकेलेपन से ग्रसित हैं। चाहे वे पात्र विदेशी हों या भारतीय। उषा प्रियंवदा की कहानियाँ अपने आप में पूर्ण अनुभूति बिम्ब हैं। इन अनुभूति बिम्ब की रचना विस्तृत एवं सूक्ष्म वर्णनों, विवरणों, स्मृतियों, ऐन्द्रिकता के प्रतीक, बिम्ब आदि की सहायता से की गई है। यथार्थ का निर्ममतापूर्वक साक्षात्कार करने की प्रवृत्ति के बावजूद उषा प्रियंवदा की कहानियों में एक प्रकार की काव्यात्मकता है। ऐसा इसलिए कि उनकी कहानियाँ वैचारिकता की कहानियाँ न होकर सूक्ष्म एन्द्रिय बोध की कहानियाँ हैं। उनकी कहानियों में उनका अपना अनुभव व अनुभूति निहित है।

'शून्य' कहानी के द्वारा उषा प्रियंवदा ने विदेशी भूमि पर उच्च शिक्षा ग्रहण करने के लिए गए छात्रों की समस्याओं को उजागर किया है। इस कहानी में उषा प्रियंवदा ने ऐसे छात्रों का वर्णन किया है जिसके पिता रिटायर्ड प्रिंसीपल होते हैं और घर में सौतेली माँ होती है। कम बोलने वाली एवं कम इच्छाओं वाली उस माँ का घर में पत्नीत्व निभाने के दायित्व के अतिरिक्त कोई अस्तित्व नहीं होता। वह इच्छाविहीन हो जाती है। वह अमरीका में डॉक्टरेट करने जाता है। वहाँ की ज़िन्दगी, खासतौर से विद्यार्थियों के लिए बेहद मुश्किल है। वृद्धा मकान मालकिन सिगरेट पीकर फर्श पर फेंक देती है जिससे मकान में आग लग जाती है। मकान मालकिन को तो घर का बीमा मिल जाता है, परन्तु उसके सारे नोट्स, रफ ड्राफ्ट सारे जल जाते हैं और वह अन्दर से टूट जाता है। "उसने पाया कि वह उस शहर, उस यूनिवर्सिटी, उस पी–एच.डी. की पूरी कवायद से एकदम ऊब उठा है। अब उसमें दोबारा काम शुरू करने की ताब नहीं रह गई है।"[133] इसके बाद तो उसने दिन रात मेहनत करनी शुरू की। कम्प्यूटर लैब में बैठकर वह काम करता रहता। थीसिस समाप्त करते ही उसको यूनिवर्सिटी में ऐस्ट्रो–फिजिक्स विभाग में नौकरी मिल जाती है।

एक दिन माँ कहती है कि "चुप्प, घुन्ना, इसे न प्यार होता है न दुख–दर्द।"[134] माँ की यह बात सुनकर वह सुन्न और जड़ हो जाता है। मंजूश्री ने भी उसकी माँ को कहा रिसर्च ही करता है, लैब में कम्प्यूटर पर ही वह बैठा रहता है। वह तो मशीन बन गया है। उसने कभी परिवार वालों की खबर नहीं ली। वह सोच लेता है कि अपने आप को बदलने की पूरी कोशिश करेगा। अपने अन्दर बैठकर पूरी कोशिश करेगा कि वह वास्तव में क्या है ? वह अपने 'स्वयं' की खोज करेगा।

एक दिन अचानक उसको दद्दा का फोन आता है। उसे पता चलता है कि भारत में उसके पिता को हार्ट अटैक आया है। वह अपने देश की तरफ चल देता है। पहली बार वह महसूस करता है कि कितनी लम्बी है भारत तक की यात्रा।

आधी दुनिया पार करके वह भारत पहुँचता है। घर पहुँचकर वह देखता है कि कानों, नाक और मुँह में रुई ठुँसे हुए उसके पिता अकेले लेटे हैं और पंडित उनके पास बैठा कुछ बुदबुदा रहा है। सभी एक ही बात कहते हैं कि जल्दी से जल्दी क्रियाकर्म कर देना चाहिए। तब उसे महसूस हुआ जैसे गंगा की नहर के पास सड़क पर चलते हुए बिच्छू ने उसे काट लिया है। मन बहुत बोझिल होता है कि उसने बाबू जी के

लिए कुछ नहीं किया होता। एक पार्कर पेन तक उसको खरीदकर नहीं दिया होता। उसको खुद को तो कोई आकांक्षा नहीं होती वह तो पी–एच. डी. की थीसिस लिखने और विदेश में अपनों से दूर रहते ऊब चुका था। वह वापिस विदेशी भूमि पर चला जाता है लेकिन पिता की मृत्यु के बाद वह अकेलापन ज्यादा महसूस करने लगता है।

"अकेले रसोई में बैठे उसे लगा जैसे गड्डमड्ड ज़िन्दगी अपनी जगह आ गई है। यही है उसका घर, जमीन, जड़ें। अकेलापन ही उसका साथी, जिसमें उसे कभी अकेला महसूस नहीं होता। सन्नाटे में सिर्फ़ घड़ी की टिक–टिक थी। इसके अलावा कोई आवाज नहीं। बाहर हाड गलाने वाली सर्दी और बर्फ़। अन्दर अकेला वह और घड़ी की टिक–टिक।"[135] विदेश में रहते हुए भी भारतीय समय के अनुसार ही उसका शरीर काम करता है। अम्मा उसी खाट पर लेटी होंगी, जहाँ बाबू जी लेटा करते थे। दद्दा के फ्लैट के नीचे अम्मां की साड़ी सूख रही होगी। यही कुछ वह सोचता रहता है। घर से इतनी दूर बैठे आज उसको जीवन की क्षणभंगुरता ने झकझोर दिया था। वह समझ चुका था कि "यही अन्त है। एकदम फाइनल इति। वैज्ञानिक दिमाग ने भी परलोक, पुनर्जन्म पर विश्वास नहीं किया। शारीरिक मृत्यु ही अन्त है। जीवन की इति। इसके बाद अँधेरा ही है और शान्ति। अनन्त शान्ति। चाहे जलाओ या बहाओ या दफन करो।"[136] इन सब बातों के दिमाग में आने के बाद वह जैसे दृष्टिहीन–सा हो जाता है। मन में एक सोच लगी रहती है। दिन–रात सोचता ही रहता है। मन छटपटाता रहता है। उस समय सिर्फ सोचा ही जा सकता था, क्योंकि सोचने की सीमा अनन्त है।

'छुट्टी का दिन' कहानी भी 'वनवास' कहानी–संग्रह में से संग्रहित है। इस कहानी में माया के अकेलेपन, संत्रास और ऊब को चित्रित किया गया है। छुट्टी का दिन माया के लिए पहाड़ जैसा बड़ा होता है। सप्ताह–भर वह जो काम टालती रहती है उन्हें खत्म करके भी इतना समय बच जाता है कि वह खीझ उठती है। झुँझला उठती है। जब वह भाई–बहनों के साथ घर पर रहती थी तो समझ भी न पाती थी कि रविवार कब आता और कैसे पंख लगाकर उड़ जाता। अब वह काम खत्म करके भी खिड़की के पास खड़ी रहती है और दूसरे फ्लैटों की हलचल सुनती रहती है। एक दिन अचानक ध्यान से अपना प्रतिबिम्ब वह देखती रह जाती है, "सूना मुँह, सूनी आँखें, एक क्षण को उसे लगा कि यह प्रतिबिम्ब किसी और का है। वह स्वयं कैसे इतनी थकी, इतनी टूटी–सी हो सकती है। शीशे के अन्दर से वह अनजान–सी युवती, माया को जैसे पहचानने की कोशिश कर रही हो, ऐसे देखती रही, जब तक

कि माया ने भीगे, असहाय, विवश हाथों से अपने बाल छूते हुए दृष्टि हटा न ली।''[137] वह कल्पना और स्वप्नों की दुनिया में विचरती रहती है। अपने कमरे और दीवारों को वह बन्धन समझती है। जीवन और सत्य के बारे में वह सोचती रहती है।

अकेलेपन से बचने के लिए वह सिनेमा चली जाती है। वहाँ भी अकेलेपन से छुटकारा नहीं होता। अभी उसकी नितान्त अकेले बैठकर सिनेमा देखने की आदत नहीं होती इसलिए उसको विचित्र अटपटा–सा लगता है। वह छोटी–सी बात पर ही कुंठित हो जाती है। सिनेमा से आते हुए वह एक दूर के भाई से मिलने चली जाती है। वहाँ से जब लौटती है तो उसकी चैती नौकरानी उसका इन्तजार करके थककर चली जाती है। उसकी दृष्टि भीगे हुए कपड़ों पर पड़ती है जो चैती धोना भूल जाती है। दोष उसका ही होता है, फिर भी न जाने क्यों उसको रोना आ जाता है। रेशमी ब्लाउज के कच्चे निकल जाने पर और कपड़े खराब हो जाने पर नहीं बल्कि अपनी ज़िन्दगी के पैटर्न पर उसके खोखलेपन और सारहीनता पर रोना आता है। ''किसलिए वह घर–बार छोड़कर इतनी दूर आकर पडी थी, किसलिए वह सुबह से शाम तक कॉलेज में मगज–पच्ची करती थी। इसलिए कि ज़िन्दगी के दिन एक–एक करके गुजरते जाएँ और हर गुज़रा हुआ दिन उसके जीवन का खालीपन और भी गहरा करता जाए और एक दिन, सोचे कि इस जीवन में उसने क्या पाया, तो पता चले कि वह एक लम्बे अनन्त मरुस्थल की तरह था।''[138] इस कहानी में माया एक आधुनिक, नौकरी करने वाली पढ़ी लिखी युवती अकेलेपन से ग्रसित है। लाख कोशिश करने के बाद भी वह अपने अकेलेपन से छुटकारा नहीं पा सकी।

'बनवास' कहानी–संग्रह की प्रमुख कहानी 'बनवास' एक सीधी–सादी भारतीय संस्कृति में पली–बढ़ी बिरजन की विदेश में जाकर बदली मानसिकता को दर्शाती है। बिरजन के पति मिस्टर वर्मा मैथैमैटिक्स डिपार्टमैंट से काफ़ी डॉलर कमाते हैं, यूनिवर्सिटी में इसी कारण वह अपने को सारी भारतीय स्त्रियों से ऊपर समझती है। सवा सौ रुपये पाने वाले दुहाजु वर से सांवली सुन्दर बिरजन का विवाह हो जाता है। किसी को क्या पता कि बिरजन का तो भाग्य चमक उठेगा। वर्मा साहब लगातार उन्नति करते गए हर महीने बैंक अकाउंट बढ़ता गया, जब भी बिरजन रुपयों का हिसाब लगाती तो उसका मुँह खुला का खुला ही रह जाता। बड़ी सन्तुष्ट होती है भारतीय बिरजन। वर्मा साहब भी उसके प्रति उदार होते हैं। लेकिन एक दिन वर्मा साहब की अनुपस्थिति में श्रीवास्तव ने ऐसी–ऐसी बातें की कि उनको सुनकर बिरजन

अनमनी–सी हो जाती है। वह कहता है कि "भाभी, तुम क्या समझो इस ज़िन्दगी के मज़े। यहाँ जब तक हैं तभी तक अवसर है, हिन्दुस्तान में कौन पूछेगा अपने को। यहाँ गोरी लड़की की बग़ल मे बैठकर सिनेमा देखो या उसे कहीं ले जाओ और खुद भी पियो, उसे भी पिलाओ। शुक्रवार की रात को अगर 'डेट' न हो तो आत्महत्या करने का विचार होने लगता है।..........तुम्हारे लिए एक डेट फ़िक्स कर दूँ। यह नहीं बताऊँगा कि तुम्हारे दो बच्चे भी हैं। सच भाभी अगर तुम शादीशुदा नहीं होती तो ग़जब ढा देतीं। काली आँखों और काले बालों पर तो यहाँ लोग जान देते हैं।"[139]

श्रीवास्तव के जाने के बाद बिरजन का किसी काम में मन नहीं लगता। वह खिड़की के पास बैठकर अनमनी–सी होकर बाहर देखती रहती है। लिन और पीटर को आते–जाते देखती तो उनके बारे में सोचती है। बार–बार सोचती कि उनके पति ने तो कभी नहीं कहा कि तुम सुन्दर लगती हो और अच्छी लगती हो। फिर अचानक नरम पड़ जाती और अपने को समझाना चाहती कि वह सचमुच भाग्यवती है, अलीगढ़ में तो इतनी सुख–सुविधाएँ नहीं मिलनी थी। इतना सोचने पर भी बिरजन अनमनी–सी ही रहती है। मिसेज चंद्रा और मिसेज बख्शी के साथ बातचीत करते हुए वह बहुत खुश रहती थी लेकिन अब खोखली और अर्थहीन हल्की–सी मुस्कान देकर ही रह जाती।

एक अजीब–सी बेचैनी बिरजन पर छा जाती है। मिसेज़ बख्शी और मिसेज़ चंद्रा की बातों से भी एकदम मन उचट जाता है। मन ही मन वह सोचती है, मैं सुन्दर हूँ, बाल खोलूँ तो कमर के नीचे आते हैं परन्तु वह पागल होकर किसी के पीछे भागती नहीं फिरती। विदेश में आकर वह अपनी संस्कृति नहीं भूली। बिरजन के सामने वाले अपार्टमैंट में बौब और जीन रहते हैं। बड़े–बड़े बच्चे होने के बाद भी बौब आते ही जीन को बाँहों में भर लेता है। बिरजन अकसर उनको देखते रहती है। जीन भारतीय पति–पत्नी पर व्यंग्य करता है। वह कहता है कि "भारतीय पति–पत्नी ऐसा आचरण करते हैं, जैसे बरसों से बोलचाल बंद हो।"[140] बिरजन लिविंग रूम की खिड़की के पास जाकर बैठी रहती है और अकेले बाहर देखती रहती है। उसके अन्दर इतनी व्यग्रता और व्याकुलता किस बात की होती है कि वह यह नहीं जान सकी थी। सभी कुछ तो था उसके जीवन में – पति, बच्चे, अपना घर और धन। कुछ दिनों के लिए पति के बाहर जाने पर बिरजन की मुलाकात जैनिटर नाम के अमेरिकन आदमी से होती है। वह भारतीय औरतों की बहुत खुले मन से प्रशंसा करता है "मुझे हिन्दुस्तानी स्त्रियाँ बहुत अच्छी लगती हैं। उनका

पहनावा, बातचीत, सभी बड़ा आकर्षक होता है। हमारी अमरीकी स्त्रियाँ तो हर बात में पुरुषों की बराबरी करती हैं, पैंट पहनकर हर जगह घूमा करती हैं।''[141] एक बार फिर पीटर और लीन को अपनी एक नई, तरुण और आत्मीय दुनिया में खोये हुए बिरजन देखती है। फिर वही ऊब और छटपटाहट के कारण अजीब–सी बातें उसके मन में आती हैं। विदेशी संस्कृति को देख–देखकर और जैनिटर की बातें उसके दिल पर इतनी बोझ भरी होती हैं कि एक दिन वह रोती हुई अपने पति को कह देती है, ''मुझे तो आप वापस भेज दीजिए, मुझसे यहाँ नहीं रहा जाएगा, मैं पागल हो जाऊँगी।''[142] बिरजन नामक नायिका ने भारतीय संस्कृति को देखा, परखा और भोगा होता है। विदेश में जाने के बाद वह विदेशी संस्कृति से बहुत प्रभावित होती है। विचलित हो जाने के कारण उसका अमेरिका का परिवेश ऊबता जाता है। अनमने भाव से वह वहाँ से छुटकारा पाना चाहती है। अपने पति के साथ विदेशी परिवेश में रहते हुए उसको वहाँ की परिस्थितियाँ किसी 'बनवास' से कम नहीं लगती। मानवीय संवेदनाओं को व्यक्त करती हुई यह कहानी स्त्री–जीवन की विसंगतियों, तनावों, अन्तर्द्वन्द्वों और संत्रास को व्यक्त करती है।

निष्कर्षतया कहा जा सकता है कि उषा प्रियंवदा की कहानियों में अकेलेपन, अजनबीपन, व्यक्तिगत स्वतन्त्रता के लिए छटपटाहट, संत्रास, वैयक्तिक संघर्ष और रिश्तों के खोखलेपन का यथार्थ चित्रण मिलता है। पारिवारिक संबंधों में आई खटास व्यक्ति को कहीं–न–कहीं अजनबी बना देती है। उषा प्रियंवदा ने जिस विषय पर भी लिखा है उसे स्वतन्त्र और उन्मुक्त भाव से लिखा है। अपनी अनुभूति को ही व्यक्त किया गया है। सम्पूर्ण कहानियाँ की भूमिका में वह स्वयं लिखती हैं कि वह इडियाना विश्वविद्यालय में अमेरिकन साहित्य पढ़ रही थी तो छात्रावास में रहना, नए–नए विषयों के बारे में और नई–नई किताबें पढ़ना, देश–विदेश के विद्यार्थियों के बीच रहना यह सब कुछ उसके लिए नया होता है उत्तेजक और रोचक होता है। वह पिंजरे से मुक्त हुए पक्षी की तरह पंख पसारकर, खुले आकाश में होती है और न कोई बन्धन होता है न कोई प्रतिबन्ध होता है।

उषा प्रियंवदा की कहानियों में पात्र अपने अस्तित्व की तलाश के लिए निरन्तर संघर्षरत रहते हैं। कुछ कहानियों के मुख्य पात्र अलगाव से पीड़ित हैं और कुछ कर नहीं सकते, जैसे 'जिन्दगी और गुलाब के फूल' कहानी का मुख्य पात्र–सुबोध है। दूसरी तरफ भारतीय संस्कृति और विदेशी सभ्यता में अपने आपको नितान्त अकेला पाने वाले पात्र भारतीयता को अपने व्यक्तित्व से अलग नहीं कर पाते। इसीलिए अपरिचित देश में

उन्हें अकेलेपन का अनुभव होता है। 'कच्चे धागे' जैसी कहानियों में तो आर्थिक तंगी के कारण घुटन को प्रस्तुत किया गया है। आधुनिकता के चलते आधुनिक मानव अपना अस्तित्व खो बैठा है। वह मशीनी युग के अनुरूप चलने को विवश है इसीलिए यान्त्रिकता के दौर में भी अपने अस्तित्व को कायम रखना बहुत जरूरी है।

---

[1] उषा प्रियंवदा, सम्पूर्ण कहानियाँ, भूमिका
[2] उषा प्रियंवदा, सम्पूर्ण कहानियाँ, पृ. 144
[3] उषा प्रियंवदा, सम्पूर्ण कहानियाँ, पृ. 176
[4] रामधारी सिंह 'दिनकर', आधुनिक बोध, पृ. 24
[5] महादेवी वर्मा, श्रृंखला की कड़ियाँ, पृ. 27
[6] उषा प्रियंवदा, सम्पूर्ण कहानियाँ, पृ. 176
[7] उषा प्रियंवदा, एक कोई दूसरा, पृ. 47
[8] डॉ. लक्ष्मीसागर वार्ष्णेय, द्वितीय महायुद्धोत्तर हिन्दी का इतिहास, पृ. 112
[9] डॉ. गोरधन सिंह शेखावत, नई कहानी : उपलब्धि और सीमाएँ, पृ. 119
[10] उषा प्रियंवदा, एक कोई दूसरा, पृ. 7
[11] उषा प्रियंवदा, एक कोइ दूसरा, पृ. 10
[12] उषा प्रियंवदा, एक कोई दूसरा, पृ. 18
[13] उषा प्रियंवदा, एक कोई दूसरा, पृ. 24
[14] विजय मोहन सिंह, बीसवीं शताब्दी का हिन्दी साहित्य, पृ. 191
[15] उषा प्रियंवदा, सम्पूर्ण कहानियाँ, पृ. 125
[16] प्रोफेसर नामवर सिंह ,नई कहानी, पृ. 142
[17] उषा प्रियंवदा, सम्पूर्ण कहानियाँ, पृ. 144
[18] बिंदू अग्रवाल, हिंदी उपन्यास में नारी चित्रण, पृ. 12
[19] उषा प्रियंवदा, एक कोई दूसरा, पृ. 53
[20] उषा प्रियंवदा, कितना बड़ा झूठ, पृ. 59
[21] उषा प्रियंवदा, सम्पूर्ण कहानियाँ, पृ. 146
[22] उषा प्रियंवदा, सम्पूर्ण कहानियाँ, पृ. 140
[23] उषा प्रियंवदा, कितना बड़ा झूठ, पृ. 11

[24] उषा प्रियंवदा, सम्पूर्ण कहानियाँ, पृ. 144
[25] उषा प्रियंवदा, सम्पूर्ण कहानियाँ, पृ. 188
[26] उषा प्रियंवदा, कितना बड़ा झूठ, पृ. 82
[27] उषा प्रियंवदा, कितना बड़ा झूठ, पृ. 95
[28] उषा प्रियंवदा, कितना बड़ा झूठ, पृ. 57
[29] उषा प्रियंवदा, सम्पूर्ण कहानियाँ, पृ. 197
[30] उषा प्रियंवदा, सम्पूर्ण कहानियाँ, पृ. 202
[31] उषा प्रियंवदा, सम्पूर्ण कहानियाँ, पृ. 189
[32] उषा प्रियंवदा, सम्पूर्ण कहानियाँ, पृ. 183
[33] उषा प्रियंवदा, सम्पूर्ण कहानियाँ, पृ. 176
[34] उषा प्रियंवदा, सम्पूर्ण कहानियाँ, पृ. 359
[35] उषा प्रियंवदा, कितना बड़ा झूठ, पृ. 23
[36] उषा प्रियंवदा, कितना बड़ा झूठ, पृ. 33
[37] उषा प्रियंवदा, कितना बड़ा झूठ, पृ. 35
[38] उषा प्रियंवदा, कितना बड़ा झूठ, पृ. 36
[39] उषा प्रियंवदा, कितना बड़ा झूठ, पृ. 18
[40] उषा प्रियंवदा, कितना बड़ा झूठ, पृ. 49
[41] उषा प्रियंवदा, कितना बड़ा झूठ, पृ. 52
[42] उषा प्रियंवदा, मेरी प्रिय कहानियाँ, पृ. 5
[43] उषा प्रियंवदा, सम्पूर्ण कहानियाँ, पृ. 33
[44] उषा प्रियंवदा, सम्पूर्ण कहानियाँ, पृ. 34
[45] उषा प्रियंवदा, सम्पूर्ण कहानियाँ, पृ. 42
[46] उषा प्रियंवदा, सम्पूर्ण कहानियाँ, पृ. 44
[47] उषा प्रियंवदा, सम्पूर्ण कहानियाँ, पृ. 47
[48] उषा प्रियंवदा, सम्पूर्ण कहानियाँ, पृ. 50
[49] उषा प्रियंवदा, सम्पूर्ण कहानियाँ, पृ. 51
[50] उषा प्रियंवदा, सम्पूर्ण कहानियाँ, पृ. 53
[51] उषा प्रियंवदा, सम्पूर्ण कहानियाँ, पृ. 58
[52] उषा प्रियंवदा, सम्पूर्ण कहानियाँ, पृ. 60
[53] उषा प्रियंवदा, सम्पूर्ण कहानियाँ, पृ. 67
[54] उषा प्रियंवदा, सम्पूर्ण कहानियाँ, पृ. 76

[55] उषा प्रियंवदा, सम्पूर्ण कहानियाँ, पृ. 76
[56] उषा प्रियंवदा, सम्पूर्ण कहानियाँ, पृ. 77
[57] उषा प्रियंवदा, सम्पूर्ण कहानियाँ, पृ. 83
[58] उषा प्रियंवदा, सम्पूर्ण कहानियाँ, पृ. 84
[59] उषा प्रियंवदा, सम्पूर्ण कहानियाँ, पृ. 87
[60] उषा प्रियंवदा, सम्पूर्ण कहानियाँ, पृ. 127
[61] उषा प्रियंवदा, सम्पूर्ण कहानियाँ, पृ. 133
[62] उषा प्रियंवदा, सम्पूर्ण कहानियाँ, पृ. 431
[63] उषा प्रियंवदा, सम्पूर्ण कहानियाँ, पृ. 431
[64] उषा प्रियंवदा, सम्पूर्ण कहानियाँ, पृ. 441
[65] उषा प्रियंवदा, सम्पूर्ण कहानियाँ, पृ. 441
[66] उषा प्रियंवदा, सम्पूर्ण कहानियाँ, पृ. 170
[67] उषा प्रियंवदा, सम्पूर्ण कहानियाँ, पृ. 176
[68] उषा प्रियंवदा, बनवास, पृ. 131
[69] उषा प्रियंवदा, बनवास, पृ. 138
[70] उषा प्रियंवदा, बनवास, पृ. 140
[71] उषा प्रियंवदा, बनवास, पृ. 143
[72] उषा प्रियंवदा, सम्पूर्ण कहानियाँ, भूमिका
[73] उषा प्रियंवदा, सम्पूर्ण कहानियाँ, पृ. 144
[74] उषा प्रियंवदा, सम्पूर्ण कहानियाँ, पृ. 176
[75] रामधारी सिंह 'दिनकर', आधुनिक बोध, पृ. 24
[76] महादेवी वर्मा, श्रृंखला की कड़ियाँ, पृ. 27
[77] उषा प्रियंवदा, सम्पूर्ण कहानियाँ, पृ. 176
[78] उषा प्रियंवदा, एक कोई दूसरा, पृ. 47
[79] डॉ. लक्ष्मीसागर वार्ष्णेय, द्वितीय महायुद्धोत्तर हिन्दी का इतिहास, पृ. 112
[80] डॉ. गोरधन सिंह शेखावत, नई कहानी : उपलब्धि और सीमाएँ, पृ. 119
[81] उषा प्रियंवदा, एक कोई दूसरा, पृ. 7
[82] उषा प्रियंवदा, एक कोइ दूसरा, पृ. 10
[83] उषा प्रियंवदा, एक कोई दूसरा, पृ. 18

[84] उषा प्रियंवदा, एक कोई दूसरा, पृ. 24
[85] विजय मोहन सिंह, बीसवीं शताब्दी का हिन्दी साहित्य, पृ. 191
[86] उषा प्रियंवदा, सम्पूर्ण कहानियाँ, पृ. 125
[87] प्रोफेसर नामवर सिंह, नई कहानी, पृ. 142
[88] उषा प्रियंवदा, सम्पूर्ण कहानियाँ, पृ. 144
[89] बिंदू अग्रवाल, हिंदी उपन्यास में नारी चित्रण, पृ. 12
[90] उषा प्रियंवदा, एक कोई दूसरा, पृ. 53
[91] उषा प्रियंवदा, कितना बड़ा झूठ, पृ. 59
[92] उषा प्रियंवदा, सम्पूर्ण कहानियाँ, पृ. 146
[93] उषा प्रियंवदा, सम्पूर्ण कहानियाँ, पृ. 140
[94] उषा प्रियंवदा, कितना बड़ा झूठ, पृ. 11
[95] उषा प्रियंवदा, सम्पूर्ण कहानियाँ, पृ. 144
[96] उषा प्रियंवदा, सम्पूर्ण कहानियाँ, पृ. 188
[97] उषा प्रियंवदा, कितना बड़ा झूठ, पृ. 82
[98] उषा प्रियंवदा, कितना बड़ा झूठ, पृ. 95
[99] उषा प्रियंवदा, कितना बड़ा झूठ, पृ. 57
[100] उषा प्रियंवदा, सम्पूर्ण कहानियाँ, पृ. 197
[101] उषा प्रियंवदा, सम्पूर्ण कहानियाँ, पृ. 202
[102] उषा प्रियंवदा, सम्पूर्ण कहानियाँ, पृ. 189
[103] उषा प्रियंवदा, सम्पूर्ण कहानियाँ, पृ. 183
[104] उषा प्रियंवदा, सम्पूर्ण कहानियाँ, पृ. 176
[105] उषा प्रियंवदा, सम्पूर्ण कहानियाँ, पृ. 359
[106] उषा प्रियंवदा, कितना बड़ा झूठ, पृ. 23
[107] उषा प्रियंवदा, कितना बड़ा झूठ, पृ. 33
[108] उषा प्रियंवदा, कितना बड़ा झूठ, पृ. 35
[109] उषा प्रियंवदा, कितना बड़ा झूठ, पृ. 36
[110] उषा प्रियंवदा, कितना बड़ा झूठ, पृ. 18
[111] उषा प्रियंवदा, कितना बड़ा झूठ, पृ. 49
[112] उषा प्रियंवदा, कितना बड़ा झूठ, पृ. 52
[113] उषा प्रियंवदा, मेरी प्रिय कहानियाँ, पृ. 5
[114] उषा प्रियंवदा, सम्पूर्ण कहानियाँ, पृ. 33

[115] उषा प्रियंवदा, सम्पूर्ण कहानियाँ, पृ. 34
[116] उषा प्रियंवदा, सम्पूर्ण कहानियाँ, पृ. 42
[117] उषा प्रियंवदा, सम्पूर्ण कहानियाँ, पृ. 44
[118] उषा प्रियंवदा, सम्पूर्ण कहानियाँ, पृ. 47
[119] उषा प्रियंवदा, सम्पूर्ण कहानियाँ, पृ. 50
[120] उषा प्रियंवदा, सम्पूर्ण कहानियाँ, पृ. 51
[121] उषा प्रियंवदा, सम्पूर्ण कहानियाँ, पृ. 53
[122] उषा प्रियंवदा, सम्पूर्ण कहानियाँ, पृ. 58
[123] उषा प्रियंवदा, सम्पूर्ण कहानियाँ, पृ. 60
[124] उषा प्रियंवदा, सम्पूर्ण कहानियाँ, पृ. 67
[125] उषा प्रियंवदा, सम्पूर्ण कहानियाँ, पृ. 76
[126] उषा प्रियंवदा, सम्पूर्ण कहानियाँ, पृ. 76
[127] उषा प्रियंवदा, सम्पूर्ण कहानियाँ, पृ. 77
[128] उषा प्रियंवदा, सम्पूर्ण कहानियाँ, पृ. 83
[129] उषा प्रियंवदा, सम्पूर्ण कहानियाँ, पृ. 84
[130] उषा प्रियंवदा, सम्पूर्ण कहानियाँ, पृ. 87
[131] उषा प्रियंवदा, सम्पूर्ण कहानियाँ, पृ. 127
[132] उषा प्रियंवदा, सम्पूर्ण कहानियाँ, पृ. 133
[133] उषा प्रियंवदा, सम्पूर्ण कहानियाँ, पृ. 431
[134] उषा प्रियंवदा, सम्पूर्ण कहानियाँ, पृ. 431
[135] उषा प्रियंवदा, सम्पूर्ण कहानियाँ, पृ. 441
[136] उषा प्रियंवदा, सम्पूर्ण कहानियाँ, पृ. 441
[137] उषा प्रियंवदा, सम्पूर्ण कहानियाँ, पृ. 170
[138] उषा प्रियंवदा, सम्पूर्ण कहानियाँ, पृ. 176
[139] उषा प्रियंवदा, बनवास, पृ. 131
[140] उषा प्रियंवदा, बनवास, पृ. 138
[141] उषा प्रियंवदा, बनवास, पृ. 140
[142] उषा प्रियंवदा, बनवास, पृ. 143

प्रवासी साहित्यकार उषा प्रियंवदा की साहित्य–साधना

उषा प्रियवंदा के कथा–साहित्य का शिल्पगत वैशिष्ट्य

उषा प्रियवंदा हिंदी साहित्य में एक ओजस्वी महिला के रूप में अहम् स्थान रखती है। उन्होंने न केवल भारत अपितु पाश्चात्य संस्कृति को भी नजदीक से जाना है। उनके लेखन में एक अजीब प्रकार की छटपटाहट, संत्रास, अजनबीपन, क्षण इत्यादि देखने को मिलता है। इसका एक कारण जहाँ तक मैं समझती हूँ कि उन्होंने अपने जीवन में, परिवेश में उक्त सभी तत्त्वों को देखा है, सहा है एवं परखा है। उनके पात्र संघर्षों से गुजरते है। अपने अस्तित्व के लिए लड़ते हैं। उनका कथा साहित्य इतना उच्च कोटि का है कि अनायास ही पढने का मन हो उठता है। यही कारण है कि जितनी पहचान उनकी कहानियों से हुई उससे बढ़कर उनके उपन्यास लेखन से भी हुई है। उषा जी की लेखन शैली में सहजता और मौलिकता है। उनका सूक्ष्म निरीक्षण तथा विस्तृत अनुभव ही गहरी संवेदना के रूप में उनकी कृतियों में अभिव्यक्त और प्रतिध्वनित हुआ है। उषा प्रियंवदा सूक्ष्म मनोभावों की कथाकार हैं, उनके पात्र, स्वच्छता और शांति से अनुभवों और जीवन की उन गलियों में प्रवेश करते हैं, जहाँ से गुजरना हर किसी के लिए विलक्षण अनुभूति होता है। उषा जी की लेखन शैली की यह सजीवता और विचित्र प्रसंगों की सटीक एवं अनुभूतिप्रवण चित्रात्मकता के कारण ही हर वर्ग के पाठक ने उनके कथासाहित्य से तादात्म्य स्थापित किया है। उनके कथा–साहित्य में आधुनिकता की ओट में छिपी हुई ऊब और छटपटाहट का यथायोग्य चित्रण प्राप्त होता है। जहाँ तक मेरा विचार है मैं समझती हूँ कि अगर अस्तित्ववाद को गहराई से समझना है तो अज्ञेय के बाद उषा के साहित्य को पढना अत्यंत उपयोगी होगा।

शिल्प का अर्थ

शिल्प का अर्थ है किसी वस्तु को बनाने या रचने का ढंग अथवा पद्धति। इसके लिए 'शिल्प कला', 'शिल्प विधान', 'शिल्प विधि' आदि शब्दों का प्रयोग किया जाता है। अंग्रेजी में इसे 'टेक्नीक' कहा जाता है। उषा प्रियंवदा के शिल्प विधान की बात करें तो पता चलता है कि वे हिंदी भाषा के कितने निकट रहने वाली महिला थी। गहन ज्ञान होते हुए भी, उपन्यासों की भाषा सटीक एवं प्रवाहमान है। उन्हें शिल्प की जानकारी अच्छी खासी है। शिल्प–विधान के अंतर्गत उपन्यास के छः तत्व माने जाते हैं। कथानक, पात्र, चरित्र–चित्रण, संवाद, कथोपकथन,

देशकाल–वातावरण, भाषाशैली तथा उदेश्य। उषा प्रियंवदा ने अपने साहित्य में उक्त तत्वों की समाचीन चर्चा की है।

कथानक वास्तविकता को दर्शाता हो। कथानक या कथावस्तु के बिना किसी भी रचना का कोई वजूद ही नहीं होता। कथावस्तु सामान्य जीवन के क्रिया–कलापों से जुड़ी होती है। कथानक जितना सजीव तथा सूक्ष्म होगा रचना उतनी ही रोचक होगी। उपन्यासकार ने वर्तमान जीवन के प्रत्येक पक्ष का चित्रण किया है। हर रचना में घटनाओं, परिस्थितियों, समस्याओं का इस तरह से वर्णन किया है कि कही भी कुछ भी काल्पनिक जान नहीं पड़ता। जिसका वर्णन हम निम्न पंक्तियों में देख सकते हैं,

"अपने महल्ले की तो बात ही क्या, आसपास के चार महल्ले की बिरादरी में भी परशू की चाची के जोड़ की खुबसूरत स्त्री न थी। शादी के 28 साल बाद बाद भी जब वह कहीं किसी के घर काम–काज में पहनकर बैठती, तो रूप की झिलमिल आभा से नई–नई लडकियाँ व बहुएँ शरमा जाती। भाग्य से तीन बेटे भी ऐसे थे, जैसे चाँद के टुकडे।"[1]

किसी भी प्रकार की रचना में पात्र और चरित्र–चित्रण का महत्वपूर्ण स्थान होता है। यह शिल्प का दूसरा महत्त्वपूर्ण तत्व है। उषा प्रियंवदा ने यह कार्य बहुत ही अच्छे ढंग से किया है। पात्र मुख्य हो या गौण हर किसी का आधार परिपक है और विशेष स्थान है। जिसका सफल उदाहरण निम्न पंक्तियों में देख सकते हैं–

"अमृता ने दोनों किताबें भूरे कागज में लपेटकर बाँध दीं। डोरी में गाँठ लगाते हुए उसके हाथ ठिठक गए और उसकी दृष्टि खाली कमरे को पार कर, दूर देख उठी। सघन अशोक वृक्षों की टहनियाँ काँप रही थीं और हवा के हर झोंके पर दो–एक पीले कनेर नीचे गिर जाते थे। बाहर बैठा हुआ बढाई लकड़ी की पेटियों में,संघे हुए हाथों से आखिरी कील ठोंक रहा था।"[2]

कथोपकथन से अर्थ है पात्रों बीच होने वाले विचार विमर्श, वार्तालाप, संवाद आदि से होता है। कथोपकथन से रचना को बल मिलता है रोचक, मनोरंजन, पाठको के पढ़ने में रूचि लाने में सहायक होता है। सजीव पात्रों को चित्रित करना उषा प्रियंवदा के कथा–साहित्य की मुख्य विशेषता रही है। पात्रों की संवेदनाओं के उतार–चढ़ाव को बड़े ही सुन्दर रूप में लेखिका ने पाठकों के सामने प्रस्तुत किया है। पात्रों के संवादों को नाटकीयता प्रदान करके लेखिका ने उनको प्राणवान बना दिया है। उषा प्रियंवदा की कहानियों में कथानक और चरित्र–चित्रण का संतुलन

देखने को मिलता है। लेखिका के उपन्यासों और कहानियों में लंबे-लंबे संवाद मिलते हैं।

"पचपन खंभे लाल दीवारें" उपन्यास में सुषमा और नील का वार्तालाप द्रष्टव्य है। नील सुषमा से हठी बच्चे की तरह कहता है–

"मैं भी चलूँगा।"

वह चौंकी, "आप कहाँ से आ गये?"

"पीछे-पीछे तो आ रहा था। एक बार भी मुड़कर नहीं देखा।" "मैं कहे देता हूँ, चाहे नाराज़ हों। मैं भी चलूँगा।"

"वहाँ तक चलेंगें, फिर लौट आएँगें?" सुषमा ने पूछा।

"हाँ, इतनी रात को मैं सात-आठ मील अकेले नहीं जाने दूँगा।"

"रुकोगी नहीं राधिका" उपन्यास में भी संक्षिप्त कथोपकथनों से पाठकों की रोचकता और भी बढ़ जाती है। उदाहरण के लिए–

"राधिका" अक्षय ने बड़े अनुनय भरे स्वर में कहा।

"तुम मेरे साथ चलोगी, मेरे साथ रहोगी, मैं............तुम्हें।" ,अक्षय के होठों पर राधिका का हाथ आ पड़ा।

"मैं नहीं चाहती कि जल्दबाजी में तुम अपने को कमिट करो अक्षय।"[3] राधिका ने कहा।

"श्यामला ने बिना उससे पूछे ही जान लिया कि वह लड़की मर गई है। सर्जन ने बहुत ही क्लांत भाव से फोन का रिसीवर रख दिया, और अब पलंग पर आधा झुका बैठा था, इस सोच में कि दूसरा जूता पहने याण पहने। फिर जैसे कुछ निर्णय न कर पाकर वह पलंग पर आड़ लेट गया, टांगे नीचे ही लटकाए हुए। श्यामला अभी-अभी नहाकर आई थी। सामने के बाल भीगकर अपने-आप दो-तीन लटों में घुँघरा गए थे। सर्जन ने बाँह बढ़ाकर उसे खींच लिया और वह नम तौलिया पकड़े ही पास आकर बैठ गई।

"कब ?" उसने पूछा

"अभी –अभी कुछ मिनट पहले।" सर्जन ने कहा।"[4]

साहित्यिक रचनाओं में देशकाल, वातावरण का ध्यान रखना बहुत जरूरी होता है। उषा प्रियंवदा के उपन्यासों में देशकाल ही नहीं अपितु वातावरण का सम्पूर्ण दृश्य स्पष्ट होता है। उदाहरण हेतु 'पचपन खम्भे लाल दीवारें' उपन्यास वर्तमान काल में कुंठा, अकलेपन, संत्रास, को ब्यान करता कटु सत्य है। आज व्यक्ति, व्यक्ति से दूर नहीं भाग रहा अपितु अपने आप से दूर भाग रहा है, अपनी परछाई से दूर भाग रहा है जिसका सफल चित्रण निम्न पंक्तियों में देख सकते हैं :–

"सुषमा को लगा कि नील आकर सिरहाने खड़ा हो गया है, फिर उसने झुककर, धीरे–से उसके बाल छुए हैं। सुषमा चौंककर उठ बैठी, चारों ओर धुप अँधेरा था। उसने काँपते हुए कंठ से पुकारा –'नील!'

बरामदे में सोई हुई भौंरी खाँसी– सुषमा ने पाया कि वह अपनी चारपाई पर उठकर बैठी हुई है और नील कहीं नहीं है। सब ओर सन्नाटा है, भयावह, अकेला सन्नाटा।"[5]

कथानक कथा–साहित्य का प्रमुख तत्त्व होता है। एक प्रसिद्ध कथाकार अपने कथा–साहित्य में अपने अनुभव की अभिव्यक्ति करता है। कथानक कभी कल्पना प्रधान होता है, कभी अविश्वसनीय होता है और कभी वास्तविक होता है। "कथानक अपनी क्रमबद्धता, एकसमता और वर्णनात्मकता के आगे बढ़कर मानसिक सूत्रों, मनोवैज्ञानिक चक्रों, सूक्ष्म घटनाओं, मनोद्वेगों के मध्य से निर्मित होकर स्फुट रेखाचित्रों, टुकड़ों और सांकेतिक रूपों में कभी–कभी इतने व्यापक हो गये हैं कि उनमें जीवन के लम्बे–लम्बे भाग विस्तृत समस्याएँ संगुम्फित हो गई हैं।"[6] कथानक के लिए प्रचलित शब्द है– कथावस्तु, विषयवस्तु, इतिवृत, कथा, वस्तु, वृत्ति आदि। कथानक या कथावस्तु कथा साहित्य के महत्त्वपूर्ण तत्त्व हैं। इनका महत्त्व अन्य तत्त्वों की अपेक्षा अधिक माना जाता है। कथानक एक नींव के समान है जिसके ऊपर उपन्यास और कहानी की कथा रूपी महल खड़ा होता है।

उषा प्रियंवदा के उपन्यासों और कहानियों का कथानक

उपन्यास में कथानक को उसका मूल आधार या ढाँचा भी कहा जा सकता है। उपन्यास का सम्पूर्ण कलेवर उपन्यास से ही बनता है। कथानक घटनाओं का वह संगठनात्मक स्वरूप है, जिसके सहारे उपन्यास का सृजन होता है। कथानक का स्पष्ट अर्थ है "साहित्य के कथानक को लोककथा, महाकाव्य, खंडकाव्य, नाटक, उपन्यास, कहानी आदि का वह तत्त्व जो उनमें वर्णित कालक्रम से श्रृंखलित घटनाओं को 'रीढ़ की हड्डी' की तरह दृढ़ता देकर गति देता है और जिसके चारों और घटनाएँ बेल की भाँति उगती, बढ़ती और फैलती हैं।"[7] कथानक को 'प्लाट' भी कहा जाता है। यह उपन्यास का प्राण है। मौलिकता, रोचकता एवं मनोरंजकता कथानक के आवश्यक गुण होते हैं।

स्वरूप की दृष्टि से कथावस्तु तीन प्रकार की होती है– घटना प्रधान, चरित्र प्रधान और भाव प्रधान। घटना–प्रधान कथावस्तु में घटना की प्रधानता होती है। चरित्र–प्रधान कथावस्तु में घटनाओं के साथ चरित्र–चित्रण एवं विश्लेषण की प्रधानता रहती है। इसमें सूक्ष्मता और

कलात्मकता के दर्शन होते हैं। भाव–प्रधान कथावस्तु में पात्रों की अनुभूति और भाव ही मुख्य होते हैं।

वस्तु–विन्यास की दृष्टि से कथानक के तीन अंग होते हैं – आरम्भ, मध्य और अन्त (चरम सीमा) 'आरम्भ' कथानक का आदि भाग होता है। एक कुशल साहित्यकार कथानक के इसी भाग से पाठकों के मन में जिज्ञासा, कौतूहल और कथा में रोचकता उत्पन्न कर देता है। 'मध्य' भाग में कथानक का विस्तार, अन्तर्द्वन्द्व, पात्रों के मानसिक घात–प्रतिघात द्वारा कौतूहल का विस्तार होता है। पाठकों के सामने कथा का उद्‌देश्य स्पष्ट हो जाता है। कथानक के 'अन्तिम भाग' में कथानक की चरमसीमा की स्थिति आ जाती है। कथानक का कौतूहल पूर्णतः स्पष्ट हो जाता है और कथा का कार्य पूर्णतः सम्पूर्ण हो जाता है।

उषा प्रियंवदा के कथा–साहित्य में कथानक को विशेष महत्व दिया जाता है। उनके उपन्यास और कहानियाँ कथा तत्त्व से सम्पन्न दिखाई पड़ते हैं। उषा प्रियंवदा ने आधुनिक युग में नए–नए विषयों को सामने रखकर हमें आधुनिक समाज से अवगत करवाया है। इन्होंने अपने कथा साहित्य के माध्यम से लोगों को समकालीन परिस्थितियों से परिचित करवाने का भरसक प्रयास किया है। उषा जी ने समकालीन कथावस्तु की दृष्टि से उनके उपन्यासों और कहानियों में सामाजिक जीवन के विविध संदर्भों का उद्‌घाटन हुआ है। बने–बनाए कथानक में उषा–प्रियंवदा का बिल्कुल भी विश्वास नहीं है। जब कभी किसी पात्र या घटना ने उनको प्रभावित किया तभी उन्होंने कथा की वस्तु गढ़ ली।

उपन्यासों की कथावस्तु

पचपन खम्भे लाल दीवारें : 'पचपन खम्भे लाल दीवारें' उषा प्रियंवदा का प्रथम उपन्यास है। तैंतीस वर्ष की भारतीय लड़की मध्यवर्गीय परिस्थितियों को उजागर करती है। इस उपन्यास की कथावस्तु बताती है कि सुषमा आर्थिक परिस्थितियों से जूझती हुई अपने पारिवारिक रिश्ते कायम नहीं कर सकी। माँ–बाप सुषमा के बिना बाकि सन्तानों की शिक्षा और विवाह का विचार भी उसी के आधार पर करते हैं। सुषमा निःस्वार्थ भावना से उनकी मदद करती है। दिल्ली के एक कॉलेज में कार्यरत है। "तुम बहुत फिजूलखर्च होती जा रही हो। ज़रा हाथ दबाकर खर्च किया करो। नीरू की शादी भी तो करनी है।"[8]

माँ–बाप दोनों में से कोई भी नहीं सोचता कि सुषमा की शादी भी जरूरी है। अगर कोई रिश्तेदार शादी की बात छेड़ भी देता तो वे ऐसे मौके पर सारा बोझ सुषमा पर ही डालकर छूट जाते, कि अगर लड़की ही न माने तो हम क्या कर सकते हैं। सुषमा अपने अकेलेपन को दूर

करने में असफल रहती है। माँ–बाप ने तो आय का साधन मानकर अपनी सारी जिम्मेदारियाँ सुषमा पर छोड़ दी। सुषमा के कमाने पर सभी खुश होते हैं। सुषमा की खुशी किसमें है इसकी किसी को परवाह नहीं होती। उपन्यास की मूल कथा सुषमा का पारिवारिक शोषण और उसका अकेलापन है। पढ़ी–लिखी, आधुनिक आत्मनिर्भर नारी सामाजिक और पारिवारिक शोषण का शिकार हो रही है। भारतीय संस्कारों से परिपूर्ण अपनी ही बनाई हुई बेड़ियों से बँधी हुई है। नील, सुषमा का प्रेमी है। वह उससे बहुत प्यार करता ह। न चाहते हुए भी उसे नील को छोड़ना पड़ता है क्योंकि अगर वह नील से शादी करेगी तो उसके माँ–बाप, भाई–बहनों का खर्चा कौन उठायेगा। ऐसी उलझनों में वह छटपटाती रहती यहाँ तक कि सुषमा की माँ के द्वारा भी उसका शोषण किया जाता है। सुषमा के प्रेमी नील से वह अपनी छोटी बेटी नीरू की शादी करवा देना चाहती है। सुषमा और नील के प्रेम सम्बन्धों को वह किसी भी तरह मानती ही नहीं। परिवारवालों के निर्मम व्यवहार से निराश सुषमा नील से कहती है, ''नौ साल से मैं इस कॉलेज मे हूँ ज़िन्दगी खत्म हो चुकी है। मैं केवल साधन हूँ मेरी भावना का कोई स्थान नहीं।''[9]

सुषमा की माँ एक ऐसी माँ है जो उसको जीवनभर कुँवारी रखकर उसी की कमाई से अपना घर चलाना चाहती है। वास्तव में उषा प्रियंवदा ने यहाँ माँ का स्वार्थीपन दिखाया है जो एक लड़की का गला दबाकर दूसरों को जिंदा रखना चाहती है। माँ एक नारी होकर भी सुषमा के दुःख को नहीं समझ सकी। नायिका सुषमा के जीवन जैसी ही निष्क्रियता आज समाज में बहुत–सी नारियों के जीवन में है। न जाने समाज में कितनी ही सुषमाएँ हैं जो शोषण का शिकार है। पढ़–लिखकर, नौकरी करके, आत्म–निर्भर बनकर स्वाभिमानी होकर और संस्कारी होकर उन्होंने कोई गुनाह तो नहीं किया। जो कोई उनके जीवन के बारे में सोचता नहीं है। वह एक अच्छी अध्यापिका भी साबित होती है। लेकिन उन्हीं पचपन खम्भे और लाल दीवारों एवं अकेलेपन और सन्नाटे के बीच वह घिरकर रह जाती है। न इधर रह सकती है, न उधर जा सकती है। नील ने भी उसे कह दिया, ''ठीक है, तुम यहीं रहो, इन पचपन खम्भें में बंदी होकर।.......मैं सोचने लगा था कि तुम्हारे लिए मैं ही सबकुछ बन गया हूँ। अब मैंने जाना कि तुम्हारे पास खूबसूरत चेहरे के अलावा एक बहुत व्यवहारिक बुद्धि और अपना भला समझने वाला दिमाग भी है।''[10]

नील के जाने के बाद तो सुषमा की ज़िन्दगी वीरानी–सी हो जाती है। वह सोचती है कि नील के बिना तो वह कुछ भी नहीं है, केवल एक छाया, एक खोए हुए स्वर की प्रतिध्वनि और अब वह ऐसी ही रहेगी, मन

की वीरानियों में भटकती हुई। हमें जरूरत है सुषमा जैसी युवतियों के जीवन को खुशहाल बनाने की। लोगों को जागृत करने की।

रुकोगी नहीं राधिका

'रुकोगी नहीं राधिका' उपन्यास की नायिका राधिका भारत में पली–बढ़ी और विदेश में उच्च शिक्षा के लिए जाती है। राधिका एक स्वतंत्र नारी है, वह किसी को नहीं मानती। राधिका भी मोहभंग की स्थिति, अकेलेपन और रिवर्स कल्चर शॉक के बीच दुविधाग्रस्त रहती है। पिता के द्वारा भारत में रहने के प्रस्ताव को वह ठुकरा देती है। वह भारत में रहते हुए जो एकाकीपन झेलती है, अमरीका पहुँचकर वह और भी बढ़ जाता है। बचपन में ही माँ के मर जाने के कारण उसने अकेलेपन को जाना है। अब उसको अपने जीवन का लक्ष्य पिता का प्यार की लगता है। पिता की विद्या से शादी को वह स्वीकार नहीं कर सकती। अपने आपको निर्वासित समझने लगती है। इसी कारण वह डैन नामक विदेशी पत्रकार के साथ भारत छोड़कर अमरीका चली जाती है। अमेरिका में डैन के साथ एक साल रहती है इसके बाद उनके सम्बन्धों में आए तनाव के कारण वे अलग–अलग रहना शुरू कर देते हैं। डैन से अलग रहने के बाद वह अपनी कलात्मकता को विकसित करने का प्रयास करती है। राधिका की दुविधा यह है कि वह अपनी दिशा तय नहीं कर पाती। डॉ. नरेन्द्र मोहन आधुनिक हिन्दी उपन्यास में लिखते हैं कि रुकोगी नहीं राधिका उपन्यास में राधिका दो संस्कृतियों में पिसकर अनिर्णय और अकेलेपन को झेलती रही है। वह दोनों संस्कृतियों विदेशी और देशी में मिसफिट होकर रह जाती हैं। 'रुकोगी नहीं राधिका' उपन्यास प्रवासी भारतीयों की स्वतन्त्र मानसिकता पर प्रकाश डालता है। राधिका कुछ साल विदेश में रहकर भारत लौटती है, लेकिन वह महसूस करती है कि सुख न विदेश में है और न ही स्वदेश में। यह उपन्यास उन व्यक्तियों के जीवन के अनुभव को व्यक्त करता है जो रिश्तों से तालमेल नहीं बैठा पाते। आज समाज में बहुत से पात्र ऐसे हैं जो असमंजस (संदेहात्मक स्थिति) में पड़कर हाँ या ना का उचित फैसला नहीं कर पाते। अपने पिता की विद्या के साथ हुई शादी को वह झेल नहीं पाती और यही घटना उसके संघर्षमयी जीवन का कारण बनती है। वह हर किसी में अपने पिता का प्रतिबिम्ब ढूँढ़ती है। आर्थिक रूप से स्वतन्त्र नारी होने के बावजूद भी उसे अपने जीवन में शून्यता और खोखलापन ही नज़र आता है। अपनी सौतेली माँ विद्या की घर मौजूदगी राधिका को बिल्कुल नहीं भाती। इससे यह भी स्पष्ट होता है कि युवा सन्तानों को पिता की दूसरी शादी स्वीकार नहीं होती। राधिका इलेक्ट्रा कांप्लेक्स से ग्रसित है वह

विवाह करके भी खुश नहीं रह सकती। राधिका के पापा उसको समझाते हैं कि वह विद्या के साथ सभ्यता से व्यवहार करे, उसको उसी के साथ रहना है।

"उसे बार–बार आश्चर्य होता कि पापा को विवाह की बात सूझी ही कैसे? कम–से–कम बीस वर्ष तो वे बड़े होंगे ही विद्या से और विद्या भी यह जानते हुए कि पापा की बड़ी–बड़ी दो सन्ताने हैं, इस विवाह पर........ ."[11]

राधिका यह समझ चुकी थी कि उसके पापा केवल पिता, लेखक और वकील बनकर ही सन्तुष्ट नहीं थे बल्कि वे जीवन में परिपूर्णता चाहते थे। इसी बोध से ही राधिका के मन में घोर वितृष्णा भर गई थी। राधिका परिस्थितियों की शिकार हो गई होती है उसे सहानुभूति की जरूरत होती है जोकि किसी ने भी उसे नहीं दी। न ही पिता ने और न ही सौतेली माँ ने। सारा दिन उसको सन्नाटा ही नज़र आता है और कोई दूसरी सूरत भी नज़र नहीं आती। जब मन बहुत ज्यादा ऊब जाता है तो वह हल्के किस्म के उपन्यास पढ़ती है। भईया–भाभी के पास रहकर भी वह जान जाती है कि मानवीय सम्बन्ध कितने शाश्वत होते हैं, परन्तु लोग इनको कितनी आसानी से भुला देते हैं। पापा को भी छोड़कर, डैन के साथ रहते हुए उसे एक वर्ष में राधिका में जैसे कई वर्षों का अनुभव और पकापन आ जाता है। इसीलिए तो वह डैन से अलग हो पाई। अब वह स्वतन्त्र है परिपक्व भी और गढ़ सकती है अपना जीवन, अपना भविष्य, प्रत्येक फैसले की अधिकारिणी वो खुद ही है।

उपन्यास के अन्त में पिता के द्वारा रुकने के लिए कहने पर भी वह भारत में रुकती नहीं है और वापिस अमेरीका के लिए रवाना हो जाती है। वह स्वतन्त्र रहना चाहती है। विमाता विद्या के आत्महत्या करने की घटना से वह पूर्णतः हिल जाती है लेकिन वह स्वेच्छाचारिणी भी है।

शेष यात्रा

'शेष यात्रा' उपन्यास में कोमल भावनाओं वाली 'अनुका' के कठोर जीवन–संघर्ष को अभिव्यक्त करती हुई कथा उसके स्वाभिमान को भी चित्रित करती है। ननिहाल में पली–बढ़ी, नर्म दिल, बी.एस.सी. में पढ़ती हुई अनुका की शादी डॉ. प्रणव कुमार के साथ तय हो जाती है। अनुका से शादी करके प्रणव उसको विदेश ले जाता है। वहाँ के परिवेश, पति की रुचियों और आकांक्षाओं के अनुरूप वह अपने जीवन को ढाल लेती है। वह कठपुतली मात्र बनकर रह जाती है। अपने अस्तित्व को पहचानने का उसे कभी मौका ही नही मिलता। अनुका दूसरी औरतों से जब कभी

प्रवासी साहित्यकार उषा प्रियंवदा की साहित्य-साधना

पतियों की बदचलनी सुनती तो बड़ी विचलित-सी हो जाती है। कई दिनों तक पति के घर से बाहर रहने पर वह नाराज़ हो जाती है। परन्तु प्रणव उसे मीठी झिड़की दे देता है। प्रणव एक ऐसा आदमी है जो अनु को प्यार और विश्वास के बदले में ऐशोआराम की ज़िन्दगी देकन अपनी जिम्मेदारी खत्म समझता है।

भोली-भाली 'अनु' को जब प्रणव के चरित्र के बारे में पता चलता है तो वह आहत हो जाती है। चार साल के बाद उनकी गृहस्थी में झगड़ों ने स्थान पा लिया। अपने अकेलेपन और खालीपन की अनु जब प्रणव से शिकायत करती है तो वह उसे आगे पढ़ने के लिए कहता है। अनु पति पर बोझ नहीं बनना चाहती। वह हरसंभव कोशिश करती है कि उसके पति को कोई कष्ट न पहुँचे। पति के कठोर व्यवहार का कारण जानने में वह असफल रहती है लेकिन ज्योत्सना बेन द्वारा अनु को प्रणव का सच पता चलता है। जब प्रणव चन्द्रिका से शादी करने को तैयार हो जाता है तो वह इस सदमे को सहन नहीं कर पाती। "अनु स्तब्ध है, जैसे बिजली का करण्ट लग गया हो।"[12]

अनु अपमान के बाद तो अपने प्राण लेने को भी उतारू हो जाती है। अनु को प्रणव तलाक देता है। प्रणव के अनुमान के विपरीत अनु घर से हिस्सा ले लेती है। प्रणव को छोड़ देने के बाद अनु अपने बिखरे हुए जीवन को समेटकर पुनः अपना करियर, पति और एक नई ज़िन्दगी बच्चे को पा लेती है। पीछे रह जाता है प्रणव, वह सब कुछ हार जाता है। घर, पत्नी, कैरियर, बच्चा और स्वास्थ्य कुछ भी नहीं बचता उसके पास। एक भारतीय स्त्री की संवेदनशीलता को फिर से उपन्यास के अन्त में स्पष्ट किया है, जब प्रणव रोगग्रस्त हालत में उसी अस्पताल में इलाज के लिए आता है, जहाँ अनु खुद एक डॉक्टर बन गई है। वह प्रणव की हालत से विचलित हो जाती है, "अंदर एक रुलाई उठती है छोटी बच्ची अनु की रुलाई। उस अनु की जो रो-रोकर देवी-देवताओं से मिन्नतें माँगा करती थी। वह अनु जो दस साल की जिम्मेदारियों और संघर्षों से कहीं लोप हो गई थी। अब नए आवेग से लौटकर अपने सामने रोगग्रस्त जर्जर और टूटे हुए प्रणव को पाकर उससे लिपट जाना चाह रही हो।"[13]

अगर परिस्थितियों ने अनु को इस प्रकार ढकेला न होता तो आज वह एक सफल डॉक्टर की निकम्मी बीवी बनकर रह जाती। अनु पीछे मुड़कर देखना नहीं चाहती क्योंकि वहाँ प्रणव की बेवफाइयाँ उसकी निष्ठुरता और उसके द्वारा दिए गए अपमान के सिवा कुछ था भी नहीं। अब वह अनु है और वह अनु जो अपने में तुष्ट, अपने स्वत्व-बोध में

सुखी, अपने सुख–दुख में अकेली, अपने में स्वाधीन है। उसने अपने व्यक्तित्व और अस्तित्व की एक अलग पहचान बना ली है। एक तूफान के बाद शान्ति, जिसको अनु महसूस करती है। इसमें नारी मन की संवेदनाओं और उसके द्वारा किए गए संघर्ष के बाद, यातनाओं के बाद एक सफलता प्राप्त की हुई नारी की संतुष्टि को प्रस्तुत किया गया है।

अन्तर्वंशी

अन्तर्वंशी उपन्यास की कथा नायिका वाना के इर्द–गिर्द घूमती है। भारत की चुनमुन, वनश्री या बाँसुरी जो विदेश जाकर वाना हो जाती है। अन्तर्वंशी उपन्यास में उषा प्रियंवदा ने वाना के माध्यम से दो संस्कृतियों के बीच संघर्ष करती स्त्री के मानसिक द्वन्द्व को प्रस्तुत किया गया है। पश्चिमी संस्कृति और भारतीय संस्कृति के बीच जकड़ी हुई वाना अपने अस्तित्व की तलाश के लिए अंतिम निर्णय लेने में सफल होती है। अन्तर्वंशी उपन्यास में वाना, राहुल, शिवेश, सारिका, क्रिस्तीन, अंजी, ग्रेस सभी पात्र कहीं न कहीं अस्मिता की खोज में छटपटाते हैं।

वाना के पति शिवेश ने उसे देखते ही पसन्द कर लिया था और शादी करके उसे अमेरिका ले आया। बनारस की चुनमुन से बँसरी, बँसरी से वनश्री और वनश्री से कब वाना हो जाती है। यह सब वाना को सपने–सा लगता है। विदेश पहुँचकर वो ही भारतीय संस्कार पति की सेवा, बच्चों की सँभाल, लाड़–प्यार, घर–बार सँभालना, यही वाना की दिनचर्या होती है। कभी–कभी अपने सुखों को मन में दोहराती है, दो–दो बेटे, सुन्दर, स्वस्थ, एकाग्र रूप से चाहने वाले पति शिवेश। वह खुद भी स्वस्थ और पति भी। यह सब कुछ होते हुए भी वह खुश नहीं है। उसके मन में और भी इच्छाएँ हैं। बहुत ढेर सारी इच्छाएँ, जो हरदिन बढ़ती जाती हैं। वह चाहती है अपना खुद का घर, अपनी गाड़ी, समाज में सम्मान, उसकी इच्छानुसार प्यार करने वाला पति और शिवेश की अच्छी नौकरी। हर साल नये कांट्रैक्ट पर पति, इसका मलाल उसे हर समय रहता है। पति इस विभाग से उस विभाग तक चक्कर काटता रहता है। वह चाहती है कि उसके पास इतना पैसा हो कि किसी चीज़ का दाम न पूछना पड़े। घूमना–फिरना, होटलों में खाना–खाना, अच्छे महँगें कपड़े पहनना, ऊँचे स्कूलों में बच्चो को पढ़ाना और सारी सुख–सुविधाएँ उसके पास हों।

एक और बंसी है जो उसके अर्न्तमन में हर समय बजती रहती है, वह है नाम, यश और सम्पत्ति से परिपूर्ण पति की चाहत से भरी हुई बंसी जो उसे हर समय छटपटाने को मजबूर करती रहती है। शिवेश एक सम स्तर का आदमी है, वह कोशिश तो करता है आगे बढ़ने की लेकिन

उतने मन से नहीं, जितने मन से राहुल करता है। राहुल के व्यक्तित्व से वाना बहुत प्रभावित होती है, शायद इसी कारण वह उससे प्यार करती है। अपनी परिस्थितियों से संघर्ष करना, उनसे ऊपर उठने का प्रयत्न, यह सब शिवेश की समझ से बाहर होता है। फिर भी राहुल की संगत से शिवेश में कुछ–कुछ आत्मदृष्टि आ जाती है। वह हमेशा ही अपने हर मूड, भावना और अपनी प्रतिक्रिया को उधेड़ता–बुनता रहता है। वह इतना आत्मविश्लेषण अपने अस्तित्व का करता है जैसे पूरे अस्तित्व को बार–बारा रुई की तरह धुन कर रख देगा। वाना एक शिशु शावक की तरह अनजान होती है, उसको पता ही नहीं होता कि उसका रूप कितना आकर्षक है। यह सब समझ आने पर वनश्री मिशिर (वाना) को अपनी पहचान और स्वतन्त्र अस्तित्व की होड़–सी लग जाती है। उधर राहुल के विवाह की खबर सुनकर वह हतप्रभ सी हो जाती है। राहुल भी उसको दिल से चाहता है। "राहुल सोचता है, वाना ऐसे ही एक–एक दिन करके पूरी ज़िन्दगी बिता देगी। वह लीक पकड़कर चलती रहेगी। राहुल उससे कैसे कहे – यह सब छोड़कर निकल आओ वाना मैं तुम्हें इन्द्रधनुष के उस छोर तक ले चलूँगा।"[14]

जीवन में नए–नए उतार–चढ़ाव आते रहते हैं, बार–बार प्यार करना और अलग होना। यह तो विदेश का क्रम ही है। वाना को भी लगता है कि सभी के जीवन में नए मोड़, नई गति है। वाना के जीवन में नया अध्याय खुलता है, वह राहुल के बच्चे की माँ बनने वाली होती है। वह शिवेश को सब सच–सच बताकर, यह अध्याय समाप्त करके नया खोलन चाहती है। शिवेश के आत्महत्या कर लेने के बाद वह राहुल के साथ चली जाती है। अपने स्वतन्त्र अस्तित्व की तलाश वह कर लेती है। वह सोचती है कि मुड़–मुड़कर अतीत को देखने से अब कोई फायदा नहीं।

भया कबीर उदास

उषा प्रियंवदा ने 'भया कबीर उदास' उपन्यास में बिल्कुल नई कथाभूमि को प्रस्तुत किया है। ज़िन्दगी की भागदौड़ से जूझते हुए निरन्तर जीने की लालसा को प्रस्तुत करता यह उपन्यास मानवीय संवदेना को प्रस्तुत करता है। पी–एच.डी. (इतिहास) की छात्रा के रूप में विदेश में रह रही लिली की कथा को प्रस्तुत करता हुआ यह उपन्यास उसके शरीर की पूर्णता–अपूर्णता को सामने लाकर रख देता है। एक नामी इतिहास बनकर अपने पापा के विश्वविद्यालय में वह प्रोफ़ेसर बनना चाहती है लेकिन हाथ उसके आया सिर्फ़ कैंसर। पी–एच.डी. भी बीच में ही छूट जाती है, नौकरी भी छूट जाती है, पिता जोकि एक विश्वविद्यालय के कुलपति पद पर होते हैं, उनकी भी मृत्यु हो जाती है, रह जाती है माँ

और लिली। लिली के विदेश में होने के कारण माँ भी ऋषिकेश के वृद्धाश्रम में चली जाती है। अब परिस्थितियों का सामना उसको खुद करना होता है। कैंसर के बारे में पता चलने के बाद वह कैंसर सैंटर के गलियारे में अकेली खड़ी रोने लगती है। फिर हौंसला करती है कि मैं सब कुछ अकेली ही झेल लूँगी। "ऐसी स्टेज में सोशल सपोर्ट की बहुत ज़रूरत होती है। बात करने से, पीड़ा बाँटने से भार हल्का होता है। अकेले-अकेले झेलने से और बाक़ी सबको रिजेक्ट कर देने से रिकवरी स्लो हो जाती है, आँकड़े बताते हैं कि जो पेशेंट परिवार, मित्रों के बीच, उनकी संवेदना के साथ यह युद्ध झेलते हैं, उन्हें ठीक होने में कम समय लगता है।"[15]

लिली पांडेय तो अकेली है। उसको अकेले ही झेलना है। उसको डर होता है घिसट-घिसटकर, बेहद पीड़ा से मरने का। उसका कोई निकट का मित्र, कोई परिवार का सदस्य भी नहीं होता जो उसकी देखभाल कर सके। उसको कैंसर का डर त्रासित कर जाता है। हिम्मत हारकर पीछे बैठने वाली वह नहीं होती, आगे बढ़ती है और अपना इलाज करवाती है। कैंसर थैरेपी के साथ-साथ अनिच्छापूर्वक थीसिस लिखना, जिससे कि नौकरी बनी रहे, यह सब कुछ उसे तर्कहीन लगने लगता है। वह शेषेन्द्र के द्वारा दिए गए नए नाम यमन के रूप में उभरती है। निराशा और उदासी की बजाय, आशा और भविष्य को वह चुनती है। एक अस्तित्ववादी दुविधा में फँसे हुए भी वह एक गहरे स्तर पर जानती है कि वह बिना पी-एच.डी. समाप्त किए भारत नहीं लौट सकती। उपयोगिता के अतिरिक्त उसके शरीर के अंग जो स्त्री होने की छवि से जुड़े होते हैं, उनके कट जाने के बाद, घाव भर जाने के बाद भी उसकी हिम्मत उधर देखने की नहीं होती। अपने को लाड़-प्यार में बिगड़ी, धन-सम्पत्ति में पली, अकेली सन्तान ही के रूप में वह जानती थी। अब कैंसर ने उसे बदल दिया, एक पुनर्जन्म हुआ था उसका। उसे लगता है कि वह बदल गई है, आध्यात्मिक हो गई है।

इस उपन्यास में कैंसर की बीमारी, उसके उपचार और उसके बाद धीरे-धीरे स्वस्थ होने की प्रक्रिया को लेखिका ने चित्रित किया है। सर्जरी, कीमो और रेडिएशन के बाद कुछ तो दुर्भाग्यहीन स्त्रियाँ ऐसी होंगी जोकि इस संघर्ष में हार गई होंगी। लेकिन सर्जरी, कीमो और रेडिएशन के बाद पाँच से दस साल तक जीने की नब्बे प्रतिशत सम्भावना होती है। अस्तित्व की गहराइयों से एक संकल्प अनायास ही उसके मन में कौंध जाता है कि उसको जीना है। इस युद्ध क्षेत्र में जीतना है। उसके जीवन का एक-एक दिन ऐसे कटता है, अकेले बैठे

हुए अतीत और भविष्य की गुत्थियों में उलझे हुए। अब उसने सोच लिया कि सुख-दुख, बीमारी, रिश्ते-नाते, जो भी कुछ होगा उसी को वह स्वीकार कर लेगी। कितना दारुण कष्ट भोगा है उसके शरीर ने।

"दुखग्रस्त मानसिकता बार-बार एक ही पटरी पर गोल-गोल भागती रहती है, बार-बार वही प्रश्न मन में उठते हैं और कोई उत्तर न पाकर विलीन हो जाते हैं। अतीत का पृष्ठ बदल दो, वर्तमान में रहो, भविष्य को देखो। भविष्य ?"[16]

वह अपनी सभी मनःस्थितियों को नकारकर खुश है, बहुत ज्यादा खुश नहीं लेकिन खुश है।

फिर बसन्त आया

उषा प्रियंवदा का यह पहला कहानी-संग्रह है। इसकी कहानियों में यथार्थ बोध निहित है। उनकी कहानियाँ विभिन्न विषयों को लेकर लिखी गई हैं जिनमें से अकेलापन, अलगाव, संत्रास, अजनबीपन और बेकारी आदि मुख्य विषय रहे हैं। 'फिर बसन्त आया' की छाया और विनायक अकेलेपन से भरा जीवन व्यतीत करते हैं। पूरी कहानी में छाया चिन्तित, दुःखी और उदास रहती है। 'तूफ़ान के बाद' में मन्नो के जीवन के माध्यम से दिखाया है कि बड़े-बड़े तूफ़ान लोगों के सिर पर से गुज़र जाते हैं, उन्हें फिर भी बिना घबराए नए सिरे से ज़िन्दगी शुरू करनी चाहिए। 'नई कोंपल' कहानी की बिन्नो के तनावपूर्ण जीवन का वर्णन करते हुए कहानी के अन्त में सुबोध अपनी रुखाई, उदासीनता और अवहेलन को जान जाता है और उसके मन में प्रेम की नई कोंपल फूट पड़ती है। 'पूति' कहानी में अचला की जीवन के प्रति बढ़ती उदासीनता को दिखाया है। श्रीकान्त अन्दर से टूटा हुआ, मुख पर उदासी और चिन्ता की रेखाएँ लिए हुए है। उसके जीवन में एक विचित्र-सा सूनापन व्याप्त है, जिसकी पूर्ति करना असम्भव-सा जान पड़ता है। श्रीकान्त अपने हृदय की व्यथा को छिपाने के लिए प्रसन्न होने का आडम्बर करता है। 'नष्ट नीड़' में भुवन के पास सुधीरा की स्मृतियों के सिवाय सिर्फ अकेलापन ही होता है। सुधीरा उसके अस्तित्व का अभिन्न अंग बन जाती है। उसके जाने के बाद उसके जीवन में सूनापन छा जाता है। 'मान और हठ' कहानी में अमृता को अपने रूप का मान और मुकुल को पति होने का, पुरुष होने का आत्माभिमान होता है। अमृता को अपने समान सुन्दर पति पाने का अरमान होता है, वह उसका टूट जाता है। 'आश्रित' कहानी में मधु बिना माँ-बाप की लड़की है जो चाची की दया के कारण भरपेट खाना खाती है। शेखर को उस पर होता अत्याचार अच्छा नहीं लगता, एक अजीब-सी व्यथा उसको घेरे रखती है। 'दोस्त' कहानी में

सुरेखा इस बात से दुःखी है कि उसका पति दोस्तों के साथ छुट्टी वाला दिन भी व्यतीत कर देता है, उसके साथ बिल्कुल भी समय व्यतीत नहीं करता।

ज़िन्दगी और गुलाब के फूल

इस कहानी–संग्रह की कहानियाँ सुबह की ताजी हवा के झोंके के समान लगती हैं। आधुनिक जीवनयापन को प्रस्तुत करती हुई यह कहानियाँ यथार्थ के बिल्कुल नज़दीक जान पड़ती हैं। आज भाग–दौड़ की ज़िन्दगी में व्यक्ति चाहे कितना भी अपने आपको अपने मित्रों, रिश्तेदारों और परिवार से जुड़ा हुआ पा ले लेकिन कहीं न कहीं वह अकेला महसूस करता है और उदास रहने लगता है। 'वापसी' कहानी के गजाधर बाबू, ज़िन्दगी और गुलाब के फूल कहानी का सुबोध, सम्बन्ध कहानी की श्यामला, छुट्टी का दिन की माया सभी पात्र अकेलेपन से मानसिक यातना से छुटकारा पाना चाहते हैं। ज़िन्दगी और गुलाब के फूल में सुबोध स्वाभिमान की रक्षा के लिए इस्तीफा देकर बेरोज़गार हो जाता है। बेरोज़गार सुबोध की बहन वृन्दा रोज़गार पर लगी होने के कारण हर समय अपने भाई को बेकार कहती है और बुरा व्यवहार करती है, जिससे वह अकेला महसूस करता है। 'वापसी' कहानी में गजाधर बाबू पैंतीस वर्ष की नौकरी के पश्चात् रिटायरमैंट के बाद बाकि का जीवन परिवार के साथ सुकुन से बिताने के लिए मन में सपने संजोकर वापिस घर आता है। कमरे में अस्थायी रूप से डाली गई उसकी चारपाई उसको उपेक्षिता का बोध कराती है। उनके चले जाने पर परिजन राहत महसूस करते हैं। "घर छोटा था और ऐसी व्यवस्था हो चुकी थी कि उसमें गजाधर बाबू के रहने के लिए कोई स्थान न बचा था। जैसे किसी मेहमान के लिए कुछ अस्थायी प्रबन्ध कर दिया जाता है उसी प्रकार बैठक में कुर्सियों को दीवार से सटाकर बीच में गजाधर बाबू के लिए पतली–सी चारपाई डाल दी गई – गजाधर बाबू उस कमरे में पड़े–पड़े, कभी–कभी अनायास ही उस अस्थायीत्व का अनुभव करने लगे।"[17]

'छुट्टी का दिन' अकेलेपन के बोध को उजागर करती है। 'जाल' कहानी में कौमुदी और राजेश्वर विवाह से पूर्व अपने–अपने एकांत में संतुष्ट और सुखी होते हैं परन्तु विवाह करने के बाद वे दोनों एक–दूसरे को स्वतन्त्रता देते हुए भी नियन्त्रण रखते हैं। 'कँटीली छाँह' एक ऐसे मास्टर साहब की कहानी है जिन्होंने ब्यालीस साल की उम्र में अड़तीस साल की इन्द्र से शादी की। 'वापसी' कहानी इस कहानी–संग्रह की सबसे श्रेष्ठ कहानी है जो आधुनिक युग में बुजुर्गों की दयनीय स्थिति को चित्रित करती है।

एक कोई दूसरा

'एक कोई दूसरा' कहानी–संग्रह के पात्रों के जीवन में कहीं न कहीं अधूरापन नजर आता है। 'एक कोई दूसरा' कहानी की नीलांजना, 'झूठा दर्पण' की अमृता, 'कोई नहीं' की नमिता, 'सागर पार का संगीत' की देवयानी, 'पिघलती हुई बर्फ' के अक्षय और छवि, 'चाँदनी' में बर्फ़ पर' के मुख्य पात्र मीरा और हेम के जीवन में पूर्णता होते हुए भी इनको अधूरेपन ने घेर रखा है। 'चाँदनी में बर्फ़ पर' कहानी अपने कर्मों के फल को बयान करती है। हम जैसे कर्म करेंगे उनका फल भी इसी जन्म में हमें भुगतना पड़ेगा। 'पिघलती हुई बर्फ़' कहानी व्यक्ति के खुद को माफ कर देने और नई ज़िन्दगी शुरू करने की कोशिश को बयान करती है। अक्षय अपराध बोध से पीडित होने के बाद भी भारत लौटकर छवि के साथ सुखी जीवन व्यतीत करना चाहता है। 'एक कोई दूसरा' की नीलांजना को हीरों रूपी चमकीले पत्थरों के टुकड़े नहीं खरीद सकते। उसका मन परिस्थितियों को स्वीकार करने से विद्रोह करता है। डॉक्टर कुमार के संपर्क में आने के बाद दुनिया की भौतिकवादी वस्तुएँ उसको प्रभावित नहीं करती। वह खुद कहती है कि डॉक्टर कुमार ने उसको जीवन के प्रति नई दृष्टि दी है। 'सागर पार का संगीत' कहानी की पात्र देवयानी अपने स्वत्व की तलाश के लिए, अपने अकेलेपन को दूर करने के लिए ही पति के कई दिन घर न लौटने पर वह अन्य पुरुष से आकर्षित हो जाती है। वह कहती है, ''मैं भटकती हूँ, कुछ खोजती हूँ – कुछ देर काम में मन लगता है, फिर उचट जाता है और कुछ अच्छा नहीं लगता, तब मन चाहता है कि रेत में पैर गड़ा दूँ और सागर–तट पर बैठी रहूँ।''[18] उषा प्रियंवदा ने अपनी पैनी दृष्टि से समाज में व्याप्त विसंगतियों का चित्रण किया है।

कितना बड़ा झूठ

उषा प्रियंवदा द्वारा अमेरिका में रहते हुए वहाँ के परिवेश से प्रभावित होकर लिखा गया कहानी–संग्रह 'कितना बड़ा झूठ' सम्पूर्ण कहानियाँ में भी संकलित है। भारत के वातावरण को चित्रित करने के साथ–साथ पाश्चात्य संस्कृति को इस कहानी–संग्रह में बखूबी चित्रित किया गया है। उषा प्रियंवदा ने आधुनिक युग के विभिन्न पहलुओं को चित्रित किया है। इस पर बच्चन सिंह ने कहा है, ''युगीन संक्रमण में एक ओर चीख और टेरर है तो दूसरी ओर अकेलेपन की ठंडी खामोशी। गलीज ज़िन्दगी जीने की विवशता, अन्तर्वैयक्तिक सम्बन्धों को तोड़ देने की लाचारी। उषा प्रियंवदा की कहानियों में आधुनिक ज़िन्दगी के ये पक्ष चित्रित हैं।''[19]

प्रवासी साहित्यकार उषा प्रियंवदा की साहित्य–साधना

'कितना बड़ा झूठ' कहानी की किरन, पति और बच्चों के साथ घरेलू जिम्मेदारी को निभाते हुए तीसरे व्यक्ति की खोज में रहती है। लेखिका ने यहाँ पारिवारिक विघटन को प्रस्तुत किया है। डेनमार्क में लिखी 'ट्रिप' में नशीले पदार्थों का उपयोग करके सामाजिक मान्यताओं को तोड़ने की कथा है। ट्रिप के नशे से मुक्त होकर सोनी इस पर विचार करती है कि उससे एक नयी ज़िन्दगी की शुरूआत संभव है या नहीं। इस कहानी–संग्रह की सम्बन्ध कहानी अवैध सम्बन्धों को चित्रित करती है। इस कहानी में डॉ. सर्जन विवाहित हैं और तीन बच्चों का बाप भी है। वह भारतीय परंपरा का उल्लंघन करने वाला व्यक्ति है। श्यामला, डॉ. सर्जन से एक बन्धु, मित्र और प्रेमी का रिश्ता चाहती है। 'प्रतिध्वनियाँ' कहानी विवाह को एक बेमानी रस्म समझने वाली नारी की कथा को प्रस्तुत करती है। वसु की शादी अपनी उम्र से बड़े व्यक्ति से हो जाती है इसलिए अनमेल विवाह होने के कारण उनका दाम्पत्य जीवन सुदृढ़ नहीं होता। उषा प्रियंवदा ने इन कहानियों को सम्बन्ध में लिखा है, 'टूटे हुए', 'मछलियाँ', 'प्रतिध्वनियाँ' जैसी कहानियाँ पकने में सालों तक इन्तजार करना पड़ा। दूसरी और 'ट्रिप', 'टूटे हुए', 'सुरंग', 'पिघलती हुई बर्फ', 'स्वीकृति' और हाल में लिखे गये विदेश यात्रा पर लेख, यह सब बहुत कम समय और कुछ ही बैठकों में लिखे गये।

सम्पूर्ण कहानियाँ

''यह सम्पूर्ण कहानियों का संकलन है, मुझे लगता है कि मेरी कथायात्रा अभी समाप्त नहीं हुई है। मेरे अन्दर अभी भी तमाम चरित्र, घटनाएँ, अनुभव शब्दों में अभिव्यक्ति पाने के लिए आतुर हैं। पर आगे क्या लिखा जाएगा यह तो मेरे अन्दर की अदृश्य सृजनकत्री के हाथों में है जिसके आगे मैं बेबस हूँ।''[20]

उषा प्रियंवदा की सम्पूर्ण कहानियाँ में 'फिर बसन्त आया', 'ज़िन्दगी और गुलाब के फूल', 'एक कोई दूसरा', 'कितना बड़ा झूठ', 'शून्य तथा अन्य रचनाएँ', 'मेरी प्रिय कहानियाँ', कहानी–संग्रह संग्रहित हैं। अमरीकी और भारतीय जीवन की व्यस्तताएँ, समाज में रहते हुए लोगों के उतार–चढ़ावों, समाज को खोखला करने वाली समस्याएँ, आधुनिकता के चलते अकेलापन, अलगाव, अजनबीपन की स्थिति जैसे विषय उषा प्रियंवदा की कहानियों के मुख्य रूप से रहे हैं। आज यांत्रिकता के युग में मनुष्य निराश, व्यथा, संत्रास, एकाकीपन, विसंगति शून्यता आदि की स्थिति से गुजर रहा है। ये सभी अस्तित्व के महत्वपूर्ण अंग हैं। इन परिस्थितियों से बाहर निकलने के लिए मनुष्य को अपनी सारी शक्तियाँ लगाकर अपना अस्तित्व कायम करने की आवश्यकता है ताकि प्रतिकूल

परिस्थितियाँ अनुकूल हो सकें। उषा प्रियंवदा की कुछ कहानियों से हमें पता चलता है कि आज का मनुष्य अजनबी हो गया है। उसकी समाज के साथ संगति नहीं बैठती। वह अकेला रहना चाहता है। आज का मनुष्य विसंगतिबोध का शिकार हो रहा है। परिस्थितियों के साथ न देने के कारण उसकी इच्छाएँ अधूरी रह जाती हैं। 'एक कोई दूसरा' कहानी में ईश्वर के प्रति वितृष्णा, 'चाँदनी में बर्फ पर' में वैयक्तिक स्वतन्त्रता, 'पूर्ति', 'कोई नहीं', 'सागर पार का संगीत' नामक कहानियों में क्षण के महत्व को दिखाया गया है। इनकी कहानियों में नगरीय जीवन के तनाव और सम्बन्धों के बदलते स्वरूप को देखा गया है।

बनवास

बनवास कहानी–संग्रह में उषा प्रियंवदा की मुख्य कहानियाँ शून्य, मछलियाँ, प्रतिध्वनियाँ, चाँदनी में बर्फ पर, एक कोई दूसरा, पचपन खम्भे लाल दीवारें, चहारदीवारी, छुट्टी का दिन और तूफान के बाद संकलित हैं। उषा प्रियंवदा ने इस कहानी–संग्रह के आरम्भ में 'अपनी बात' में लिखा है, ''इस संग्रह 'बनवास' की कहानियाँ, मेरी कथा रचना–यात्रा में मील के महत्त्वपूर्ण पत्थर हैं। 'तूफान के बाद' से लेकर 'शून्य' तक की ये कहानियाँ केवल मेरी साहित्यिक यात्रा की प्रतिनिधि ही नही हैं, ये मेरे निजी विकास, जीवन–परिवर्तन, सोच, संवेदनाओं पर भी प्रकाश डालती हैं।''[21]

'बनवास', 'एक और बिदाई' लेखिका उषा प्रियंवदा ने ये कहानियाँ अमेरिका प्रवास के प्रथम वर्ष में लिखी जिनमें एक संस्कारग्रस्त भारतीय स्त्री के मन और विचारों का पश्चिमी सभ्यता और संस्कृति से टकराव सपष्ट किया गया है। 'शून्य' कहानी लेखिका की कथा यात्रा का चरम बिंदु है। यह कहानी उषा प्रियंवदा ने अपनी माँ श्रीमती प्रियंवदा देवी के देहांत के बाद लिखी थीं। बहुत तटस्थ स्वर रखते हुए भी इसकी पंक्तियों में कहीं न कहीं लेखिका का अपना दुःख छलक आया है। वापसी कहानी से लेकर शून्य तक के समय में देश–विदेश के परिवेश में बहुत परिवर्तन आया है, इसका प्रभाव लेखिका की कहानियों पर अवश्य पड़ा है। बाकि की सभी कहानियाँ 'सम्पूर्ण कहानियाँ' कहानी–संग्रह में संग्रहित हैं जिनका विवेचन हो चुका है।

उषा प्रियंवदा की बनवास कहानी–संग्रह की कहानियों में अकेलापन, अलगाव, विवशता, अजनबीपन आदि कथ्यगत विशेषताएँ रही हैं। सामाजिक समस्याओं से जूझ रहे पात्रों के निरर्थक जीवन को सार्थक बनाने की क्षमता उषा प्रियंवदा के कथा–साहित्य में देखी गई हैं।

देशकाल तथा वातावरण

उषा प्रियंवदा के कथा–साहित्य में प्रसंगानुकूल वातावरण का प्रयोग किया गया है। उपन्यासों में से 'पचपन खम्भे लाल दीवारें' उपन्यास में पचपन खम्भे हैं और लाल दीवारे हैं। छात्रावास में ये उन परिस्थितियें के प्रतीक हैं, जिसमें रहकर उषा प्रियंवदा को अकेलेपन का एहसास होता है। इस उपन्यास में लेखिका ने अध्यापिका के जीवन संघर्ष को व्यक्त करते हुए महाविद्यालय, छात्रावास तथा छात्राओं और सह–अध्यापिकाओं से युक्त वातावरण प्रस्तुत किया है।

'रुकोगी नहीं राधिका' उपन्यास में भारत और विदेश के परिवेश को व्यक्त किया गया है। विदेश से भारत आने पर राधिका को दिल्ली का वातारवरण जैसे कि रेलवे स्टेशन का वातावरण बहुत प्रभावित करता है, "लंबे घेरदार घाघरों में घबरायी इधर–उधर दौड़ती स्त्रियाँ, फर्श पर नंगे पैरों की छाप, लाठी लिये, हाथों में पोटलियाँ थामे बौखलाये से देहाती खाली डिब्बे आपस में खनखनाते दूधवाले और कभी–कभी डिब्बे के आगे चक्कर लगा लेने वाले दो–तीन शौकीन लोग।"[22] गंगा पार वाली कोठी में राधिका और उसके पिता की मानसिक स्थिति को भी उजागर किया गया है।

'शेष यात्रा' उपन्यास में भोली–भाली भारतीय लड़की 'अनु' के पारिवारिक वातावरण को चित्रित करते हुए उसके विदेश पहुँचकर विदेशी सभ्यता में अपने आपको अकेले पाना, वहाँ के खोखले परिवेश को लेखिका ने बखूबी चित्रित किया है। व्यंग्यात्मक भाषा में लेखिका लिखती हैं, "सखी सम्मेलनों में हर तरह की बात होती है – खाने की, कपड़े की, टेलीविजन शो की, इंडिया एसोसियेशन की, पिक्चर की, पडोसिनों की।"[23] अनु के प्रणव से अलग होने से लेकर एक सफल डॉक्टर बनने तक के उचित वातावरण को लेखिका ने चित्रित किया है।

'अन्तर्वशी' उपन्यास की नायिका बनारस की वनश्री अमेरिका पहुँचकर वाना हो जाती है। विदेशी धरती पर पति शिवेश, प्रेमी राहुल और बेटे आकाश और विकास के साथ रहते हुए जीवन के तानों–बानों में उलझी रहती है। विदेशी वातावरण को दिखाते हुए वाना के माध्यम से लेखिका ने नारी के भीतर छिपी उसकी पहचान को प्रस्तुत किया है। वाना परिवार से हटकर अपने निजी अस्तित्व को कायम करना चाहती है। अंजी भी अपना स्वतन्त्र अस्तित्व चाहती है। अंजी, वाना को कहती है, "ज़िन्दगी में कुछ सुख पाने का मेरा भी हक बनता है वाना। यही सब सोचती रहती हूँ। अजीब दुविधा है।"[24]

प्रवासी साहित्यकार उषा प्रियंवदा की साहित्य-साधना

'भया कबीर उदास' उपन्यास में विदेशी भूमि पर अपने माँ-बाप, घर-बार से दूर रह रही अकेली लड़की के द्वारा कैंसर जैसी भयानक बीमारी से संघर्ष को चित्रित किया है। इस उपन्यास में लेखिका ने शरीर की पूर्णता-अपूर्णता का प्रश्न उठाया है। 'कैंसर की डायरी के पाँच खण्ड', 'कैंसर डायरी परिशिष्ट' और 'कैंसर का एक टुकड़ा' के माध्यम से एक स्वतन्त्र मन वाली लड़की के संघर्ष और बीमारी पर विजय को लेखिका ने अमेरिका के वातावरण में चित्रित किया है।

उषा प्रियंवदा की कहानियों में नगरीय जीवन के तनाव और बदलते सम्बन्धों को उजागर किया गया है। पश्चिमी जीवन के अनेक रूपों को उषा प्रियंवदा के कथा साहित्य में देखा जा सकता है। लेखिका की कहानियों में जीवन की विसंगतियों, एकाकीपन, शून्यता, निराशा, व्यथा, सूनापन, पीड़ा और अजनबीपन का स्पष्ट चित्रण मिलता है। उनकी कहानियों में आधुनिकता बोध के दर्शन होते हैं। डॉ. साधना शाह ने इससे सम्बन्धित कहा है, ''प्रत्येक युग का कलाकार सामाजिक वैचारिक दर्शनों एवं विचार प्रवाहों से प्रभावित होता है क्योंकि युग संदर्भ से ही उसकी वैचारिक भूमि बनती है। युग की सभी दृष्टियों, शास्त्रों तथा दर्शनों का प्रभाव साहित्यकार पर पड़ता है। इस वैयक्तिक पृष्ठभूमि पर साहित्यकार की जीवन दृष्टि विकसित होकर रचना के स्तर पर उद्घाटित होती है।''[25]

'ज़िन्दगी और गुलाब के फूल' कहानी-संग्रह में संकलित पैरम्बुलेटर, मोहबन्ध, जाले, छुट्टी का दिन, कच्चे-धागे, पूर्ति, कँटीली छाँह, दो अँधेरे, चाँद चलता रहा, दृष्टिदोष, वापसी और भारतीय संस्कृति के दर्शन होते हैं। अकेलेपन का बोध 'छुट्टी का दिन' में होता है। 'पूर्ति' कहानी की तारा भी अकेलेपन से व्यथित है। 'छुट्टी का दिन' कहानी में घरेलु वातावरण को दिखाया है, ''अकेले रहने में तो यह है कि जो मन आया कर लिया शादी से पहले मुझे सिनेमा देखने का बड़ा चाव था। मेरे एक चाचा गेटकीपर थे। सब मुफ्त में देखते पर अब तो साल, डेढ़ साल से कोई सिनेमा ही नहीं देखा।''[26]

'फिर बसन्त आया' कहानी-संग्रह में संकलित 'दोस्त' कहानी में दोस्तों के साथ मौज-मस्ती के वातावरण को दिखाया है। 'मान और हठ' कहानी में पति-पत्नी की भावनाओं और उनके अहं को प्रमुखता से चित्रित किया है। मुकुल अपनी पत्नी अमृता की भावनाओं से अधिक पैसे को महत्व देता है। वह हर समय अपनी पत्नी को व्यंग्य बाणों से आहत करता रहता है।

प्रवासी साहित्यकार उषा प्रियंवदा की साहित्य-साधना

'एक कोई दूसरा' कहानी-संग्रह में संकलित कहानी 'एक कोई दूसरा' में नीलांजना आधुनिकता के दौर को दिखाती हुई, पढ़ाई का वातावरण भी बनाती है। नीलांजना डॉक्टर कुमार के निर्देशन में पी-एच. डी. कर रही है। डॉक्टर कुमार से हुए वार्तालाप को उषा प्रियंवदा ने इस प्रकार चित्रित किया है,

"आपकी रिसर्च का विषय क्या है?"

"आधुनिक काव्य में प्रतीकवाद", मैंने उत्तर दिया।

"आपका कितना काम हो गया है?"

"इसी साल आरम्भ किया है। अभी तो शब्दों और पुस्तकों के सागर में डूब उतर रही हूँ।"[27]

'सागर पार का संगीत' की देवयानी की शादी पक्की हो जाती है लेकिन वह अपने प्रेमी ऑस्कर के साथ स्वदेश को छोड़कर विदेश चली जाती है। इस कहानी में विदेशी वातावरण चित्रित है। 'कोई नहीं' कहानी की नमिता का प्रेमी अक्षय के प्रति आकर्षित होना, शादीशुदा होने के बाद भी अक्षय के स्पर्श मात्र से ही आत्म-समर्पण की स्थिति में आ जाना, भरे-पूरे परिवार के होते हुए भी एकान्तता झलकती है। 'पिघलती हुई बर्फ' में अक्षय अपनी प्रेमिका छवि के सौन्दर्य पर मुग्ध हो जाता है। इस कहानी में प्राकृतिक वातावरण को चित्रित किया गया है। 'चाँदनी में बर्फ पर' कहानी में प्रेमी-प्रेमिका के पुनर्मिलन के अवसर को दिखाया है। हेम विवाहित होते हुए भी पूर्व प्रेमिका कल्याणी के हाथों को अपने हाथों मे लेना चाहता है। वह कल्याणी को अकेले में पाने के लिए छटपटा उठता है। 'टूटे हुए' कहानी के भास्कर प्रोफेसर कृष्णमूर्ति की पत्नी टीटी के शारीरिक सौन्दर्य से आकर्षित होते हैं। यदि वह टीटी को छून नहीं सकता, पकड़ नहीं पाता तो वह उदास हो जाता है। "एक शुक्रवार से दूसरे शुक्रवार तक के अन्तराल को भास्कर विचित्र उत्कण्ठा से काटता है स्वप्नलीन व्यक्ति की तरह क्रिया-कलाप में मग्न होकर। प्रतिदिन के सब काम करते हुए भास्कर के अन्दर असीम सुख की, गहन तुष्टि की मन्द-मन्द आँच बोलती रहती है और उसी से लिपटी एक अनुभूति खालीपन, शून्य की भावना-सी।"[28]

'कितना बड़ा झूठ' कहानी-संग्रह में संकलित कहानी 'सम्बन्ध' में नायिका श्यामला सभी बन्धनों से मुक्त होकर विदेश में स्वतन्त्र रूप से रहना चाहती है। सर्जन के अस्पताल के पास ही एक छोटे से फ्लैट में वह रहती है। अकेली रहती है और बाहरी दुनिया से कम ही मिलती-जुलती है। 'प्रतिध्वनियाँ' कहानी में बसु भारतीय युवती नहीं रही,

वह अपना अलग अस्तित्व, पूर्ण व्यक्तित्व को पाने की इच्छुक वापिस विदेश जाकर रहना चाहती है। श्यामल के बन्धन में छटपटाती है। मुक्त होकर अपने को खोजना चाहती है। 'कितना बड़ा झूठ' कहानी में किरन ढाई महीने की छुट्टी के बाद घर लौटती है। लौटने पर कुछ दिन उसको अजीब–अजीब–सा लगता है, उजाड़, धूलभरा और बेरौनक उसे लगता रहता है। इस कहानी में वातावरण में सन्नाटा छाया रहता है। 'ट्रिप' कहानी में विदेशी वातावरण है। 'नींद' कहानी में नायिका अकेलेपन की शिकार है। इससे छुटकारा पाने के लिए वह नींद की गोलियाँ खाती है। वह अकेली रात से डरती है। वह विदेशी भूमि पर स्मृतियों के दाने चुगती भटकती फिरती है। 'सुरंग' कहानी में बेबी और अरूणा दो बहने हैं। माँ जवान बेटे की मृत्यु के बाद मौन हो जाती है। बेबी अँधेरे से और अकेलेपन से डरती है क्योंकि माँ और अरूणा उस पर बिल्कुल भी ध्यान नहीं देती। उसके भाई की मृत्यु के बाद घर में सन्नाटा छाया रहता है।

''जीजी'' बेबी के कंठ में आकुलता है, एक अनाजाना आवेग।

''जीजी – मैं –'' होंठ काटती हुई बेबी चुप हो आई।

''हाँ बेबी।''

''कुछ नहीं।''[29]

बेबी ने रोक लिया उसके चेहरे पर वही सदा की तरह सूनापन छा जाता है।

'मछलियाँ' कहानी में नटराजन, विजी, मुकी और मनीश के द्वारा लेखिका ने भारत और वाशिंगटन का वातावरण बड़ी सहजता से दिखाया है। मनीश एक लापरवाह व्यक्ति है जिसने लगातार पत्र लिखकर विजी को भारत से बुलाया और उसके वहाँ पहुँचने से पहले ही प्रतिक्षा करने से ऊबकर वह अकेला मैक्सिको चला जाता है। निम्न, मध्यवर्गीय वातावरण में पली विजी को अमेरिका पहुँचकर झटका लगता है। विजी के मन पर घनघोर उदासी छाई रहती है।

'बनवास' कहानी–संग्रह में संकलित कहानी 'बनवास' की बिरजन और श्रीवास्तव के वार्तालाप से अमेरिका में बसे भारतीयों की आधुनिकता को दिखाया गया है। श्रीवास्तव कहता है, ''भाभी तुम क्या समझो इस ज़िन्दगी के मज़े। यहाँ जब तक हैं तभी तक अवसर है, हिन्दुस्तान में कौन पूछेगा अपने को यहाँ गोरी लड़की की बग़ल में बैठकर सिनेमा देखो या उसे कहीं ले जाओ और खुद भी पियो, उसे भी पिलाओ।''[30]

'तूफान के बाद' कहानी में तूफ़ान के बाद फिर नई नींव डालने की बात की गई है। बड़े–बड़े तूफान लोगों के सिर पर से गुजर जाते हैं। वे

तूफ़ान भूलते तो नहीं परन्तु फिर भी नए सिरे से लोग जीवन जीना आरंभ कर देते हैं। यही संघर्ष मन्नों ने भी अपनी ज़िन्दगी में किया। 'शून्य तथा अन्य रचनाएँ' में प्रसंग कहानी में नायिका एक बदनाम माँ की बेटी होती है। पढ़ाई करते हुए बच्चों को माँ–बाप की वजह से किन–किन परेशानियों को झेलना पड़ता है। यह इस कहानी में वर्णन किया गया है। मध्यवर्गीय समाज की स्थिति और सम्बन्धों को उषा प्रियंवदा ने जीवन्त रूप में अपनी कहानियों में लिखा है। लेखिका के विचार हैं, "मेरे सारे पात्र एक दम कल्पित हैं साथ ही कोई भी यथार्थ जीवन में जैसा है पूरी तरह वैसा ही पृष्ठों में नहीं आ पाया है क्योंकि किसी व्यक्ति विशेष को लेकर उसे पहचानने वालों में रखना मुझे कुछ ऊब भरा और ओछा सा लगता है.........प्रायः चरित्रों का बीज जीवन से आता है..........विशेषताएँ, बातचीत का ढंग और पृष्ठभूमि में निसंकोच यथार्थ जीवन से लेती हूँ।"[31]

उषा प्रियंवदा की कहानियाँ आधुनिकता से ओतप्रोत हैं। इनके कथा–साहित्य में पूर्व और पश्चिम का अद्‌भुत समन्वय समाया हुआ है। इनके कथा साहित्य में व्यक्ति स्वतन्त्रता की छटपटाहट, सामाजिक और आर्थिक असमानता, आम जनता का परिवेश के प्रति विद्रोह आदि विषय मुख्य रूप से उभरकर सामने आए हैं। अपने अधिकारों की माँग और उनको प्राप्त करने के लिए संघर्ष, उषा प्रियंवदा के पात्र अपनी पहचान बनाने में सक्षम हैं।

भाषा–शैलीः– भाषा वह स्रोत है जिसके कारण हम अपने मनोभाव दूसरों के समक्ष रख पाते हैं। इसे भाषा के अतिरिक्त बोली, वाणी, जुबान आदि भी कहा जाता है। भाषा से ही एक दूसरे के साथ विचारों का आदान–प्रदान होता है। भाषा से हमारा चहुमुखी विकास संभव होता है। भाषा से ही हमारे अस्तित्व, समाज, देश, सभ्यता और संस्कृति का ज्ञान और पहचान होती है।

शब्द (शाब्दिक भाषा का स्वरूप) स्वरूपः– उषा प्रियवंदा के उपन्यासों की भाषा बहुत ही सहज सरल है जिसे प्रत्येक व्यक्ति, पाठक पढ़ सकता है। उनके उपन्यासों में हिंदी के साथ अंग्रेजी, पंजाबी, उर्दू, संस्कृतिक, आधुनिक शब्दों का एवं भाषा का प्रयोग किया गया है।

उषा प्रियंवदा के कथा–साहित्य की भाषा

हिन्दी कथा–साहित्य में भाषा और शैली को हम पृथक नहीं कर सकते। भाषा और शैली के जरिए ही कथाकार अपने विचार और भावनाओं को अभिव्यक्ति देता है। "भाषा को यदि साहित्य का शरीर मानें तो शैली को उस शरीर की गर्दन मानना होगा।"[32] कोई भी साहित्यकार

भाषा के द्वारा ही अपने साहित्य का शिल्प तैयार करता है। भाषा और शैली दोनों एक–दूसरे के पूरक हैं। ये पाठक को लेखक के मुख्य उद्देश्य तक पहुँचाते हैं।

उषा प्रियंवदा के उपन्यासों और कहानियों की भाषा

उषा प्रियंवदा ने देश और विदेश के गहरे सन्दर्भों को अपनी रचनाशीलता के साथ जोड़कर देखा है। उनकी भाषा आम जनता की भाषा है। शिक्षित और अशिक्षित, सभी वर्ग उषा प्रियंवदा की भाषा को समझते हैं। उषा प्रियंवदा ने एक ओर कस्बों और महानगरों में रहने वाले मध्यवर्ग को चित्रित किया है। वहीं दूसरी ओर देश, विदेश में बसे भारतीयों की मानसिक, आर्थिक, सामाजिक दशा को भाषा के माध्यम से बयान किया है। भाषा भावों और संवेदनाओं की प्रकृति से अनुशासित है। भाषा का पहला रूप रचनाकार समाज में हासिल करता है। डॉ. रामस्वरूप चतुर्वेदी ने भाषा और संवदेना में लिखा है, ''कृतिकार के नवीनतम विकास की दिशाएँ प्रमुख रूप से उसकी भाषा–प्रयोग विधि में प्रतिफलित होती हैं। साथ ही भाषा के माध्यम से किसी रचनाकार की प्रामाणिकता की भी परीक्षा अपेक्षया तटस्थ और विश्वसनीय ढंग से की जा सकती है। अपनी मौलिक स्थापना की भाषा एक सीमा तक संवेदना को नियमित और अनुशासित करती है। विचार जगत में किसी सर्वथा नये भाव को जन्म नहीं दिया जा सकता। चीजें तो बहुत कुछ वही होती हैं, उन्हें ठीक देखने के लिए दृष्टि की नवीनता अपेक्षित होती है। भाषा जितनी सर्जनात्मक होगी, कलाकृति उतनी ही विशुद्ध और प्रामाणिक होगी।''[33]

ज्ञान–विज्ञान के युग में, आधुनिकता के दौर में उषा प्रियंवदा ने आधुनिक शब्दों का प्रयोग किया है। प्रत्येक साहित्यकार की अपनी–अपनी भाषा–शैली होती है। सामाजिक जीवन में से उभरती भाषा का प्रयोग आधुनिक साहित्यकार की सबसे बड़ी विशेषता है। व्यक्ति और युग परिवर्तन को वह साथ–साथ लेकर चलता है। उषा प्रियंवदा के कथा–साहित्य की भाषा की निम्नलिखित विशेषताएँ हैं :–

अंग्रेज़ी के शब्द

फ्रेंडस, कंट्रोल, ब्रेन ट्यूमर, नार्मल, जूनियर सांइटिस्ट, ऑफ़र, डिपार्टमैंट, पेयरेन्ट्रस, पैरम्बुलेटर, रिसर्च, पासवर्ड, हैंडलोशन, रिजेक्शन, इमीग्रेशन, कम्पेनियनशिप, सोफ़ेस्टिकेटेड, इंटेलेक्चुअल, कंवीनियट, एम्बुलैंस, यूनिवर्सिटी, लाइब्रेरी, एडजस्ट, मैच्योर, कम्पिटीशन, रिसेप्शनिस्ट, एनालिसिस, कनवोकेशन, गुड नाइट, हॉबी, डिप्रेसिंग, रेप्युटेशन, पोजीशन, प्रोविडेट फंड, कंडक्टड आदि।

पात्रानुकूल भाषा

'एक कोई दूसरा' कहानी में डॉक्टर कुमार और नीलांजना की बातचीत से पात्रानुकूल भाषा का बड़ा सुन्दर उदाहरण मिलता है।

"मेरे बड़े भाई चाहते हैं कि मैं रिसर्च छोड़ दूँ।" कहते–कहते नीलांजना की दशा उस प्राणी की सी थी, जो दलील से बचने के लिए पानी की तीव्र धारा में घुस जाए। "वे लोग कहते हैं कि मुझे नौकरी तो करनी नहीं है।" "तुम क्या चाहती हो ? जीवन तुम्हारा है। तुम्हें अपना पथ निर्धारित करने का अधिकार है।"

"मैं तो रिसर्च ही करना चाहती हूँ।"

"उसके बाद ?"

नौकरी कहने में मैं झिझक गई।

"तुम स्वयं ही नहीं जानती कि तुम क्या चाहती हो।"

"हरेक को अपनी राह स्वयं खोजनी होती है, पर यह ख्याल रखना कि भावावेश में तुम ग़लत राह न पकड़ लो।"[34]

'अन्तर्वंशी' उपन्यास में भी बहुत अच्छा उदाहरण मिलता है। राहुल वाना को कहता है –

सुना कि नहीं ?"

"सुना तो – "

"पासवर्ड दो ?"

"यक्षी।"

"अरे" "बुद्धु। अपना पासवर्ड किसी को नहीं बताते।"

"क्यों ? क्या होता है ?"

"अच्छा – मैं नया पासवर्ड सोचती हूँ – तुम हटो –"

"लो।"

"मैं बूझूँ कि तुमने क्या पासवर्ड चुना"

"बता ही नहीं सकते।"

"शर्त ?"

"हाँ" वाना को पूरा विश्वास है।

"पूरे हफ्ते डिनर खिलाने पड़ेंगे –"[35]

अलंकृत भाषा

उजली–उजली धूप, उजली आँखें, गोल–सा चेहरा, झिलमिलाती दुनिया, राहत–सी, फटेहाल–सी, स्मृतियों के दाने चुगना, उलझ–भरी

मुद्रा, गर्जन की प्रतिध्वनि, रंगीन तितलियों की तरह फड़फड़ाना, थोड़ी-सी क्यूरियासिटी, बँधे जल-सी निरुद्विग्न, स्तम्भित-सी, विवश हृदय-विदारक, अनमनी-सी, हल्की-हल्की कड़वाहट, कलात्मक, एक डरी-सी रुआँसी आवाज़, व्यक्तित्व-वैशिष्ट्य का आभास।"

मुहावरे और कहावतों का प्रयोग

"सही अर्थ को कह सकने के लिए सही भाषा एक अनिवार्यता है। इसलिए हर लेखक भाषा की खोज करता है। साथ ही यह भी सही है कि सिर्फ सही भाषा की खोज कर लेने भर से वैचारिक संवाद पूर्ण नहीं हो जाता, उसके लिए विचारों को शृंखलित भी करना पड़ता है।"[36]

उषा प्रियंवदा के उपन्यासों और कहानियों में मुहावरेदार भाषा का प्रयोग हुआ है। "ऊपर से तूफान गुज़रना", "कलेजे से लगाना", "आँखों से हँसी फूटना", "आश्चर्यान्वित करना", "छटपटाहट के गर्त में गिरना", "उदास होना", "सन्नाटा छा जाना", "अजनबी हो जाना", "चकित होना", "अनमना होना", "बूँद-बूँद से घड़ा भरना" "झटका-सा लगना", "झुँझलाना", "लज्जा आना", "संशय जागना", "रूप को रोवें, भाग की खावें", "सब दिन चँगा, त्यौहार के दिन नंगा", "घाट-घाट का पानी पीना", "अपनी-अपनी सम्पदा, अपना-अपना राजपाट", "मृगा हास कस्तूरी बास, आप न खोजे, खोजे घास, "अन्धों के आगे रोये, अपने दीदी खोये", "चाँद को भला दिया दिखाना", "न काहू से दोस्ती, न काहू से बैर", "लकीर की फकीर", "गड़े मुरदे उखाड़ना", "गले पड़ा ढोल बजाना पड़ेगा"।

काव्यात्मक भाषा

'शेष यात्रा' उपन्यास में दीपांकर एक पोयट भी है यह अनु को तब पता चलता है, जब वह अनु की प्रशंसा में बहुत-सी कविताएँ लिख देता है। उस छोटे-से अन्तराल में अनु अपने सारे अलगाव, सारे दुख-दर्द भूल जाती है।

1) "ये गन्धहीन
    सफेद फूल
    जिनका मैं नाम भी नहीं जानता
    गूँथ लो इनको अपने बालों में
    दे दो इन्हें रूप
    सुगन्ध।
    बना लो इन्हें
    अपना गज़रा।"[37]

2) अन्धी आँखों की टकटकी में
उभरती है एक आकृति
क्या मेरी आँखों के अक्स में तुम अपने को देख पाओगी ?''[38]

3) ''टेसू का अकेले जंगल में फूलना,
परदेसी सड़क पर
जैसे तुम।''[39]

4) ''नदी का नाम चार्ल्स हो
या गोमती
तुम्हें छूकर
वह गंगा है।''[40]

5) ''बर्फ के तूफान में
धुँधलाया हुआ लैंडस्केप
मेरी आँखों में बार–बार झिलमिलाती है
साड़ी जो तुमने बारह बरस पहले
पहनी थी
चटक
तोतापंखी रंग।''[41]

अन्तर्वशी उपन्यास में वनश्री अपने बेटों को दुलारती गाती है,
''चार बहु अपने बाले की
दो गोरी, दो काली,
दोझुलावे, दो खिलावे,
ले सोने की थाली।''[42]

प्रतीकात्मक भाषा

साहित्यकार को अपनी लेखनी के द्वारा बहुत से संदर्भों में तुलनात्मक तथ्यों को भी उकेरना पड़ता है। भाषा में छिपे हुए अर्थ को निकालने के लिए उचित प्रतीकों की सहायता से सार्थक तथा प्रसंगानुकूल वाक्यों को बनाना उषा प्रियंवदा के कथा–साहित्य की मुख्य विशेषता रही है। जैसे – ''सूखे फूलों–सी, पुराने प्रेम–पत्रों के पीले पड़े कागज–सी, कुछ स्मृतियाँ लिए हुए चली जाएंगी।''[43]

अज्ञेय कहते हैं – '' महत्व या मूल्य प्रतीक का या प्रतीक में नहीं होता। वह उससे मिलने वाली अनुभूति की गुणात्मकता में होता है।''[44]

'पचपन खम्भे लाल दीवारें' उपन्यास में सुषमा नायिका की घुटन, ऊब और छटपटाहट के प्रतीक पचपन खम्भे और लाल दीवारे हैं। 'शेष यात्रा' उपन्यास में अनु अपने जीवन की शेष यात्रा विपरीत परिस्थितियों में रहकर भी एक सफल डॉक्टर बनकर पूरी करती है। 'अन्तर्वशी'

उपन्यास का शीर्षक ही प्रतीक है। नायिका वाना के अन्तर्मन की ओर संकेत करता है। 'ज़िन्दगी और गुलाब के फूल' शीर्षक प्रतीकात्मक हैं। गुलाब के फूल सुबोध की ज़िन्दगी के सुखद पलों के प्रतीक हैं। 'कंटीली छांह' कहानी का शीर्षक जीवन में छाये दुखों को दर्शाता है। मास्टर साहब का जीवन रेगिस्तान में उगे कंटीले पेड़ के समान अकेलेपन से ओत-प्रोत है। 'सागर पार का संगीत' कहानी में भारतीयों के प्रवासी हो जाने पर उनके कुण्ठाग्रस्त जीवन को व्यक्त करती है। 'पैरम्बुलेटर' कहानी का शीर्षक माँ की ममता का प्रतीक है। बच्चे की दवाई के लिए माँ को यह बेचना पड़ता है, जो उसने बड़े चाव से खरीदा था। 'पिघलती हुई बर्फ में' अक्षय के मन में अपराधा बर्फ के समान पिघल जाता है। 'पूर्ति' कहानी में तारा के जीवन में जो अधूरापन, अकेलापन, सूनापन छाया होता है, वह नलिन के आने से भर जाता है। 'मछलियाँ' कहानी का शीर्षक विजी और मुकी दो लड़कियों के जीवन को प्रतीकात्मक रूप प्रस्तुत करता है।

प्रसंगानुकूल अंग्रेजी वाक्यों का प्रयोग

उषा प्रियंवदा ने अपने कथा-साहित्य में प्रसंगों के अनुकूल वाक्यों का प्रयोग किया है। अगर पात्र भारतीय हैं तो प्रसंग अमेरिका के साथ जुड़ा हुआ है तो वैसे ही वाक्यों का प्रयोग किया गया है।

"तुम्हारे लिए एक डेट फिक्स कर दूँ। यह नहीं बताऊँगा कि तुम्हारे दो बच्चे भी हैं। सच भाभी अगर तुम शादीशुदा न होती तो गजब ढा देती।"[45]

'रुकोगी नहीं राधिका' में राधिका ऐसे वाक्यों का प्रयोग करती है। मनीश कहता है, "राधिका, कहीं तुम अब भी 'रिवर्स कल्चरल शॉक से तो आक्रान्त नहीं हो ?"

"क्या मालूम।"

"मनीश, मैं फिर इन्वॉल्व नहीं होना चाहती।"

"कल तुम्हारी पार्टी बड़ी सफल रही।"[46]

शब्द योजना

"जहाँ भाषा भावों के भार वहन करने में सक्षम होती है, वहाँ वह अपने आप सरल और सुबोध बन जाती है।"[47]

देशज शब्दावली

सुषमा की नौकरानी भौरी की अशिक्षित पात्र की शब्दावली "मुझसे पूछने लगे कि कहाँ गई है, ... मैं जानू सलीमा गई है........ राम जाने, खाना खाने को तो मना कर गई है।"[48]

"तुमने एक गरीब लड़की का उद्धार कर दिया बेटू भइए। क्या है इनमें, जो बेटू इते आसिक हो गए।"[49]

'अन्तर्वंशी' उपन्यास में राहुल की चाची, वाना की सहेली अंजी को कहती है – "अरे अंजी ! तू डॉक्टर साहब के साथ काहे नहीं गई ?"[50]

'छुट्टी का दिन' कहानी में माया की नौकरानी देहाती है। वह कहती है, ऐ, बिटिया। तोहार जस परानी हम नाही देखा न कबो कछु खाये न बनवाये।"[51]

तत्सम शब्दावली

चेतना, अतीत, आश्रित, प्रथम, जिज्ञासा, चित्र, क्षण, लक्ष्य, चिकित्सा, व्यथा, पीड़ा, अनायास, विक्षिप्त, स्वतन्त्र, क्षमा, मुद्रा, अद्भुत, निर्दोष, चेष्टा, निश्चल, एकाग्र, शिथिल, विपत्ति, कृतज्ञ, श्रम आदि।

अरबी-फारसी शब्दावली

विलायत, खुशामद, हिम्मत, वक्त, खता, फुरसत, कमीज, मुफ्त, जमीन, अमीर, बिरादरी, दफ्तर, तलाश, तकलीफ, बेकार, खुशबू नफरत, खराब, इम्तहान, दरवाजा, पलंग, कागज़, बाज़ार, माशा अल्लाह, अखबार, मौका, बदन, दिमाग, बिस्तर, तारीश, इमारत, शिकार आदि।

अंग्रेज़ी शब्दावली

"गुड मार्निंग मिस शर्मा", "गुड मार्निंग।"[52]
"प्लीज, लीव मी अलोन",[53]
"ही कैन गो टू हैल" –
"जस्ट वंडरफुल" [54] –
"यू शुड गेट मैरिड नाउ"
"थैंक्स टू अस"
"शिवेश !हाउ कुड यू"[55]

मिश्रित शब्दावली

पंजाबी– की हाल, प्यारियो, किद्दां, वदिया, अज्ज, कीता।

हिंदी– चारपाई, चकते, परिचित, कौतूहल, दर्पण, रूपवान, चेहरा, गुरु।

संस्कृत– ब्राह्मण, विसर्जित, मृत्यु, प्रांगण, कष्टप्रद, पुरोहित, किंकर्तव्यविमूढ़, कुंडली, ज्योतिषी, श्वास, द्वादश अक्षर मंत्र।

उर्दू– इंसानियत, अंदाज, काजी, निकाह, तजुर्बा।

फारसी– गोश्त, खामोश, लिबास, बेशुमार।

अरबी– जेहाद, मुल्क।

प्रवासी साहित्यकार उषा प्रियंवदा की साहित्य–साधना

अंग्रेजी– एक्टर, पेइंगगैस्ट, फिल्मइंडस्ट्री, स्ट्रगल, राऊंड, ड्यूज, डिस्चार्ज, रिसेप्शनिस्ट, प्रोडूसर, डायरेक्टर, टी.वी.सीरियल, फेस बर्न।

देशज– जोर–जोर, धीरे–धीरे, घर–बार, आदान–प्रदान, छोटे–मोटे, अलग–अलग, जुगाड़ पात्रानुकूल भाषा:– अपनी रचनाओं के पात्रों को उभरने के लिए रचनाकार को पात्रों के अनुकूल भाषा का प्रयोग करना आवश्यक होता है। बोलचाल की भाषा से ही पात्र समझ में आता है की वह किस प्रकार का है और अनुकूल भाषा ही उस पात्र को रोचक तथा विशेष बनती है।

काल्पनिक भाषा– इनके उपन्यास में काल्पनिकता का अंश है किन्तु कहीं पर भी किसी भी पात्र अथवा घटना का काल्पनिक होने का लेशमात्र भी अहसास नहीं होता है।

उदाहरण के लिए निम्न पंक्तियों को देख सकते हैं:–

"कौन रोया ?"

"कोई नहीं।"

"कोई रोया था।"

"कोई नहीं रोया।"

"बीरू !बीरू ! बीरू !"

"इस तरह चीखते क्यों हो ? बीरू अब कहाँ ?"

"बीरू कहाँ है ?"

"बीरू तो मर चुका।"[56]

प्रतीकात्मक भाषा– उपन्यास के शीर्षक, पात्रों तथा पात्रों की भाषा में प्रतीकात्मक स्वरूप देखा जा सकता है। प्रत्येक उपन्यास में मुख्य पात्र हो अथवा अन्य पात्र, उपन्यास का शीर्षक। उपन्यासकार ने परिस्थितिओं के माध्यम से आज के समय में मानव के मूल्यों के संक्रमण, संत्रास, कुंठा से त्रस्त जीवन को दिखाया है। यथा:–

"कुछ स्मृतियाँ, कुछ स्वप्न, कुछ अस्फुट शब्द, श्रमरत, छात्र की तरह सुषमा बार–बार उन पृष्ठों को उलटकर दोहराती है। उन संवेगों की दहलीज पर खड़ी होकर अतीत में झाँकती है, मन की संकुल गलियों में भटका करती है–हर वाक्य, हर मुद्रा और प्रत्येक स्पर्श के अनेकों संदेशों पर रुकती हुई, ठहरती हुई। और उस समय इस संसार की सीमाएँ दूर–दूर हटती जाती हैं और वह अकेली रह जाती है –अपने में संपृक्त।"[57]

मुहावरों और कहावतों का प्रयोग– मुहावरे–कौड़ियो के भाव, कोल्हू का बैल, आत्मग्लानि से भर जाना, नथुने फूलना, खुसर–फुसर करना, चार चाँद लगाना, आखें मूदना, आखें फेर लेना, श्री गणेश करना, उधेड़बुन में होना, गोबर गणेश करना।

कहावतें– न रहेगा बांस न बजेगी बांसुरी, आसमान से गिरा खजूर पर अटका, अंधा बाटे रेवड़ी मुड़–मुड़ अपनों को दे, काला अक्षर भैंस बराबर, हाथी के दांत दिखाने के कुछ और खाने के कुछ और।

उषा प्रियंवदा के कथा साहित्य का शैली

भाषा के साथ शैली का गहरा संबंध होता है। शैली लेखक के हृदय की भावनाओं एवं अनुभवों को जस के तस व्यक्त तथा अनुभव करवाने के लिए जिस रचना पद्धति का प्रयोग करता है उसे शैली कहते हैं।

शैली का अर्थ–

रचनाकार के लिखने का ढंग या तरीका। कोई भी साहित्यकार अपनी शैली में अपने साहित्य के लक्ष्य की पूर्ति करता है। शैली 'शील' धातु से बनी है। शैली से अर्थ होता है ढंग, पद्धति, विधि, तरीका आदि। शैली आंग्ल शब्द 'स्टाइल' का समानार्थी है। लेखक के द्वारा अपनी अनुभूति को सुन्दर एवं प्रभावपूर्ण ढंग से कलम के माध्यम प्रस्तुत करना लेखक की शैली कहलाती है। लेखक के द्वारा भावों और विचारों को विशिष्ट ढंग से प्रस्तुत करना, लेखक की शैली है।

उषा प्रियंवदा के कथा साहित्य की शैली

आत्मकथ्यात्मक शैली

आत्मकथ्यात्मक शैली को 'मैं' शैली भी कहा जा सकता है। "उपन्यास की घटनाओं में स्वाभाविकता तथा विश्वसनीयता पैदा करने तथा मानवीय आंतरिक भावनाओं को व्यक्त करने के लिए इस युग के कथाकारों ने पूरी कथा कभी नायक के मुख से, कभी सभी पात्रों के आत्म–बयान द्वारा, कभी गौण पात्र द्वारा तथा प्राणी विशेष के मानवीकरण द्वारा कहलायी है।"[58]

इस शैली में बात इस ढंग से कही जाती है जैसे कोई अपना परिचय स्वयं दे रहा हो अथवा अपने जीवन से संबद्ध घटनायें और स्मृतियाँ स्वयं किसी से कह रहा है।

उषा प्रियंवदा के कथा साहित्य में, आत्मकथ्यात्मक शैली का प्रयोग हुआ है। 'पचपन खम्भे लाल दीवारें' उपन्यास में सुषमा कहती है, "मैं जो करती हूँ, कर्त्तव्य समझकर नहीं मौसी उनके प्यार में करती हूँ। मेरा तो मन होता है कि मेरे पास अगर और कुछ होता तो और भी करती।"[59]

इस शैली में पात्र अपनी वार्ता को इस प्रकार से सबके समक्ष रखता है मानों वह अपनी जीवन की अनुभूतियों को साक्षात प्रस्तुत कर रहा हो। "सुषमा उस संसार की हँसी खुशी में डूब गई। वह फिर उसी अजान राहों में भटक गई, जहाँ का हर मोड़, एक नई आशा के लिए होता है। वह भूल गई कि वह कितने मोड़ पार कर चुकी है। अब वह उस स्थान पर आ पहुँची है, जहाँ पीछे मुड़कर देखने से आशाएँ बड़ी खोखली नजर आती हैं और यथार्थ की प्रखरता में कोमल स्वप्न कुम्लाह जाते हैं।"[60]

'भया कबीर उदास' उपन्यास में भी आत्मकथ्यात्मक शैली का प्रयोग किया गया है, ''मैंने पहली बार उस गाँठ को देखा, तभी मन में 'कैंसर' शब्द कौंध गया। कई बार दबा–दबाकर देखा, सिर्फ सख़्त, कड़ी, पीड़ाहीन गाँठें..........''[61]

''मैं यह सब निरर्थक, अनगर्ल बातें क्यों सोच रही हूँ, यदि कभी ऐसा इत्तफाक मेरे साथ हुआ भी, तो कोई एक कटोरी दलिया भी लाने वाला नहीं है। मैं जान रही हूँ कि इन फालतू बातों में उलझे हुए मुझे इस बात को नहीं झेलना पड़ेगा कि मुझे भी कैंसर है।''

''मैं अपने शब्द स्वयं सुनती हूँ और अचरज है कि यह मैं ही कह रही हूँ ?''[62]

''मैं पागल हूँ, अनु के मन में पूरा चित्र कौंध जाता है और वह आत्मग्लानि से बिस्तर में सिकुड़ जाती है – मैंने प्रणव को मारा–पीटा –मैंने थूका।''[63]

राहुल मन ही मन रत्ना से वार्तालाप करता है। ''अगर कहती भी तो वह क्या करता ? उसे रोक लेता ? उसे चाची और बाऊजी के सम्मुख ले जाकर खड़ा कर देता ? उसे स्वयं नहीं मालूम कि वह क्या करता ?''[64]

'एक कोई दूसरा' कहानी में नीलांजना कहती है, ''मुझे लगा कि मैं बिल्कुल अकेली हूँ।''...........मैं उन्हें यह न समझा सकी कि यह मेरी झूठी लज्जा नहीं है। चमकीले पत्थरों के ये टुकड़े मुझे अब न खरीद सकेंगे। मेरा समस्त व्यक्तित्व इस परिस्थिति को स्वीकार करने से विद्रोह कर रहा है। उन लोगों के चले जाने पर मैंने कहा, ''यह सब वापस कर दो भाभी, मैं वहाँ शादी नहीं करूँगी।''[65] ''मैं आकर अपने कमरे की सफाई में जुट गई। शाम को जब अक्षय आया तब भी मैं उससे सन्तुष्ट न हो पाई थी। कितने जाले हटाने थे, गर्द की कितनी तहें दूर करनी थीं, अपने को सजाना था।''[66]

''मैं, देवयानी, जो इस समय एक अँधेरे–से रेस्तराँ में इस स्वीडिश–आयरिश–कैनेडियन पुरुष के साथ बैठी हूँ, देवयानी सोच रही थी,.......... क्या इसी क्षण के लिए बन्धु–बान्धवों को पीछे छोड़, भाग्य–डोर से बँधी हुई यहाँ तक खिंच आई ? वह प्यार है ?''[67]

'मछलियाँ' में आत्मकथात्मक शैली का प्रयोग हुआ है। ''मैं क्यों निर्मम, कठोर नहीं हो पाती। मुकी मुझ पर हँसती थी। मेरे भारतीय संस्कारों पर, मुझे इस पर लज्जा नहीं है कि मैं उसकी तरह आधुनिक नहीं हूँ।''[68]

'बिखरे तिनके नया नीड़' कहानी में आत्मकथात्मक शैली का उदाहरण मिलता है, ''मैं कायर हूँ।.........मगर मुझे पता नहीं था। अगर पता होता है कि मेरा बच्चा...........मैंने उससे वादा किया था..........मैं कल चला जाऊँगा।''[69]

'टूटे हुए' कहानी में आत्मकथात्मक शैली का बहुत ही सुन्दर प्रयोग देखने को मिलता है, ''मैं उठकर खिड़की के पास आ गया हूँ। हवा ठंडी है, दोनों बाँहें सीने पर बाँध मैं आगे झुककर बाहर देखने लगा हूँ। दूर बत्तियों के पार, अँधेरे का एक बड़ा–सा धब्बा है, मैं जानता हूँ कि वह द्रव अन्धकार निश्चल नहीं, वहाँ लहरें हर क्षण आ–आकर तट से टकरा रही हैं, उसके किनारे बैठकर मैंने जल–चन्द्रोदय देखा था, क्या वह आज की ही सन्ध्या थी ?''[70]

'तूफ़ान के बाद' कहानी में आत्मकथात्मक शैली का प्रयोग हुआ है, ''मैं भटक रहा हूँ। समझ में नहीं आता क्या करूं। तुम अभी नाबालिग हो, छोटी हो। अभी तुम्हारी बहुत ज़िन्दगी पड़ी है। मैं जानता हूँ कि धीरे–धीरे मेरी याद धुंधली पड़ जाएगी। तब एक दिन मेरा आभार मानोगी कि मैंने अपने बंधन से तुम्हें मुक्त कर दिया था।''[71]

विवरणात्मक शैली

विवरण से मतलब है किसी घटना का क्रमबद्ध विवरण प्रस्तुत करना। इस शैली में लेखक अपनी अनुभूति को जैसे का तैसे प्रस्तुत करता है। विवरणात्मक शैली में चित्रात्मकता, प्रतीकात्मकता, बिंबात्मकता प्रमुख विशेषताएँ होती हैं। उषा प्रियंवदा ने अपने कथा–साहित्य में पात्रों की मानसिकता और परिस्थितियों को व्यक्त करने के लिए विवरणात्मक शैली का बखूबी प्रयोग किया है। विवरण का अर्थ है वृत्तान्त, हाल या बयान। इस शैली में कथाकार घटना को क्रमबद्धता में प्रस्तुत करता है। 'पचपन खम्भें लाल दीवारें' उपन्यास में विवरणात्मक शैली का प्रयोग हुआ है, ''नील चुप बैठा प्रशंसापूर्ण दृष्टि से सुषमा का कमरा देख रहा था –

हल्की पीली दीवारों से साम्यवाले पीले परदे, नीची काँच की मेज़ पर गंधराज के फूल, जिनकी सुगंध कमरे में प्रविष्ट होते ही उसकी साँसों में भर उठी थी। रह–रहकर नील की दृष्टि सुषमा की ओर उठ जाती। सुषमा की लंबी पलकों के नीचे नेत्रों की मोतिया आभा और उसके ओंठो की गढ़न में सहज कोमलता थी – उसका स्वर बहुत सधा और मृदु था, साधारण औपचारिक बातें करते हुए, सुषमा की दृष्टि कभी–कभी नील की ओर फिसल जाती।''[72]

'रुकोगी नहीं राधिका' उपन्यास में राधिका के घर का ब्यौरा देते हुए लेखिका ने विवरणात्मक शैली का प्रयोग किया है, ''जब से आई थी, राधिका पहली बार घर से निकल रही थी। अशोक वृक्षों की पाँत, पीपल के नीचे सिन्दुर पुते हुए हनुमानजी मंथर–गति से लौटते स्नानार्थी और मकानों पर के परिचित नामों के तख्ते पढ़कर उसे बड़ा मधुर–सा विस्मय होता। रास्ते में जब दो ऊँट भी मिलें, तो स्कूल के दिनों की तरह उसने मन में कामना की, पापा से मेरा मिलना ठीक तरीके से हो जाए।''[73]

'शेष यात्रा' उपन्यास में विवरणात्मक शैली का बखूबी वर्णन हुआ है। ''मैं अभी आई, कहकर कीरत वापस चली गई और अनु कमरें में अकेली रह गई। उसे एकदम अपनी उपस्थिति उस कमरे में असंगत–सी लगने लगी। उसे अपने ऊपर झुँझलाहट भी आई कि उसने निमन्त्रण क्यों स्वीकार कर लियझं कीरत जब दुबारा नीचे आई तो वह तैयार थी। सफेद ब्लाऊज और नीली स्कर्ट। जूते–मौजे से दुरुस्त, पलकों पर नीली शैडो और पूरे चेहरे पर नए मेकअप की कई परतें।''[74]

'भया कबीर उदास' उपन्यास में विवरणात्मक शैली का उदाहरण ''मुम्बई को बाईपास करके उसने नया टिकट खरीदा और अपनी सीट पर बैठ गई, वह अपने को एकदम रिक्त पा रही थी हर व्यक्ति, शेषेन्द्र, वनमाली, यह वृद्ध दम्पत्ति से अपने को बहुत दूर, बहुत अलग, नितान्त अकेली, अन्तर्लीन, पर दुखी और उदास नहीं।''[75]

'अन्तवर्शी' उपन्यास में ''अंजी छोटे–छोटे टाँके लेती है और हँसती है। वाना दो–तीन सप्ताहों में ही फिर पनप आए पौधों को देखती है। वह अगली बार आई है तो अवाक रह गई है। सारा घर चमक रहा है, फर्श साफ है, कहीं धूल–गर्दा नहीं, रसोई में नए बतर्न, न मेज़ पर किताबें, न बैठक में मशीन या इधर–उधर बिखरे कपड़े।''[76] विवरणात्मक शैली का प्रयोग हुआ है।

'एक कोई दूसरा' कहानी–संग्रह की कहानी 'सागर पार का संगीत में विवरणात्मक शैली का प्रयोग हुआ है, ''देवयानी भूमि पर गिर गई और

गीली–गीली आँखों से चारों और ताकती रही। दीवार पर मतीस का एक चित्र, मेज़ पर एक चाइनीज़ वाज़ कार्पेट, काँच की दीवार। वह उठी और नंगे पैरों घास पर चलती हुई बाग़ से बाहर आ गई और जाकर गीली रेत पर बैठ गई। उसके चारों ओर गन्ध थी – गीले पानी की सागर की गन्ध। लहरें आकर उसके पैर भिगोने लगी और फिर एक बड़ी–सी लहर आकर उसे सराबोर कर गई। खुले बालों, भीगी साड़ी पहने देवयानी वैसे ही बैठी रही उन लहरों का स्वागत करती जो कभी भी थकती नहीं, बार–बार तट छूती है और फिर एक बड़ी–सी लहर आकर उसे सराबोर कर गई। खुले बालों, भीगी साड़ी पहने देवयानी वैसे ही बैठी रही, उन लहरों का स्वागत करती जो कभी भी थकती नहीं, बार–बार तट छूती है और लौट जाती है।''[77] 'कच्चे धागे' कहानी में उषा प्रियंवदा ने विवरणात्मक शैली का प्रयोग किया है, ''फिर एकाएक बाहर से चूड़ीवाली की आवाज़ सुनी तो दौड़कर उसे रोका और क्योंकि तीज़–त्योहारों पर लाख आवाजें देने पर कुन्तल चूड़ी नहीं पहनती थी, इसलिए मनिहारिन को आश्चर्य हुआ। आकर आँगन में अपनी डलिया उतार दी और मोटी–मोटी सस्ती चूड़ियाँ ऊपर निकालने लगी। घर में सन्नाटा था, बिरजू, टिन्नू और बिट्‌टी स्कूल में थे। मिन्नी सो रही थी। कुन्तल ने बैठकर कहा, ''अरे ये मोटी चूड़ी कौन पहनेगा ? महीन निकालो ? मीनेवाली, कामदार।''[78]

'तूफ़ान के बाद' कहानी में विवरणात्मक शैली का प्रयोग देखने को मिलता है, ''उन्हें नमस्कार करती हुई बिटिया मन्नों की आँखें भर आईं। वृद्धावस्था से मुंशी जी झुक गए थे.......कुछ क्षण बाद वकील साहब की पत्नी ने कहा, ''क्या हालत हो गई, मन्नो रानी। तबीयत अब कैसी है ?''[79]

''छुट्‌टी का दिन'', ''पैरम्बुलेटर'', ''जाले'', ''मछलियाँ'', ''प्रतिध्वनियाँ'' आदि कहानियों में भी इस शैली का प्रयोग मिलता है। ''छुट्‌टी का दिन'' कहानी में विवरणात्मक शैली का सुन्दर उदाहरण देखने को मिलता है, ''पड़ोस के फ्लैट में छोटे बच्चे के चीख–चीखकर रोने से माया की नींद टूट गई। उसने अलसाई पलकें खोलकर घड़ी देखी पौने छह बजे थे। फिर उसे यादा आया, आज तो छुट्‌टी का दिन है। उसने पैर फैला दिए। पलकें आँखों पर ढलक आने दीं। वह रेशमी चादर की नरम चिकना स्पर्श गालों पर महसूस करती हुई पड़ी रही। नींद की मीठी खुमारी अब भी उस पर छाई थी। खुली हुई खिड़की से सवेरे की ठंडी हवा आ रही थी, पूरी तरह से जगी होने पर भी नींद को बहलाकर फिर बुलाना चाह रही थी। पर वह बच्चा था कि रोए ही जा

रहा था। छोटा–सा कोमल, गोरा–गोरा बच्चा। गोल मुँह पर भवों की जगह पतली–सी लकीर लंबी–लंबी रेशमी पलक।''[80]

वर्णात्मक अथवा व्याख्यात्मक शैली

इस शैली में उपन्यासकार पात्र, कथा को रोचकता के साथ विस्तार करने के लिए कथा को समझाने के लिए तथा घटनायों, परिस्थितिओं, विचारों का वर्णन या व्याख्या करता है। उषा प्रियवंदा ने अपने साहित्य में इस शैली का बखूबी वर्णन किया है। वर्णात्मक शैली में विस्तार होता है। किसी विषय या घटना में बुद्धि, भाव और कल्पना का समावेश भी रहता है। वर्णनात्मक शैली में लेखक अपने विषयवस्तु से संबंधित सजीव चित्र प्रस्तुत करता है। विषय का संशिलष्ट वर्णन करना इस शैली की मुख्य विशेषता होती है। इसमें विषयवस्तु का विस्तारपूर्वक वर्णन होता है। ''वर्णन या चित्रण करना इस शैली की प्रधान विशेषता है। वर्णनात्मक शैली कथा–कथन की सबसे प्रारंभिक एवं प्रचलित शैली है। इस शैली के द्वारा उपन्यासकार को विषय विस्तार में काफी मदद होती है। इस शैली के द्वारा रचनाकार इतिहास की तरह रचना के चरित्र एवं उससे संबंधित घटनाओं का इतिवृत्तात्मक वर्णन करता जाता है अन्त में अपने विचार या निर्णय की भी अभिव्यक्ति करता है। इस शैली में लिखी कहानी का सूत्रधार रचनाकार ही होता है।''[81]

'पचपन खम्भे लाल दीवारें' उपन्यास में वर्णनात्मक शैली का बखूबी वर्णन किया गया है, ''सुषमा ने आश्चर्य से अपने नए व्यक्तित्व का जन्म होते देखा। उसकी सब इंद्रियाँ अधिक तीक्ष्ण, संवेदनशील हो गई थीं। किसी की प्रतीक्षा में गेट के पास मँडराती कोई लड़की लैक्चर के दौरान किसी के मुख पर कहीं और भटक जाने का भाव, डाक में कोई मोटा–सा पत्र, इस सबके प्रति वह अधिक उदार हो गई थी। उसमें आया परिवर्तन सभी ने लक्ष्य किया था। लड़कियों को लगता कि उसके माथे की बिंदी और भी चमकने लगी है, उसके होंठो में बड़ी कोमलता आ गई है।''[82]

'रुकोगी नहीं राधिका' उपन्यास में वर्णनात्मक शैली का प्रयोग हुआ है। ''राधिका मुड़कर सड़क की और देखती है। उस पर निरन्तर बसों, साइकलों और पदयात्रियों का प्रवाह है, पर भारतीय चेहरे अपने परिवेश में होने के कारण कितने स्वस्तिपूर्ण लग रहे हैं।''[83]

'शेष यात्रा' उपन्यास में अनु के ननिहाल के घर का वर्णन किया गया है, ''अनु ने बचपन से वही पुराने ढंग का घर देखा और जाना था। उसमें ड्योढ़ी थी, मेहराबदार दालान, मुजरेवाली कोठी, चौकोर कमरे, घुटी–घुटी बन्द कोठरियाँ, तहखाने, दुछत्तियां, संडास, कहारिन, नाई, बूढ़ी

महराजिन। उस घर की एक अपनी गति थी, हर प्राणी उसी गति में अपने को ढाल लेता था, नई ब्याही बहुएँ, आते–जाते मेहमान। बड़ी मामी घर की मालकिन थीं, छोटी मामी सबकी लाडली, सबसे सुन्दर, नखरीली, पढ़ी–लिखी, अनु की दोस्त।''[84]

'अन्तवर्शी' उपन्यास में उषा प्रियंवदा ने वाना के घर का वर्णन वर्णनात्मक शैली में किया है, ''रसोई, झकाझक साफ, प्लेटें–कटोरियाँ, अलमारी में अपनी–अपनी जगह। सब कुछ धुला–पूँछा। कमरों में अलमारियों के कपड़े, साफ करीने से तहाये हुए। तौलियों की गड्डी ऊपर के खाने में, चादरें बीच के खाने में, तकियों के गिलाफ और ओढ़ने की चादर, कम्बल, दरवाज़ा खोलने पर सूखे हुए फूलों की खुशबू आती है।''[85]

'भया कबीर उदास' उपन्यास में लिली पांडेय (यमन) की दिनचर्या का वर्णन है, ''आयरलैंड में गर्मी की छुट्टी बाहर बिताने के बाद वह लौटी है। पैमला की बिल्लियाँ उसका स्वागत करती हैं। वह प्रापर लैंड में उनके लिए एक सफ़ेद शाल लाई है जिसे स्वीकार करते समय वह गद्गद् हो उठती है। कक्षाएँ शुरू होने में अभी कुछ दिन बाकी हैं। वह सुनहरे, चमकीले दिन बाल्कनी पर बैठकर बिताती है।''[86]

उषा प्रियंवदा के कहानी–संग्रहों में भी वर्णनात्मक शैली का उचित प्रयोग हुआ है। 'जिन्दगी और गुलाब के फूल' कहानी में सुबोध की ज़िन्दगी में भी गुलाब के फूल थे, यह उषा प्रियंवदा ने इसमें वर्णन किया है, ''मेज़ पर कागज़ के फूलों का जो गुलदस्ता रहता था, वह कुछ ऐसे कोण से खिड़की पर रखा था कि लगता था, जैसे मेज़ हटाते वक्त उसे वहाँ वैसे ही रख दिया गया हो। उसने बहुत कोमलता से गुलदान उठा लिया। कागज़ के फूल थे तो क्या, गुलदान तो बहुत बढ़िया कट ग्लास का था। पहले कभी–कभी शोभा अपने बाग़ के गुलाब लगा जाती थी, पर अब तो इधर, कई महीनों से यही बदरंग फूल थे और शायद यही रहेंगे।''[87]

'टूटे हुए' कहानी में वर्णनात्मक शैली का प्रयोग इस प्रकार हुआ है, ''मुझे आए थोड़े ही दिन हुए थे। आठवीं स्ट्रीट पर एक फ्लैट में टिका हुआ था। एक साथी और था। सस्ता मकान था, पुराना, गन्दा, पर कोई उपाय न था, साल–भर के कान्ट्रैक्ट पर हस्ताक्षर कर चुका था। बाकी सभी किराएदार भारतीय थे, दो पाकिस्तानी। सारे दिन हींग, नारियल के तेल और विविध मसालों की गन्ध गलियारों में मँडराया करती थी।''[88]

व्यंग्यात्मक शैली

इस शैली में रचना में कुछ घटनाओं को लेकर करारा व्यंग्य किया जाता है जिससे बात दूसरे इंसान के मन पर गहरा प्रभाव एवं प्रहार करे।

'पचपन खम्भे लाल दीवारें' उपन्यास में व्यंग्यात्मक शैली का प्रयोग हुआ है। ''मीनाक्षी धीरे–से बोली, ''वाह वार्डन साहिबा, बड़ा रोब है। पर उस दिन, रात को किसके साथ वापस आई थीं। इसकी कैफियत तो दीजिए।''[89]

'रुकोगी नहीं राधिका' उपन्यास में मनीश और राधिका की बातचीत में व्यंग्य छिपा है, ''मुझे तो आशा न थी कि तुम इतनी जल्दी, यानी दस बजे तक घर लौट आओगी।'' ''बड़'दा, मेरे बड़े भाई आए हुए हैं। कल सुबह जा रहे हैं।''[90]

'शेष यात्रा' उपन्यास में अनु के आगे एक चित्र–सा घूमता है, फिल्म डायरेक्टर की पत्नी, अभिनेत्री और मॉडल के बारे में वह सोचती है।

प्रणव कहता है, ''अभी से सपने देखने लगी ?'' ''अभी तो बहुत–सी मंजिलें बाकी हैं।''

प्रणव के छोड़ देने पर दिव्या अनु को समझाती है। ''पर कितना प्यार है, रूमानी प्यार, मजनू व लैला वाला प्यार और कितनी अपने अहम को चोट, कितनी आर्थिक निर्भरता – इन सब आपस में गुँथे सुत्रों को अलग करने पर ही अपना ठिकाना मिलेगा। तुम कभी नाव पर चढ़ी हो ?''[91] अन्तवर्शी' उपन्यास में वाना नवें दर्जे की पढ़ाई छोड़ देने के बाद नए सिरे से फिर पढ़ाई करना चाहती है। शिवेश को अच्छा नहीं लगता वह कहता है, ''यह सब क्रिस्तीन फूक कर गई है – है न ?'' ''बात–बात में क्रिस्तीन को क्यों घसीटते हो ? मैंने कहा न, यह मेरा निर्णय है –''

''ठीक है, ठीक है'' ''तुम प्रसन्न रहो भवानी। पढ़ो–लिखो। मुक्त होकर नौकरी करो'' [92]

'भया कबीर उदास' उपन्यास में लिखी पांडेय की मम्मी बेटी के साथ उसकी मामी की बात करती है, ''तुम्हारी चंचल मामी, वह बहुत बिग शौट हो गई हैं, बहुत बड़ी आदमिन। एकदम लेडी।''[93]

''प्रतिभा को ख़ाक थी, खुशामदी और पिछलग्गू थी, बाहर जाकर प्रशिक्षण भी ले आई साड़ी काट–काटकर कुर्ते बनाती है, कहीं जरी, कहीं बॉर्डर–खूब पैसा पीट रही है।''[94]

उषा प्रियंवदा की कहानियों में भी व्यंग्यात्मक शैली का प्रयोग हुआ है। 'मेनका : रम्भा : उर्वशी' कहानी में विशन की बहु को देखने के लिए

मुहल्ले की सभी औरतें आती हैं। विशन की माँ दहेज सहेजने में लग जाती है। दोहरी–दोहरी, तिहरी–तिहरी चीजें मिली थी। दहेज में, दहेज देखकर महल्ले–टोले की औरतें जल उठती हैं। हरि की माँ बार–बार मुस्कराती और कहती है, ''परशू की चाची, बहु की मुँह दिखरौनी भी तो करो। सामान फिर सहेज लेना।''[95]

'दोस्त' कहानी में अजय सारा दिन दोस्तों के साथ घर से बाहर रहता है। सुरेखा को जब वह आकर मुँह फुलाए हुए बैठे देखता है तो कहता है, ''सरकार, क्यों ? नाराज़ है ? कौन नाराज़ है।'' ''और नाराज़गी की फिक्र भी किसे है। आपके दोस्त सलामत रहें, आपको और क्या चाहिए।''[96]

'मान और हठ' कहानी में अमृता और मुकूल की शादी हो जाती है। जब कई दिन बीतने पर भी जगमग–जगमग करते आभूषणों के बीच भी अमृता का मुख कुम्हलाया ही रहता है तो मुकुल से रहा नहीं जाता। अपने स्वर में विष भरकर वह बोलता है, ''क्या किसी पुराने प्रेमी से बिछुड़ जाने का गम है ?'' इस चोट पर अमृता तड़प उठती है और कहती है, ''कोई भी, आँखवाला समझ सकता है कि मुझे किस बात का गम है।''[97]

"मैं सुखी नहीं हूँ, यह तुम कैसे कहती हो, भाभी ? देखों, कितने आराम से तुम रखती हो, मँझले भैया ने मोटर खरीद दी है, जहाँ चाहूँ जाऊ। मेरे नाम इतना रुपयाँ बैंक में है! क्या यह सुख नहीं रंगवाले के ? यहाँ मुझे इससे अधिक क्या मिलेगा ?"[98]

मनोवैज्ञानिक शैली

इस शैली में पात्रों के मानसिक दशा का वर्णन किया जाता है। साहित्यकार ने कार्य बहुत ही कलात्मक ढंग से किया है। जिसका उदाहरण निम्न पंक्तियों में देख सकते हैं:–

"मैं अब भी सुन्दर हूँ। मेरे होठों पर वही लाली है, आँखों की पुतलियों में वही चमक और लोग अब भी उसी सराहना–भरी दृष्टि से मुझे देखते हैं। मेरे अन्दर बड़ा गहरा संतोष है कि मेरा रूप, मेरा चापल्य, मेरी हँसी किसी रिक्त जीवन का थोड़ा–सा कोना तो भर सकी !"[99]

उषा प्रियंवदा के कथा–साहित्य में मनोवैज्ञानिक शैली का उचित प्रयोग किया गया है। 'पचपन खम्भे लाल दीवारें' उपन्यास में जब सुषमा की माँ, सुषमा को कहती है कि तुम फालतु खर्चा मत करो। नीरू की शादी करनी है, तब सुषमा मन ही मन सोचती है, ''सुषमा को लगा कि वह एक दलदल में फँसकर रह गई है। वह छटपटाती है उबरना चाहती

है, पर दिन–प्रतिदिन डूबती ही जा रही है। उसने चाहा कि नीरू को बुलाकर डाँटे कि वह क्यों बार–बार खिड़की पर जाकर खड़ी हो जाती है,............गहरे काले बाल पीठ पर फैलाए, रंगीन साड़ी पहने खिड़की से झाँकती नीरू का चित्र उसके आगे दौड़ गया।''[100]

'रुकोगी नहीं राधिका' उपन्यास में राधिका के मन में अनेक तरह के विचार पनपते हैं, ''अक्षय के कौन–से ऐस मेहमान होंगे, जो राधिका से मिलना चाहेंगे ? यही सोचते हुए राधिका तैयार हुई, एक बार मन में विचार कौंधा कि कहीं विद्या न हो, ठिठक गई। पर दूसरे ही क्षण सोचा कि अगर विद्या होती तो अक्षय कुछ पूर्व–सूचना जरूर देता। और विद्या भी किसी के घर आकर ठहरने वाली नहीं है।''[101]

'शेष यात्रा' उपन्यास में प्रणव के द्वारा अनु को धोखा देने के बाद अनु को अकेले छोड़ दिया जाता है और वह सभी को बताता फिरता है कि वह पागल है उसे पागलपन के दौरे पड़ते हैं। उधर अनु मानसिक रूप से बहुत पीड़ित होती है। ''प्रणव की बेवफाइयाँ मन से जाती ही नहीं, साथ ही विष की तरह उसके शरीर में भिदती रहती हैं। कभी प्यार, कभी गुस्सा, कभी आत्मभर्त्सना, कभी ग्लानि, कभी आँसू, कभी उम्मीद अनु का मन ऊपर से नीचे होता रहता है। उसका यह रोना अलग तरह का रोना है। एक बहुत–बहुत गहरे स्तर पर एक मूक विलाप, जो अजपा जाप की तरह निरंतर चलता रहता है। पलकें भारी हैं, आँखें कडुआईं, जैसे रेत का एक पूरा बवंडर उनमें समा गया है।''[102]

'अंतर्वंशी' उपन्यास में कहीं–कहीं उषा प्रियंवदा ने मनोवैज्ञानिक शैली का प्रयोग किया है। वाना अपने आप से कहती है, ''तुम नहीं समझोगे–वह मन ही मन कहती है। मेरे जिन सपनों और आशाओं के साथ तुम मुझे ब्याह कर लाए थे, वह बिना पूरे हुए ही मिटकर विलीन हो गए। मैं चाहती थी औरों की तरह, बड़ा–सा घर, नई मोटर गाड़ी, बाँह भर सोने की चूडियाँ, समाज में इज्जत और मिला क्या, मुफ्त के हरे काँच के बर्तन, एक के ऊपर दो बच्चे।''[103]

'भया कबीर उदास' उपन्यास में लिली हर समय अपनी बीमारी के बारे में सोचती रहती है। बहुत से प्रश्न हैं उसके मन में जो वह अपने आप से करती रहती है, ''यह सब कैसे हो गया ? यह सब क्यों हो रहा है ? क्या यह सच में पूर्वजन्मों का कर्मफल है ? क्या मुझे इस जन्म में भगवान सजा दे रहे हैं ? क्या किया होगा मैंने उन जन्मों में – किसलिए इतनी यातना मिलेगी ?''[104]

'मछलियाँ कहानी में उषा प्रियंवदा ने मनोवैज्ञानिक शैली का उचित प्रयोग किया है, ''विजी सोचती है कि औरों की तरह सहज–सरल जीवन

क्यों नहीं हुआ उसका। कब अजाने ही कुछ ऐसा घट गया जिससे वह औरों से अलग छिटक गई। यदि मनीश पर विश्वास न किया होता तो शायद इस दशा तक न पहुँचती, यदि मुकी–सी कुटिलता आती तो भी आज अकेले यों अपने से द्वन्द्व न करना पड़ता।''[105]

'एक कोई दूसरा' कहानी में नीलांजना मनोवैज्ञानिक रूप से अपने मन का विश्लेषण करती है, ''मुझे लगता है कि मैं मात्र भटकन हूँ, इस अवास्तविक लगने वाले मायाजाल से निकल भागने को आकुल – मैं, मैं जो हूँ, वह मेरे शरीर में जन्मा नया कोई अपरिचित है। उसमें तपस्वी की भाँति एकाग्रता है, एक गूढ़ लीनता है। प्रत्येक विचार, प्रत्येक प्रश्वास का केन्द्र एक है।''[106]

पत्रात्मक शैली

उषा प्रियंवदा ने पत्रों के द्वारा पात्रों की आन्तरिक भावनाओं को प्रकट किया है। जब पात्र अपनी बात को सीधे न कहकर पत्रों के माध्यम से कहते हैं तो वहाँ पत्रात्मक शैली का प्रयोग होता है। उषा प्रियंवदा की 'नई कोंपल' कहानी में इस शैली का प्रयोग हुआ है। बिन्नो अपनी सहेली को पत्र लिखकर अपने ससुराल का ब्यौरा देती है। बिन्नो ने अपनी सखी फूल को लिखा था – ''तुम्हारी ननद ने गलत ही सुना होगा, फूल। मुझे तो सभी यहाँ बहुत चाहते हैं। सासजी का स्वभाव ज़रूर तेज़ है, पर मुझसे वह कभी कुछ नहीं कहतीं। सारे घर की जिम्मेदारी.........मैं तो अक्सर सोचती हूँ कि न जाने किन पुण्यों के फल से मुझे ऐसे पति मिले.. ....।'[107]

'तूफ़ान के बाद' कहानी में हेम का पत्र मन्नो कई बार पढ़ती है। हेम ने लिखा था –

''रानी मन्नो,

मुझे बड़ा गर्व था, विश्वास था अपने पर और अपनी मैत्री पर, वह टूट गया। वकील साहब से मेरी लंबी दोस्ती नहीं टूटी, सभी कुछ टूट गया। मैंनें तुम्हें माँगा था। मैं भूल गया था अपना इतिहास। तुम्हारे स्पर्श से मैं बदल गया हूँ – मैंने यह समझाने की कोशिश की। पर मन्नो, मैं सचमुच बहुत बुरा आदमी थी। वह सब..........।''[108]

डायरी शैली

डायरी शैली का प्रयोग उषा प्रियंवदा ने 'भया कबीर उदास' उपन्यास में किया है। इस शैली में पात्र अपने निजी जीवन के रोजमर्रा के अनुभव को एक डायरी में लिखता रहता है। इसमें उसके जीवन की उलझनें, जीवन की सारी परिस्थितियाँ प्रत्येक दिन के हिसाब से लिखी

होती हैं। 'भया कबीर उदास' उपन्यास में उषा प्रियंवदा ने लिली पांडेय को डायरी लिखते हुए दिखाया है। उसने अपने ब्रेस्ट कैंसर का पता चलने से लेकर उपचार तक का वर्णन डायरी में किया है। कैंसर डायरी के आरम्भ में उसने यहाँ से शुरूआत की है।

''मैंने जब पहली बार उस गाँठ को देखा, तभी मन में 'कैंसर' शब्द कौंध गया। कई बार दबा–दबाकर देखा, सिर्फ सख़्त, कड़ी, पीड़ाहीन गाँठ.........मैमोग्राम की रिपोर्ट–एब्नार्मल।''[109]

कैंसर डायरी को लेखिका ने कैंसर डायरी, कैंसर डायरी प्,कैंसर डायरी प्प्, कैंसर डायरी प्ट, कैंसर डायरी ट, में प्रस्तुत किया है।

'कैंसर डायरी ट' में लेखिका ने उपचार के बाद की स्थिति को ब्यान किया है। नायिका के जीवन में आए परिवर्तन, उसके संघर्ष, एक नई आशा और कामना को प्रस्तुत किया है।

''मैं अपने अन्दर एक परिवर्तन पा रही हूँ। झेलने की, बरदाश्त करने की ताकत, बिना दुख मनाए, बिना रोए। जैसे एक अन्धी सुरंग से बाहर आ गई हूँ। रोग तो केवल शरीर को ही है, मैंने इतनी जल्दी पराजय क्यों मान ली ? नहीं फ़िलिस, मैं भी धैर्य और साहस से लड़ूँगी और मैं अवश्य जय पाऊँगी।''[110]

पूर्वदीप्ति शैली

पात्र से सम्बन्धित अतीत की किसी घटना को जब कथाकार प्रस्तुत करता है तो वह पूर्वदीप्ति शैली अपनाता है। कभी–कभी पात्र अपने बीते हुए समय की स्मृतियों में चले जाते हैं। वो स्मृतियाँ उनको चिंतन करने को बार–बार मजबूर करती हैं। पूर्वदीप्ति शैली में चिन्तन का एक क्रम होता है।

उषा प्रियंवदा के कथा साहित्य में पूर्वदीप्ति शैली का प्रयोग किया गया है। 'पचपन खम्भे लाल दीवारें' उपन्यास में सुषमा बीते हुए समय की स्मृतियों में डूबी रहती है। टीले के पीछे देवी का एक प्रसिद्ध मंदिर था। सुषमा एक अध्यापिका के साथ जब नवमी पर देवी के दर्शन के लिए जाती है तो एक भिखारिन बुढ़िया उसको बहुत–सी आशीषें देती हैं। वह सुषमा को याद आती है। ''तू सात बेटों की माँ हो रानी, तेरा राज बढ़े, तेरी माँग मोती से भरी रहे – तू फूलों की सेज सोए रानी।''[111]

आज सुषमा उस टीले की ओर देखते हुए सोचती है और उसे लगने लगा कि वह घटना पिछले जन्म में घटित हुई थी।

'रुकोगी नहीं राधिका' उपन्यास में ''राधिका विगत में कुछ और दूर जाती है। जो कुछ पीछे छोड़ आई है, उसी ओर अब मन रह–रहकर

जाता है। वह भारत सदा के लिए छोड़ देगी, यह एक क्षण को भी उसने न सोचा था। जोकि अपना है, अपने सारे जीवन..........जीवन में एक ऐसा सतत प्रवाह था जोकि मन को कभी भी ऊब–ग्रस्त न होने देता।''[112]

'शेष यात्रा' उपन्यास में प्रणव अपने बीते हुए समय को याद करता है। ''कभी–कभी उसे यह बहुत अजीब–सा लगने लगता है कि एक समय वह बड़े–से घर में, सुन्दर–सी बीवी के साथ रहता था, तीन पींस के सूट पहनता था, मर्सेडीज रखता था।''[113]

'अन्तवर्शी' उपन्यास में वाना अमेरिका रहते हुए बनारस की स्मृतियों में खो जाती है, ''वहाँ सब जगह धूप होगी, गरम, गुनगुनी धीरे–धीरे शरीर और चेहरे को थपथपाती हुई, वहाँ बनारस में, जहाँ मुन्नी और मुन्नी बुआ अपनी दिनचर्या कामकाज में व्यस्त होंगी। बड़ियाँ, मंगौड़ियाँ तोड़ने में, आलू और साबूदाने के पापड़ बनाने में, गंगा स्नान और पूजा–आरती में।''[114]

'भया कबीर उदास' उपन्यास में नायिका बचपन की स्मृतियों में खो जाती है, ''बड़े से बगीचे के पीछे क़तार–की–क़तार सर्वेंट क्वार्टर, जिनमें बच्चे, बड़े और भैंसे घुल–मिलकर रहते आए थे, कभी–कभार भैंसे बाड़ा तोड़कर बगीचे में घुस आती थीं, तो कैसा हल्ला मचता था। सभी नौकर डंडे और लाठियाँ लेकर भैंसों को खदेड़ने पर तुल जाते थे...........वह याद करके मुस्करा उठी। उपकुलपति भवन की स्मृतियाँ मीठी ही थीं; आदर, मान, गौरव, धन–सम्पत्ति, मम्मी की आभिजात्य मुद्रा, पापा की सौम्य मृदु हँसी और बात–बात पर साहित्यिक उद्धरण।''[115]

उषा प्रियंवदा की कहानियों में भी पूर्वदीप्ति शैली का प्रयोग हुआ है। 'वापसी' गजाधर बाबू को कवि प्रकृति न होने पर भी, पत्नी की स्नेहपूर्ण बातें याद आती हैं। ''दोपहर में, गर्मी होने पर भी, दो बजे तक आग जलाए रहती और उनके स्टेशन से वापस आने पर गर्म–गर्म रोटियाँ सेंकती। उनके खा चुकने और मना करने पर भी थोड़ा–सा कुछ और थाली में परोस देती, और बड़े प्यार से आग्रह करती। जब वह, थके–हारे बाहर से आते, तो उनकी आहट पा वह रसोई के द्वार पर निकल आती, और उनकी सलज्ज आँखें मुस्करा उठतीं। गजाधर बाबू को तब हर छोटी बात भी याद आती और वह उदास हो उठते।''[116]

'ज़िन्दगी और गुलाब के फूल' कहानी में सुबोध सोचता है, ''तब शोभा की सगाई कहीं और नहीं हुई थी, तब वह बेकार न था। शोभा उससे शरमाती थी, पर उसके गुलदान में फूल लगा जाती थी। माँ, नए गहने बनवा रही थी और वृन्दा अपने कमरे में बैठी–बैठी कुढ़ती थी।''[117]

प्रवासी साहित्यकार उषा प्रियंवदा की साहित्य–साधना

'सम्बन्ध' कहानी में श्यामला विदेश में रहते हुए कभी–कभी अपने देश के साथ जुड़ी स्मृतियों को याद करती है, "जब वह कॉलेज में पढ़ाती थी तो जिया एक रुपया रोज दिया करती थी। बस के किराए और चाय का खर्च निकल आता था। हर महीने पूरी तनख्वाह वह जिया को लाकर देती थी। सब जानते थे कि उसी में सब होना है, न जाने वह कैसे मैनेज करती थी, कितने लोग थे, अविनाश, प्रकाश, कुमुद, वह, जिया और बड़ी दीदी। सभी पढ़ने वाले थे, बड़ी दीदी ने तो विधवा हो जाने के बाद स्कूल जाना शुरू किया था। मिल–जुलकर जो भी होता वह खा लेते, साझे में वही साड़ियाँ तीनों बहने पहनती रहती। कभी बस का टिकट कोई और सहेली खरीद देती तो उस दिन श्यामला चाय के साथ समोसे का आर्डर दे पाती।"[118]

मीश्रित शैली

उषा प्रियंवदा के उपन्यासों की शैली किसी एक–दो शैलियों के बंधन में बंधी हुई नहीं है। इसमें अनेक शैलियां समाहित हैं। जिसके कारण इनकी सभी रचनायें पाठक को आकर्षित करती हैं और उनके मन में अपनी छाप छोड़ जाती हैं। उषा प्रियंवदा के उपन्यासों में आत्मकथात्मक, पूर्वदीप्ति, वर्णात्मक, मनोवैज्ञानिक, भावनात्मक, व्यंग्यात्मक के अतिरिक्त अनेक शैलियों का मिश्रण है जिनका सम्पूर्ण रूप से वर्णन कर पाना संभव नहीं है क्योंकि एक के साथ दूसरी शैली का होना स्वाभाविक ही है इसलिए इसे मिश्रित शैली भी कहा जा सकता है। सामान्य रूप से भाषा और शैली को संयुक्त रूप से देखा जाता है किन्तु कुछ विद्वान् इसे अलग अलग रूप में मानते हैं। इसलिए दोनों की अलग–अलग व्याख्या की गई है।

निष्कर्षतया कहा जा सकता है कि उषा प्रियंवदा के कथा–साहित्य का कथानक एक नींव के समान है जिसने अपने ऊपर सारे कथा–साहित्य रूपी महल को खड़ा किया है। उनके कथानक में घटनाओं की क्रमबद्धता, वर्णनात्मक, विस्तृतता, रोचकता, मौलिकता और मनोरंजन जैसी विशेषताएँ विद्यमान हैं। उनके कथानक में मानव जीवन से सम्बन्धित घटनाओं का मौलिकता से वर्णन किया गया है। लेखिका ने अपने कथा–साहित्य में पात्रों का चरित्र–चित्रण सफलतापूर्वक किया है। इनके कथा–साहित्य में भारतीय और पाश्चात्य परिवेश की संस्कृतियों के सामंजस्य को दिखाया गया है। लेखिका ने तत्कालीन परिस्थितियों का सफलतापूर्वक वर्णन किया है। उषा प्रियंवदा के कथा–साहित्य की भाषा सरल, स्पष्ट और यथार्थवादी है। कहीं–कहीं व्यावहारिक भाषा का प्रयोग किया है। अलग–अलग शैलियों का प्रयोग करके उषा प्रियंवदा ने अपने

कथा–साहित्य में रोचकता भर दी है। वर्णनात्मक शैली, विवरणात्मक शैली, मनोवैज्ञानिक शैली, आत्मकथात्मक शैली, व्यंग्यात्मक शैली, पूर्वदीप्ति शैली, पत्रात्मक शैली और डायरी शैली का बहुत ही सक्षमता से प्रयोग किया गया है।

---

[1] उषा प्रियंवदा, सम्पूर्ण कहानियाँ, पृ. 31
[2] उषा प्रियंवदा, सम्पूर्ण कहानियाँ, पृ. 247
[3] उषा प्रियंवदा, रुकोगी नहीं राधिका, पृ. 118
[4] उषा प्रियंवदा, कितना बड़ा झूठ, पृ. 9
[5] उषा प्रियंवदा, पचपन खम्भे लाल दीवारें, पृ. 76
[6] डॉ. लक्ष्मीनारायण लाल, हिन्दी कहानियों की शिल्पविधि का विकास, पृ. 295
[7] हिन्दी साहित्य कोश, भाग–1, पृ. 203
[8] उषा प्रियंवदा, पचपन खम्भे लाल दीवारें, पृ. 13
[9] उषा प्रियंवदा, पचपन खम्भे लाल दीवारें, पृ. 56
[10] उषा प्रियंवदा, पचपन खम्भे लाल दीवारें, पृ. 105
[11] उषा प्रियंवदा, रुकोगी नहीं राधिका, पृ.47
[12] उषा प्रियंवदा, शेष यात्रा, पृ. 75
[13] उषा प्रियंवदा, शेष यात्रा, पृ. 123
[14] उषा प्रियंवदा, अंतर्वंशी , पृ. 185
[15] उषा प्रियंवदा, भया कबीर उदास, पृ. 34
[16] उषा प्रियंवदा, भया कबीर उदास, पृ. 125
[17] उषा प्रियंवदा, सम्पूर्ण कहानियाँ, पृ. 144
[18] उषा प्रियंवदा, एक कोई दूसरा, पृ. 47
[19] डॉ. बच्चन सिंह, आलोचना– परंपरा का नया मोड़ रोमान्टिक यथार्थ, पृ. 26
[20] उषा प्रियंवदा, सम्पूर्ण कहानियाँ, भूमिका
[21] उषा प्रियंवदा, बनवास कहानी–संग्रह, अपनी बात
[22] उषा प्रियंवदा, रुकोगी नहीं राधिका, पृ. 17
[23] उषा प्रियंवदा, शेष यात्रा, पृ. 24
[24] उषा प्रियंवदा, अन्तर्वंशी, पृष्ठ सं. 187
[25] डॉ. साधना शाह, नई कहानी में आधुनिकता बोध, पृ. 61

[26] उषा प्रियंवदा, सम्पूर्ण कहानियाँ, पृ. 184
[27] उषा प्रियंवदा, एक कोई दूसरा, पृ. 11
[28] उषा प्रियंवदा, एक कोई दूसरा, पृ. 107
[29] उषा प्रियंवदा, कितना बड़ा झूठ, पृ. 61
[30] उषा प्रियंवदा, बनवास कहानी–संग्रह, पृ. 131
[31] उषा प्रियंवदा, मेरी प्रिय कहानियाँ, पृ. 8
[32] विपिन कुमार, उपन्यासकार शिवानी : व्यक्तित्व एवं कुतित्व, पृ. 254
[33] डॉ रामस्वरूप चतुर्वेदी, भाषा और संवेदना, पृ. 9
[34] उषा प्रियंवदा, एक कोई दूसरा, पृ. 20
[35] उषा प्रियंवदा, अन्तर्वंशी, पृ. 158
[36] कमलेश्वर, नयी कहानी की भूमिका, पृ. 167
[37] उषा प्रियंवदा, शेष यात्रा, पृ. 133
[38] वही, पृ. 133
[39] वही पृ. 133
[40] वही पृ. 134
[41] वही पृ. 134
[42] उषा प्रियंवदा, अंतर्वंशी, पृ. 60
[43] उषा प्रियंवदा, जिन्दगी और गुलाब के फूल, पृ. 15
[44] अज्ञेय, आत्मनेपद, पृ. 256
[45] उषा प्रियंवदा, बनवास कहानी–संग्रह, पृ. 131
[46] उषा प्रियंवदा, रुकोगी नहीं राधिका, पृ. 99
[47] डॉ. नैमीचंद जैन, पृ. 26
[48] उषा प्रियंवदा, पचपन खम्भे लाल दीवारें, पृ. 85
[49] उषा प्रियंवदा, शेष यात्रा, पृ. 15
[50] उषा प्रियंवदा, अंतर्वंशी, पृ. 203
[51] उषा प्रियंवदा, सम्पूर्ण कहानियाँ, पृ. 165
[52] उषा प्रियंवदा, पचपन खम्भे लाल दीवारें, पृ. 22
[53] वही, पृ. 42
[54] वही, पृ. 54
[55] उषा प्रियंवदा, अंतर्वंशी, पृ. 206
[56] उषा प्रियंवदा, सम्पूर्ण कहानियाँ, पृ. 67

57 उषा प्रियंवदा, पचपन खम्भे लाल दीवारें, पृ. 11
58 डॉ. कुसुम शर्मा, साठोत्तर हिन्दी उपन्यास : विविध प्रयोग, पृ. 163
59 उषा प्रियंवदा, पचपन खम्भे लाल दीवारें, पृ. 11
60 उषा प्रियंवदा, पचपन खम्भे लाल दीवारें, पृ. 15
61 उषा प्रियंवदा, भया कबीर उदास, पृ. 29
62 उषा प्रियंवदा, भया कबीर उदास, पृ. 43
63 उषा प्रियंवदा, शेष यात्रा, पृ. 70
64 उषा प्रियंवदा, अंतर्वंशी, पृ. 49
65 उषा प्रियंवदा, एक कोई दूसरा, पृ. 18
66 उषा प्रियंवदा, सम्पूर्ण कहानियाँ, पृ. 39
67 उषा प्रियंवदा, सागर पार का संगीत, 49
68 उषा प्रियंवदा, सम्पूर्ण कहानियाँ, पृ. 180
69 उषा प्रियंवदा, सम्पूर्ण कहानियाँ, पृ. 120
70 उषा प्रियंवदा, एक कोई दूसरा, पृ. 91
71 उषा प्रियंवदा, बनवास, पृ. 260
72 उषा प्रियंवदा, पचपन खम्भे लाल दीवारें, पृ. 18
73 उषा प्रियंवदा, रुकोगी नहीं राधिका, पृ. 54
74 उषा प्रियंवदा, शेष यात्रा, पृ. 32
75 उषा प्रियंवदा, भया कबीर उदास, पृ. 136
76 उषा प्रियंवदा, अन्तर्वंशी, पृ. 126
77 उषा प्रियंवदा, एक कोई दूसरा, पृ. 50
78 उषा प्रियंवदा, सम्पूर्ण कहानियाँ, पृ. 207
79 उषा प्रियंवदा, बनवास, पृ. 253
80 उषा प्रियंवदा, बनवास, पृ. 240
81 डॉ. शोभा वेरेकर, साठोत्तरी हिन्दी उपन्यासों का शिल्प विकास, पृ. 146
82 उषा प्रियंवदा, पचपन खम्भे लाल दीवारें, पृ. 52
83 उषा प्रियंवदा, रुकोगी नहीं राधिका, पृ. 7
84 उषा प्रियंवदा, शेष यात्रा, पृ. 11
85 उषा प्रियंवदा, अंतर्वंशी, पृ. 9
86 उषा प्रियंवदा, भया कबीर उदास, पृ. 48
87 उषा प्रियंवदा, सम्पूर्ण कहानियाँ, पृ. 134

[88] उषा प्रियंवदा, एक कोई दूसरा, पृ. 92
[89] उषा प्रियंवदा, पचपन खम्भे लाल दीवारें, पृ. 28
[90] उषा प्रियंवदा, रुकोगी नहीं राधिका, पृ. 108
[91] उषा प्रियंवदा, शेष यात्रा, पृ. 80
[92] उषा प्रियंवदा, अंतर्वंशी पृ. 115
[93] उषा प्रियंवदा, भया कबीर उदास, पृ. 28
[94] उषा प्रियंवदा, सम्पूर्ण कहानियाँ, पृ. 33
[95] उषा प्रियंवदा, सम्पूर्ण कहानियाँ, पृ. 33
[96] उषा प्रियंवदा, सम्पूर्ण कहानियाँ, पृ. 43
[97] उषा प्रियंवदा, सम्पूर्ण कहानियाँ, पृ. 57
[98] उषा प्रियंवदा, एक कोई दूसरा, पृ. 9
[99] उषा प्रियंवदा, पचपन खम्भे लाल दीवारें, पृ.28
[100] उषा प्रियंवदा, पचपन खम्भे लाल दीवारें, पृ. 80
[101] उषा प्रियंवदा, रुकोगी नहीं राधिका, पृ. 72
[102] उषा प्रियंवदा, शेष यात्रा, पृ. 71
[103] उषा प्रियंवदा, अंतर्वंशी पृ. 99
[104] उषा प्रियंवदा, भया कबीर उदास, पृ. 41
[105] उषा प्रियंवदा, कितना बड़ा झूठ, पृ. 96
[106] उषा प्रियंवदा, एक कोई दूसरा, पृ. 11
[107] उषा प्रियंवदा, सम्पूर्ण कहानियाँ, पृ. 87
[108] उषा प्रियंवदा, बनवास, पृ. 260
[109] उषा प्रियंवदा, भया कबीर उदास, पृ. 29
[110] उषा प्रियंवदा, भया कबीर उदास, पृ. 84
[111] उषा प्रियंवदा, पचपन खम्भे लाल दीवारें, पृ. 112
[112] उषा प्रियंवदा, रुकोगी नहीं राधिका, पृ. 16
[113] उषा प्रियंवदा, शेष यात्रा, पृ. 108
[114] उषा प्रियंवदा, अंतर्वंशी, पृ. 65
[115] उषा प्रियंवदा, भया कबीर उदास, पृ. 140
[116] उषा प्रियंवदा, सम्पूर्ण कहानियाँ, पृ. 143
[117] उषा प्रियंवदा, सम्पूर्ण कहानियाँ, पृ. 138
[118] उषा प्रियंवदा, कितना बड़ा झूठ, पृ. 14

उपसंहार

साहित्यकार का मकसद अपनी रचनाओं के द्वारा समाज को दिशा-निर्देश देना ही नहीं होता अपितु समाज को जागृत करना भी होता है। उसे प्रेरित करना तथा समझाना होता है कि वह देखें समाज में क्या हो रहा है। हमारा अस्तित्व क्या है ? हो रहे बदलाव एवं आने वाले परिवर्तनों से जीवन और समाज पर उसका क्या प्रभाव पड़ रहा है। इसका परिणाम क्या होगा ? कैसी समस्याएं उत्पन्न होगी ? उत्पन्न समस्यायों को कैसे रोका जा सकता है इत्यादि ऐसे प्रश्न है जो सोचने पर मजबूर करते हैं। उषा प्रियंवदा के कथा साहित्य में अस्तित्व के दर्शन होते हैं। इनका साहित्य आधुनिक जीवन के संघर्ष को प्रस्तुत करता हुआ अस्तित्व की झलक देता है।

उषा प्रियंवदा का प्रवासी महिला साहित्यकारों में सर्वोच्च स्थान है। आधुनिक कथा-साहित्य के द्वारा हिन्दी साहित्य जगत में अपनी विशिष्ट पहचान बना चुकी उषा प्रियंवदा मध्यवर्गीय समाज की समस्याओं को उजागर करने में सफल हुई हैं। उनकी कलम यथार्थ को लेकर चली है। विदेशी सभ्यता को न अपना सकने वाले भारतीय पात्रों के अकेलेपन को उन्होंने बहुत-ही सफलतापूर्वक चित्रित किया है।

उषा प्रियंवदा के उपन्यासों में नायक-नायिकाएँ अकेलेपन, संत्रास, छटपटाहट और कुंठाग्रस्त हैं। इनका पहला उपन्यास 'पचपन खम्भे लाल दीवारें' सुषमा की सामाजिक, आर्थिक, पारिवारिक मजबूरियों को चित्रित करता है। सुषमा दिल्ली के लेडी कॉलेज के छात्रावास में रहती है और छात्रावास के पचपन खम्भे और लाल दीवारें सुषमा के ऊब और घुटन के प्रतीक हैं। इन पचपन खम्भों और लाल दीवारों के बीच सारी उम्र रहना यही उसके जीवन की विडम्बना है। वहाँ छटपटाहट भरा जीवन जीने को वह विवश है। उसके लिए वहाँ से निकलना असम्भव-सा जान पड़ता है। उषा प्रियंवदा ने इस उपन्यास में आधुनिक युग के पढ़े-लिखे लोगों के हो रहे शोषण को चित्रित किया है। पढ़-लिखकर सुषमा माता-पिता का सहारा बनती है। अपने उत्तरदायित्व को वह बहुत ही अच्छे तरीके से निभाती है। अपनी इच्छाओं और संवेदनाओं पर काबू करके वह कमाती है। घर में सुषमा भाई-बहनों से बड़ी होती है और माँ के द्वारा उसके साथ पक्षपात किया जाता है। माँ, सुषमा की छोटी बहनों की शादी की फिक्र करती है और सुषम को कम खर्च करने के लिए कहती है ताकि उसकी बहनों की शादी अच्छे से हो सके। वह सुषमा की शादी नहीं करती क्योंकि वह कमाती है। घर का खर्चा सुषमा के वेतन से चलता

प्रवासी साहित्यकार उषा प्रियंवदा की साहित्य–साधना

है। नील से वह प्यार करती है। नील, सुषमा को आश्वासन दिलाता है कि वह उसके परिवार की सारी जिम्मेदारियों को उठाने के लिए तैयार है। किन्तु सुषमा अपने परिवार की जिम्मेदारियों को किसी ओर के कन्धे पर नहीं डालना चाहती। डॉ. उषा यादव के अनुसार, ''इसकी कथा नायिका सुषमा आज के परिवर्तित परिवेश में पारिवारिक उत्तरदायित्वों का वहन करती, संघर्षों के उत्ताप से पल–पल झुलसती और बदली सामाजिक मान्यताओं के तहत एक नयी प्रेमवृत्ति को पोषण करती दिखाई देती है।'' डॉ. उषा यादव – हिन्दी की महिला उपन्यासकारों की मानवीय संवेदना, पृष्ठ सं. 88

सुषमा परिस्थितियों से लड़ने की शक्ति नहीं जुटा पाती, जिसके कारण उसको नील से अलग होना पड़ता है। वह अपना स्वतन्त्र अस्तित्व चाहती है लेकिन जुटा नहीं पाती। अन्त में उन्हीं पचपन खम्भों और लाल दीवारों में घुटन भरा जीवन बिताने के लिए बाध्य हो जाती है।

'रुकोगी नहीं राधिका' उपन्यास में स्वतन्त्र विचारों वाली राधिका इलेक्ट्रा कांप्लेक्स से ग्रसित है। वह अपने पिता को बेहद प्यार करती है। उषा प्रियंवदा ने यह उपन्यास प्रवासी भारतीयों की मानसिकता को दर्शाने के लिए लिखा है। ऐसे भारतीय लोग जो कुछ साल विदेश में रहने के बाद भारत लौटकर सुखी जीवन जीना चाहते हैं, लेकिन स्वदेश लौटने के बाद महसूस करते हैं कि सुख न वहाँ था, न ही यहाँ है।

राधिका एक पढ़ी–लिखी आधुनिक लड़की है। उसकी माँ के मरने के अठारह साल बाद पिता दूसरी शादी कर लेते हैं। सौतेली माँ विद्या के साथ राधिका की बिल्कुल भी नहीं बनती। उसके मन में इर्ष्या का भाव पैदा हो जाता है। वह अपने पिता की लाड़ली बेटी होने के कारण पिता के पास किसी ओर को नहीं देख पाती। इससे वह भारत आकर भी घुटन और ऊब महसूस करती है। ऐसे घुटन भरे माहौल से बाहर निकलने के लिए छटपटाती है। घर में विद्या के आगमन के बाद अपने–आपको वह निर्वासित–सा समझने लगती है। डैनियल पीटरसन भारत में शिकागो के एक समाचार–पत्र का संवाददाता होकर विदेशियों के लिए भारत–दर्शन नामक एक गाइड–बुक लिखता है। राधिका का भी विदेश–भ्रमण का एक सपना होता है। रिसर्च करने के लिए राधिका का लाइब्रेरी में आना–जाना लगा रहता और डैन के साथ उसका परिचय हो जाता है। दिवा–स्वप्नों में डूबी रहने वाली राधिका को लगता है कि घर के साथ विदेश जाना ही उचित रहेगा। डैन उसकी सहायता के लिए उसे वचन देता है। डैन शिकागो विश्वविद्यालय में उसको प्रवेश दिलाता है, जिससे राधिका उसके प्रति कृतज्ञता से भर जाती है। अपनी आयु से

उन्नीस–बीस साल बड़े डैन के व्यक्तित्व से राधिका बहुत प्रभावित होती है। उसके पापा विदेशियों से वैसे भी चिढ़ते थे लेकिन राधिका को तो घर की अकेलेपन की स्थितियों से बाहर निकलना होता है। इसलिए वह डैन के साथ रहने को तैयार हो जाती है। राधिका विदेश जाना चाहती है, लेकिन भारतीयता उसके अन्दर भरी हुई है। वह डैन और उसकी पत्नी के बारे में सोचती है, ''कैसा होगा वह देश, जहाँ लोग इतनी आसानी से साथी बदल लेते हैं, क्या रिक्ति हृदय में कचोटती नहीं रहती ? वह तो पापा को ही क्षमा नहीं कर पाई।'' उषा प्रियंवदा, रुकोगी नहीं राधिका, पृष्ठ सं. 31

एक तरफ वह भारतीय संस्कृति के प्रति लगाव रखती है, दूसरी तरफ पाश्चात्य संस्कृति से प्रभावित है। अपने अतीत को भूलने के लिए ही वह विदेश जाकन पढ़ाई करना चाहती है। डैन, राधिका का व्यक्तित्व और उसका परिवेश उसकी अकेलेपन की वजह मानता है। डैन एक स्वतन्त्र व्यक्तित्व का मालिक है। राधिका को भी वह भारतीय परिवेश से बाहर निकलकर अपनी सम्भावनाएँ विकसित करने के लिए कहता है, दुख के घेरे से बाहर निकलने के लिए कहता है। अपना स्वतन्त्र अस्तित्व कायम करने के लिए प्रेरित करता है, परन्तु राधिका न तो भारत में ही अकेलापन दूर कर पाई और न ही विदेश में रहकर। दुख, खेद, क्षोभ, खीज, रुलाई और आत्म–भर्त्सना का भारी ढेर हृदय पर रखकर वह डैन को भी छोड़ देती है। उसके जीवन में अकेलापन, शून्यता, खोखलापन और ऊब ही नज़र आते हैं। डॉ. नरेन्द्र मोहन आधुनिक हिन्दी उपन्यास में लिखते हैं, ''राधिका दो संस्कृतियों में पिसकर अनिर्णय और अकेलेपन को झेलती है। वह दोनों संस्कृतियों विदेशी और स्वदेशी में मिसफिट होकर रह जाती है।'' डॉ. नरेन्द्र मोहन, आधुनिक हिन्दी उपन्यास, पृष्ठ सं. 47

राधिका के जीवन में डैन, अक्षय और मनीश आते हैं, लेकिन वह सभी में अपने पिता का प्रतिबिंब ढूँढ़ती हुई उपन्यास के अन्त में अकेली रह जाती है। वह आधुनिक नारी के बदलते विचारों और दृष्टिकोणों का प्रतिनिधित्व करती है।

'शेष यात्रा' उपन्यास 'रुकोगी नहीं राधिका से बिल्कुल अलग परिस्थितियों को प्रस्तुत करता है। इस उपन्यास की नायिका साहसी और संघर्षशील है। विपरीत परिस्थितियों पर उसने विजय पा ली है। उषा प्रियंवदा ने 'शेष यात्रा' उपन्यास की नायिका 'अनु' की साहस और संघर्ष से ओत–प्रोत गाथा को बड़े ही कलात्मक ढंग से प्रस्तुत किया है। बिना माँ–बाप के ननिहाल में पली–बढ़ी अनु को विदेश से आकर प्रणव प्रथम मिलन में ही पसन्द कर लेता है। सीधी–सादी अनु प्रणव के साथ विवाह

होने के बाद विदेश चली जाती है। विदेशी परिवेश में प्रणव के साथ सुखी जीवन जीती है, जितनी देर प्रणव का असली चेहरा सामने नहीं आता। प्रणव की वास्तविकता सामने आने के बाद उसके ऊपर दुःखों का पहाड़ टूट पड़ता है। वहीं से अनु का नया रूप उभरकर सामने आता है। तलाक के बाद प्रणव से वह आधा घर का हिस्सा लेती है। नए सिरे से पढ़ाई शुरू करती है। अपने बिखरे अस्तित्व को पाने के लिए उसकी सहेली दिव्या ने उसकी बहुत सहायता की। उषा प्रियंवदा ने नायिका अनु के द्वारा आधुनिक नारी के बदलते रूप को प्रस्तुत किया है।

अपने स्वतन्त्र अस्तित्व की पहचान बनाने में अनु सक्षम होती है। एक बार बिखर चुकी अनु को एक नारी ही सहारा देती है। आत्मनिर्भर और स्वाभिमानी बनने में प्रेरणा देती है। पति प्रणव के तलाक लेने के बाद अनु बिखरती नहीं, टूटती नहीं बल्कि दस साल के संघर्ष के बाद एक सफल डॉक्टर बनकर सामने आती है। अपने आत्मविश्वास को एकजुट करके दीपांकर पति, कैरियर और बच्चा सबकुछ प्राप्त कर लेती है। प्रणव बुरी संगति में पड़कर सबकुछ हार जाता है। पत्नी, कैरियर, पैसा, चरित्र और स्वास्थ्य उसके पास कुछ भी नहीं रहता।

उषा प्रियंवदा ने इस उपन्यास में यह दिखाने की कोशिश की है कि संघर्ष, आत्मविश्वास, मेहनत और साहस के साथ हम अपने अस्तित्व को कायम कर सकते हैं।

'अन्तवर्शी' उपन्यास में प्रवासी भारतीयों की मानसिक उथल–पुथल को बयान किया गया है। उषा प्रियंवदा एक प्रवासी भारतीय लेखिका के रूप में जानी जाती हैं। उन्होंने इस उपन्यास में उन भारतीयों के संत्रास और अकेलेपन को चित्रित किया है जो विदेश में जाकर बस तो जाते हैं लेकिन वहाँ का परिवेश उनको घुटन भरा लगता है। 'अन्तवर्शी' उपन्यास की नायिका वाना के अन्तर मन में बजने वाली बाँसुरी उसको हर समय छटपटाने के लिए मजबूर करती है। बनारस की रहने वाली नायिका अमेरिका पहुँचकर वाना हो जाती है। पतिव्रता वाना पति शिवेश और बेटे आकाश और विकास का हरसंभव ध्यान रखती है। घरेलु नारी के रूप में वह सुखी रहती है। लेकिन उसके मन में आधुनिक विचार जन्म लेते हैं सारिका, क्रिस्तीन, अंजी और राहुल के संपर्क में आकर उसका मन बिल्कुल बदल जाता है। मन–ही–मन वह शिवेश की बजाए राहुल के अस्तित्व से प्रभावित होती है। उसको अपनी सुन्दरता, अपने 'स्व' की पहचान होती है। बाहरी दुनिया में जाकर अपने अस्तित्व का निर्माण करना चाहती है।

वाना अपने अन्तर मन की जागरूक नारी को पहचान जाती है जिसके कारण बहुत सालों के अन्तराल के बाद भी पढ़ना चाहती है। पढ़–लिखकर नौकरी करना शुरू करती है। पति शिवेश के द्वारा नशे जैसे बुरे कार्य का विद्रोह करती है। अपने व्याकुल मन को अस्तित्व की पहचान करवाती है। घर, परिवार के घुटन भरे वातावरण से बाहर निकलने को छटपटाती है। उपन्यास में एक जगहर पर लेखिका ने लिखा भी है, ''वह नितान्त अकेली पड़ गई है, बच्चों पर खीजती है, तनाव की गोली खाकर निढाल पड़ जाती है।'' उषा प्रियंवदा, अन्तवर्शी, पृष्ठ सं. 195

परिवार में पति, बेटे, जमीला बुआ और राहुल सभी होते हैं लेकिन उसको तो परिवार से हटकर अपना अस्तित्व कायम करना होता है। वह अमेरिका के परिवेश और शिक्षित नारियों से प्रभावित होकर अपना एक अलग रुतबा कायम करना चाहती है। जिन पात्रों ने उसको मानसिक रूप से कमजोर नहीं होने दिया, वह उनके प्रति कृतज्ञता से भर उठती है। उपन्यास के अन्त में वाना और शिवेश अलग हो जाते हैं। शिवेश के आत्महत्या करने के बाद वह राहुल के प्रस्ताव को नहीं ठुकराती। वाना अपने अन्तर मन की आवाज को सुन लेती है और घुटन और अकुलाहट से स्वतन्त्र होकर नया जीवन जीना शुरू करती है।

'भया कबीर उदास' उपन्यास में उषा प्रियंवदा ने पूर्णता–अपूर्णता के प्रश्न को उठाया है। इस उपन्यास में आत्मकथात्मक और डायरी शैली को अपनाया गया है। ''कैंसर डायरी के पाँच खण्ड'' ''कैंसर डायरी परिशिष्ट'' और ''डायरी का एक टुकड़ा'' के द्वारा लेखिका ने एक पढ़ी–लिखी पी–एच.डी. की छात्रा के द्वारा मृत्यु से किए संघर्ष को चित्रित किया है। स्तन कैंसर का पता चलने के बाद नायिका का मर–मर की जीना, उसके संघर्ष, उत्साह, निराशा, जीने की कामना और अकेलेपन को लेखिका ने बड़ी ही पैनी दृष्टि से चित्रित किया है। लिली पाण्डेय की भावनात्मक संवेदना को लेखिका ने 'मैं' शैली में पेश किया है। नायिका कैंसर की पीड़ा, चिकित्सा, आर्थिक कमजोरी शिक्षा का पूरा न कर पाना, थीसिस का मुख्य भाग लिखने के बावजूद भी पूरा न कर पाने का मन में मलाल और जीवन–मृत्यु के द्वन्द्व को मन में लेकर बीमारी से लड़ने के लिए संघर्ष करती है। वनमाली का प्रेम उपन्यास के अन्त में नायिका को सहारा देता है। विदेश में रहकर वह अकेले बैठकर आत्मविश्लेषण करती रहती है। पी–एच.डी. अधूरी रह जाने का कारण ढूँढ़ती है। कभी–कभी अपनी परिचित अपर्णा, जो कैंसर से मर जाती है। लिली पाण्डेय (यमन) उसके बारे में सोचते हुए कहती है, ''समय ने अपर्णा के अस्तित्व को ही मिटा दिया। सचमुच, कितनी क्षणभंगुर होती है

ज़िन्दगी और कितनी जल्दी लोग भूल जाते हैं।'' उषा प्रियंवदा, भया कबीर उदास, पृष्ठ सं. 88

बीमारी के अन्धकारमय जीवन से वनमाली के प्रेम रोशनी लेकर लिली पाण्डेय को बाहर निकालता है। वनमाली प्रेम की सार्थकता को प्रस्तुत करता है और यमन ज़िन्दगी की सार्थकता को जिसको जीने के लिए वह बीमारी में भी संघर्ष नहीं छोड़ती। वह विदेशी भूमि पर अकेली रहकर भी बीमारी से जूझती हुई विजय हासिल कर लेती है।

उषा प्रियंवदा ने 'फिर बसंत आया' कहानी-संग्रह में संकलित 'प्रश्न और उत्तर' कहानी में लता के बचपन से करुणामयी माँ की तरह सहारा देने वाली नारी के प्रश्नों के उत्तरों को प्रस्तुत किया है। 'मेनका : रम्भा : उर्वशी' कहानी में सामाजिक रूढ़ियों और सुन्दरता से ओत-प्रोत चाची की महत्वाकांक्षाओं को दिखाया गया है। 'दोस्त' कहानी में अजय के दोस्तों के माध्यम से लेखिका ने सच्ची दोस्ती का महत्व दिया है। 'आश्रिता' कहानी में समाज में व्याप्त अनाथों की पीड़ा और अनमेल विवाह को चित्रित किया गया है।

'मान और हठ' कहानी में आधुनिक नारी के द्वारा परम्परागत रूढ़ियों का विरोध और दाम्पत्य संबंधों को व्यक्त किया गया है। 'पूर्ति' कहानी अचला और श्रीकान्त के स्वतन्त्र अस्तित्व तथा उनके जीवन के अकेलेपन की त्रासदी को दर्शाती है। 'अकेली राह' कहानी में गौरी की अकेली राह को दिखाकर समाज द्वारा थोपी गई मान्यताओं को लेखिका ने कलात्मक ढंग से चित्रित किया है। 'तूफ़ान के बाद' कहानी में भी 'अकेली राह' की तरह ही अंतर्जातीय विरोध दिखाया है। तूफ़ान के बाद भी नए सिरे से ज़िन्दगी शुरू की जा सकती है। 'नई कोंपल' कहानी में बन्नो अपने ससुराल वालों के प्रति सम्मानजनक व्यवहार करती है, लेकिन उसके साथ कोई भी अच्छा व्यवहार नहीं करता। उसका पति जब उसे अपमान सहने के बावजूद भी सम्मान करते हुए देखता है तो उसके मन में भी सम्मान की नई कोंपल फूटती है। 'बिखरे तिनके : नया नीड़' में भी अन्तर्जातीय समस्या को उठाया गया है। 'फिर बसन्त आया' कहानी में अकेलेपन की घुटन रूपी पतझड़ की ज़िन्दगी में फिर से छाया और विनायक की ज़िन्दगी में बसन्त आ जाता है। 'नष्ट नीड़' कहानी में भुवन और सुधीरा के प्रेम में भुवन सही समय पर कोई निर्णय नहीं ले पाता, जिससे वह स्वयं ही अपने नीड़ को नष्ट करता दिखाया गया है।

'ज़िन्दगी और गुलाब के फूल' कहानी-संग्रह में संकलित कहानी 'पैरम्बुलेटर' मध्यवर्गीय परिवार की आर्थिक स्थिति और विवशता को दर्शाती है। कालिन्दी बड़े चाव से बच्चे के लिए पैरम्बुलेटर खरीदती है,

जो उसे पति की नौकरी छूट जाने के बाद बेचना पड़ता है। 'मोहबन्ध' कहानी में अचला, नीलू और देवेन्द्र अकेलेपन से बाहर निकलने और प्रेम के, मोह के बन्धन से बाहर निकलने को छटपटाते हैं। 'जाले' कहानी में राजेश्वर को अपनी ज़िन्दगी मकड़ी के जालों की तरह उलझन भरी लगती है। 'कच्चे धागे' कहानी में समाज में व्याप्त अमीर और गरीब के बीच की खाई को सामने लाया गया है, जिसके कारण एक लड़की का विवाह का सपना कच्चे धागे के समान टूट जाता है। 'पूर्ति' कहानी में तारा अपने जीवन के अकेलेपन की पूर्ति करना चाहती है। 'कंटीली छांह' कहानी में अकेलापन, घुटन, संत्रास का यथार्थ चित्रण किया गया है। आधुनिक नारी का छटपटाना नज़र आता है। 'ज़िन्दगी और गुलाब के फूल' कहानी स्वाभिमानी सुबोध के जीवन का यथार्थ चित्रण करती है। सुबोध आत्म–सम्मान की रक्षा के लिए नौकरी छोड़ तो देता है, लेनिक इसके बाद ज़िन्दगी में फूलों की जगह काँटों ने ले ली होती है। 'वापसी' कहानी आधुनिक युग में टूटते हुए पारिवारिक संबंधों पर करारी चोट करती है। आधुनिक युग में बुजुर्गों की दयनीय स्थिति का यथार्थ चित्रण किया गया है।

'एक कोई दूसरा' कहानी–संग्रह में मुख्य कहानी 'एक कोई दूसरा' में उषा प्रियंवदा ने बताया है कि डॉ. कुमार जैसे गुणवान व्यक्ति के सम्पर्क में आकर हमारा दृष्टिकोण बदल जाता है। 'कोई नहीं' कहानी में नमिता के अकेलेपन को दर्शाया है, जिसका पति उसे छोड़कर विदेश चला जाता है। 'झूठा दर्पण' कहानी में अमृता अपनी ज़िन्दगी को झूठे दर्पण की तरह देखती है, अपनी सहेली मीरा की नीरसता के कारण वह भी सोचती है कि विवाह के बाद भी अगर जीवन में नीरसता छाई रहती है तो विवाह नहीं करना चाहिए। 'पिघलती हुई बर्फ' कहानी में अक्षय की अपराध भावना उसकी मंगेतर छवि के सामने बर्फ की तरह पिघलती हुई नज़र आती है, जब वह उसे बीरू की मौत का जिम्मेदार खुद को बताता है। 'चाँदनी में बर्फ पर' कहानी में भारतीय और पाश्चात्य संस्कृति का चित्रण करते हुए लेखिका ने संकीर्ण विचारों वाले व्यक्तियों जैसे – हमे और पियरे को दर्शाया है। 'टूटे हुए' कहानी में इसके शीर्षक से संबंधित ही तनावग्रस्त दाम्पत्य सम्बन्धों का चित्रण है। 'सागर पार का संगीत' कहानी भारतीय लड़की देवयानी के विदेश चले जाने पर उसके जीवन में आए अकेलेपन और खालीपन को दर्शाती है। उसके छटपटाते हुए मन को यास्पर का सहारा मिलता है।

कितना बड़ा झूठ' कहानी–संग्रह की 'सम्बन्ध' कहानी में आधुनिक भारतीय नारी के विदेश में जाकर बदले हुए दृष्टिकोण को चित्रित किया

प्रवासी साहित्यकार उषा प्रियंवदा की साहित्य-साधना

गया है, जो किसी भी बन्धन में नहीं रहना चाहती। 'प्रतिध्वनियाँ' कहानी में वसु नामक नायिका के अकेलेपन और घुटन को चित्रित किया है। यह उसके जीवन में तब आते हैं जब उसका श्यामल के साथ तलाक हो जाता है। 'कितना बड़ा झूठ' कहानी में वैवाहिक जीवन में पति-पत्नी के बीच के झूठ को सामने लाने की कोशिश की गई है। 'ट्रिप' कहानी में उषा प्रियंवदा ने दाम्पत्य जीवन में आए बिखराव के कारण सोने के अकेलेपन को दर्शाया गया है। 'नींद' कहानी में एक ऐसी नारी का चित्रण किया गया है जो अँधेरी रातों में अकेलेपन के डर के कारण नींद की गोलियाँ खाती है। 'सुरंग' कहानी में जवान बेटे की मृत्यु के बाद माँ के अकेलेपन और बेटियों के प्रति निर्मोही होने का चित्रण है। 'स्वीकृति' कहानी में वैवाहिक सम्बन्धों में आई औपचारिकता के कारणों का उषा प्रियंवदा ने बड़ी सूक्ष्मता से अंकन किया है।

'शून्य तथा अन्य रचनाएँ' कहानी-संग्रह में 'पुनरावृत्ति' कहानी में प्रो. चिरन्तन के द्वारा अपने शोधार्थियों का शोषण करना और पत्नी को उचित सम्मान न देना, इसका यथार्थ चित्रण किया गया है। 'प्रसंग' कहानी में नारी के अपने प्रसंग ने उसको दूसरों के दुःख समझने में मदद की। वह दिवाकर की बेटियों को माँ जैसा प्यार देती है, क्योंकि उसकी खुद की माँ नहीं होती। 'शून्य' कहानी में एक पुत्र को अपने पिता का अकेलापन अखरता है। जिनकी दूसरी शादी के बाद भी पत्नी विदेश में बेटी लता के पास चली जाती है। इस प्रकार उसके पिता की मृत्यु अकेलेपन के कारण होती है। पिता की मृत्यु के बाद पुत्र को चारों तरफ 'शून्य' के अतिरिक्त कुछ नहीं नज़र आता। 'आधा शहर' कहानी में माँ के चरित्रहीन होने के कारण इला को भी 'आधा शहर' चरित्रहीन ही मानता है, लेकिन प्रो. राघव जैसे व्यक्ति आज भी समाज में मौजूद हैं जो इला को सम्मान और प्रतिष्ठा दिलाना चाहते हैं। 'मछलियाँ' कहानी में छोटी मछली और बड़ी मछली, विजी और मुकी को बताया है। उन दोनों की आपसी ईर्ष्या व्यक्त हुई है जो वह मुनीश और नटराजन के प्रेम पाश के कारण करती है।

'सम्पूर्ण कहानियाँ' उषा प्रियंवदा के सभी कहानी-संग्राहें का एक संग्रह है, जिसमें 'फिर बसन्त आया', 'ज़िन्दगी और गुलाब के फूल', 'एक कोई दूसरा', 'कितना बड़ा झूठ' और 'शून्य' तथा अन्य रचनाएँ हैं। 'सम्पूर्ण कहानियाँ' की भूमिका में उषा प्रियंवदा ने लिखा है, जीवन अनुभवों, भावनाओं, विचारों, अनुभूतियों के एक पतले से तन्तु को लेकर एकदम नया संसार गढ़ सकना, उसे तरह-तरह के चरित्रों से आबाद करना, इसी में मेरी वास्तविकता, प्रेरणा और कल्पना का मिश्रण है।'' उषा प्रियंवदा, सम्पूर्ण कहानियाँ, पृष्ठ भूमिका

प्रवासी साहित्यकार उषा प्रियंवदा की साहित्य-साधना

उषा प्रियंवदा का जीवन के प्रति दृष्टिकोण हमेशा से ही साकारात्मक रहा है। उषा प्रियंवदा ने मानव की स्वतंत्रता के पक्ष की बात कही है। उनकी सम्पूर्ण कहानियाँ किताब की भूमिका में वे लिखती हैं, ''मैं पिंजरे से मुक्त हुए पक्षी की तरह पंख पसारकर खुले आकाश में थी, न कोई बन्धन, न प्रतिबन्ध।'' – उषा प्रियंवदा, सम्पूर्ण कहानियाँ, पृष्ठ भूमिका

उषा प्रियंवदा के कथा-साहित्य में आधुनिकता के दौर में मानव के जीवन में व्याप्त वैयक्तिकता, अकुलाहट, संत्रास, कुण्ठा, ऊब, अजनबीपन, अकेलापन, छटपटाहट आदि देखने को मिलता है। ये सभी अस्तित्ववाद के महत्त्वपूर्ण अंग माने जाते हैं।

अस्तित्ववाद मानव को उसके अस्तित्व की पहचान करवाता है। अस्तित्ववाद मनुष्य को प्रतिकूल परिस्थितियों से संघर्ष करके अपने अस्तित्व को कायम करने पर बल देता है। उषा प्रियंवदा के कथा-साहित्य में ऐसे बहुत से उदाहरण मिल जाते हैं जो संकट और कठिनाइयों से दूर न भागकर उनका डटकर सामना करते हैं। संघर्ष करके अपने लक्ष्य को प्राप्त करते हैं। दुख के हालात ही मनुष्य को अस्तित्व का बोध करवाते हैं। इसके बाद संघर्ष होता है फिर मंजिल सामने नज़र आने लगती है। 'शेष यात्रा' की अनु, 'कोई एक दूसरा' की नीलांजना और 'अन्वर्शी' की वाना आदि ऐसे पात्र हैं जो अकेलेपन, अजनबीपन और छटपटाहट से बाहर निकलकर अपने स्वतन्त्र अस्तित्व को गढ़ते हैं। घुट-घुटकर मरने की बजाए उन्होंने अपनी मंजिल हासिल की और अनु ने सफल व्यक्ति का उदाहरण प्रस्तुत किया। उषा प्रियंवदा के कथा-साहित्य में अस्तित्ववाद मुझे प्रत्यक्ष रूप से नज़र आया। जिसने मेरे दृष्टिकोण पर बहुत गहरा प्रभाव डाला। एक प्रवासी महिला साहित्यकार के रूप में उषा प्रियंवदा की हिन्दी साहित्य जगत को उनकी रचनाएँ बहुत ही महत्त्वपूर्ण देन हैं।

संदर्भ ग्रंथ सूची

आधार–ग्रंन्थ

1. उषा प्रियंवदा, सम्पूर्ण कहानियाँ, राजकमल प्रकाशन प्रा. लि., नई दिल्ली, 2006.
2. उषा प्रियंवदा, पचपन खम्भे लाल दिवारें, राजकमल प्रकाशन प्रा. लि. ,नई दिल्ली,1962
3. उषा प्रियंवदा, मेरी प्रिय कहानियाँ, राजकमल प्रकाशन प्रा. लि., नई दिल्ली, 1997.
4. उषा प्रियंवदा, जिन्दगी और गुलाब के फूल, राजकमल प्रकाशन प्रा. लि., नई दिल्ली, 1961.
5. उषा प्रियंवदा, एक कोई दूसरा, राजकमल प्रकाशन प्रा. लि., नई दिल्ली, 2000.
6. उषा प्रियंवदा, कितना बडा झूठ, राजकमल प्रकाशन प्रा. लि., नई दिल्ली, 1972.
7. उषा प्रियंवदा, फिर बंसत आया, राजकमल प्रकाशन प्रा. लि., नई दिल्ली, 1961.
8. उषा प्रियंवदा, पचपन खम्भे लाल दिवारें, राजकमल प्रकाशन प्रा. लि., नई दिल्ली, 1962.
9. उषा प्रियंवदा, अन्तर्वंशी, राजकमल प्रकाशन प्रा. लि., नई दिल्ली, 2000.
10. उषा प्रियंवदा, रुकोगी नहीं राधिका, राजकमल प्रकाशन प्रा. लि., नई दिल्ली, 1966.
11. उषा प्रियंवदा, शेष यात्रा, राजकमल प्रकाशन प्रा. लि., नई दिल्ली, 1984.
12. उषा प्रियंवदा, भया कबीर उदास, राजकमल प्रकाशन प्रा. लि., नई दिल्ली, 2007.
13. उषा प्रियंवदा, शून्य एवं अन्य रचनाएँ, राजकमल प्रकाशन प्रा. लि., नई दिल्ली, 1997.

संदर्भ सहायक ग्रंथ

1. अरविन्द जैन, औरत अस्तित्व और अस्मिता महिला लेखन का समाजशास्त्रीय अध्ययन, 2001, राजकमल प्रकाशन, नई दिल्ली।
2. आशाराणी व्होरा, भारतीय नारी दशा और दिशा, नैशनल पब्लिशिंग हाऊस, दरियागंज, नई दिल्ली, 1977

3. अज्ञेय, आत्मनेपद, भारतीय ज्ञानपीठ प्रकाशन, वाराणसी 1960
4. ओमप्रकाश शर्मा, जैनेन्द्र के उपन्यासों का शिल्प, पांडूलिपि प्रकाशन, दिल्ली 1975
5. इन्द्रनाथ मदान, आधुनिकता और हिन्दी उपन्यास, राजकमल प्रकाशन, नई दिल्ली, 1971
6. उमा शुक्ल, भारतीय नारी अस्मिता की पहचान, लोकभारती प्रकाशन, इलाहाबाद, दिल्ली, 2007
7. उषा मंत्री, हिन्दी उपन्यासों में पारिवारिक सन्दर्भ, नेशनल पब्लिशंग हाऊस, दरियागंज, नई दिल्ली, 1991
8. एन. मोहनन, उत्तर शती का हिन्दी उपन्यास, जवाहर पुस्तकालय, मथुरा, 2004
9. कमलकिशोर गोयनका, प्रेमचन्द के उपन्यासों का शिल्पविधान, सरस्वती प्रेस, इलाहाबाद
10. कमलेश्वर, नयी कहानी की भूमिका, ईशान प्रकाशन, दरियागंज, नई दिल्ली, 1978
11. कृष्ण बिहारी मिश्र, आधुनिक सामाजिक आन्दोलन और आधुनिक हिन्दी साहित्य, आर्य बुक डिपो, दिल्ली 1972
12. कृष्ण अग्निहोत्री, स्वातन्त्र्योत्तर हिन्दी कहानी, इन्द्रप्रस्थ प्रकाशन, दिल्ली, 1983
13. गुलाबराय, कात्य के रूप, प्रतिभा प्रकाशन, दिल्ली, 1950
14. घनश्याम मधुप, हिन्दी लघु उपन्यास, राधाकृष्ण प्रकाशन, दिल्ली, 1971
15. डॉ. अरुणा गुप्ता, छठे दशक की हिन्दी कहानी में जीवन मूल्य, इन्द्रप्रस्थ प्रकाशन, दिल्ली, 1990
16. डॉ. अमरज्योति महिला उपन्यासकारेां के उपन्यासों में नारीवादी दृष्टि, अन्नपूर्णा प्रकाशन, कानपुर, 1999
17. डॉ. एम.एल.मेहता, स्वातन्त्र्योत्तर हिन्दी कहानी वस्तु विकास एवं शिल्प विधान, प्रगति प्रकाशन, आगरा, 1950
18. डॉ. अर्जुन चव्हाण, समकालीन उपन्यासों का वैचारिक पक्ष, वाणी प्रकाशन दरियगंज, नई दिल्ली, 2007
19. डॉ. इन्द्रनाथ मदान, हिन्दी कहानी –एक नयी दृष्टि, संभावना प्रकाशन, हापुड, 1978
20. डॉ. आशा मैहता, स्वातंत्र्योत्तर हिन्दी उपन्यासों में वैचारिकता, भारतीय ग्रंथ निकेतन, दिल्ली, 1972

21. डॉ. इन्द्रनाथ मदान, हिन्दी उपन्यास – एक नयी दृष्टि, लिपि प्रकाशन, दिल्ली
22. डॉ. एम. वेंकटेश्वर, हिन्दी के समकालीन महिला उपन्यासकार, अन्नपूर्णा प्रकाशन, कानपुर, 2002
23. डॉ. इन्द्रनाथ मदान, आलोचना और साहित्य, राधाकृष्ण प्रकाशन, दिल्ली
24. डॉ. एन.के. जोसफ़, हिन्दी उपन्यासों में व्यक्तिवादी चेतना, जवाहर पुस्तकालय, मथुरा, 1989
25. डॉ. उमेश प्रसाद सिंह, स्वातंत्र्योत्तर हिन्दी उपन्यास बदलते सामाजिक परिप्रेक्ष्य, शिक्षा निकेतन, वाराणसी, 1985
26. डॉ. अतुलवीर अरोड़ा, आधुनिकता के संदर्भ में आज का हिन्दी उपन्यास, पब्लिकेशन ब्यूरो, 1974
27. डॉ. किरण बाला अरोड़ा, साठोत्तर हिन्दी उपन्यासों में नारी, अन्नपूर्णा प्रकाशन, कानपुर, 1990
28. डॉ. कीर्ति केसर, समकालीन हिन्दी कहानी – विविध संदर्भ, नचिकेता प्रकाशन, दिल्ली, 1987
29. डॉ. गौतम सचदेव, प्रेमचन्द कहानी शिल्प, दिल्ली, युनाइटिड बुक हाउस, 1982
30. डॉ. के.एम. मालती, साठोत्तरी हिन्दी कहानी, लोकभारती प्रकाशन, इलाहाबाद, 1991
31. डॉ. गंगाप्रसाद विमल, समकालीन कहानी का रचना विधान, सुषमा पुस्तकालय, दिल्ली, 1967
32. डॉ. गॉर्डन चार्ल्स रोडरमल, हिन्दी कहानी – अलगाव का दर्शन, अक्षर प्रकाशन, दिल्ली, 1982
33. डॉ. खलचन्द आनन्द, हिन्दी के श्रेष्ठ उपन्यासकार, सूर्य प्रकाशन, दिल्ली, 1978
34. डॉ. गोरधनसिंह शेखावत, नयी कहानी – उपलब्धि और सीमाएँ, रामा पब्लिशिंग हाऊस, जयपुर
35. डॉ. घनश्याम भुतड़ा, समकालीन हिन्दी कहानियों में नारी के विविध रूप, अतुल प्रकाशन, कानपुर, 1992
36. डॉ. चण्डीप्रसाद जोशी, हिन्दी उपन्यास समाजशास्त्रीय विवेचन, अनुसंधान प्रकाशन, आचार्य नगर, कानपुर, 1962
37. डॉ. चमनलाल गुप्ता, मोहन राकेश के कथा साहित्य में मानवीय संबंध, भावना प्रकाशन, दिल्ली, 1977

38. डॉ. झा गायकवाड, साहित्य रूप, शास्त्रीय विश्लेषण, विधा विहार, कानपुर, 1978
39. डॉ. जे.एस.वालिया, शिक्षा का विकास एवं अध्ययन शिक्षण प्रक्रिया, अहमपाल पब्लिशरज, जालंधर, 2012
40. डॉ. खंडेलवाल रामेश्वर, जयशंकर प्रसाद : वस्तु और कला, नेशनल पब्लिशिंग हाऊस, दिल्ली, 1998
41. डॉ. दंगल झाल्टे, नये उपन्यासों में नए प्रयोग, प्रभात प्रकाशन, दिल्ली, 1994
42. डॉ. तारा अग्रवाल, मृदुला गर्ग का कथा साहित्य, विद्या प्रकाशन, कानपुर, 1997
43. डॉ. तहसीलदार दूबे, स्वातन्त्र्योत्तर हिन्दी साहित्य में शिल्पविधि का विकास, नटराज पब्लिशिंग हाऊस, हरियाणा, 1983
44. डॉ. दीमशिन्स, हिन्दी व्याकरण की रूपरेखा, राजकमल प्रकाशन, दिल्ली, 1966
45. डॉ. देवीशंकर अवस्थी, नयी कहानी – संदर्भ और प्रकृति, राजकमल प्रकाशन, दिल्ली, 1973
46. डॉ. देवराज उपन्यास, आधुनिक कथा साहित्य और मनोविज्ञान साहित्य, इलाहाबाद, 1956
47. डॉ. नामवर सिंह, कहानी – नयी कहानी, लोकभारती प्रकाशन, इलाहाबाद, 1973
48. डॉ. नीरजा सूद, समकालीन महिला उपन्यास लेखन : एक अंर्तदृष्टि, दिल्ली निर्मला पब्लिकेशन, 2006
49. डॉ. नूरजहाँ, हिन्दी कहानी में यथार्थवाद, अभिनव भारती, इलाहाबाद, 1976
50. डॉ. नरेन्द्र मोहन, डॉ. रामदरश मिश्र, हिन्दी कहानी – दो दशक की यात्रा, नेशनल पब्लिशिंग हाऊस, दिल्ली, 1970
51. डॉ. नामदेव उतकर, स्वातंत्र्योत्तर हिन्दी साहित्य एवं साहित्यकार, चन्द्रलोग प्रकाशन, कानपुर, 2002
52. डॉ. नरीन्द्र सन्धु, विदेशी पृष्ठभूमि वाले हिन्दी उपन्यासों के माध्यम से, दीपक पब्लिशर्स, जलंधर, 2001
53. डॉ. नीता रतनेश, भगवतीचरण वर्मा के उपन्यासों में नारी, पाण्डुलिपि प्रकाशन, कृष्ण नगर, दिल्ली, 1996
54. डॉ. नगेन्द्र, हिन्दी साहित्य का वृहत इतिहास, भाग–16, नागरी प्रचारिणी सभा, वाराणसी, 1984
55. डॉ. नगेन्द्र, विचार और विवेचन, गौतम बुक डिपो, दिल्ली, 1942

56. डॉ. प्रेमलता जैन, समाजवादी यथार्थवाद और हिन्दी कथा साहित्य, नवचेतन प्रकाशन राजापुरी, दिल्ली, 2004
57. डॉ. चारूकान्त देसायी, आधुनिक लेखिकाओं के नगरीय परिवेश के उपन्यास, चिन्तन प्रकाशन, नौबस्ता, 1994
58. डॉ. पदमा चामले, आधुनिक हिन्दी कहानियों में युवा मानसिकता, समता प्रकाशन, कानपुर, 1996
59. डॉ. पाण्डेय शशिभूषण शीतांशु, नयी कहानी के विविध प्रयोग, लोकभारती प्रकाशन, इलाहाबाद, 1974
60. डॉ. प्रतापनारायण टंडन, हिन्दी उपन्यास में कथाशिल्प का विकास, हिन्दी साहित्य भंडार, लखनऊ, 1986
61. डॉ. प्रदीप शर्मा, हिन्दी उपन्यासों का शिल्पविधान, अभय प्रकाशन, कानपुर, 1990
62. डॉ. पारूकान्त देसाई, साठोत्तर हिन्दी उपन्यास, सूर्य प्रकाशन, दिल्ली, 1984
63. डॉ. प्रतिभा गर्ग, छायावादी कवियों की नारी भावना, जवाहर पुस्तकालय, मथुरा, 1978
64. प्रमीला कपूर, भारत में विवाह और कामकाजी महिलाएँ, साहित्य मण्डल प्रकाशन, दिल्ली
65. डॉ. परमानन्द श्रीवास्तव, हिन्दी कहानी की रचना प्रक्रिया, ग्रन्थम रामबाग, करनाल, 1965
66. पाण्डेय शिवशंकर, स्वातन्त्र्योत्तर हिन्दी कहानी कथ्य और शिल्प, आलेख प्रकाशन दिल्ली, 1978
67. डॉ. पुष्पा बंसल, काव्य चिंतन संभावनाएं एवं परिप्रेक्ष्य, मंथन पब्लिकेशन, रोहतक
68. डॉ. प्रेमलता गाँधी, नरेश मेहता के उपन्यासों के सांस्कृतिक अनुशीलन, भारतीय ग्रंथ निकेतन, दिल्ली, 1996
69. डॉ. प्रेमलता तिवारी, कथाकार राजेंद्र यादव, लोकहित प्रकाशन, दिल्ली, 2010
70. डॉ. प्रभाशंकर मित्र, राहुल सांकृत्यायन का कथा साहित्य, अशोक प्रकाशन, नई दिल्ली, 1987
71. डॉ. प्रेमचन्द नारायण सिन्हा, आधुनिक हिन्दी कहानी साहित्य में समसामयिक जीवन की अभिव्यक्ति, अनुपम प्रकाशन, 1970
72. डॉ. प्रणव कृष्ण, उत्तर औपनिवेशिकता के स्रोत और हिन्दी साहित्य, लोकभारती प्रकाशन, इलाहाबाद, 2007
73. शारदा बी. पटेल, उषा प्रियंवदा के कथा साहित्य में व्यक्त नारी चेतना, गुजरात विद्यापीठ, अहमदाबाद, 2008

74. डॉ. भैरू लाल गर्ग, स्वातंत्र्योत्तर हिन्दी कहानी में सामाजिक परिवर्तन, चित्रलेखा प्रकाशन, इलाहाबाद, 1979
75. डॉ. मंजुलता सिंह, हिन्दी कहानी में युगबोध, पराग प्रकाशन, दिल्ली, 1994
76. डॉ. ममता शुक्ला, मन्नू भंडारी के कथा साहित्य का मनोविश्लेषणात्मक अध्ययन, जवाहर पुस्तकालय, मथुरा, 2002
77. डॉ. मनमोहन सहगल, हिन्दी उपन्यास के पद-चिह्न, सूर्य प्रकाशन, दिल्ली, 1973
78. डॉ. महेशचन्द्र दिवाकर, बीसवीं शती की हिन्दी कहानी का मनोवैज्ञानिक अध्ययन, लोकवाणी संस्थान, दिल्ली, 1992
79. डॉ. मीना गुप्ता, प्रेमचन्द का कथा साहित्य समीक्षात्मक मूल्यांकन, संजय प्रकाशन, नई दिल्ली, 2010
80. डॉ. मोहनलाल रत्नाकर, हिन्दी उपन्यास, द्वन्द्व एवं संघर्ष, प्रकाशन विभाग छात्र मार्ग, दिल्ली विश्वविद्यालय, 1993
81. डॉ. रणवीर राणा, समकालीन हिन्दी उपन्यास की भूमिका, जगतराम एण्ड सन्स, दिल्ली
82. डॉ. राधेश्याम गुप्त, प्रेमचन्दोत्तर कहानी साहित्य, विमल प्रकाशन, जयपुर, 1970
83. डॉ. रामदरश मिश्र, आज का हिन्दी साहित्य – संवेदना और दृष्टि, अभिनव प्रकाशन, दिल्ली, 1975
84. डॉ. रामस्वरूप चतुर्वेदी, भाषा और संवेदना, भारतीय ज्ञानदीप प्रकाशन, दिल्ली, 1964
85. डॉ. रमेशचन्द्र लवानिया, हिन्दी कहानी में जीवन-मूल्य, अमित प्रकाशन, गाजियाबाद, 1973
86. डॉ. राजरानी शर्मा, हिन्दी उपन्यासों में रूढ़िमुक्त नारी, साहित्य मण्डल प्रकाशन, दिल्ली, 1989
87. डॉ. रामकली सराफ, नयी कहानी : परिवेश और परिप्रेक्ष्य विश्वविद्यालय, प्रकाशन वाराणसी, 1982
88. डॉ. लक्ष्मीसागर वार्ष्णेय, द्वितीय महायुद्धोत्तर हिन्दी साहित्य का इतिहास, राजपाल एण्ड सन्स, दिल्ली, 1982
89. डॉ. लालचन्द गुप्त मंगल, अस्तित्ववाद और नयी कहानी, शोध प्रबंध प्रकाशन, दिल्ली, 1975
90. डॉ. लक्ष्मीसागर वार्ष्णेय, हिन्दी उपन्यास – उपलिब्धयाँ, राधाकृष्ण प्रकाशन, दिल्ली, 1970
91. डॉ. लक्ष्मीनारायण लाल, हिन्दी कहानियों की शिल्पविधि का विकास, इलाहाबाद, 1960

92. डॉ. लक्ष्मीसागर वार्ष्णेय, आधुनिक कहानी का पारिपार्श्व, साहित्य भवन, इलाहाबाद, 1966
93. डॉ. लक्ष्मी सक्सेना, डॉ. सभाजीत मिश्र, अस्तित्ववाद के प्रमुख विचारक, मध्यप्रदेश हिन्दी ग्रन्थ अकादमी, भोपाल, 2002
94. डॉ. वासुदेव शर्मा, साठोत्तर हिन्दी कहानी – मूल्यों की तलाश, शारदा प्रकाशन, दिल्ली, 1986
95. डॉ. विद्यानिवास मिश्र, परंपरा बन्धन नहीं, राजपाल एण्ड सन्स, दिल्ली, 1976
96. डॉ. हेमेन्द्र कुमार पानेरी, स्वातन्त्र्योत्तर हिन्दी उपन्यास, संधी प्रकाशन, जयपुर, 1974
97. डॉ. सन्तबख्श सिंह, नयी कहानी – नये प्रश्न, साहित्यालोक, कानपुर, 1981
98. डॉ. सुजाता, हिन्दी उपन्यासों के असामान्य चरित्र, मंगल प्रकाशन, जयपुर, 1983
99. डॉ. सुरेश सिन्हा, हिन्दी उपन्यासों में नायिका की परिकल्पना, अशोक प्रकाशन, नई दिल्ली, 1964
100. डॉ. सत्यपाल चुघ, प्रेमचन्दोत्तर उपन्यासों की शिल्पविधि ईकाई प्रकाशन, इलाहाबाद
101. डॉ. शोभा वेरेकर, साठोत्तरी हिन्दी उपन्यासों का शिल्प विकास, पीयूष प्रकाशन, दिल्ली, 2001
102. डॉ. सौ मंगल कप्पीकेरे, साठोत्तरी हिन्दी लेखिकाओं की कहानियों की कहानियों में नारी, विकास प्रकाशन, कानपुर, 2002
103. डॉ. ज्ञान अस्थाना, हिन्दी कथा साहित्य समकालीन संदर्भ जवाहर पुस्तकालय, मथुरा, 1981
104. डॉ. ज्ञानचन्द शर्मा, आधुनिक हिन्दी कहानी में वर्णित सामाजिक यथार्थ, राधा पब्लिकेशन, नई दिल्ली, 1996

www.ingramcontent.com/pod-product-compliance
Lightning Source LLC
Chambersburg PA
CBHW050246010526
44107CB00003B/196
* 9 7 8 1 9 8 9 4 1 6 3 9 6 *